CSSCI来源集刊

现代中国文化与文学

38

MODERN CHINESE
CULTURE AND LITERATURE

李怡 毛迅 主编

四川大学文学与新闻学院
四川大学大文学研究学派培育项目 主办

巴蜀书社

图书在版编目(CIP)数据

现代中国文化与文学.38/李怡,毛迅主编.—成都:巴蜀书社,2021.9

ISBN 978-7-5531-1555-9

Ⅰ.①现… Ⅱ.①李…②毛… Ⅲ.①中华文化-文化研究-现代-丛刊②中国文学-现代文学-文学研究-丛刊 Ⅳ.①G122-55 ②I206.6-55

中国版本图书馆 CIP 数据核字(2021)第 211869 号

现代中国文化与文学(38)

李怡　毛迅　主编

责任编辑　李　蓓
出　　版　巴蜀书社
　　　　　成都市槐树街 2 号　邮编 610031
　　　　　总编室电话:(028)86259397
网　　址　www.bsbook.com
发　　行　巴蜀书社
　　　　　发行科电话:(028)86259422　86259423
经　　销　新华书店
印　　刷　成都蜀通印务有限责任公司(028)64715762
照　　排　成都完美科技有限责任公司
版　　次　2021 年 9 月第 1 版
印　　次　2021 年 9 月第 1 次印刷
成品尺寸　185mm×260mm
印　　张　21
字　　数　530 千
书　　号　ISBN 978-7-5531-1555-9
定　　价　58.00 元

编委会名单

—— 目 录 ——

现代长篇小说研究专栏

“大文学”视野

文学档案

民国文学研究

共和国文学研究

著述·综述

—— Contents ——

Literary Files

Literary Study of the Republic of China

Literary Study of the People's Republic of China

Writings · Summarization

Afterword

茅盾长篇小说“未完成”原因新探

王卫平

茅盾在长篇小说创作方面，在取得巨大成就的同时，也留下了诸多遗憾。其中，和最初的写作构想相比，“没写完”、“不完整”是最突出的一个遗憾。这一点早已引起了研究者的注意。比如，20 世纪 80 年代初，松伟的《茅盾未完成的三部长篇》，以“补白”的形式，出现在《茅盾研究》第 1 辑中。它以不到 400 字的语段，简略指出茅盾未完成的三部长篇小说是《第一阶段的故事》、《霜叶红似二月花》、《锻炼》。其原因是“战争和时局的动乱使作家不可能一气呵成”，再加上“茅盾的创作计划和美学思想是以史诗性的‘宏’为目标的”，遂“使茅公雄图未竟”①。90 年代末，邱文治在《茅盾小说创作中的矛盾》中指出，茅盾小说的网状结构类型过于繁杂，网撒得太大，成为他多部作品难以完成的原因之一②。21 世纪之初，秦弓在其专著中提到“茅盾是一位文化视野开阔、学养深厚的作家，也是悟性很高、表现力很强的作家，可是为什么他的小说中留下了那么多半部之作与那么多生涩的作品呢？社会的动荡固然是个重要原因，但过分强调的社会功利追求与先入为主的既定理念也难辞其咎”③。近些年，对这一问题的探讨走向了深化。首先是高亚茹的硕士学位论文《茅盾未完成长篇小说研究》④，其次是在此基

① 松伟：《茅盾未完成的三部长篇》，《茅盾研究》（第 1 辑），文化艺术出版社 1984 年版，第 104 页。

② 邱文治：《茅盾小说创作中的矛盾》，《天津师范大学学报（哲学社会科学版）》1999 年第 3 期。

③ 秦弓：《荆棘上的生命——20 世纪三四十年代中国小说叙事》，春风文艺出版社 2002 年版，第 43 页。

④ 高亚茹：《茅盾未完成长篇小说研究》，陕西师范大学 2016 年硕士学位论文。

础上的赵学勇、高亚茹的《茅盾“未完成”长篇小说探析》①，再次是陈思广、任思雨的《革命的“断裂”与茅盾的“矛盾”言说——茅盾长篇小说〈虹〉之未完成探因》②。后者从个人与集体、出路与绝路、现实与审美三组矛盾中探寻《虹》的未完成之因，令人耳目一新。而赵学勇、高亚茹的文章认为，茅盾长篇小说未完成的原因“首先与茅盾现实主义的创作方法和小说主题之间的裂隙有着密不可分的关系，突出体现在时代女性形象的塑造上”；其次是因为“叙事生成性的缺乏”；再次是因为作家独立思考的缺失；还有一些细节性的原因，如底气不足等。这几点原因当然可以自成一说，但似乎缺乏说服力。比如，文中说“《虹》的未完成，体现了茅盾对革命中女性解放的浪漫想象和客观写实的写作手法之间不可调和的矛盾”。这样的观点就很可疑，似乎对女性形象的浪漫想象只能用主观想象（浪漫主义）的写法，而不能用客观写实的手法，这显然是过于绝对的看法。再如，文中一方面说“从茅盾创作的基本情节构思上说，《虹》是很成功的例子”，另一方面又说“它成为一个无法完成的残篇”。这不是自相矛盾吗？文中列举的从梅行素到赵慧明等时代女性的例证，在阐释中也有套用“身体叙事”、“性别意识”之嫌。总之，读完这篇文章，在获得启发的同时，也感觉其对茅盾长篇小说“未完成”原因的探讨“意犹未尽”，促使我们进一步去思考这一问题。

一、表现：完整与残缺

茅盾长篇小说“未完成”现象可以分为两类：第一类是仅仅有写作的想法，并进行了一定的酝酿、构想，并没有付诸实施；第二类是已经写了，但没有按原计划写完。第一类并没有写出来，是不算数的。正如老舍所说，“写出来才算数，创作是不敢‘预约’的”③。第二类又可分为两种情况：一种是写出来的作品相对完整，但没有按原计划完成，而是打了折扣；另一种是写出来的作品不完整，是“半部”之作，也可以说是残缺之作。

《虹》是茅盾的第一部长篇小说，按照茅盾的设想，原是“欲为中国近十年之壮剧，留一印痕”，后“因移居搁笔，尔后人事倥匆，遂不能复续”④。“近十年之壮剧”是指从“五四”运动到大革命失败以后。现存的十章，描写了时代女性梅行素从“五四”到

---

① 赵学勇、高亚茹：《茅盾“未完成”长篇小说探析》，《华中师范大学学报（哲学社会科学版）》2017年第3期。

② 陈思广、任思雨：《革命的“断裂”与茅盾的“矛盾”言说——茅盾长篇小说〈虹〉之未完成探因》，《天津社会科学》2021年第2期。

③ 老舍：《我怎样写短篇小说》，原载1936年1月1日《宇宙风》第8期。

④ 茅盾：《虹·跋》，《茅盾全集》（第二卷），黄山书社2014年版，第297页。

“五卅”的革命历程。按照原计划，《虹》除了写梅女士参加“五卅”运动，还要写她参加1927年的大革命，在经历种种锻炼和考验后，最终完成思想的转变。《虹》的后半篇虽然没有续成，但小说的结尾写到1925年梅女士投身于“五卅”的洪流，相对还算完整。

茅盾的第二部长篇小说《子夜》是他的代表作，也是中国现代文学中的优秀长篇小说之一，在国内外产生了重大影响。但这部19章、30多万字的作品与茅盾当初“大规模地描写中国社会现象的企图”相比，只是完成了都市生活的描写。农村的经济情形、小市镇居民的意识形态以及“新儒林”原本都在茅盾的总体构想中，但因上海战事，因天热损害了茅盾的健康，只能割弃而仓促成书。据茅盾写于1930年末的《〈子夜〉创作的构想、提要和大纲》，他最初的构想是：都市部分拟写《棉纱》、《证券》、《标金》。茅盾当时拟了三个题目——《夕阳》、《燎原》、《野火》，最后决定以《夕阳》为题在《小说月报》上连载。出单行本时，茅盾把《夕阳》改为《子夜》。总之，正如茅盾晚年在回忆录中所说，“《子夜》的最初计划，还是雄心勃勃的，虽然不再是城市——农村交响曲，却仍旧想使1930年动荡的中国得一全面的表现”①。和这一庞大的创作计划相比，现存的《子夜》无疑是“未完成”的，但它确是茅盾长篇创作中相对最完整、最丰富的一部力作。虽然《子夜》的结尾有些匆忙，写主人公吴荪甫在事业接连失利后，决定到牯岭避暑就戛然而止，有点虎头蛇尾，但《子夜》作为都市生活的叙事已基本完成，从故事情节的发生、发展到高潮、结局，从两大阶级人物的展现到都市其他形形色色人物的刻画都已囊括其中，可以说，是一部都市人生的长卷。我们不能因为茅盾最初的写作计划没有完全实现，就把《子夜》说得一无是处。

茅盾的第三部长篇小说是《第一阶段的故事》，故事以1937年的抗战为背景，叙写抗战初期上海的生活场景以及人物活动。按照茅盾的说法，最初是香港《立报》副刊《言林》的编辑“鼓动我试写一个‘通俗形式’的长篇。经过短促的构思，我便每天写一些，以应《言林》逐日的需要。这样一面写一面就发表”②。当时香港的各报副刊都有一个“传统的作风”，即追求通俗性。茅盾当时的想法是“形式上可以尽量从俗，内容上切不能让步”③。在内容上，茅盾认为不能不写抗战，不能不写上海战争，然而“我得坦白自承：写到一半时，我已经完全明白，我是写失败了。失败在内容，也在形式。内容失败在哪里？在于书中只写了上海战争的若干形形色色，而这些又只是一个个画面似

① 茅盾：《回忆录·〈子夜〉写作的前前后后》，《茅盾全集》（第三十五卷），黄山书社2014年版，第556页。

② 茅盾：《〈第一阶段的故事〉后记》，《茅盾全集》（第四卷），黄山书社2014年版，第526页。

③ 茅盾：《〈第一阶段的故事〉后记》，《茅盾全集》（第四卷），黄山书社2014年版，第527页。

的，而全书则缺乏结构；在于书中虽亦提到过若干问题，而这些问题是既未深入，又且发展得不够的；最后，在于书中的人物几乎全是‘没有下落’的”，“至于形式方面的失败，更为显著，这里也不必多说”①。应该说，茅盾自己的“坦白自承”是完全符合作品实际的。

除了内容和形式上的失败，《第一阶段的故事》还有一个“篇幅”上的失败，即作品没有写完，是典型的“半部”、“残篇”之作，是不完整的作品。和前两部长篇一样，茅盾对这部小说的构思也是雄心勃勃的，打算呈现更广阔的画面和最典型的人物，而且，不以上海战争的结束为收场，还要写大会战前的武汉，两者各占一半。但是，当前者写到一半时，茅盾预感到了失败，便有点意兴阑珊。生活经验的不足，以及远赴新疆的安排，都使他难以再写下去，武汉的描写终成“设想”，留下了一部“未完成”的残缺之作。即使单从现存的前半部，即对上海的描写来看，也是不完整的。

茅盾的第四部长篇小说是《腐蚀》，写于1941年夏，连载于香港的《大众生活》，是边写边发表的。《腐蚀》是完整的作品还是残缺的作品呢？答案应该是前者。这是茅盾唯一一部“超额完成”写作计划的长篇小说。所谓“超额完成”，是指在原定的写作计划上再生枝节，增加内容和篇幅。茅盾原来计划写到小昭被害就结束。但是，突然有两个意外要求：一是读者要求给赵惠明一条自新之路；二是期刊考虑装订合订本和衔接下一部长篇小说连载的方便，要求茅盾“拖”几期。从这个意义上说，《腐蚀》“超额完成”了作者的写作计划。那么，《腐蚀》的内容是不是完整的呢？作为日记体的长篇小说，作者写出了主人公赵慧明离家—回家的人生轨迹，展现了她被腐蚀—堕落—犯罪—悔恨—自新的道路。这也是时代女性人生道路的一种类型。赵学勇、高亚茹的文章中说“茅盾对时代女性形象建构的一系列转变”，“在茅盾的作品中并没有完成。最终，对女性命运的书写，似乎成了茅盾写作生涯的一块心病”②。这显然有点主观臆断，脱离了茅盾的文本。或者说，这是用现在描写女性道路的主张来要求过去的茅盾。作为一个批评家，不应该要求作家应该如何写、用什么方法写，而只能分析作家写得怎样，为什么这么写。

茅盾的第五部长篇小说是《霜叶红似二月花》，1942年写于桂林。这部长篇小说分为三个部分：前9章连载于《文艺阵地》，展现五四运动前一年江南某县城内两派缙绅的暗斗，为第一部分；后5章连载于重庆《时事新报》的《青光》栏目，临时取名为《秋潦》，集中写农民与轮船公司老板王伯申的斗争，为第二部分；第三部分是写于1974年

---

① 茅盾：《〈第一阶段的故事〉后记》，《茅盾全集》（第四卷），黄山书社2014年版，第527页。

② 赵学勇、高亚茹：《茅盾“未完成”长篇小说探析》，《华中师范大学学报（哲学社会科学版）》2017年第3期。

的续稿，发表于1996年第3期《收获》，仅仅是第15章到第18章的故事梗概和片段。三个部分合在一起，仍属残篇。茅盾曾回忆其写作构想道：“全书的规模比较大，预计分三部分，第一部写‘五四’前后，第二部写北伐战争，第三部写大革命失败以后。但是写了十五万字，只完成了第一部，还没有沾着大革命的边，我就离开桂林去了重庆，不料到了重庆，环境变化，竟未能继续写下去。从现在出版的《霜叶红似二月花》中只能看到‘五四’前后江南城乡新旧势力错综复杂的斗争，还看不出我原来的写作意图，霜叶还没有红，围绕男主人公钱良材的故事刚刚展开，女主人公张婉卿的性格还有待发展，而另一位女主人公张今觉则尚未登场。”① 我们从茅盾1974年写的续稿的附件之一“部分人物表”中可以看出，茅盾意图表现多个家族的先生、太太、小姐的复杂生活和情感纠葛。这样庞大的计划是难以完成的。

茅盾的第六部长篇小说，也是最后一部长篇小说，是《锻炼》，连载于1948年香港的《文汇报》。《锻炼》是茅盾拟写的五部连贯的长篇小说的第一部。“这五部连贯的小说，企图把从抗战开始至‘惨胜’前后的八年中的重大政治、经济、民主与反民主、特务活动与反特斗争等等，作个全面的描写。”② 可是，刚写完第一部，茅盾就被征调北上，筹备政治协商会议去了，不得不中断此书的写作计划。1979年，茅盾整理旧稿，将发表于1943年的中篇小说《走上岗位》的第5、6章做了修改，移作《锻炼》的第14、15章。现存的《锻炼》是否完整呢？小说主要描写抗战初期上海一家工厂在迁移过程中发生的矛盾和斗争，作品中的几条线索虽有所展开，但远没有收束，人物形象也不丰满，只是充斥着大量的生活现象。因此，《锻炼》不是相对完整的作品，而是残缺的作品。

二、原因：客观与主观

从以上的论述可见，茅盾留下的6部长篇小说，3部相对完整（《虹》、《子夜》、《腐蚀》），3部残缺不全（《第一阶段的故事》、《霜叶红似二月花》、《锻炼》）。比照最初的写作计划，6部中有5部“未完成”，这是值得反思的。我们不禁要问：为什么茅盾一而再、再而三地犯同样的错误？为什么茅盾要不断重复自己的写作缺憾？这是一种“宿命”吗？其实，从以上我们对茅盾长篇小说的创作构想和作品实际的比对中，从茅盾的长篇小说所呈现的完整、相对完整和不完整的分类描述中，我们已约略看出了问题的症

① 茅盾：《回忆录·桂林春秋》，《茅盾全集》（第三十六卷），黄山书社2014年版，第517–518页。

② 茅盾：《锻炼·小序》，《茅盾全集》（第七卷），黄山书社2014年版，第380页。

结所在，无非是受客观和主观两方面因素的制约。对此，我们应该回到原初的创作现场，回到创作的基本问题，设身处地去分析原因，而不能标榜出新、过度阐释，更不能把简单的问题复杂化。

首先是客观原因。茅盾所处的创作环境是20世纪三四十年代，在这个时局动荡、战乱频仍的时代，很多作家不得不随时局的变化而辗转迁徙，甚至颠沛流离。这对于长篇小说的创作是极为不利的。没有一个安稳的外部环境，甚至没有一个宁静的书斋，想要长时间写作谈何容易。而长篇小说的创作是一种极具“难度”的文体，它首先需要充足的时间和长久的耐力。这对茅盾来说就很难保证。《虹》写于茅盾亡命日本的1929年，刚写了4个月，就不得不迁居，写作的思绪被打断，很难衔接。再加上茅盾彼时是以卖文为生，尚未从容接续，就已分心别处。因为“国内的朋友索稿也急如星火。故在写长篇《虹》的时候，已经整理旧稿应付国内之需求，这就是《近代文学面面观》（一九二九年五月）和《六个欧洲文学家》（一九二九年六月）两本书”①。在《子夜》的写作过程中，茅盾也曾因病、因事（冯雪峰让他担任“左联”的行政书记，他只好把《子夜》的写作暂时搁下，专注于“左联”的日常工作）、因上海战事、因天气炎热而被打断，草草收场，仓促成书。《第一阶段的故事》的“未完成”，除了生活经验的不足等主观上的原因外，也有向他约稿的空了离开《立报》、茅盾自己要远赴新疆教书等客观原因。在新疆，茅盾在极端复杂、严峻、危险的环境下求生存，后来机智脱险。在这样的外部环境下，创作已彻底“束之高阁”了。而《霜叶红似二月花》尚未完成，茅盾又从桂林赶赴重庆，接受新的任务。《锻炼》的第一部刚写完，茅盾和包括沈钧儒、李济深、郭沫若等在内的香港民主人士、文化人就接到通知，要求他们分批秘密进入东北解放区，然后转赴北平筹建新政协。由此可见，茅盾的长篇小说写作就是在这样颠沛流离的生活中进行的。对于导致其创作“未完成”的这些客观原因，我们不能视而不见。

其次是主观原因。如果一股脑地将原因都推给“客观”，而忽略“主观”，是站不住脚的，也是一种推卸责任的表现。因为同时代的其他作家如巴金等也处在动荡的外部环境中，但其长篇小说创作并没有像茅盾那样“虎头蛇尾”。这一点也正是我们今天反思的意义所在。笔者认为主观原因至少有三：

第一，茅盾的写作计划过于宏大，总想大规模地描写中国社会，追求全景的设计、全面的描写，非多卷本不足以承载。这种雄心勃勃的、庞大的写作构想本身就是脱离现实、脱离实际的，是不可能完成的。茅盾的经验、思想、体力、耐力以及客观环境都不足以支撑他完成这一写作“宏愿”。客观和主观的制约，使他不可能像曹雪芹写《红楼

① 茅盾：《回忆录·亡命生活》，《茅盾全集》（第三十五卷），黄山书社2014年版，第473页。

梦》那样“批阅十载，增删五次”，这是不言而喻的。我们看到，茅盾的6部长篇小说有5部都是因为写作的野心过大而遭搁浅。《虹》要写“十年之壮剧”；《子夜》要“大规模地描写中国社会现实”；《第一阶段的故事》要写上海战争、武汉会战；《霜叶红似二月花》要写3部长篇小说；《锻炼》要写5部长篇小说。唯有写《腐蚀》时，茅盾没有那么雄心勃勃，没有庞大的写作计划，只想吸引香港的读者，再加上日记体形式的巧妙采用，省去了结构上的烦恼，而香港半山寓所“那里环境十分幽静，有利于我每周交出八千字的文稿”。所以，“《腐蚀》动手之后，写得十分顺利，可以说是一气呵成”①。

第二，生活经验、生活积累、生命体验的不足，都难以促成鸿篇巨制，写作时必然捉襟见肘，草草收兵，留下遗憾。茅盾并非没有文学才能，也并非没有驾驭长篇小说的能力。这一点从《子夜》的叙事、写人以及经营繁而不乱的宏伟结构已经得到证明。但是，“巧妇难为无米之炊”，没有生活，没有经验，没有积累，怎么去写？这就牵扯到“文学源于生活”这一传统的、被有些人认为过时的命题。20世纪90年代以来的新潮小说就不认同“文学源于生活”的经典信条，也不承认“短篇小说靠技巧，长篇小说靠生活”的基本文学经验。一些人认为小说主要靠想象和虚构，这种想象和虚构与实际的现实生活无关。阎连科甚至提出“神实主义”，探求一种“不存在”的真实，和传统的现实主义抗衡。这种潮流不仅影响了相当一部分作家，也影响了批评家。一些人羞于提“文学源于生活”，回避“写小说需要积累”，认为这些都是“老掉牙”的问题。其实，从根本上说，“文学源于生活”是普遍的真理，是亘古不变的规律。茅盾在创作长篇小说的当时以及其后的总结反思中，不止一次提到了生活经验、生活积累不足的问题。比如，关于《子夜》，茅盾说：“当我提笔要根据分章大纲写成小说时，就感到规模还是太大，非有一两年时间的详细调查，有些描写便无从下手”，“而且关于军事行动的描写，即使作了调查也未必能写好，因为我没有在部队中工作（即使是政治工作）的经验。于是就有再次缩小计划的考虑，彻底收起那勃勃雄心”②。在写《第一阶段的故事》的时候，茅盾就深切地感受到，生活经验的不足使他在写作中愈来愈胆怯、愈来愈烦恼，以至意兴阑珊。1957年，茅盾在《〈第一阶段的故事〉新版的后记》中说：“我曾经一再打算写抗日战争的小说，可是每次都是‘虎头蛇尾’；人事牵掣，没有足够的时间，是其一因，但尤为重要的，是我的生活经验还不足以写那么大的题目。这种失败的经验，也

---

① 茅盾：《回忆录·战斗的一九四一年》，《茅盾全集》（第三十六卷），黄山书社2014年版，第469、470页。

② 茅盾：《回忆录·〈子夜〉写作的前前后后》，《茅盾全集》（第三十五卷），黄山书社2014年版，第556-557页。

就是我的写作经验。”①

既然茅盾已经意识到了生活经验与积累的不足是写长篇小说的大忌，是注定要失败的，那么，茅盾为什么还要一再坚持宏大叙事，从而不断地犯同样的错误呢？这与茅盾的文学观有关。自“五四”以来，茅盾就主张文学为人生，要反映人生、书写人生，于是，“反映—再现”的现实主义文学观就成了茅盾一贯的追求。而且，他认为非“全景化”不足以表现生活的“宽广度”，不足以具有“史诗”的气魄。这就显现出了他的单一和狭窄，因为文学把握生活的方式，除了“反映—再现”，还有“表现—重构”。从沈从文到莫言所构筑的小说世界，都是从忆念中想象出来的，尽管它来自现实世界，但又不等同于现实世界，而是另一个世界。沈从文笔下的湘西、莫言笔下的高密，都不是原始的湘西和真实的高密，而是想象的湘西和高密，是艺术的营造。比较而言，茅盾不太认同这种文学观，他始终把史诗性、宽广度作为衡量长篇小说艺术成就的唯一标准。这样就会过于看重小说反映生活的宽度和广度，而相对忽视了小说中情感的浓度、精神的密度，导致他的政治思维、意识形态思维常常压制了他的文学思维和文学想象。于是，其长篇小说创作“大而全”的追求就“屡战屡败”了。

从根本上说，长篇小说创作是离不开创作者的生活经验、生活积累和生命体验的，经验越鲜活，积累越丰富，体验越深刻，就越容易写好长篇小说。我们看到，聪明的作家，其创作往往从“自我”选材，写自己的经历，写自己家族的经历，写自己所在的阶层和生活圈子的经历，因为这是创作者体验、积累最为深厚之所在。现代的几位长篇小说大家巴金、老舍、李劼人、钱锺书都写自己或自己最熟悉的生活，都与自己的经历息息相关。当代成功的长篇小说，从“十七年”的革命历史小说、农村题材小说、工业题材小说到新时期、新世纪的长篇小说（如王蒙、莫言、贾平凹等），都是写作家自己经历的生活。唯独茅盾长篇小说的选材与他自己的生活无关。他的 6 部长篇小说都不是取材于自己经历的生活，可以说都是他不熟悉的，有的仅靠临时的观察、了解，仰仗着他较强的分析能力、概括能力以及深厚的学养和艺术的手腕，才避免了流于蒋光慈式的“公式化”、“概念化”。写自己不熟悉的生活终难成行，更难以拉长。再加上“反映—再现”的现实主义文学观，使他不善于“表现—重构”生活。所以，过于庞大的创作构想必然进行不下去，只能半途而废。

第三，从茅盾长篇小说的创作设想和具体的艺术构思来看，他总是先有一个宏大的创作设想，有一个明确的理念，然后才有人物，而对于长篇小说创作所必需的核心的情

① 茅盾：《〈第一阶段的故事〉新版的后记》，《茅盾全集》（第四卷），黄山书社 2014 年版，第 530 页。

节、完整的故事、典型的创造却始终缺乏细致的考量。他的多数长篇小说往往都是没有核心情节和中心冲突的，他也不太善于讲故事。即使有中心冲突的作品，如《子夜》，也往往节外生枝，枝外生花，其目的无非是使自己的作品“全”和“满”，只有这样才符合他“宽而广”、“大而全”的追求。我们看到，茅盾在谈自己的创作构思时，常常出现的话语是辛亥革命、五四运动、五卅运动、大革命、抗战、“近十年之壮剧”、“大规模地描写中国社会现象”、“重大政治、经济、民主与反民主、特务活动与反特斗争”、“若干形形色色”、“一个个画面”等等。这些只是历史的事件和生活的现象。关于用什么故事、什么情节、什么人物来反映“时代的壮剧”，来打动读者的心灵，他却缺乏缜密的构思。匆忙上阵，必然会越写越概念，越写越枯竭，越写越难以深入，越写越缺乏信心，最终难以完成。

三、启示：共性与个性

茅盾长篇小说的“未完成”现象，在中国现当代长篇小说的创作中是共性的还是个案，是普遍性的存在还是特殊性的存在？确切地说，它既是共性的也是个案，既具有普遍性也具有特殊性。说它是共性的，是因为长篇小说的创作无疑是作家经验、才能、思想、技术以及体力、耐力的综合反映。不管是哪个方面出了问题，都会出现倾斜，留下遗憾。从晚清的曾朴、梁启超到现代的茅盾、老舍，以至当代赵本夫的“地母”四部曲、赵德发的“土地”三部曲，都存在未最终完成的现象。俄国大文豪果戈理的《死魂灵》原计划创作3部，由于后期创造力衰退和思想的局限，他被迫焚毁了自己创作的第2部，第3部则未及动笔。另一俄国大文豪陀思妥耶夫斯基的《卡拉马佐夫兄弟》，原计划写两部，由于作家意外逝世，第2部未及完成。无独有偶的是，和茅盾处于同一时代的另一位长篇小说大家老舍，也有多部作品尚未完成。据张桂兴的考证，包括已有写作的打算、已经有所酝酿、已写出部分文字、已发表若干章节这4种情况在内，老舍未完成的作品大约有20多部①。其中，属于长篇小说的就有13部，除去只是酝酿而没有写出的4部，还有9部“未完成”之作。可见，“未完成”现象是普遍存在的。说它是个案，是因为没有第2个中外作家的“未完成”与茅盾的情形相同。老舍的《大概如此》、《二拳师》都是因为自己不满意而主动放弃、重新开篇的。《选民》的未完成是因为被老舍遗忘了，也可以说是主动放弃了。《小人物自述》、《蜕》、《民主世界》、《正红旗下》

---

① 张桂兴：《老舍的未完成之作考》，《老舍资料考释》（修订本），中国国际广播出版社2000年版，第323页。

是因为不合时宜，或受政治高压，不能再写下去了。只有《天书代存》是因为“找不出功夫来写”，与茅盾的“未完成”有些相似；《病夫》、《蜕》是因为发表的刊物停刊，与茅盾的《第一阶段的故事》有点接近。然而，更多的还是相异。可见，茅盾长篇小说“未完成”现象又有他的特殊性。

必须承认，茅盾长篇小说的“未完成”现象是创作的缺憾，是文学的伤疤。未完成的作品与那些完成的作品相比，并不具有同样的文学史价值和意义。它留给后人的，更多的是创作的教训和有益的启示。

首先，它警示后来者要营造良好的创作环境。我们看到，茅盾长篇小说创作的“未完成”，总是有客观的原因，受客观条件、创作环境的制约。这不是茅盾在推卸责任，也不是茅盾为自己写不完长篇小说找借口，为自己开脱，而是客观实情。战乱、动荡、迁徙、经济窘迫、卖文为生等等原因常常使他难以安静下来从容构思、写作和修改，写作往往是急就章，写完就算，或因形势骤变而不得不搁笔。再加上茅盾的特殊地位、特殊身份，使他总要承担繁忙的政治工作、文化工作、文艺工作而不能潜心创作。1949 年以前，他颠沛流离，辗转迁徙，每到一地，既要迎接新的工作，又要受到当地编辑、记者的冲击，约稿、演讲、会议不断，往往应接不暇。1949 年以后，他身居要职，行政工作更加繁忙，更加无暇创作。《霜叶红似二月花》的续写也只能草草收场，无法进行下去。我们欣喜地看到，从中华人民共和国成立之后的新阶段到改革开放的新时期，从新世纪到有中国特色社会主义的新时代，作家的生活条件和创作环境越来越好，作家已彻底摆脱了卖文为生的压力，可以心无旁骛地潜心创作，所以，长篇小说空前繁荣，产生了大量思想性、艺术性、审美性俱佳的优秀作品，像茅盾那样“未完成”的现象已十分少见。相反，气势恢宏的史诗作品、博大精深的鸿篇巨制屡见不鲜。小说的“长度”更有历史性的突破。现代长篇小说中篇幅最长的是老舍约百万字的《四世同堂》，而且仅此一部。当代小说洋洋 100 万字、200 万字已不在话下，属“家常便饭”。张炜的《你在高原》已突破 400 万字，成为创纪录的长篇小说。没有一个良好的创作环境和非凡的毅力，这样的巨制是难以完成的。

其次，长篇小说创作要有生活积累，要遵循创作规律，不能违背创作规律。小说家写小说仰仗什么？当然是仰仗作家的才能、技术、思想、生活积累、生命体验以及体力、耐力等因素。如今，按时髦的观点，往往把小说更多地看成“虚构的故事、臆造的故事、虚拟的生活”，突出作家的想象、编织和虚构，而忽视、轻视了生活积累、生命体验。忘记了小说是生活的表现、生命的书写。当年茅盾为了写小说而去交易所观察、了解，柳青为了写小说而去农村体验生活，都被新潮作家、新生代作家看成是多余的、落伍的，因为他们常常是在大都市面壁虚构。在这一点上，我们应该回到基础，回到初心，回到原点上，重温伟大的作家、批评家的教诲。别林斯基认为“长篇小说更适合于诗情地表现生活”①，劳伦斯也认为“长篇小说是生活的书”②。冈察洛夫谈创作经验道：“我只能写我体验过的东西，我思考过和感觉过的东西，我爱过的东西，我清楚地看见过和知道的东西，总而言之，我写我自己的生活和与之长在一起的东西。”③ 冈察洛夫在这里所说的，在中外无数作家的创作经验里都得到了验证：作家只能写自己的生活，写自己熟悉的生活，写自己体验过的生活。和茅盾同时代的长篇小说家巴金对封建大家庭的描写为什么能出神入化？老舍对北平市民的书写为什么能游刃有余？就是因为那是他们自己的生活，是他们熟悉的生活。正如巴金所说，“我熟悉我所描写的人物和生活，因为我在那样的家庭里度过了我最初的十九年的岁月，那些人都是我当时朝夕相见的，也是我所爱过和我所恨过的”④。1964 年，老舍应《人民文学》之约，拟写一部反映三轮车工人生活的剧本，来表现建国 15 年的变化。戏剧界的朋友也劝他写这样一部新的《骆驼祥子》。为此，老舍访问了不少三轮工人。但是，老舍终因生活积累不足，并没有写成。那么，小说《骆驼祥子》为什么能写成功呢？老舍说：“那就是因为我小时候是一个穷苦的人民，这个街坊呀，邻居呀，亲戚呀，有许多是拉车的，所以，不用我花什么调查访问哪，我就可以把那个书写出来了。现在，三轮工人的生活不一样了”，对于他们的生活，“我还不是那么熟悉”⑤。老舍这一正一反的例子是非常有说服力的。小说《骆驼祥子》的成功是因为有生活积累，遵循了艺术创作的规律，所以成功了。拟写的剧本——新的《骆驼祥子》为什么没有写出来？因为生活积累不足，违背了艺术创作的规律，所以流产了。茅盾对于其长篇小说所描写的生活，不像巴金、老舍所描写的生活那么熟悉，我们一比较就鉴别出来了。

强调生活积累对于长篇小说创作的重要性，并说它是创作规律的体现，是不是轻视、限制、扼杀了作家的想象、编织和虚构呢？非也！没有想象、编织、虚构，就没有小说。但小说家的想象和虚构不是凭空的，也不是任意的，总要有所依凭。即使是寓言小说、

---

① ［俄］别林斯基：《论俄国中篇小说和果戈理君的中篇小说》（1835 年），童庆炳、马新国主编：《文学理论学习参考资料》（上），北京师范大学出版社 2005 年版，第 578 页。

② ［英］劳伦斯：《乡土精神》，童庆炳、马新国主编：《文学理论学习参考资料》（上），北京师范大学出版社 2005 年版，第 589 页。

③ ［俄］冈察洛夫：《迟做总比不做好》，北京师范大学中文系文艺理论教研室编：《文学理论学习参考资料》（上），春风文艺出版社 1981 年版，第 228 页。

④ 巴金：《和读者谈谈〈家〉》，《巴金论创作》，上海文艺出版社 1983 年版，第 212 页。

⑤ 张桂兴：《老舍的未完成之作考》，《老舍资料考释》（修订本），中国国际广播出版社 2000 年版，第 333 页。

幻想小说、穿越小说等纯虚构的故事，也都要依凭创作者已有的生活积累。鲁迅说：“作者写出创作来，对于其中的事情，虽然不必亲历过，最好是经历过”，“天才们无论怎样说大话，归根结蒂，还是不能凭空创造”①。茅盾的长篇小说创作中的故事、人物往往都不是作者经历过的，甚至是不熟悉的，所以，其生活积累是不够的。在这种情况下就仓促上阵，必然捉襟见肘。

再次，长篇小说的创作构想要切合实际，量力而行，不能贪大求全、好大喜功。我们看到，茅盾的长篇小说创作往往“野心”很大，构想宏伟，而完成它的主客观条件并不具备，更不成熟，所以，每每留下半部、残篇。问题的复杂性在于：茅盾的长篇小说创作屡屡出现这样的问题，他不断重蹈覆辙，是因为他的创作才能不行，创作底气不足吗？或者说是他“江郎才尽”，才思枯竭了吗？都不是。如果真的是因为才能不行、底气不足，他在创作构想时就不会雄心勃勃，而且屡屡如此。在这点上，茅盾与戏剧家曹禺有些类似。曹禺 1940 年创作完《北京人》后，在长达半个多世纪的时间里，再也没有写出不朽的戏剧。原因当然很复杂，但有一点是确定无疑的，也是很重要的，就是曹禺不缺戏剧才能，缺的是新的生活体验、生命体验。茅盾在生活体验、生命体验都不足的情况下，每每构想鸿篇巨制，同样不是因为才能的问题。那么，茅盾构思长篇小说为什么总是贪大求全呢？这与其政治家的情结、批评家的出身、社会科学家式的思维以及善于理性分析的思维品质密切相关，同时，也与他受到巴尔扎克、左拉、托尔斯泰等 19 世纪现实主义作家的对社会的整体观察、百科全书式的描写、时代和革命的一面镜子式的展现等观念的深刻影响有关。

和茅盾同时代、同样写长篇小说的巴金，其创作意图就不像茅盾那么理性，那么高远。巴金是抱着情感宣泄、倾吐爱憎的目的来写小说的，用他自己的话说，就是“让在我心上燃烧的火喷出来，于是我写了小说”，“我过去的爱和恨，悲哀和欢乐，受苦和同情，希望和挣扎，一齐来到我的笔端，我写得很快”②。《春》是巴金突击完成的；《秋》是一气呵成的；《火》的第一部是断断续续写的，第二部花了不到两个月的时间一气呵成。老舍于 1934 年同赵家璧商定，写一部长篇小说《二拳师》，并已写成了五六千字，但后来看到类似的短篇小说已发表，觉得不出奇了，就不写了。后来，老舍将《二拳师》的部分情节改写成了短篇小说《断魂枪》，成为经典。所以，老舍说，材料受了损

---

① 鲁迅：《叶紫作〈丰收〉序》，《鲁迅全集》（第 6 卷），人民文学出版社 2005 年版，第 227 页。

② 巴金：《文学生活五十年》，《巴金论创作》，上海文艺出版社 1983 年版，第 7、9 页。

失，而艺术占了便宜，5000 字也许比 10 万字更好；文艺并非肥猪，块儿越大越好①。

综上，我们结合巴金、老舍、曹禺等现代作家的创作实例，又联系当代文学、当代作家，重新探讨了茅盾长篇小说“未完成”的表现、原因以及留给后人的教训和启示。这种教训和启示，也许正是本文的意义所在、价值所在。

（作者单位：辽宁师范大学文学院）

① 张桂兴：《老舍的未完成之作考》，《老舍资料考释》（修订本），中国国际广播出版社 2000 年版，第 325 页。

现代历史演义小说中的农民起义重构及其辨析①

汤哲声

如果将历史宫闱小说、历史掌故野闻等文类均称作历史演义小说的话，现代中国的历史演义小说创作数量则汗牛充栋，可以说是中国现代长篇小说创作数量之最。中国学界对历史小说的研究一直很重视，但是研究主要集中在新文学作家创作的历史小说和中国当代历史小说上，对现代这些历史演义小说的研究则基本缺失②。当然，创作数量并不代表文学的研究价值，但可以说明这类历史演义小说曾经在现代中国掀起过创作热潮。历史既然留下痕迹，记忆就当留存，褒贬优劣评说，考量自不可少。

若对这些现代历史演义小说浪里淘沙，最有价值者当是对中国农民起义的重构，代表作有黄世仲的《洪秀全演义》、张恂子的《红羊豪侠传》、李宝忠的《永昌演义》等③。与那些历史宫闱、掌故小说相比较，现代中国写农民起义的历史演义小说的数量虽不多，却最具有现代意识：一是这些农民起义的重构改变了中国历史演义小说特有的表现朝廷更替、为帝王英雄作传的面孔，出现了与中国传统历史演义小说不同的“逆向思维”和“逆向书写”；二是这类小说与中国现代的文化观念密切相连，是深入研究中国现代文化的一个视角；三是它对中国历史小说的创作产生了深远的影响。

---

① 本文系国家社科基金基础类重点项目“中国当代通俗小说史与大事记整理研究”（20AZW019）的阶段性成果。

② 研究中国现代历史演义小说的论著不多，陈子平的《中国近现代通俗历史小说史略》（四川民族出版社1996年版）是为数不多的现代历史演义小说专论。近年来，许道军的博士论文《历史记忆：建构与模型——中国现代历史类型研究》提出并研究了中国现当代历史小说的类型学以及叙事方式，对现代历史演义小说也有论述。

③ 黄世仲，即黄小配。《洪秀全演义》（54回），1905年起连载于香港《有所谓报》和《少年报》。张恂子《红羊豪侠传》（84回），1912年由上海大众书局出版。具有关资料记载，李宝忠《永昌演义》（40回）的写作时间应该是1926年，成稿时间应该是1930年。

一、农民起义重构："国史演义"的颠覆

中国历史演义小说源于明《三国志通俗演义》。庸愚子（蒋大器）为该书作序，说："若东原罗贯中，以平阳陈寿《传》，考诸国史，自汉灵帝中平元年，终于晋太康元年之事，留心损益，目之曰《三国志通俗演义》。"① 可见，这部演义小说是根据陈寿的《三国志》和诸国史演绎而成。事实上，《三国志通俗演义》的封面上就题有"晋平阳侯陈寿史传，明罗贯中编次"。演义根据国史演绎而成，自《三国志通俗演义》始，后成惯例。可以这么说，中国的演义小说就是中国国史的故事读本。既然是以国史为底本，演义小说便一定是朝代更替演绎和帝王成长演绎。国史中那些农民起义的主角皆被称作"贼"或"寇"。现代农民起义历史演义小说将中国正统的历史演义小说的价值评判翻了一个个儿。"浪淘尽千古风流人物"，风流人物不再是帝王将相，而是那些"贼"或"寇"；"是非成败转头空"，感叹的不再是朝代更替的沧桑和无奈，而是草莽贼寇一腔热血付之东流。价值观念彻底颠覆的农民起义历史演义小说让中国历史演义小说换了面容。

首先是观念上的反正统。究竟什么才是国家之纲、民族之魂？不是国之传统、真命天子，而是国家之性、民族所需，是正统的家国观念所排斥的"歪门邪说"和"妄言妄行"。黄世仲之所以作《洪秀全演义》，是因为"四十年来书腐亡国，肆口雌黄，发逆洪匪之称，犹不绝于耳，殆由曾氏大事记一出，取媚当王，遂忘种族"②。40 年来的那些国史正统，都是一些取媚当王之书，黄世仲要写的是那些被称之为"发逆洪匪"之实录，其目的是"即以传汉族之光荣"③。他还在自序中特别署上"时黄帝纪元四千六百零六年季夏禺山黄小配记"④。他说得很清楚，这部历史演义小说就是颠覆国史、为种族革命而写。为此，此演义小说受到章炳麟的高度赞扬，专门作序，竭力推荐，"亦思复有洪王作也"⑤。张恂子的《红羊豪侠传》对那些骂太平天国"发匪"、"洪逆"的国史正统，同样不满，但是对《洪秀全演义》这样"把洪秀全、杨秀清恭维得和蜀汉时代的昭烈帝、武乡侯一般无二"⑥，也认为"过犹不及"。在他看来，洪秀全造反固然有"传汉族之光荣"的思想，但真正的目的就是要做皇帝。"他以为做皇帝，也不过是那么一回事，

---

① 庸愚子：《三国志通俗演义序》，黄霖、韩同文选注：《中国历代小说论著选》（上），江西人民出版社 1985 年版，第 105 页。

② 黄世仲：《洪秀全演义自序》，《洪秀全演义》，湖南人民出版社 1981 年版，第 9 页。

③ 黄世仲：《洪秀全演义自序》，《洪秀全演义》，湖南人民出版社 1981 年版，第 9 页。

④ 黄世仲：《洪秀全演义自序》，《洪秀全演义》，湖南人民出版社 1981 年版，第 9 页。

⑤ 章炳麟：《洪秀全演义序》，《洪秀全演义》，湖南人民出版社 1981 年版，第 7 页。

⑥ 张恂子：《红羊豪侠传》，黄山书社 1988 年版，第 2 页。

无论哪个人只要得民心，有兵力，如汉高祖是一个亭长，明太祖是一个小沙弥，一般的都可以做皇帝”①，颇有点“王侯将相宁有种乎”的味道。李宝忠的《永昌演义》写李自成起兵造反，同样是以反满说事，感叹如果李自成不失败，“吾汉族亦何至慑服于满清专制之下数百年不敢扬眉吐气，凌夷以至于今日也哉”②。满清入关明明与李自成的作为有关，作者却将所有的责任推向吴三桂。也许作者也觉得这样的说辞有点勉强，于是就对李自成本人大加赞美：“李自成本一走卒，崛起草泽，战必胜，攻必克，十余年间覆明社稷，南面而王天下，虽其运祚不长，兴亡转瞬，而其雄才大略，殊足以远继汉、明，以视魏、晋、六朝之窃弄权柄、要挟国君、狐媚以取天下者，其贤不肖之相去为何如哉？况其人不贪财，不好色，光明磊落，有古豪杰风，若释丘从周戮张国绅等事，不贤而能之乎？”③ 在这里，李自成就是一个个人素质极好、出生草泽、有着古豪杰之风的贤良之人。《永昌演义》也就是一部演义体的李自成传记。农民起义演义小说为造反演绎，为反叛作传，必然要找个能够说服读者的理由，而反清、种族、个人素质，甚至是欲望和野心，在那个时代都是很好的说辞。

既然是为农民起义树碑立传，与传统的历史演义小说相比，农民起义历史演义小说的叙述一定是“逆向思维”与“逆向书写”。英雄和逆贼的位置会转换，成败得失会重评。用“逆向思维”与“逆向书写”展开故事并不难，只要将惯有的演义体的人物角色换一换即可，故事还是那样的故事，但难在为什么这样置换。农民起义历史演义小说必须解决两个问题：一是逆贼怎么就成为了英雄；二是既然成为了英雄为什么又失败了。这两个问题不解决，读者就很难调整他们的惯有思维。《洪秀全演义》认为洪朝“君臣以兄弟相称，则举国皆同胞，而上下皆平等也；奉教传道，有崇拜宗教之感情；开录女科，有男女平权之体段；遣史通商，有中外交通之思想；政行必行会议，有立宪议院之体裁。此等眼光，固非清国诸臣所及，亦不在欧美诸政治家及外交家之下”④。能够在中国创建如此的朝廷之人，“洪朝人物之真为豪杰”：“洪王深明种族大义”，“李秀成是古今来第一流人物”，“石达开自是上上人物”……⑤书中几乎将洪朝人物都赞美了一遍。黄世仲是同盟会员，在香港、广州多地担任过报纸主笔。从国体、信仰、社会平等层面说明洪朝与世界接轨，洪朝人物当然是英雄人物，作者的见解确实高人一等。相比较而言，张恂子、李宝忠就没有这样的思想和立意。张恂子在《红羊豪侠传》中说洪秀全能

① 张恂子：《红羊豪侠传》，黄山书社 1988 年版，第 115 页。
② 李宝昌：《永昌演义自序》，《永昌演义》，新华出版社 1984 年版，第 2 页。
③ 李宝昌：《永昌演义自序》，《永昌演义》，新华出版社 1984 年版，第 2 页。
④ 黄世仲：《洪秀全演义例言》，《洪秀全演义》，湖南人民出版社 1981 年版，第 10 页。
⑤ 黄世仲：《洪秀全演义自序》，《洪秀全演义》，湖南人民出版社 1981 年版，第 11 页。

称王，是他具有帝王之相①；李宝忠在《永昌演义》中说李自成能称帝，是因为大蛇报恩、神灵转世②。这些都是历史演义小说惯用的说辞。正因为如此，尽管《红羊豪侠传》和《永昌演义》的故事叙述都高于《洪秀全演义》，但影响力均逊于后者。至于这些英雄豪杰为什么会失败，三本农民起义演义均没有什么新意，都将失败的原因指向身边的奸人、恶人。《洪秀全演义》是部未竟之作，但在演义的《例言》中已明确“洪朝之败，实败于杨秀清”③。《红羊豪侠传》则将东王之跋扈以及后来的众王之乱做了生动的演绎。《永昌演义》写李自成之败是由于身边谋士牛金星挟嫌报私。如此写英雄之败，就很平庸了。这与作者的文化修养不足和思想高度不够有关。正因为如此，现代农民起义历史演义小说就被淹没在现代演义小说大潮中，而不能被人刮目相看了。

在《洪秀全演义》和《红羊豪侠传》出版前后，市面上已经有关于太平天国的演义小说流行，如遭劫余生的《扫荡粤逆演义》（1897，又名《湘军平逆记》）、冯文寿的《曾公平逆记》（1909）、严庭樾的《国期中兴记》等。将李自成写成“闯贼”的演义小说更多，比较著名的作品有松排山人编的《铁寇图》（1878，又名《崇祯惨史》）、陆士谔的《精禽填海记》（1906）等。这些小说均为正统演义。正统演义好写，因为它以国史为蓝本。翻案演义没有史料，只能是稗史。事实上，这些农民起义演义均是根据野史编撰而成的。黄世仲说他写《洪秀全演义》是根据童时听到高曾父老谈论洪朝的事迹以及近期在羊埠某寺中与某山人谈论洪朝往事而演绎之④。张恂子写《红羊豪侠传》并未说根据何来，不过，叶楚伧在为该书作的序中已明确说：“此书虽稗官演义，未免失真，而绎事描情，几希似睹。”⑤ 这部小说就是一部“稗官演义”。《永昌演义》的作者李宝昌虽将《明史》等一大批正史作为考证书附在小说之后，但从小说的创作实际状况看，他并未采纳多少。他在《自序》中已经说得很明白：“于某缙绅家得《伪顺遗闻抄本》二册，记事尤详，足证《明史》之记载舛谬实多，未足全信，当时曾摘其要而录之”⑥，“爰于丙寅夏，检集正杂各史，稗官笔记以及各州县志乘、私家抄本，旁采乡里闾巷父老之传闻，存其可证之事，弃其不经之谈，从事编辑，凡四易寒暑而稿成，名曰《永昌演义》”⑦。《永昌演义》是由正史、稗史以及手抄本、传闻杂糅而成的。正史在于记事，稗史在于传奇。主要依据稗史而成的农民起义演义显然故事多于史事，传奇多于纪实。

---

① 张恂子：《红羊豪侠传》，黄山书社1988年版，第120页。
② 李宝昌：《永昌演义》，新华出版社1984年版，第12页。
③ 黄世仲：《洪秀全演义例言》，《洪秀全演义》，湖南人民出版社1981年版，第11页。
④ 黄世仲：《洪秀全演义自序》，《洪秀全演义》，湖南人民出版社1981年版，第9页。
⑤ 张恂子：《红羊豪侠传》，黄山书社1988年版，第1页。
⑥ 李宝昌：《永昌演义》，新华出版社1984年版，第2页。
⑦ 李宝昌：《永昌演义》，新华出版社1984年版，第2页。

问题在于作者在处理这些稗史时，又缺乏独立思考的能力，只能附会于正史演义中的那些传奇书写。就以三部农民起义历史演义的“起势”来说，《洪秀全演义》的开头是《三国演义》中那个“隆中对”的翻版，《红羊豪侠传》模仿的是《水浒传》的“英雄传奇”，《永昌演义》明显附会于“汉高祖斩蛇”。

二、时代精神彰显：中国历史演义小说之“最现代”

严复和梁启超等人在晚清提出的“小说界革命”，一定程度上说，革的就是历史演义小说的命。梁启超在他那篇著名的《论小说与群治之关系》中，以他特有的铺排语言对中国的小说作出如此评说：“吾中国人状元宰相之思想何自来乎？小说也。吾中国人才子佳人之思想何自来乎？小说也。吾中国人江湖盗贼之思想何自来乎？小说也。吾中国人妖巫狐鬼之思想何自来乎？小说也。”① 他得出了一个结论：这些小说“则吾中国群治腐败之总根源”②。梁启超虽未点明是哪些小说，但稍加思考就能明白他所抨击的这些小说很大一部分是指中国那些耳熟能详的历史演义小说。他又要提倡什么样的历史演义小说呢？在《中国唯一之文学报新小说》中，他为《新小说》即将刊登的5部历史小说做了广告。这5部历史小说是《罗马史演义》、《十九世纪演义》、《自由钟》、《洪水祸》、《东欧女豪杰》。从内容简介上看，这5部小说均是外国文明史和起义革命史。问题是，说外国的事，作家可以边译边叙地讲述大多数中国人闻所未闻的事情；讲中国的事，又要讲文明史和革命史，作家便只能将眼光投诸农民起义题材了。在这些写新历史演义小说的作家看来，农民起义就是造反，就是反专制。正如黄世仲在《洪秀全演义》中所说，“起而为民请命之英雄，各国所认其为独立相遣使通商者，至本国人士独凡相沿而自污之，怪哉”③，“而今也文明东渡，民族主义既明”④，各国认可的英雄与主义，中国为什么不可以认可呢？关键是中国人的观念要改变。可以这么说，这些农民起义历史演义是晚清梁启超小说界革命激荡而起的浪花。当历史被要求与革命结合在一起时，颠覆于国史正统的定论和描述历史贼寇自然是最佳选择。如果我们再将眼光放到“五四”新文学的历史小说中，也是同样的思路。欧阳予倩创作《潘金莲》，颠覆的是潘金莲既定的淫妇形象；茅盾创作的《豹子头林冲》、《石碣》、《大泽乡》等小说，选择的人物还是那

① 梁启超：《中国小说与群治之关系》，黄霖、韩同文选注：《中国历代小说论著选》，江西人民出版社1985年版，第44页。

② 梁启超：《中国小说与群治之关系》，黄霖、韩同文选注：《中国历代小说论著选》，江西人民出版社1985年版，第44页。

③ 黄世仲：《洪秀全演义自序》，《洪秀全演义》，湖南人民出版社1981年版，第9页。

④ 黄世仲：《洪秀全演义自序》，《洪秀全演义》，湖南人民出版社1981年版，第9页。

些造反贼寇。新文学作家与黄世仲等人的人生价值理念当然不同，不过，他们颠覆、重构的思路完全一致。从中我们也可以感受到，自晚清一直到现代中国，在文学领域，历史与思想启蒙结合在一起，颠覆与重构是一种时代风气。

推动农民起义历史演义出现的另一个动力是市场。读史是中国文学的一大传统。历史演义白话本小说始就是一大文类，长盛不衰却不断翻新，一个时代有一个时代的历史演义。现代中国是中国历史演义小说创作的狂潮期。不过，虽然此时出版的历史演义门类杂乱，其数量不可计量，细细按其脉络，还是有迹可循，那就是跟着市场的感觉走。1912 年民国政府成立，最重要的意义是国体的变化，终止了封建朝代的传递。普通老百姓并不寻求国体的变化所带来的文化、政治意义，而是探询原来那些神秘高大的朝廷中到底有什么背后的故事。于是，寻奇探秘成为了此时中国历史演义小说的特点，也是此时中国历史演义小说的卖点。宫闱历史、掌故野闻、秘密会党、人物秘史……看似杂乱，其实都是在寻奇探秘的创作大潮中卷起的浪花。农民起义历史演义虽然有着颠覆与重构的面孔，同样也是这股市场大潮中的一股激流。农民起义演义小说具有与国史正统不同的反向思维，它打开了寻奇探秘的另一个空间，能给读者另一种滋味的心理满足。对此，张恂子说得很清楚："想寻些资料，来编一种历史小说，给诸位酒后茶余消遣。可是翻遍一部二十四史，差不多都已被几位前辈先生编成了演义，连那辛亥年的推翻清室，和最近的国民革命，都给眼快手快的朋友，抢先做得去了。"① 他编历史小说本来是要给人们酒后茶余消遣，可是所有的历史都被人写成了演义小说。他之所以会选择太平天国的题材，是因为"写将出来，包管和市上流行的大不相同"②。这还是寻奇探秘的创作思路。在太平天国的题材上寻觅灵感，在当时是一种风气，甚至还有人创作了伪作《石达开日记》③。寻奇探秘的根本动力还是市场需求，因为写这样的历史演义可以获得更多的经济效益④。毋庸讳言，农民题材的历史演义小说也裹挟其中。

农民起义演义在现代中国得以确立，并产生影响，还要一个重要因素值得提出，那就是政治需要。李宝忠的《永昌演义》大约完成于 1932 年，真正得以出版是 1984 年。换言之，这部小说写成之后，一直作为手稿在社会上流传。然而，就是这么一部手稿，

---

① 张恂子:《红羊豪侠传》，黄山书社 1988 年版，第 1 页。

② 张恂子:《红羊豪侠传》，黄山书社 1988 年版，第 2 页。

③ 郑逸梅《许指严》:"为了解决经济拮据，他献出了一个好办法，和世界书局的经理沈知方商议，伪造一部《石达开日记》……世界书局却登着广告，说是怎样觅得原稿，信口开河地乱吹一阵，居然一编行世，购者纷纷，曾再版数次。"《南社丛谈》，上海人民出版社 1981 年版，第 129 页。

④ 张恂子在现代历史演义创作者中是坦率的。他曾说："无非为的是吃饭，区区便在这种压迫之下，才从第一回写起直到完篇。"张恂子:《隋宫两朝演义》，上海科学技术文献出版社 2006 年版，第 1 页。

却产生了很大的影响。一个陕西米脂县的作家写了一个陕西米脂县的农民领袖，又被很多当时在陕西的革命家传阅并受到推崇。这部手稿曾于1942年由李鼎铭先生带到延安，毛泽东主席阅后给予了分析与评价，抄存了一部，写了封信给李鼎铭，并请其送作者边币200元。毛主席在信中说："此书赞美李自成个人品德，但贬抑其整个运动。实则吾国自秦以来二千余年推动社会向前进步者主要的是农民战争，大顺帝李自成将军所领导的伟大的农民战争，就是二千年来几十次这类战争中的极著名的一次。这个运动起自陕北，实为陕人的光荣，尤为先生及作者健侯先生们的光荣。此书现在如按上述新历史观点加以改造，极有教育人民的作用，未知能获作者同意否？"① 毛主席的这段话是针对这部演义而讲的，不仅仅是赞美农民英雄的个人品德有多高，而在于提炼出了运动的历史价值和历史意义。其深刻的意义在于对中国的农民战争的评价，直接影响着农民战争历史演义的创作。作为一个陕西士绅的李宝忠没有这样的思想高度，他做不到。后来，姚雪垠创作的《李自成》基本上做到了。

三、历史兼类：中国历史演义小说的美学拓展与思考

1902年，梁启超发表了《中国唯一之文学报新小说》。这是为即将出版的杂志《新小说》写的宣介文章，具有广告性质。这篇文章虽然推介了15种小说文类，但历史小说和政治小说显然是重点，占据了最大篇幅。在推介历史小说时，梁启超这样说："故本社同志，宁注精力于演义，以恢奇俶诡之笔，代庄严典重之文。"② 在推介政治小说时，梁启超对政治小说的概念作了阐释："政治小说者，著者欲借以吐露其所怀抱之政治思想也。其立论皆以中国为主，事实全由于幻想。"③ 历史小说的"庄严典重之文"好理解，是指中国传统中依据国史正统的典籍而演绎出来的演义小说。什么是"恢奇俶诡之笔"呢？作者并未说明。不过，从《新小说》启蒙民众的创刊宗旨看，"恢奇俶诡之笔"应该是指那些启蒙之语。换言之，历史小说的"恢奇俶诡之笔"是指以历史为框架写政治小说。怎样写出历史演义小说的"恢奇俶诡之笔"呢？1903年，在《新小说》第8期上，梁启超推出了吴趼人的"历史小说"《痛史》。这部小说写了南宋灭国的历史，宣扬

---

① 毛泽东：《给李鼎铭先生的一封信》，《永昌起义》，新华出版社1984年版，第1页。李鼎铭并没有根据毛主席的指示修改小说。后来者根据这个指示另起炉灶，创作了新的李自成演义，即姚雪垠的《李自成》。

② 梁启超：《中国唯一之文学报新小说》，黄霖、韩同文选注：《中国历代小说论著选》（下），江西人民出版社1985年版，第32页。

③ 梁启超：《中国唯一之文学报新小说》，黄霖、韩同文选注：《中国历代小说论著选》（下），江西人民出版社1985年版，第32页。

的是民族主义精神，对文天祥等忠臣义士竭力赞扬，对汉奸佞臣痛加诋毁。作者很明确地说，他创作这部小说就是“借古鉴今”①。《痛史》是部未竟之作，未竟的原因多样，作者后来有所总结②。但是从文体上说，这部小说实际上开拓了中国演义小说的新的领域，即历史小说与政治小说的杂糅和兼类。

沿着这样的路径思考，就可以考量出，现代中国出现的农民起义历史演义小说就是这种文体的延伸。《洪秀全演义》采用历史演义小说与会党小说的双叙事结构。历史演义叙事是小说的框架，从起事、造反、战争一直到南京建都，太平天国的历史事件构成了故事的线索和事件的始末；然而，这些农民英雄被写成了政党领袖，这场农民运动被写成了革命义举，会党的叙事构成了情节的安排和结构的转合。第二章是整部小说的纲，洪秀全、钱江、冯逵、洪仁达深山禅房密会，纵论天下大事，密商起事路径、纲领、行动计划，犹如秘密党团制定政治党章和党纲。之后，起义完全根据计划进行，广西金田犹如秘密党团的基地，那些将领们均似秘密党团的首领。起义军每到一处均发动群众，广为宣传自己的社会理念。《红羊豪侠传》中的政治话语体现在不断出现的政治言论、政治宣言中，太平天国的史实以及那些穿插的故事常常成为政治诉求的衬托。《永昌演义》就是一部英雄传奇小说。虽然小说写的是明末农民起义，但所有的情节结构都是为了突出李自成形象的崇高和伟大。在小说中，李自成几乎就是一个完人。这样的人不掌江山谁掌江山呢？为了突出李自成的“高大上”，小说不仅仅批崇祯，就连同是义军的张献忠、王嘉胤等人也是被贬的对象。由于作者的政治见解不够深刻，对李自成的政治家素质写得不够突出，将之写成了一个来自陕西的品德高尚的贤者。现代农民起义历史演义小说的内容虽然并非全是“幻想”，“著者欲借以吐露其所怀抱之政治思想”③ 却是事实。由于作者的思想水平有高下，小说中的政治见解便有深浅。这些小说都属于历史小说与政治小说的杂糅兼类体。

中国传统小说是类型小说，每一类小说自有内涵与边界。说史本是中国传统小说的重要门类，史观是说史的内涵，史实是说史的边界，史识是构建说史内涵和边界的手段。《三国志通俗演义》写了很多野史，表现了崇刘贬曹的史学观念，毕竟都还有案可稽，

---

① 吴趼人：《痛史》（第一回），《新小说》1903 年第八号。

② 1906 年，吴趼人创作《两晋演义》时曾借别人的评价对《痛史》作了总结：“不可过涉虚诞，与正史相刺谬，尤不可张冠李戴，以别朝之事实，牵率羼人，贻误读者”，“吾将一变其恢奇之方针，而为历史小说矣”。《痛史》中那些背离历史的政治笔法，作者显然“不复为”也。见吴趼人：《两晋演义自序》，《月月小说》1906 年第 1 号。

③ 梁启超：《中国唯一之文学报新小说》，黄霖、韩同文选注：《中国历代小说论著选》（下），江西人民出版社 1985 年版，第 32 页。

是史的范畴，“事纪其实，亦庶几乎史”①。自1902年梁启超提出“以恢奇俶诡之笔，代庄严典重之文”② 之后，传统的说史的内涵与边界就被打破了，具有当代意义的思想与情感被杂糅兼合在历史事件的演绎之中。中国历史演义小说开始了跨界创作，而且一直延续了下来，成为新的传统。现代宫闱小说是历史小说与言情小说的跨界创作，农民起义演义小说是历史小说与政治小说的跨界创作。到了当代，唐浩明、二月河等人的小说是通俗历史演义小说的新文学化；当下中国盛行一时的穿越小说将历史小说的跨界创作推向了极致，将玄幻小说的文类与通俗历史演义小说文类杂糅了起来。中国历史演义小说的文体，在整个中国现当代文学中已经发生了根本性的变化，历史演义小说的跨界创作成为了主要潮流。即使是蔡东藩等人的历代通俗演义小说坚持据史而作，社会批判和政治评判也不断闪现其中。

从文学的实践以及市场的反应来看，这些跨界创作的通俗历史演义小说均取得了很好的成绩。这就要求学界思考一个问题——通俗历史演义小说兼类创作是否具有合理性，是否具有生命力，进而成为中国历史小说创作的发展方向？大量成功的创作实践实际上已经对这个问题给予了肯定的回答。然而，另一个问题也产生了：这种兼类的历史小说还属于历史小说的范畴吗？这又回到历史小说写实还是写虚的老问题上了。这个问题已经讨论多年，一直没有定论。有观点认为应将“历史小说”与“历史的小说”③ 区分开来，“历史小说”据史而作，“历史的小说”可以虚构演绎。如果这样区分，中国现当代通俗历史演义小说应该属于“历史的小说”。笔者认为这样的区分没有必要，既然称之为“小说”就应该允许虚构和演绎。即使在历史学的范畴内，历史研究也是“人心中的历史”，何况小说呢④？历史小说就是写虚，既包括侧重于历史本体的“历史小说”，也包括侧重于历史认知的“历史的小说”。

（作者单位：苏州大学文学院）

① 庸愚子：《三国志通俗演义序》，黄霖、韩同文选注：《中国历代小说论著选》（上），江西人民出版社1985年版，第105页。

② 梁启超：《中国唯一之文学报新小说》，黄霖、韩同文选注：《中国历代小说论著选》（下），江西人民出版社1985年版，第32页。

③ 鲁迅：《〈罗生门〉译者附记》，《晨报副刊》1921年6月17日。

④ 刘昶《人心中的历史·前言》：“历史这个词通常有两种含义，一方面，它指的是人类所经历所创造的一切，指的是人类的全部过去；另一方面，历史指的是人类对自己过去的回忆与思考。这两方面，前者可以称之为历史的本体，后者可以称之为历史的认识，当这种认识活动成为一种专门的学问时，就是我们通常所说的历史学。”见刘昶：《人心中的历史》，四川人民出版社1987年版，第1页。

《桥》与废名的“逍遥游”①

宋剑华

废名的小说晦涩难懂，是人所共知的客观事实。就连最赏识废名的周作人，也曾感叹“废名君的文章是第一名的难懂”②，还说“有人来问我，我所懂未必多于别人，待去转问著者，最好的说法都已写在纸上，问就是不问”③。而废名的长篇小说《桥》，就是一部颇有争议的难懂之作。1937 年 6 月，《独立评论》发起过一场关于“看不懂的新文艺”的大讨论，废名的《桥》自然也就变成了人们议论纷纷的热门话题。有人指出，废名在《桥》中不仅“爱用典”，而且还“往往加以引申，或者赋予新意”，最终给读者的阅读“形成一种障碍”④。还有人说，《桥》在语言方面过于“简”和“跳”⑤，“常常省略去那些从意象到意象之间的连锁，有如他越过了河流并不指点给我们一座桥，假若我们没有心灵的翅膀便无从追踪”⑥。但废名本人却并不认同这些批评意见，他说《桥》已经把自己的“心幕”向读者展示得非常清晰，“我甚至于疑心太 clear 得利害”⑦。如何去理解废名与批评者之间的根本分歧？这是一个很值得我们去深思的研究命题。

众所周知，在“五四”新文学创作当中，《桥》是一部非常独特的长篇小说。说它“独特”，一是因为它的“文章体”或“散文体”，二是因为它完全游离于思想启蒙的时

---

① 本文系国家社会科学基金重点资助项目“新文学伦理叙事研究”（18AZW021）的研究成果。

② 周作人：《枣和桥的序》，《废名集》（第 6 卷），北京大学出版社 2000 年版，第 3410 页。

③ 周作人：《〈莫须有先生传〉序》，《废名集》（第 6 卷），北京大学出版社 2000 年版，第 3413 页。

④ 李健吾：《〈画梦录〉——何其芳先生作》，《李健吾批判文集》，珠海出版社 1998 年版，第 133-134 页。

⑤ 灌婴：《评废名的桥》，《新月》1933 年第 5 期。

⑥ 何其芳：《梦中道路》，《何其芳全集》（第 1 卷），河北人民出版社 2000 年版，第 192 页。

⑦ 废名：《说梦》，《废名集》（第 3 卷），北京大学出版社 2000 年版，第 1153 页。

代背景之外。尤其是作者让主人公小林辍学还乡，像庄子一样在大自然中去做“逍遥游”，并通过“寻道”与“悟道”去探索生命的终极意义，很是为启蒙精英所不能理解。比如，鲁迅就认为废名“过于珍惜他有限的‘哀愁’”，无非就是离群索居在那里“顾影自怜”罢了①。应该说，鲁迅的看法不仅在当时很有代表性，即便到现在仍然很有市场。由于人们已经习惯于用启蒙思维去评价新文学，所以另类的《桥》也就很难得到文学史的公正对待。不过话又说回来，《桥》所表现出的那种“哀愁”和“顾影自怜”，恰恰是作者精神世界的真实表达，它直接影响了沈从文、何其芳等一批作家，并造就了“京派”文学的历史辉煌。我们完全有理由相信：如果没有废名和他的《桥》，“五四”新文学就变成了单一性的启蒙说教。实际上，朱光潜和刘西渭等人，很早便发现了废名小说《桥》的审美价值。朱光潜认为“《桥》里充满的是诗境，是画境，是禅趣。每境自成一趣，可以离开前后所写境界而独立。——人物却都沉没在作者的自我里面，处处都是过作者的生活”②。而刘西渭作为“一个《桥》的喜爱者”，对废名的文笔更是大加赞赏道：“在现存的中国文艺作家里面，没有一位更像废名先生引我好奇——若如风格可以永生，废名先生的文字将是后学者有趣的探险。”③ 既然朱、刘二位行家都把《桥》视为一部最具有文学审美价值的优秀作品，且“风格可以永生”，值得我们后学者去“探险”，那么一直主张“重写文学史”的我们，就应该责无旁贷地去肩负起这种“探险”的历史使命。至少我个人认为，《桥》的艺术水准绝不在《边城》之下。

二

自从《桥》问世以来，为了化解它的“难懂”性，学界普遍从“田园叙事”这一视角去诠释它书写乡野自然、讴歌淳朴人性的思想意义，进而将这部作品的创作主题定性为“一种净化心灵”的“桃源仙境”④。这无疑是对《桥》的最大误读。废名小说中当然有“田园叙事”，但他本人后来曾解释说，“田园”在其视域中并非是单纯的自然物象，而是灵魂“自由”的艺术象征——“人何以能从束缚里得自由呢？教育又何其以加害于人为能事呢？——只有‘自然’对于我是好的，家在城市，外家在距城二里的乡

① 鲁迅：《〈中国新文学大系〉小说二集序》，《鲁迅全集》（第6卷），人民文学出版社1981年版，第244页。

② 孟实（朱光潜）：《桥》，《文学杂志》1937年第1卷第3期。

③ 李健吾：《〈画梦录〉——何其芳先生作》，《李健吾批判文集》，珠海出版社1998年版，第132-133页。

④ 吴晓东：《废名的踪迹》，《现代中国文化与文学》第16辑，巴蜀书社2015年版。

村，十岁以前，乃合于陶渊明的‘怀良辰以孤往’，而成就了二十年后的文学事业”①。废名说他崇拜陶渊明，这很容易使人将《桥》这部作品与陶渊明的《桃花源记》联系起来；然而，废名与陶渊明虽然都崇拜道家思想，但他们的悟“道”与释“道”，从本质上来说还是有所不同的。陶渊明因官场黑暗而回归自然，那是一种被动的寻“道”过程；废名自幼崇尚“自然”与“自由”，则是一种主动的寻“道”过程。小说《桥》以废名青少年时代的人生经历，去讲述他对于自然之“道”的感悟与理解；故“桥”既不是具体物象也非表现对象，只是一种摆脱“束缚”而去追求“自由”的超越意象。

在仔细阅读过《桥》之后，我惊奇地发现，这部作品的整体构思，其实就是作者对于《庄子·秋水》篇的现代演绎，只不过由于废名演绎得过于巧妙，很难被读者发现罢了。这绝不是我个人的主观臆断，而是从小说《桥》的结构形式中推断出来的。《秋水》篇开篇写道：“秋水时至，百川灌河，泾流之大，两涘渚涯之间不辩牛马。于是焉河伯欣然自喜，以天下之美为尽在己。顺流而东行，至于北海，东面而视，不见水端，于是焉河伯始旋其面目，望洋向若而叹曰：‘野语有之曰：“闻道百以为莫己若”者，我之谓也。……’”②《桥》的叙事结构，基本上就是围绕着《秋水》篇而展开的。虽然在故事的起始，小林和琴子便被史家奶奶赋予了青梅竹马的恋人关系，但实际上包括后来植入的细竹以及牛家姐妹，都是主人公小林复杂人格的反射与投影。她们分别扮演着小林人格的各个方面，以组合的方式构成了一个完整“小林”的寻“道”过程。

《桥》的上部上篇，讲述了小林在童年时代跨过城乡之间的那座“桥”，初步去接触“自然”并理解“自由”。由于作者写得美轮美奂，抒情性极强，以至于读者完全忽略了这一重要信息。比如，作者在《金银花》中交代说：“小林放午学后，见了饭还没有熟，跑到‘城外’去玩。”在《史家庄》中，琴子对三哑叔介绍说，这是“街上的小林哥哥”。作者在《井》中又告诉我们，史家庄离小林城里的家“有三里之远”。作者不厌其烦地提到“城”与“乡”这两个概念，无非是在暗示主人公小林虽住在城里却向往自然的双重人格，而小林与琴子也恰恰构成了这种双重人格的对比镜像。在史家庄，城里来的小林，对于一切人与事，都感到亲切和新鲜：史家奶奶和蔼慈祥，三哑叔心地善良，金银花美丽动人，田野与草地生机勃勃，孩童们在大自然中乐趣无限……小林完全忘记了城里的那个“家”。小林在史家庄自由自在的生命体验，同他枯燥乏味的学习形成反比；而琴子无忧无虑的生活环境，正是小林理想人生的暗示性表达。童年小林对于“自然”与“自由”的初始印象，归根结底还只是一种无意识的生命记忆。作者让其像卢梭

① 废名：《黄梅初级中学同学录序三篇》，《废名集》（第3卷），北京大学出版社2000年版，第1416页。

② 原文引自陈鼓应注释：《庄子今注今译》，商务印书馆2016年版，第477页。

笔下的爱弥儿一样放纵自我，无疑是在为成年小林的寻“道”之旅做铺垫。

《桥》的上部下篇，情况则大不相同了。作者下笔便写道：“小林——已经不是‘程小林之水壶’那个小林了，是走了几千里路又回到这‘第一哭处’。——我也曾起了一个好奇心，想知道他为什么忽然跑回这乡下来，因为他的学业似乎是中途而废了。”（《“第一哭处”》）这段话大有深意，小林原本在北京读书，可他为什么要辍学返乡，连城里的家也不回了呢？废名虽然没有在《桥》里明确说明，却在《竹林的故事·少年阮仁的失踪》里，早已对小林的辍学原因提前做了交代：阮仁厌烦了大学里那种沉闷压抑的“恶浊空气”，于是他决定告别校园和家人，独自一人到大自然中，去寻找“自然”与“自由”的生命状态，说“万一这都失败了，我死了，我也决不后悔”。小林作为阮仁的后期形态，由于已经“走了几千里路”，所以当他再次返归自然，则是从无意识变成了有意识，即实现了从童年“玩性”到成年寻“道”的思想转变。我们注意到，《桥》的下篇又引入了一个少女细竹，如果说成年琴子象征着生命的沉静，少女细竹象征着生命的热烈，那么成年小林重返乡野获得了自由，则象征着作者对理想人生的一种企盼。琴子和细竹无疑都是小林在寻“道”过程中的一面镜子，而这一点恰恰又是废名本人的主观用意。比如，他写道：“诗云‘鸢飞戾天，鱼跃于渊’。此盖是小林踏进这个门槛的境界。真是深，深，——深几许？虽然，最好或者还是临渊羡鱼的那一个人。若有人焉问今是何世——仓皇不知所云！——镜子是也，触目心惊。其实这一幅光明（当然因为是她们的，供其想象）居尝就在他的幽独之中，同摆在这屋子里一样，但他从来没有想到这里面也可以看见别人，他自己。”（《箫》）小林在“幽独”中，从琴子和细竹身上“看见了别人”，也看到了“自己”，这正是琴子与细竹二人的存在意义。

小林辍学返乡，置身乡野，就一定能够获得自由吗？答案当然是否定的。小林在琴子和细竹的簇拥之下，虽然过得既惬意又快活，但作者的笔锋一转，又告诉了我们另外一个信息：“小林这人，他一切的丰富，就坐在追求。然而他惘然。——他摸索出来的太阳是月亮！”（《诗》）追求“光明”，得到的却是“黑暗”，这显然是一种无法解释的怪异现象。故小林在回乡以后，其实并不是很“快乐”。一句“小林的思想也正在一个黑夜”（《灯笼》），就是一个很好的证明。因为在乡野山林里“逍遥”的小林，会经常莫名其妙地感到“自哀”与“悲观”：“我自己做的事不称我的意，简直可以使得我悲观”（《枫树》）；“昨夜我做了一个很世俗的梦，醒转来很自哀，——世事一点也不能解脱。——世俗的事扰了我，我自己告诉自己也好像很不美，而我这样的灵魂居然就是为它所苦过了”（《树》）。这充分说明，“回归自然”还不是小林所要追求的最终目的。所以，到了《桥》的下部，作者便让小林带着这种“悲观”与“自哀”，在同大自然的对话当中去“寻道”与“悟道”，并逐步认识到“天地万物，俱以表现为存在——草木的花叶，鸟兽的羽毛，毋乃是意中图像，何以有彼物，亦何以有我意”，人生“本来没有一定的目的地”，“自己将何之，为何来，似乎都不在意中了”（《行路》）。另外，牛家姐妹清静无为的人生态度，庄子“濠梁观鱼”、“不辩牛马”等至理名言的直接引用，都是在强化小林对于“道”的理解与认识，即“道”不仅是“回归自然”，更是“顺其自然”。尤其是《桥》的结尾——小林和琴子等人站在山坡上，看到牛大千和细竹蹲在沙滩上，远远望去就像两只微不足道的“贝壳”——这种艺术构思很容易就让人联想到“河伯”的自我反省。因为小林等人也曾认为，只要能够隐居山野，做到“豆棚瓜架雨如丝”，再读一读“《聊斋》解闷”，便是“至人无我”的最高境界了；可是，当他们面对大海时，才“立于自然之前自惭冥顽”，突然醒悟到在一个更大的“自然”面前，恰恰“是我们太渺小了”。废名自己曾说，“若问我为什么花了这么多的时光来写这么一个东西，则此刻我还不想说”①。但细心的读者却能够从中感悟到，《桥》这种《秋水》篇的构思布局，无外乎就是在诠释“天人合一”的道家思想。

二

《桥》的“田园叙事”性质，似乎为研究者用诗化小说去概括其美学特征提供了充分的证据。人们认定《桥》“以乡村的儿女翁媪为主人公，但已摆脱了经验记忆的羁绊，而走向唯美的心灵创造”，这就是“诗化小说”的典型特征②。“诗化小说”一词无疑是源自于朱光潜的“诗境”说，但“诗境”说只是强调《桥》中具有诗的意境，而“诗化小说”则赋予了《桥》以通篇的“诗性”。也就是说，《桥》中无处不是“诗”，“诗化”成就了《桥》的“桃源仙境”，其中“有小桥，有流水，更有美人独立”③。故有研究者便断言《桥》的创作主题是表现人与自然“融合共生的和谐之美”④。《桥》中的“石桥”、“溪水”和“美人”，的确能够令人进入一种“诗境”；但同时更有荒冢累累、“鬼火”闪现，令人感到毛骨悚然、气氛悲凉。朱光潜虽然说过《桥》中有“诗境”，但又清醒地告诫读者，不能只“看见它的美丽而喜悦”，而“忘记它后面的悲观色彩”⑤。现在学界中的废名研究者，恐怕很多人都犯有这个毛病。

我们必须清醒地意识到，《桥》以《秋水》篇为立意结构，然而小林的行踪却并不

---

① 废名：《桥·附二》，《废名集》（第1卷），北京大学出版社2000年版，第340页。
② 耿盈章：《废名小说的精神取向与文化心灵》，《天津社会科学》2019年第2期。
③ 阎开阵：《“桥”的意象与京派美学》，《中国现代文学研究丛刊》2005年第5期。
④ 吴景明：《生态批评视野中的废名小说创作》，《中国现代文学研究丛刊》2014年第2期。
⑤ 孟实（朱光潜）：《桥》，《文学杂志》1937年第1卷第3期。

是漫无目的的“逍遥游”；恰恰相反，他在同大自然的对话中，一直都不停顿地对生命现象进行着深度思考。《桥》与《竹林的故事》、《桃园》的共同特点，就是在“田园叙事”中去大量地描写“坟”；而这些“坟”之意象的普遍性介入，又从根本上消解了人为附加的“桃源仙境”说。仅以《桥》为例：“小林坐在坟头，——他最喜欢上到坟头，比背着母亲登城还觉得好玩”（《巴茅》）；“松树脚下是史家庄的坟地——坟地正面是路，走在路上，坟，颇多的，才不为树所遮掩”（《“松树脚下”》）；“那里尽是野坟”（《灯》）；“同我们一路祭奠死人，站在坟场之中”（《灯笼》）；“琴子细竹坐在坟前”（《清明》）；“清明时节，上坟的人，走放马场下去这一条大路者”（《枫树》）；“这不晓得是什么人的坟——佛之国大概没有坟的风景”（《钥匙》）……废名说他喜欢“坟”——“地面没有坟，我儿时的生活简直要成了一大块空白，我记得我非常喜欢上到坟头上玩。我没有登过几多的高山，坟对于我确同山一样是大地的景致”（《清明》）。他还感叹说：“中国人生在世，确乎是重实际，少理想，更不喜欢思索那‘死’，因此不但生活上就是文艺里也多是凝滞的空气，好像大家缺少一个公共的花园似的。——中国后来如果不是受了一点儿佛教影响，文艺里的空气恐怕更陈腐——中国诗人善写景物，关于‘坟’没有什么好的诗句，求之六朝岂易得，去矣千秋不足论也。”① 由此可见，《桥》将“坟”作为一种特殊的“景致”，其本身就是一种探索生命现象的哲学思考。

小林与“坟”有缘，根因就在于他的“悟道”。“草岸展开一片坟地，大概是古坟一丘，芊芊绿绿，无墓碑——这不晓得是什么人的坟，想不到我们到这里”，紧接着一句“有意无意之间今天在这一个坟地里逗留得一个好时光”，令他从迷惘中“顿悟”与“清醒”——无论古人还是今人，生命最终都将栖身于坟墓之中，他们既看不见尘世的烦恼，也听不到尘世的喧嚣，他们净化了一切“人世罪孽”，而内心“却最是一个美的世界”。所以，当小林在“胡乱的涂鸦之中，写了‘生老病死’四个字，这四个字反而提醒了意识，自觉可笑，又一笔涂了，涂到死字，停笔熟视着这个字，仿佛只有这一个字的意境最好——又想到夜，夜亦可画，正是他所最爱的颜色——古人梦中失笔，醒转来不晓得是什么感觉？有一个痕迹不能？”（《窗》）小林视“死”为“意境最好”，且又“最爱”夜之“颜色”，由此去推断“古人梦中失笔”而不能言一句，无疑是在向读者暗示，往事如烟，不会留下任何的“痕迹”。这种写法完全是受庄子影响所致。比如庄子说：“人之生，气之聚也；聚则为生，散则为死——故万物一也，是其所美者为神奇，其所恶者为臭腐；臭腐复化为神奇，神奇复化为臭腐。”（《庄子·知北游》）废名之所以不怕“坟”，是因为他相信庄子所言，人死不过是“气”散，“气”散之后就是“无”，故小

---

① 废名：《中国文章》，《废名集》（第3卷），北京大学出版社2000年版，第1371页。

林才会说“坟是一堆土”。另外，庄子还说“死，无君于上，无臣于下，亦无四时之事，从然以天地为春秋，虽南面王乐，不能过也”（《庄子·至乐》）。正是由于“死”没有高低贵贱之分，每一个“死者”都是绝对“平等”与“自由”的，所以在废名的主观意识里，只有“坟”才能够说明“人”的一切。故小林终于感悟到这样一个真理——“人生的意义本来不在它的故事，在于渲染这故事的手法”（《故事》）。

《巴茅》一章全是写“坟”，同时也是对道家生死观的一种阐释。那些顽皮的孩子趁先生不在，在小林的鼓动下跑“到‘家家坟’摘巴茅做喇叭”——“家家坟在南城脚下，由祠堂去，走城上，上东城下南城出去，不过一里。据说是明朝末年，流寇犯城，杀尽了全城的居民，事后聚葬在一块，辨不出谁属谁家，但家家都有，故名曰家家坟。坟头立一大石碑，便题着那三个大字——坟地是一个圆形，周围环植巴茅”。孩子们穿梭于坟头之间，“首先是找名字。比如小林，找姓程的，不但眼巴巴的记认这名字，这名字俨然就是一个活人，非常亲稔，要说是自己的祖父才好。姓程的碰巧有好几个，所以小林格外得意，——家家坟里他家有好几个了”。墓碑上“那些名字是代表死人的，埋在家家坟里的死人的”，字迹虽然早已变得模糊不清，可孩子们却趴在上面仔细辨认，每一个人都在寻找自己的姓氏，找到的便手舞足蹈、欢喜雀跃，找不到的则“不言不语的低头卷自己的喇叭了”。像那位老四就“同小林恰得其反，非常的颓唐，——找遍了也找不出与他同姓的！那么家家坟缺少他一家了，比先生夸奖小林还失体面”。因此，得意的“小林坐在坟头上”，兴奋地在那里手舞足蹈。在《狮子的影子》里，孩子们同样是在坟堆里玩得不亦乐乎，尽管“官山上都是坟”，可对这些孩子们来说，“坟怕什么呢？坟烧得还好玩些——那简直比玩龙灯还好玩”。正是因为孩子们不怕“坟”，所以他们才敢在“亡人”面前，无所畏惧地撒野狂欢，把“阴气”瘆人的墓地当成了童年时代的乐园。这完全是道家不信鬼神思想的一种反映。闻一多先生在“释道”时曾指出：“儒家所谓死人不死，是形骸不死，道家则是灵魂不死。形骸不死，所以要厚葬，要长期甚至于永远的祭祀。所谓‘祭如在，祭神如神在’之在，乃是物资的存在”，“道家是重视灵魂的，以为活时生命暂寓于形骸中，一旦形骸死去，灵魂便被解放出来，而得到这种绝对自由的存在，那才是真的生命”①。这种说法很有道理。废名是信道之人，自然漠视肉身形骸的存在意义。他敢于让那些孩子去笑看坟冢，就在于他认为那里面完全是“无”。

在《桥》的下部里，小林在大自然中苦苦思索，突然冒出一句“我的思想是坟”，令人感到十分诧异。将“思想”比作“坟”，看似不可思议，却是道家思想的真实体现。比如老子说：“为学日益，为道日损。损之又损，以至于无为。”（《老子第十八章》）意

① 闻一多：《道教的精神》，《闻一多文集》，海南国际新闻出版中心 1997 年版，第 319-320 页。

思是说，“为学”越多，离“道”就越远。而庄子说得更为直白：“吾生也有涯，而知也无涯，以有涯随无涯，殆已；已而为知者，殆而已矣。”（《庄子·养生主》）所谓“知”就是危险，只有做到心无旁骛、虚空至极，才能使人避灾免祸、一生平安。小林将“思想”比作“坟”，其实就是对老庄生命哲学的一种回应：“坟”是“无”，而“思想”更是“无”。对于小林而言，“这个世界——梦——可以只是一棵树”（《黄昏》），其他什么都可以不要。在“五四”思想启蒙时期，废名不但敢去质疑“进化论”，竟然还否定一切思想价值，足见其与众不同的怪异性格。

三

废名崇信道家思想，进而对“五四”新文化运动态度冷漠，这是一个不争的历史事实。比如，他认为新文化运动只不过是打着“西化”的旗号，用“传统”去反“传统”而已，“如果我们站得远一点，拿个显微镜照一照，看出它依然是那一套货色”①。不过，废名虽然对新文化运动颇有微词，但是有一点又与启蒙精神并行不悖，那就是对儒家思想的攻击与批判。崇“道”非“儒”是废名早期思想的典型特征。他自己曾这样调侃说：“我觉得我学不了孔夫子了，颇有儿女子他生未卜此生休的感慨。”② 废名认为他“学不了孔子”，因为“孔子是热心世事的人”，一生都“栖栖遑遑，欲天下平治”，所以才会有“鸟兽不可与同群也，吾非斯人之徒与而谁与”的无限感慨③。废名自幼熟读四书五经，非常了解儒家所提倡的伦理道德正是束缚国人，使其不能思想自由的最大祸根。他说：“我们生在今日之中国，去孔子又三千年矣，社会罪孽太重，于文明人类本有的野蛮而外，还不晓得有许多石头压着我们，道学家，八股思想，家族制度等等，我们要翻身很得挣扎。”④ 不过，废名对于孔子与后世儒者，并没有等同视之，而是有所区别的。他认为孔子本人的为人为文还是比较真诚可爱的，但孔子以后的儒者，则都是些令人生厌之辈。比如，孟子的为文“有点霸道，简直可恶”；到了朱熹之流，为文就“更下流，不堪卒读”⑤。直到抗战胜利以后，由于时局动乱、民不聊生，他才开始去重新认识孔子，并对其给予了很高的评价：“我们先要认识我们的民族精神，我们的圣人又正是我们

① 废名：《闲话》，《废名集》（第3卷），北京大学出版社2000年版，第1205页。
② 废名：《志学》，《废名集》（第3卷），北京大学出版社2000年版，第1352页。
③ 废名：《读论语》，《废名集》（第3卷），北京大学出版社2000年版，第1296页。
④ 废名：《关于派别》，《废名集》（第3卷），北京大学出版社2000年版，第1314页。
⑤ 废名：《孔门之文》，《废名集》（第3卷），北京大学出版社2000年版，第1374页。

民族精神的代表，我们救国先要自觉，把我们自己的哲学先研究一番才是”①；“我们要发扬民族精神，我们的民族精神表现于孔子，再说简单些，我们现在要讲孔子”②。

非“儒”使废名在小说《桥》中公然蔑视儒家的教育思想，大肆调侃儒家的礼制文化，大有与儒家势不两立之势。首先，儒家主张“学而不厌”、“多学而识”，强调“学”与“知”对于人的重要性，但废名却让小林和琴子都“辍学”，置身于乡野山林，去尽情地精神狂欢。小林辍学返乡，学业当然是“中途而废了”，琴子也“好久没有读书了，因为庄上的私塾她不肯去”。琴子“辍学”的真正理由，就是“四书”的字难认，又没有什么意思，“就没有读下去”（《习字》）。废名一直都反对用“四书五经”去教育儿童。即便是到了20世纪40年代，他对乡间仍旧盛行的这种传统感到非常愤慨与不满。他说：“战时在故乡避难，有一回到一亲戚家，其间壁为一私塾，学童正在那里读书，我听得一个孩子读道：‘子谓南容！子谓南容！’我不禁打一个寒噤，怎么今日还有残害小孩子的教育呢？——要说我当时对于这件事愤怒的感情，应该便是‘火其书’！”③ 废名之所以会大为恼火，就是反感“南容”的无节操：国家有道之时，他能立于朝堂为君效力；国家无道之际，又能够明哲保身，免于刑戮。废名认为，像这样一个左右逢源的卑鄙小人，孔子不但没有斥责他的骑墙人格，反倒将自己的侄女嫁给了他，故无论人们如何辩解，孔子都是一个无是非观念的人。其次，儒家讲求“长幼有序”、“男女有别”、对死者要有所尊敬，可是在废名的笔下：史家奶奶与三哑叔等长辈，同那些顽皮的孩子们一起无拘无束地嬉戏玩耍，根本不管什么“长幼有序”的儒家教条；小林同琴子、细竹以及牛家姐妹爬山逛庙，成天混在一起不分你我，“男女之大防”的儒家说教早就被抛到了脑后。更有意思的是，废名让孩童们把坟地当作乐园，既不懂得什么是“祭拜”，也不知道什么是“忌日”。比如小林在琴子母亲的忌日，竟浑然不知地问道：“忌日，什么叫做忌日？是不是就是生日？”众所周知，一部儒家的《礼记》绝大部分内容都是在谈“祭礼”，它在漫长的历史过程中早已被中国人所熟知和接受。可废名却让小林连“忌日”与“祭祀”都不知，足见他对儒家礼教的成见之深。

研究小说《桥》的创作动机，还有一个障碍需要我们去跨越，那就是学界内盛行的一种说法，即《桥》受禅宗思想的影响很深。比如，有研究者说《桥》曾“多次提到过寺庙、僧人、和尚”，再加上小林在大自然中的心灵感悟，这些迹象都清晰地表明，

① 废名：《莫须有先生坐飞机以后·开场白》，《废名集》（第2卷），北京大学出版社2000年版，第811页。

② 废名：《响应“打开一条生路”》，《废名集》（第3卷），北京大学出版社2000年版，第1421页。

③ 废名：《小时读书》，《废名集》（第3卷），北京大学出版社2000年版，第1445页。

《桥》“有着禅宗思想的深刻印记”①。这种说法令我感到非常惊诧。如果真正了解废名的思想状态，并且仔细读过《桥》的作品文本，恐怕绝不会得出如此荒谬的奇谈怪论。废名写《桥》时还在北京大学读书。他说，在北京大学任教的熊十力，曾“屡劝我学佛，其时我则攻西洋文学，能在莎士比亚斯万提司的创造里发现我自己，自以为不可一世，学什么佛呢?”② 既然废名当时并不信佛，那么又何谈“禅宗”的影响呢？另有一种说法，即《桥》中的“禅”是一种“庄禅”。由于“禅宗”与道家有着千丝万缕的内在联系，好像此说挺有道理。但是，追问一下，这种所谓的“庄禅”到底是“庄”还是“禅”？论者自己也解释不清楚③。《桥》中的确描写了许多寺庙、和尚或尼姑，但我还是奉劝研究者去仔细地看一看，那些所谓的“庙”、“和尚”或“尼姑”，大都与佛家扯不上关系。比如，《万寿宫》里的“万寿宫”是道士的居所，《史家庄》里的“庙”是土地庙，《碑》里的“庙”则是关帝庙。“关帝庙”里的“和尚”当然不是佛教信徒，而《沙滩》中的“尼姑”也是紫云阁里一个“好心肠的道姑”——她不但自己在那里修行，后来干脆与前夫一起在“庵”里修行。虽然在《桥》的下部里出现了“鸡鸣寺”、“明光寺”等佛教寺庙，但也就是小林等人游山玩水的停歇之处，并不是他们的朝拜圣地，如同《桥》中屡次提到的“斗姥庵”（斗佬是道教的本尊）一样，并不具有什么宗教意义。我查阅了废名早期的所有作品，“和尚”与“道士”、“尼姑”与“道姑”的混称，几乎是一种普遍性的常态现象。由此可见，无论是对佛教还是道教（“道教”与“道家”是完全不同的两个概念），废名本人都没有表现出敬重之意。倘若我们不去注意这一细节，把废名笔下的“庙”、“和尚”或“尼姑”，不做分辨地统统都贴上佛家的标签，很容易闹出“无知”的笑话来。

《桥》对于佛家的态度，很值得我们去探究。青年时代的废名不喜欢佛教，恐怕与他的思想认识有关。比如，他一直都固执地认为，“究其极儒佛应是一致，所谓殊途而同归”④。由于他在思想上非“儒”，故难免会对佛家有偏见，因此，他笔下的和尚、尼姑或信佛之人，几乎全都缺乏一种宗教信仰的严肃性。比如，小林在放马场遇到的那个和尚，原本就是一个扮演关公的戏子，“最后流落这关帝庙做和尚——至今‘靠菩萨吃饭’已经是十几年了”。除了“在庙里便时常望着关公的通红的脸发笑”，他既不念经又不拜佛，对于庙里的偶像更无敬畏之心。“人生给了他一个狼藉的印象”，而“庙堂的清静一时都与他不相干了”。所以，在小林眼里，他仍然是一个戏子，而不是“和尚”，他还一再去追问“偃月刀”和“赤兔马”的下落（《碑》)。让一个“和尚”住在“关帝庙”

---

① 石明园：《论废名小说中的禅宗思想》，《小说评论》2019 年第 3 期。

② 废名：《阿赖耶识论》，《废名集》（第 4 卷），北京大学出版社 2000 年版，第 1889-1890 页。

③ 席建彬：《禅意的“反刍”——废名小说解释再探》，《文学评论》2017 年第 6 期。

④ 废名：《阿赖耶识论》，《废名集》（第 4 卷），北京大学出版社 2000 年版，第 1843 页。

里，这种写法对于佛家来说的确有点不太恭敬，却戳破了中国人“出家”的真正原因，即人生的不顺或生活的无奈。在《树》一章里，小林对于中国人的拜佛，同样充满了讽刺之意。文中写道：“我刚才到观音寺去玩了一趟，真好笑，八九个老婆婆一路烧香，难为她们一个个人的头上都插一朵花——八九个人一齐跪下去，叩首作揖，我真真的侥幸这个大慈大悲的菩萨只是一位木偶——。”只有在最后一章《蚌壳》里，废名对佛家的态度才稍有改善。鸡鸣寺的长老问小林读过佛经没有，小林答道：“我没有怎么读佛经，我喜欢佛经里一个故事，菩萨在山上投身饲虎的故事。”在小林看来，“我的生命同老虎的生命，是一个生命，本来不是‘我给老虎吃了’，是生命的无知”。未曾想，小林却受到了长老的严厉斥责。长老说：“太子在众人前，发大誓愿，我今舍身，救众生命。”小林虽然觉得有道理，“但他有点隔膜”。小林与长老之间的“隔膜”就在于，长老认为太子舍身饲虎是为了“救众生命”，而小林则认为舍身饲虎是一种自然规律。因为在道家的思想观念中，人终究是要被其他生物吞噬的。诚如庄子在临终前所说的那样，“在上为乌鸢食在下为蝼蚁食”是自然界生命循环的正常现象，人们用不着大惊小怪（《庄子·列御寇》）。既然是一种生命循环的正常现象，佛家为什么要把“投身饲虎”说得那么神圣呢？这正是小林心中的一大疑惑。尽管废名后来也读过一些佛经，并承认佛家“唯心”思想的合理性，却强调“我谈佛教而不借助佛书，我只有取于常识”①。这就为研究者出了一个难题：废名后来介入佛教的程度究竟有多深？从未有人去做过深入细致的认真研究，也没有人从主观上去做大胆的推测。不过，谈“佛”而“不借助佛书”，则间接地表明了废名接受佛教的有限性。换言之，他所接受的佛教影响，恐怕只是与道家思想相近的那一部分，即“无”与“空”相通的生命哲学。

学界对于《桥》这部作品，始终都持有一种矛盾心态：说它是一部艺术水准很高的经典文本吧，可它又写得晦涩难懂，过于“小众化”；说它是一部思想境界很高的文学佳作吧，可它又不符合启蒙“现代性”的审美标准。因此，无论任何历史背景下所编写的《中国现代文学史》，都把《桥》放置到乡土小说系列里，轻描淡写地提及一下，仿佛只要把废名写进文学史便完事了，根本不去考虑什么客观公正性。这绝不是中国现代文学研究界的一时疏忽，而是一个早已变得僵化了的评价体系在作祟。我个人坚定地相信，既然夏志清可以打捞出沈从文和张爱玲，“重写文学史”可以大大减少意识形态色彩；那么在不远的将来，废名和他的《桥》，必将会得到人们的重新理解和认识。

（作者单位：暨南大学文学院）

① 废名：《阿赖耶识论》，《废名集》（第4卷），北京大学出版社2000年版，第1845页。

《甲寅》旧体诗的作者群及传播考察①

周 军

由于新派文人在宣传策略上树立起“以新为美”的价值评判武器，长久以来现代人所作的旧体诗在文学史上就处在了被遮蔽的书写位置，仿佛现代期刊天然就只是新文学的阵地，尤其《小说月报》在茅盾主导的改革下推动新文学取得一系列实绩更是加深了这一误读。然而，考诸民国时期的杂志却发现，旧体诗与现代传媒之间存在强大的双赢生态关系。尤其是新文化运动兴起之后，报刊在装扮、提升文化品位时，旧体诗更是成为了一种编辑策略与文化风尚。文学期刊《小说月报》、《小说俱乐部》，学术期刊《华国月刊》、《国故月刊》、《东吴学报》，综合类杂志《东方杂志》、《优乐杂志》、《通俗周报》，时政类杂志《甲寅周刊》、《蜀评》、《社会之花》等一大批现代期刊都专门辟出“文苑”或者“诗录”来刊载旧体诗，旧体诗在现代期刊上展现的蓬勃生命力并非现代文学史所构建的那样脆弱。其中，《甲寅》作为民国时期颇具影响力的杂志，在较长时间内持续刊发旧体诗并产生了广泛影响。目前学界关于《甲寅》杂志的研究成果虽丰硕，但借助传播学视野考察旧体诗并反观新旧诗学的还不多，试以《甲寅》为例分三个部分展开考察。

一、供稿诗人群及诗人地域的分布考察

众所周知，《甲寅》杂志在民国时代是一份颇具影响力的现代期刊，在文学史叙述

① 本文系国家社科基金一般项目“新诗写作背景下的旧体诗研究（1917—1927）”（15BZW177）、闽南师范大学校长基金项目“新文学发生期新旧诗学的现代演进研究”（sk19014）的阶段性研究成果。

中常以反新文化的面目出现，但这只是误读。彼形象主要是1925年《甲寅》周刊的表现造成的，实际上该杂志的文化立场与旨趣因主编思想的变动而大为不同。杂志初创期，作为促进民族觉醒、反专制色彩的政论性刊物，可谓是“五四新文化运动的思想先声”①。毫不夸张地说，该杂志是《新青年》面世以前最具思想活力与深度，也最为积极探讨公共政治话语的优秀平台。当年为《甲寅》月刊供稿的作者此后大多成为新文化运动的领军人物，如胡适、陈独秀、李大钊等。有论者就认为，此时期的《甲寅》是孕育《青年杂志》的母体②。《甲寅》以其“不党”的独立自由言说风格，赢得了民初知识界的重视。从供稿队伍以及连载诗学涉及的诗人队伍所处的地理位置来看其旧体诗的传播情况，该杂志呈现出了两大亮点。

首先，为《甲寅》供稿的诗人队伍阵容堪称华丽。杂志开辟了专门的文艺栏目“文苑”，其中的“诗录”作为常设栏目持续刊发旧体诗。尤其堪称大手笔的是，1925年《甲寅》再次复刊，分5期连载汪辟疆的《光宣诗坛点将录》，在社会上产生了极大反响。“此书甫刊，旧京及津沪老辈名流，大为激赏……因分期连载，沪上诸名流过南海，多预猜某为天罡，某为地煞，某当某头领，日走四马路书坊，询《甲寅》出版日期。比寄沪，争相购致，一时纸贵。”③ 可见，《光宣诗坛点将录》的连载在当时获得了很高的社会关注度，连“老辈名流”也加入了激赏之列。加之连载中对诗坛人物的定位与品评都极具话题性，因此，“点将录”不仅提高了旧体诗诗人群体的媒体曝光率与知名度，而且，随着话题的热度增值，《甲寅》在读者群心中的文化品位也得到了提升。《甲寅》杂志持久地开辟旧体诗栏目，吸引了许多文人学者、社会名流为其供稿。试节选一些诗题信息一窥究竟：

王国维《送日本狩野博士奉使欧洲》、汪精卫《狱中述怀》、黄节《初到杭州宿三潭印月晓起望湖》、金天翮《寄怀廖季平先生成都》、谢无量《西湖旅兴寄怀伯兄五十韵》、苏曼殊《简晦闻》、王闿运《雨坐参政院一首》、易培基《寄怀章太炎宛平》、吴虞《辛亥杂诗》、康有为《赠吴亚男》、陈三立《鹤柴承吴北山遗言以所藏黄瘿瓢画见寄别墅感怆赋此》、章炳麟《感旧》、杨昌济《游利赤蒙公园 Richmond Park》、蒋智由《浩浩太平洋》、张尔田《癸丑九月十日感事》

---

① 李怡：《〈甲寅〉月刊：五四新文学运动的思想先声》，《中国现代文学研究丛刊》2003年第4期。

② 胡峰：《〈甲寅杂志〉（月刊）：孕育〈青年杂志〉的母体》，《齐鲁学刊》2009年第6期。

③ 张一兵、周宪主编，张亚权编撰：《汪辟疆诗学论集》（上），南京大学出版社2011年版，第130页。

从这些举例中可见《甲寅》月刊的旧体诗作者涵盖面之广、阵容之强悍简直令人惊叹。从康有为、蒋智由、黄节到王国维、陈三立、吴虞，可以说是新旧并存、门派皆现。如上所引，《甲寅》杂志旧体诗作者群庞大且身份复杂，为了方便讨论、摒弃繁枝缛节的考量，为《甲寅》杂志供稿的诗人群大致可以分成三个群体。首先是数量庞大的遗老群体，比如王国维、陈三立、王闿运、郑孝胥等；其二是偏向革命的群体，比如章炳麟、黄节、吴虞等，他们大多有南社背景；其三是政界人士，比如王辑唐、曹经沅、邵瑞彭等，这些供稿者大都曾任职于北洋政府。可见，杂志供稿群体的社会覆盖面较广。如果从供稿者诗歌观念的区隔来看，作者群中既有旧派诗人，又有力主革新的新派诗人；如果从诗坛流派来看，既有汉唐派也有同光派；从教育背景来看，既有接受西方文化洗礼的大学精英，又有传统教育下成长起来的社会贤达。正可谓一时名流汇聚一刊。正因为《甲寅》杂志集结了中国当时最为广泛的知识分子群体，旧体诗才有机会获得更广阔的传播空间。当然，豪华的诗人群队伍也极大地提升了《甲寅》杂志的文化品位。

第二，如果说《甲寅》杂志的诗人群支撑起了旧体诗的日常文学生产，那么《甲寅》杂志连载汪辟疆的《光宣诗坛点将录》则整体展现了清光宣以来的旧体诗诗人群，更重要的是，《光宣诗坛点将录》所论诗人的地域分布情况还祛除了以往新文学史对同时期旧体诗诗人群的遮蔽。从实际情况来看，《甲寅》杂志所传播的诗人群体，不仅人数众多，而且地域分布广阔。《光宣诗坛点将录》始刊于1925年《甲寅》周刊第1卷第5号，连载至第9号；1934年再刊于《青鹤》第3卷第2号，连载至第7号①。“点将录”共品评诗人192人，《晚晴簃诗汇》所录诗人840余家，《近代诗钞》所录诗人近千家，可见《光宣诗坛点将录》所选人物远远小于后两者所录之人，入选标准之严可见一斑。试列举所论诗人的名单如下：

陈宝琛；陈三立；陈曾寿；陈衍；陈夔龙；程颂万；樊增祥；冯煦；方尔谦；范罕；郭曾炘；何振岱；黄节；黄侃；江瀚；江庸；蒋智由；康有为；柯劭忞；况周仪；李瑞清；梁鼎芬；梁启超；刘师培；柳诒徵；林纾；吴芝瑛；沈曾植；沈瑜庆；沈尹默；三多；宋育仁；汪国垣；夏敬观；夏曾佑；向楚；徐世昌；杨度；杨增荦；俞明震；姚永概；易顺鼎；严复；严修；郑孝胥；周树模；曾习经；赵熙；诸宗元；章炳麟；张謇；朱祖谋；瞿鸿禨

① 张宏生：《诗史的发展与汪辟疆的近代诗学成就》，汪辟疆：《汪辟疆说近代诗》，上海古籍出版社2001年版，第2页。

需要说明的是，上面所列诗人信息来源主要参考了《光宣诗坛点将录笺注》①、《汪辟疆诗学论集》② 以及相关网络文献，而且所选诗人主要以在新文学发生期有诗文创作的诗人为标准，因此，此时间段之外的诗人就没有列入。辑考这些诗人的名号、科举经历、人际交往、著述，就会有如下几点发现：其一，旧诗坛各个流派是旧体诗写作的中流砥柱，但也有众多难以归入门派的闲散之人。这恰恰也显示了大众旧体诗写作基石不仅庞大而且良好。其二，从科举信息来看，旧体诗的大家，大部分都是光绪年间的进士、举人、拔贡，这些科举经历说明在新文学开启的时代，国学根基良好的群体人数不在少数，这样的群体占到了总数的80%以上，而且进入民国后很多人都成为南北方各大学的名教授，例如梁启超、黄节、刘师培、黄侃等。他们无不是国学大家，在旧体诗写作上都有上乘之作，刊发这些人的诗词显然对于扩大现代期刊在现代社会的文化影响力极为重要。其三，上海、南京、北京、天津等地成为旧体诗刊发的重镇。这些城市一方面是古老中国现代化的成果、产物，而另一方面，同时又是旧体诗传播的极好生态场域。这种传统与现代形成的反差，很显然就具有了中国特殊的现代性意义。其四，旧体诗人群落的地域色彩也比较值得关注。《光宣诗坛点将录》所论之人的地域分布简单列举③如下：

江苏：范当世　范罕　柳诒徵　金和　刘师培　曹元忠　张謇　冯煦　况周颐　翁同龢　方尔谦；

浙江：李慈铭　沈曾植　俞明震　诸宗元　蒋智由　夏曾佑　章炳麟　朱祖谋　邵瑞彭　严修　俞樾　沈尹默；

湖南：王闿运　严咸　邓辅纶　易顺鼎　曾广钧　杨度　程颂万　谭嗣同　瞿鸿禨　梁焕奎　余肇康　释敬安；

福建：郑孝胥　陈宝琛　陈衍　林旭　沈瑜庆　李宣龚　郭曾炘　林纾　江瀚　江庸　何振岱　严复；

江西：高心夔　陈三立　李瑞清　杨增荦　夏敬观　桂念祖　文廷式　陈师曾　汪国垣；

广东：曾习经　梁鼎芬　黄节　黄遵宪　丘逢甲　康有为　潘博　梁启超；

四川：赵熙　刘光第　宋育仁　曾彦；

安徽：姚蕴素　姚永概　许承尧　陈诗　吴芝瑛；

河北：张之洞　张佩纶　李葆恂；

① 汪辟疆撰，王培军笺注：《光宣诗坛点将录笺注》，中华书局2008年版。

② 张一兵、周宪主编，张亚权编撰：《汪辟疆诗学论集》，南京大学出版社2011年版。

③ 篇幅有限，只举有名气者。

湖北：樊增祥　陈曾寿　周树模　黄侃　宝廷；

山东：柯劭忞　王懿荣　张英麟；

广西：黄茂谦　王鹏运　赵炳麟；

陕西：宋伯鲁　陈涛　李岳瑞；

天津：王守恂　徐世昌；

重庆：向楚　李稷勋；

贵州：陈夔龙　郑珍；

辽宁：杨钟羲　郑文焯；

北京：唐晏；

山西：杨深秀；

河南：秦树声

虽然从地域分布来看，南北方诗人存在分布不均衡的问题，但就总体来看，诗人群体分布几乎覆盖了大部分省份，所以诗人群的整体分布依然是非常广泛的。《甲寅》周刊连载的这份“点将录”清晰地展现了现代旧体诗在民国时段的文学生态。凡是晚清以来经济较为发达的省份或城市，诗人聚集的人数就多；旧体诗完全没有呈现江河日下的末路像，相反，如此广博的诗歌写作者群落，而且豪华的学者名流阵容投身旧体诗写作群落之中，都有力地证明了旧体诗本身的文化魅力。而名人效应聚集在《甲寅》杂志周围，也充分说明了现代期刊与旧体诗之间存在着互赢共生的文化关联，毕竟，好的杂志才有话语权吸引到更多优秀的供稿群。

二、从旧体诗传播的议题设置来考察

在新文学发生期，现代传媒之于新旧诗歌而言都是发展机遇。在现代传播理论看来，媒体刊载的内容是传播的核心要素，内容决定了办刊宗旨能否得以实现，也决定了刊物能否经受住市场检验。而要获取并影响大众的注意力，就涉及传播议题的设置问题。议题设置理论认为“大众媒介强化对某些问题的报道量或突出报道某些问题，能影响受众对这些问题重要性的认知”①。换言之，读者看到的内容，在某种程度上讲是媒体有意识、有选择推送的结果。在新文学兴起的时代，鉴于在国际上代表中国诗歌水准的依然是中国古典诗歌，显然，刊登旧体诗有利于杂志文化品位的彰显。所以，从议题设置角

① 刘宏、栾轶玫：《新闻传播理论》，中国传媒大学出版社 2016 年版，第 63 页。

度考量来推送符合大众期待的旧体诗，对杂志而言就很重要了。从议题角度考察此时期杂志刊发的诗歌就会发现，大部分都呈现了中国古典诗歌的传统特色。以《甲寅》周刊时期的一组诗题为例，就能看出些许端倪：

第36号：郑孝胥《九日李园登高》；陈宝琛《九日李园登高》；王辑唐《叠韵再柬海藏楼主并示同人》；江翰《次海藏楼九日韵答旅尘》；章士钊《读纕蘅和章并闻夜月舫谈汉事有感因复次原韵答之》；

第37号：郑孝胥《李园晚眺》；严范孙《辑公赠诗久欲奉答因鞭韵畏难是以迟迟今赋一律遂不依韵还请吟政》；黄节《春暮酒集亭》

第38号：郑孝胥《去沪有感》；正道《和苏戡》；章士钊《弱男四十书怀》；醇士《呈严范老》

第39号：章太炎《次今传是楼雅集韵柬纕蘅并示同社诸君》；诸宗元《归视王庵竹书无恙赋示家人》；郑孝胥《和逸塘行严次公纕蘅杠和之作》

从上述援引的诗题即知，所刊发的诗歌大多都是文人之间唱和的产物，只有少量是为私人写作的。从议题设置的角度看，《甲寅》杂志显然选择了彰显具有中国古典诗词唱和交际功能的诗歌议题，而这正是现代白话诗歌的一个显著短板。应该说，诗词唱和由来已久，历来都是古典文人最常见的交往方式。诗词唱和让文人之间很轻松就实现了文艺切磋、情感交流、才能展示、社团聚集等多功能交际，可以说是最富有交际功能的文学生产形式，唱和产生的诗词创作大大超出了个体文学生产的意义。有学者就指出："诗词唱和从本质上来说是一种文学交往行为，且是复合型的文学交往行为。其中唱和伙伴兼任创作者与接受者的文学职能，比单向度的文学交往活动更有利于文学的创造和再创造、发展和演进，也更有利于扩大文学的声势和影响。"① 从上述诗歌的题目看，有的诗作是隔空寄诗应和，如章士钊《读纕蘅和章并闻夜月舫谈汉事有感因复次原韵答之》；有的是登高雅集之时所做，如郑孝胥与陈宝琛在同一期发表的《九日李园登高》，可见二人同日参加了同一雅集。可以肯定的是，无论是集体唱和还是个人之间的唱和，古典诗歌的此类生产必定是多层面交际的产物。现代期刊刊发的旧体诗显然对于诗歌的再生产与再创造可以产生非常积极的影响：一方面，它超出了古代文学生产一时一地的时空限制，让原来短暂的双向或多向流动得到了时空的延伸；另一方面，它也为古典诗歌的群体生产提供了新的传播方式。从议题设置的角度讲，以《甲寅》为代表的杂志既传播

---

① 姚蓉：《论交往场域中的诗词唱和》，《国学学刊》2014年第1期。

了古典文人的交往成果，增强了旧体诗在社会上的文化辐射力度，又在某种程度上推进了社会对古典诗词的整体文化体验。

通过议题设置的选择，可以看出现代期刊在有意传承与保护旧有的文学交际模式。虽然旧体诗的文本特征不易成为制造热点话题、左右民众关注点的工具，但随着现代性体验的日益加深，诗作者也会在不知不觉中将现代日常捕捉到旧体诗写作中去。许多关注国家大事的诗人将现代发生的热点事件引入诗歌写作中，就触及了旧体诗的现代写作。媒体刊登此类诗歌很容易获取大众对事件的关注，从而引发民众对事件的围观与议论，媒体的影响力也一同得到了加强。比如，吴虞就曾在《甲寅》杂志上发表《辛亥杂诗九十六首》，将目光对准了政治事件。其中有句“瓜分豆剖事如何，恩怨难平恨转多。到此并成家国泪，洒来红遍好山河”将四川保路运动中人民对专制的愤怒与反抗渲染而出，亲民的语言书写方式令人印象深刻。围绕辛亥革命，吴虞还写下了《辛亥杂诗》，以新奇的笔调吸引了大众的注意，也启蒙了大众。比如，“若从世界公理论，耶稣未必逊仲尼”以贩夫走卒都能读懂的语言，展现了诗人积极向西方学习的求新精神以及对旧有理念世界的挑战，在旧体诗的现代表达上也拥有了标新立奇、批判封建思想的进步意义。

如果说传统文化诗词与热点时事“捆绑”书写的议题设置筛选，能够大幅度提升期刊的社会影响力，那么，通过设置、刊发、推介群体性诗人的诗话议题，则让杂志在诗词唱和的新型交际功能之外，为公众了解诗坛、诗派、诗风提供了更加便利的现代传媒窗口。当然，这也为媒体本身进一步积聚名人效应提供了可能。《甲寅》周刊在1925年不仅刊登了汪辟疆的《光宣诗坛点将录》，而且从第一卷37号至第一卷44号连载了王揖唐《今传是楼诗话》。同时期的天津《国文周报》于1927年也对《今传是楼诗话》予以连载，长达数年之久①。该诗话于1933年由《大公报》出版单行本，王揖唐本人也“凭此书留名于《国学宝典》之中”②。张寅彭在谈到这些诗话时就认为“此一类著作，得承晚清旧体诗创作大复盛之势，又隐得其时西学大炽背景之助，故其说或被指为保守，实于旧体诗之总结，已颇有新义可采”③。由此可见，《甲寅》杂志刊发的王揖唐的诗话不仅在旧体诗诗话的现代性探索上有所突破，而且在旧体诗诗人群的大众传播方面做出了贡献。该诗话共519则，以传统诗话的形式讨论了一大批诗坛耆宿、社会名流，康有为、俞樾、黄侃、陈三立、樊增祥、郑孝胥、赵熙、王闿运、齐白石、姚永概、陈衍、冯煦、易顺鼎等无不在录，而且南社、天津城南诗社等社团文人雅集的活动也进入其诗学批评的视野，其对诗歌历史的讨论也是细大不捐，为后人了解民国时期诗坛情况留下

---

① 张寅彭编：《民国诗话丛编》（第3册），上海书店出版社2002年版，第236页。

② 曲振明：《旧书刊撷珍》，远东出版社2014年版，第56页。

③ 张寅彭：《新订清人诗学书目》，上海古籍出版社2003年版，第174页。

了具有现场感的珍贵研究资料。

可见，不独《甲寅》杂志非常关注旧体诗以及旧体诗诗话的传播，同时期的现代期刊对此也较为重视。当然，刊登在《甲寅》杂志上反映域外风情的诗歌，从议题设置的角度看，也可视为旧体诗对现代日常生活的现代书写探索，尤其是在一些诗题的刊发上出现了中英文夹杂的情况，例如杨昌济《游利赤蒙公园 Richmond Park》。这在以往的诗歌样式中是罕见的，其现代性意义自不待言。正如姜涛所言，“从文学社会学的角度看，文本的制作与传播方式，往往制约着文学的生产，以及作者与读者的关系等”①。所以，现代期刊通过议题设置，完全可以从媒体的角度塑造出新的文学传播范式，并为旧体诗的现代书写提供前所未有的便利与技术支持。

三、从传播影响力反观旧体诗的刊发

喻国明认为，“传媒影响力本质上就是它作为资讯传播渠道而对其受众的社会认知、社会判断、社会决策及相关的社会行为所打上的属于自己的那种‘渠道烙印’”②。换言之，只有传媒获得了受众的高粘连度，媒体的公共影响力才能发挥出来，而一旦获得了影响力，纸媒在稿源队伍的筛选上才有了真正的话语权。1915 年 9 月 22 日，《甲寅》遭北洋政府查禁；1917 年 6 月，杂志第 150 期因张勋复辟而停刊。为何屡屡遭禁或被迫停刊的杂志获得了大量文人雅士的青睐呢？王国维、郑孝胥、严修、沈尹默等一大批知名度较高的学者名流都在《甲寅》供稿队伍之列，就充分展现了杂志的媒体影响力。事实上，正如前文所述，《甲寅》杂志在民国时代是一份颇具影响力的现代期刊，一度成为“五四”新文化运动之前的启蒙重镇，新文学领袖陈独秀后来创办的《青年杂志》甚至被看作《甲寅》的延续，更可见《甲寅》的社会影响力。

当然，《甲寅》的影响力与主编章士钊的努力分不开。在章士钊的主持下，《甲寅》成为了一份具有开放意识的杂志。其宣言就很明确地宣称：“尤无偏党之怀，惟以己之心，证天下人之心，确见心同理同，即本以立说”，“本志非私人所能左右，亦非一派之一论所得垄断。所列论文，一体待遇，无社员与投稿者之分。任何意见，若无背于本志主旨，皆得发表”③。而开放包容的杂志风格正如杂志宣言所说，“以条陈时弊，朴实说理为主旨，欲下论断，先事考求，与曰主张，宁言商榷……故本志一面为社会写实，一

---

① 姜涛：《“新诗集”与中国新诗的发生》，北京大学出版社 2005 年版，第 19 页。

② 喻国明：《关于传媒影响力的诠释——对传媒产业本质的一种探讨》，《国际新闻界》2003 年第 2 期。

③ 《本志宣告》，《甲寅》（月刊）1914 年第 1 期。

面为社会陈情而已”①。显然，这种“写实”、“陈情”与《甲寅》主编章士钊个人“有容”的政治主张有关。更重要的是，杂志的宗旨契合了现代社会发展的主潮。

考察杂志历年的旧体诗目录，《甲寅》杂志“诗录”栏目的供稿队伍也曾历经艰辛，但最终还是获得了非常多知名文人的支持。《甲寅》作为一份具有同人性质的杂志，在创办之始几乎就是靠章士钊用“烂柯山人”、“孤桐”、“青桐”、“秋桐”、“无卯”等笔名以及渐生二人艰苦支撑出来的。仅第一卷第一号，章士钊一人就以“秋桐”、“无卯”之名发表了17篇文章②。但很快，《甲寅》在章士钊的悉心呵护下，取得了飞速进展。以“诗录”栏目为例，1914年第一卷第一号，桂念祖一人发表7首诗作，余下王国维、刘师培、谢无量各1首，仅刊发10首诗歌；及至第一卷第二号就已经出现增长，发表情况为桂念祖10首、释敬安8首、金天翮4首、诸宗元4首、黄节3首、吴之英1首、汪精卫1首、江聪1首，共计32首；到第一卷第三号时，刊发了陈独秀、赵藩、杨琼、杨守仁、杨昌济、舒闰祥、邓艺孙等人的诗，已达35首之多。应该说，《甲寅》杂志从一二人苦撑到黄节、陈独秀、汪精卫等文人名流皆以诗稿助阵，可以想见章士钊为《甲寅》付出了太多心血。但从另一个角度看，也正是“诗录”栏目的开启为杂志的迅猛发展带来了有力的文化支撑。

所以，就传播过程产生的影响力而言，现代期刊之于旧体诗，二者相得益彰。首先，旧体诗具备新诗所不具备的唱和功能，刊发旧体诗为现代语境下的文人交往提供了别样的文本途径，这种交际既是饱含历史积淀的情感寄托，又是以文化凝聚人心、凝聚人气的极好方式。因此，旧体诗虽然从文学形式上讲是旧的，却为新时代增添了新的慰藉心灵的文化交往方式。从旧体诗文本内容的更新来看，当时刊发的许多旧体诗都有了火车、轮船等现代性的及物书写，所以，旧体诗又因现代性语境而获得了新生命。当然，杂志刊发此类趋新的旧体诗也符合新时代的文化需求——新潮。与此同时，大量的社会名流作者聚集到一份杂志，显然其吸引社会大众关注的流量效应是不可小觑的。所以，刊发旧体诗对于诗歌本身与杂志发展来说是双赢的。

其次，很难说《甲寅》杂志是为了迎合时代新变的审美趣味而刊发了古典诗意的旧体诗，然而，媒体与诗歌的互动影响却是显在的。应该说，《甲寅》杂志上刊登的诗歌大部分都一如既往地保留了古典诗学的美学特质，但细读之下却发现一些诗作出现了清新的诗歌风貌，展现了现代因子的跳动。比如这两首刊登在《甲寅》周刊上的诗：

---

① 《本志宣告》，《甲寅》（月刊）1914年第1期。

② 袁景华：《章士钊先生年谱》，吉林人民出版社2001年版，第77页。

《次海藏先生李园晚眺韵》　　　　　　章士钊

客久惯忘乡，重经海上霜。口多滋洛蜀，世乱论阴阳。一老撑诗骨，孤舟话夕凉。胜游如可忆，应是李家庄。

《即次其韵》　　　　　　严修

陌上花开缓缓归，眼前浊酒待君挥。法官今日无诛赏，惇史他年有是非。寂寂邨墟鸡犬尽，纵横城社鼠狐肥。斯须未遣惊魂定，闻说南疆又和园①。

严修的这首七言律诗初看起来中规中矩，用典色彩较浓。比如“陌上花开”典出吴越王钱镠与妻信；“惇史”源于《礼记·内则》，喻良史；“社鼠”源自《韩非子》，喻小人，与“城社有狐”相关联，“社鼠狐肥”则形象地指出了小人得势君子危的时局。可以说，该诗句句有来历，忧国忧民之思跃然纸上，但有意思的是，表面上中规中矩的律诗，在今人读来却大有白话诗的味道。章士钊的这首五言律诗虽然也是使用古典词汇，如“一老”、“孤舟”、“海上”、“夕凉”，来抒发感受，但读来更具有白话的色彩，尤其是最后一句“胜游如可忆，应是李家庄”几乎可以视为白话了。这两首诗刊登的时间都是1926年岁末，这个时间距离“五四”新文化运动将近十年。显然，旧体诗在新文化的洗礼下也出现了主动适应现代性的优良品质。

复次，优秀的媒体影响力必然与优秀的现代期刊编辑意识密不可分，而优秀的现代编辑意识显然为旧体诗传播提供了新的发展机遇。每一期《甲寅》周刊刊登的旧体诗都呈现了明显的现代期刊的编辑意识：所刊发的诗要么围绕一个主题，要么围绕一个诗人展开。比如围绕郑孝胥展开的应答酬唱，或集中刊发社团雅集之作。这样主旨清晰的编辑风格尤其值得注意。有了文化向心力来助攻旧体诗的传播，再加之杂志编辑的现代编辑意识，旧体诗带给杂志的社会文化辨识度也会显著提升。与此同时，旧体诗也得到了很好的传播。不仅如此，旧派文人利用公共媒体来传播旧文化的意识也被激活了。比如，郑孝胥日记中就有这样的记载：“赴印书馆董事会，章行严自日本归，谈日本转译西书极多，有新著梗概，若提要之体，中国宜设法继之。余谓，可劝报纸特作一栏，译登新著梗概，《东方杂志》可将每期择译一段，以引学者求观新书之兴，数年以后，必大行矣。”② 很显然，连郑孝胥这样典型的保守旧派文人也都意识到了现代传媒的宣传作用。作为遗老的郑氏都有如此判断，可见，旧派文人也开始注意利用公共媒体来传播他们的理念以及文艺作品了。由是观之不难发现，旧文人对现代期刊的偏爱与现代传媒人的现代编辑意识共同推进了旧体诗在当时的传播。

---

① 两首诗均录自《甲寅周刊》第1卷第37号，第23页。

② 劳祖德整理：《郑孝胥日记》（第三册），中华书局1993年版，第1686页。

四、考察得到的启示

《甲寅》杂志刊发旧体诗的情况在新文学发生期并非个案，而且从文化生产与传播的角度看，也取得了很不错的成绩。所以，我们应摒弃先入为主的观念，对具有文化保守主义符号色彩的旧体诗再予以考察。旧体诗在现代语境之下与现代杂志的良性互动深刻说明了旧体诗在文本形式之外蕴含了巨大的文化力量。事实上，不仅《甲寅》杂志在不遗余力地传播旧体诗，同时代的《东方杂志》、《学衡》、《南社丛刊》、《戊午周报》、《申报》等现代报刊也连续刊载旧体诗。应该说，传播旧体诗不仅是杂志文化观点、文化立场的展示，旧体诗的传播反过来也促进了现代传媒文化品位的提升，这是一个双赢的传播结果。正如传播学创始人威尔伯·施拉姆所言，“媒介一经出现，就参与了一切意义重大的社会变革——智力革命、工业革命，以及兴趣爱好、愿望抱负和道德观念的革命”①。可见，媒介的力量之于现代社会是非常重要的革命力量源所在。有着良好文化感召力且民众社会基础广泛的旧体诗对于媒体而言就意味着广阔的市场，因此，旧体诗与现代媒体之间存在相互促进良性发展的先决条件。

社会的现代转型过程中，旧的传统并不总是处在被抛弃的位置。很多时候，社会集体性对过往的怀念并非只是怀旧情绪的一时兴起。一如历史学家克罗齐指出的，“一切历史都是当代史”②。线性历史进程大多出于历史构建者的主观考量。有人曾建议删除诗录，章士钊回答：“‘诗文录’本刊固无之，读者病其干枯，屡请增设，此次遂乃创置。”③ 这段话蕴含的信息量十分丰富：一方面，读者屡请增设说明这是现代语境下的读者需求；另一方面，说明章士钊确实只是把旧体诗当成一种点缀，但为何不用新诗来点缀？值得注意的是，《甲寅》周刊复刊之时，正是新旧两派都在倡导“整理国故”之时，因此，旧体诗在彼时的传播，也有着广泛的社会需求。吴宓曾经这样说：“世之誉宓毁宓者，恒指宓为儒教孔子之徒，以维护中国旧礼教为职志。不知宓所资感发及奋斗之力量，实来自西方。”④ 吴宓的这番话令人深思。汉语文学的现代化不可能自然天成，欧风美雨的滋养具有先导性和启发性，但面对西方现代文学特殊语境营造出的现代语境，处于现代时期的中国诗歌，不论新旧，演进形态也不可能是线性的，而且，旧文学所代表的传

---

① ［美］威尔伯·施拉姆、威廉·波特：《传播学概论》，陈亮等译，新华出版社 1984 年版，第 18–19 页。

② 彭刚：《精神、自由与历史——克罗齐历史哲学研究》，清华大学出版社 1999 年版，第 32 页。

③ 章士钊：《章士钊全集》（第 6 卷），文汇出版社 2000 年版，第 468 页。

④ 吴宓：《吴宓诗话》，吴学昭整理，商务印书馆 2005 年版，第 214 页。

统更能为民族自信找到可以依靠的灵魂。

正如麦克卢汉所言，“一切媒介都是感官的延伸”①。媒介作为现代社会日常生活的建构引领源，对于中国文学的现代发展影响极为深远，“现代文学的思潮、流派等，大部分是以期刊和出版机构为中心建构的”②。可以说，正是现代传媒深刻改变了近代中国社会的精神面貌，而现代传媒的旧体诗传播也制造了古典诗学的复兴机会。如果将现代媒体的内容刊载视为文化生意，那么，借助刊发旧体诗来提升现代传媒文化品位也成为了一种媒体策略。这一点从《甲寅》杂志“诗录”栏目的作者群变化可以看得很清楚。而且，彼时“新升未升”、“旧正当年”的语言文化环境也为旧体诗的传播提供了厚实的文化土壤。直到1925年，胡适还在批判章士钊对白话文的“反叛”，而5年之后的1930年，文言在现实生活中依然坚挺。龙冠海在致胡适的信中谈道：“请你看各地的报纸，还不是依旧的用文言文吗？有时我真想写信各个去骂他们。我觉得最为可笑的是去年我们的政府，一方面出布告令各机关通用白话文，而一方面我们政府主席的通电以及其他文章却是用文言文，这岂不是自己打自己嘴巴。”③ 因此，客观而言，新文化运动虽然不论是在文化表层上还是在国人精神世界的现代性改造方面，都取得了一定的历史成绩，但面对生命力韧劲极强、早已融入中国人血脉的传统文化，还有很长的路未走完。

作为传统文化中最为高贵的文化符号，旧体诗不仅有了现代媒体助力，更为重要的是，它面对的现代社会是中国古典诗歌历朝历代都未曾经历过的历史语境，也恰恰因为这独有的社会剧烈转型，让现代旧体诗拥有了前所未有的新变机遇。恰如林北丽所言，“吾人盱衡当世，处数千年未有之变局，举古人所有之意境与其所无者，皆兼容而并包之。古人为诗，仅有一境界，吾人乃有二焉，处境如此，而犹不能发抒其才力与情感，成一划时代之作品，宁非中国文学界之憾事欤”④。可见，旧体诗在现代传媒的技术与现代情感的双重驱动下，不仅没有日薄西山，还因为拥有新的时代质素加持而获得了新变的可能。

俯瞰旧体诗在现代期刊中的传播历史轨迹，不禁让人感叹时代潮流对文学样式的深刻影响。时代的主流与非主流在转换之间容易完成样本的时代替换，但这一过程不一定会是直线的舞步。应该说，一时代虽有一时代之文学，但文学的主流与非主流向来是变动不居的。诗歌是古代文学的主流，在中国朝现代化迈进的转型演进中，客观而言，一

① ［加］麦克卢汉：《理解媒介——论人的延伸》，何道宽译，译林出版社2011年版，第35页。

② 胡友峰：《媒介生态与当代文学》，武汉大学出版社2016年版，第7页。

③ 中国社会科学院近代史研究所中华民国史研究室编：《胡适来往书信选》（中册），中华书局1979年版，第57页。

④ 林北丽：《〈丽白楼自选诗〉序》，见林庚白著，周永珍编：《丽白楼遗集》（下卷），中国人民大学出版社1996年版，第1244页。

度也出现了遭“打压”的低谷现象，但随着中国现代化与中华文化复兴的并举推进，旧体诗也越来越受重视了。《中华诗词大会》的热播只是其中一个小小的时代例证。不过，回身反顾，从历史长河中看，写作诗词也并非时代主流，仕途才是主流，写诗只是雅趣。李白有诗曰：“吟诗作赋北窗里，万言不直一杯水。”白衣卿相的诸多叹息也说明诗歌不是主流，但旧体诗的真正主流价值在于它与中华文化的基因是一脉相承的。以《甲寅》为代表的一大批现代期刊在新文学发生期刊发旧体诗的历史也从侧面印证了这一点。

（作者单位：闽南师范大学文学院）

一种反殖民的成都镜像①

——从空间视域看初版《大波》的辛亥革命叙事

丰 杰

李劼人对于民国历史的思考，是以成都为主要空间载体的。正如李怡所说，"以内陆腹地的成都为例，李劼人、郭沫若等知识分子的个人趣味、思维特点就与京沪主流有异，形成了近现代嬗变的地方特色"②。李劼人在《成都历史沿革》一文中详尽地梳理了成都在历史上的4次衰败。其中第4次是从辛亥革命开始的。他认为"由公元一九一二年起推倒清朝专制统治后，直到一九四九年年底解放时止，三十八年当中，成都的变化太大，但不是变好，而是向坏的方向走。……以前良好的具有民族风格、历史意义的建筑物，无论公的私的，全都受了殖民地码头建筑的恶劣影响，而向坏的方面变"③。

在李劼人看来，民国时期成都"向坏变化"的主要表现便是建筑物的"殖民地码头"风格。也正是基于对以成都为中心的巴蜀地区的深层体验与理性认知，李劼人的辛亥革命叙事显示出了区别于主流书写的独特性：其一，重视保路运动、四川"反正"的地方主体性；其二，重视辛亥革命的反殖民而非反封建意义。可以说，20世纪30年代反殖民的时代语境激发了李劼人追溯保路运动的情感动机，于是作为创作空间的成都与作为故事空间的成都构成了一种镜像关系。

---

① 本文系国家社科基金青年项目"百年文学中的辛亥革命叙事研究"（16CZW047）的阶段性成果。

② 李怡：《成都与中国现代文学发生的地方路径问题》，《文学评论》2020年第4期，第73页。

③ 李劼人：《成都历史沿革》，《李劼人全集》（第7卷），四川文艺出版社2011年版，第440－442页。

一、地理空间的流动性改造

在中国传统的空间版图里，地理位置和交通不便造成的封闭性，使成都为中心的巴蜀之地在接收外界消息时存在滞后性。很多川籍作家都曾强调这一点。郭沫若说："四川因为相隔太远，大凡外界的风潮总要相隔一月之后，然后才能波到。"① 李劼人也曾说："辛亥年——民国纪元的这一年——虽然依照太阴历是多了一个六月，名曰闰六月，然而在八月里头，革命先烈们在武昌创造双十佳节时，成都的气候还不是那样乱穿衣的。"② 正因为空间的封闭性，"路"的意义才凸显出来。

铁路是初版《大波》中最为重要的一个空间意象。铁路交通的出现打破了传统社会的空间结构。齐美尔曾盛赞道路、桥梁是"人类跨越空间建立联系所取得的卓越成就"，"坚固的空间结构将移动定格为永恒"，"流动与空间连接"是现代城市空间的重要元素③。在中国的现代化进程中，铁路交通扮演着关键性的角色。梁漱溟认为，"中国历史所见者，社会构造尽或一时破坏失效，但不久又见规复而显其用。……改朝换代不下十数次，但换来换去还是那一套，真所谓'换汤不换药'，所以说没有革命。假如不是世界大交通，因西洋近代潮流输入而引起它的变革（如今日者），无人可想像其循环之如何打破"④。"争路"彰显着清末川民突破空间限制的发展渴求。在川民看来，修建铁路尽管困难重重，却势在必行，且股本已不可收回。清政府若将铁路收归国办，无疑会给四川的经济再带来一记重创。与清政府争夺路权，实际上是在争夺本土经济的发展权。

另一个重要的空间意象是河水。梁启超曾将传统中国的思想界喻为"一个死水的池塘，虽然许多浮萍荇藻掩映在面上，却是整年价动也不动"⑤。"微澜"、"暴风雨前"、"大波"这三种河水的形状，亦是清末民初急剧变化的四川形象的隐喻。从保守静置的一汪死水，到蓄势而发的源头活水，意喻四川逆转与颠覆了传统的刻板印象，唱响了革命的先声，成为了时代的先锋。李劼人认为，"如其承认辛亥武昌革命起义是与四川争路事件有关系的话，则民国纪元前一月多的成都的七月十五，实实在在可以说是建立民国最可纪念的双十节的序幕，有如旧小说的楔子，或得胜头回"⑥。这种观点是有共鸣的。

---

① 郭沫若：《反正前后》，上海现代书局1929年版，第82页。

② 李劼人：《大波》，《李劼人全集》（第3卷），四川文艺出版社2011年版，第399–400页。

③ 刘英：《流动性研究：文学空间研究的新方向》，《外国文学》2020年第2期，第28页。

④ 梁漱溟：《中国文化要义》，上海人民出版社2018年版，第254页。

⑤ 罗志田：《变动时代的文化履迹》，复旦大学出版社2010年版，第2页。

⑥ 李劼人：《大波》，《李劼人全集》（第3卷），四川文艺出版社2011年版，第270页。

林纾在《金陵秋》中说："两川一动，牵连武汉，祸发旦夕矣。"① 郭沫若也认为"辛亥革命只是四川保路同志会的延长"②。在李劼人塑造的故事世界中，铁路与河水这两个意象都经历了从静态到动态的形态变化。无论是铁路的修建，还是河水的波动，都使原本封闭刻板的空间形象拥有了流动性。

在具备现代意义的流动性空间中，民族国家的概念得以重新建构。在安德森看来，"民族作为一个隐藏的、封闭的地方的概念被经济和科学的巨大发展摧毁了"③。众所周知，在整个辛亥革命时期，"驱除鞑虏，恢复中华"是一个核心的政治口号。清末民初的很多革命题材作品，也往往有着明显的种族主义色彩。而李劼人的"大河三部曲"鲜有对满汉冲突的描写。小说中的民族国家概念，指向的是"中华民族"这一共同体。正因为"中华"的概念发生了从"种族"到"国族"的变化，川民所争之"路"便意味着与国家主权唇齿相关的路权。保路运动的终极意义，也就并非指向中国内部的反清革命，而是世界意义上的反殖民斗争。实际上，李劼人对于保路运动看似另辟蹊径的反殖民阐释，反而更为理性地揭示了晚清以来中国的深层危机。1911 年，美国基督教传教士阿瑟·贾德森·布朗这样描述当时中国的形势："西方列强凭借暴力在中国建立了'和平'的政治新秩序，随后又在中国掀起新一轮的经济侵略浪潮，对中国利权的破坏性开采，丝毫不顾及中国政府和百姓的利益，这无疑进一步激怒了中国民众。……在中国总共 6300 英里的铁路里程中，只有 1930 英里处于中国人自己的掌握之下。"④ 这意味着在一个西方人的视角中，铁路问题也已成为中国主权岌岌可危的信号。

20 世纪 30 年代的四川遭受着与清末相似的帝国主义威胁。李劼人的"大河三部曲"写于 1935 年至 1937 年，正是中日民族矛盾不断激化的时期。1936 年春，日军飞机轰炸成都，李劼人从城内避至乡间。而就在 1937 年下半年，国府迁渝，地方性的四川城市空间被赋予"政治中心的象征符号"⑤。在帝国主义入侵的时局之下经商与抗争的生命体验，一方面加深了李劼人对于城市空间与国家空间的关联性思考，另一方面使李劼人对保路运动中的底层人民有了更深的共情。李劼人实事求是地肯定了包含小商人群体在内的底层人民在保路运动中的重要作用。一如小说中傅隆盛放下生意不做，置生死于度外

---

① 林纾著，林薇选注：《林纾选集·小说卷》（下卷），四川人民出版社 1987 版，第 181－182 页。

② 郭沫若：《反正前后》，上海现代书局 1929 年版，第 119 页。

③ ［美］本尼迪克特·安德森：《想象的共同体——民族主义的起源与散布》（增订版），吴叡人译，上海人民出版社 2016 年版，第 251 页。

④ ［美］阿瑟·贾德森·布朗：《中国革命 1911：一位传教士眼中的辛亥镜像》，季我努译，重庆出版社 2018 年版，第 95 页。

⑤ 李永东：《主客易势与下江人建构的重庆形象》，《中国文学研究》2020 年第 4 期，第 127 页。

地去争路，李劼人在抗日战争拉开帷幕时放下了未完成的《大波》第四部，投身到了抗日的洪流之中。从《死水微澜》到《大波》，李劼人始终将反殖民的问题置于反封建之前。这使他的辛亥革命叙事在文学史上既难能可贵又独树一帜。

二、政治空间的权力重组

从帝国到民国的现代化转型中，作为权力载体的空间内部发生着激烈的冲突。保路运动中，清政府、谘议局、民众三者进行着博弈，最终走向疏离与分裂。“在士绅阶层以社团、谘议局、资政院等方式组织起来参与国政的同时，围绕速开国会的大请愿活动，更是将分散的士绅阶层组织成为一个整体，从而真正改变了近代中国政治势力的结构。”① 李劼人在《大波》中也有类似描述：

> 四川人民已经不是我从前离开成都时候的光景。以前四川，只算是官的天下，官要做啥，就做啥，那个敢出头哼一声不然。所以那时的官，才叫做民之父母，又说是灭门县官。如今却大大不同了，绅士们抬了头，谘议局一开，官就小了一半②。

在这场关键的权力运动中，士绅阶层的文学形象和历史形象并不对等。士绅阶层地位的提升，从内部割离了清政府在地方的权力，使成都在某种程度上进入了地方自治状态。而在辛亥题材的文学作品中，士绅阶层的形象常常是模糊甚至空缺的。《大波》在描述成都的权力格局时，将谘议局士绅们的贡献与地位进行了“还原”。谘议局作为清政府与地方百姓的沟通中介，掌握了较大的主动权。保路运动正是“第一次有知识的绅士们反抗政府的大集合”③。李劼人对蒲殿俊、罗纶等谘议局士绅的描写是相对中性的。

在此，我们不妨将李劼人的《大波》和郭沫若的《反正前后》进行对读。郭沫若的《反正前后》出版于1929年，比李劼人的《大波》早8年。郭沫若认为，“二十年前四川的蒲殿俊罗纶的声名差不多就像Lenin，Trotzky之于革命的苏俄一样，四川人差不多没有一个人不晓得他们的”④。李劼人在《大波》中也用丰富的场景和细节表现了蒲、罗在四川的声望。但郭沫若和李劼人对蒲、罗的主观评价却相距甚远。郭沫若认为“他们宁

---

① 王永祥：《民初的政治文化生态与新文学的空间场域》，山东文艺出版社2015年版，第51页。
② 李劼人：《大波》，《李劼人全集》（第3卷），四川文艺出版社2011年版，第133页。
③ 李劼人：《大波》，《李劼人全集》（第3卷），四川文艺出版社2011年版，第33页。
④ 郭沫若：《反正前后》，上海现代书局1929年版，第73页。

是出马便和革命的一派对立的”①；“保路同志军虽然是四川独立的元勋，但他们依然是封建社会里面的骨董，他们不过是被有产者利用来做了争路的手段罢了。他们当然没有收拾四川的能力，然而根本也没有人期待他们来收拾四川，演傀儡剧的人在把戏钱骗到了手之后，傀儡依然是要检放在破箱子里面的”②。

李劼人没有从政治理论出发，而是以考据性的历史材料为基础，以一种“在场者”的身份去感受谘议局的空间氛围。例如李劼人写“罗纶之哭”：

> 台上正站着一个满脸哭丧着的大胖子，在大声的喊叫：“……可怜四川人的血汗钱这样被人抢去！……我们只有誓死反对！……反对到底！”③

罗纶“会哭”是一种共识性的历史记忆。但小说叙事者并未对罗纶之“哭”是否真诚做出评价，而是从听者的角度去感受“哭”带来的力量：

> 罗梓青果然会哭，果然哭得动人，但是据我看来，会哭的先生还很多哩！……无一次不是开口就哭，闭口也哭。以前，啥子人说过，宋太祖的天下是哭得来的，我看清朝的天下，恐怕会着我们四川几个老酸哭下台的④。

不难看出，叙事者对于罗纶的情感还是偏于正面的，肯定了“罗纶之哭”对保路运动的贡献。

在保路运动的前期，谘议局煽动民众反对铁路国办。四川本地的士绅与民众在立场上是一致的。但在成都血案发生后，保路风潮已经渐渐偏离了蒲、罗等前期倡导者预期的轨道。正如张中良所说，李劼人“没有教科书式的揭示必然性而忽略偶然性的事件，而是如实地表现当社会怨愤积累到一定程度，只要一点火星的偶然迸发就能引起燎原大火”⑤。成都血案是官与民的正面决裂，也是保路运动转向革命运动的关键拐点。这场血案与20世纪20年代中期的“五卅惨案”、“三一八惨案”有着共同的反殖民背景，构成了一种互释关系。正因为“现代国家观念，将国家、政府与人民以宪法的形式区别开来，在理性化的过程中，文化空间的属性是多元并存的”⑥。清政府与北洋政府对于反殖民斗

① 郭沫若：《反正前后》，上海现代书局1929年版，第175页。
② 郭沫若：《反正前后》，上海现代书局1929年版，第196页。
③ 李劼人：《大波》，《李劼人全集》（第3卷），四川文艺出版社2011年版，第42页。
④ 李劼人：《大波》，《李劼人全集》（第3卷），四川文艺出版社2011年版，第50页。
⑤ 张中良：《李劼人的辛亥革命叙事》，《当代文坛》2020年S1期，第15页。
⑥ 王永祥：《民初的政治文化生态与新文学的空间场域》，山东文艺出版社2015年版，第96页。

争的负面态度，成为了激发革命的导火索。

在和平年代里，游民组织与小商人、学生等非游民个体，原本处于一种微妙的平衡状态。而当民众与清政府的矛盾激化到无法调和时，游民组织与非游民个体就会产生融合的诉求。基于此，袍哥迅速成为了革命的核心力量，四川的权力空间开始重组。沙汀说："辛亥革命前与辛亥革命后的袍哥迥然不同。首先是成员问题，辛亥革命前主要是一些游民，做小买卖的商贩，为了对付恶霸、地痞的欺侮，结成团体，借以维护自己利益。他们也真正具有一种豪侠气概，辛亥革命时期，四川保路同志会的先驱者看清了这一点，因而发动袍界参加，曾经起过很大作用。象我们安县那么偏僻的地方，袍界就动员了一千多人，浩浩荡荡开到成都壮大、扩张革命声势，以彻底推翻清王朝。"① 李劼人在小说中，按照史实叙述了侯保斋参加保路运动的故事。已过花甲之年的袍哥首领侯保斋响应保路号召，重出江湖。他领导的袍哥队伍占据了新津，打下了四川"反正"的第一个胜仗，改写了四川的权力格局。新版《大波》依然保留了这一真实的故事。

李劼人毫不掩饰对于袍哥的喜爱。他曾说，罗歪嘴的原型就是救过自己孩子的邝瞎子②。在《死水微澜》中，叙事者如此夸赞袍哥："据说，袍哥刀客身上，纵就白刀子进，红刀子出，戳上几十个鲜红窟窿，倒不算什么，惟有被王法打了，不但辱没祖宗，就死了，也没脸变鬼。"③《大波》中更是出现了以传奇演义的夸张手法来描绘袍哥战斗能力的片段。如"同志军里，有个姓吴的……顶凶了。他所练的同志军，简直是一可当十"④。黑骡子更是一个典型的"梁山好汉"式人物。他一亮相就显出了与众不同的胆魄：

> 众人都张皇不堪的走了，独有一个大汉子，据说是崇庆州的刀客，浑名叫黑骡子的，挟了一把二尺来长，看样子是很锋利的精钢顺刀，却不肯走。气恨恨的向会长身边一蹲道："妈牝！太倒痱了！一接火，就丢了七八个弟兄，没伤着别人一个，连本钱都不想捞了，夹起尾巴就跳！像这样丧德的事，我黑骡子还没有看见过！我不走，我要捞本钱！"⑤

其战斗的细节更为传奇：

---

① 沙汀：《为川坝子人民立传的李劼老》，《李劼人作品的思想与艺术》，中国文联出版公司 1989 年版，第 2 页。

② 李劼人：《谈创作经验》，《李劼人全集》（第 9 卷），四川文艺出版社 2011 年版，第 247 页。

③ 李劼人：《死水微澜》，《李劼人全集》（第 1 卷），四川文艺出版社 2011 年版，第 117 页。

④ 李劼人：《大波》，《李劼人全集》（第 3 卷），四川文艺出版社 2011 年版，第 334 页。

⑤ 李劼人：《大波》，《李劼人全集》（第 3 卷），四川文艺出版社 2011 年版，第 307–308 页。

只见黑纱帕朝上一冒，顺刀一闪，那兵就倒了下去。只见稻草一阵摇动就没事了。

……

黑骡子跳了起来，向那兵的身边飞扑了去①。

在一心想上战场的彭家麒眼中，整个保路同志军的队伍里“只有黑骡子一个，是好汉”②。憨直、勇猛、具有蛮性的黑骡子形象，寄寓着四川民众对于袍哥的英雄想象。他们希望借由袍哥的力量冲破封建政治的枷锁，获得保路运动的最终胜利。但这种英雄想象只是灵光一闪的小插曲。

袍哥形象本身也具备一定的反殖民内涵。欧阳恩良认为，“一般而言，袍哥是一种以青壮年男性为主体，具有比较浓厚的大汉族主义思想意识，与外来宗教格格不入的游民组织”③。李劼人在阐释《死水微澜》的创作动机时说：“这两种恶势力（按：教民与袍哥）的消长，又系于国际形势的变化，而帝国主义侵略的手段是那样厉害。”④ 尽管小说试图将教民与袍哥两类人物并置，但反帝的时代语境却打破了二者的平衡。所以，《死水微澜》中袍哥罗歪嘴被赋予了更多的正面情感，而顾天成倚仗洋教蹂躏同胞则卑琐不堪。在《大波》中，袍哥迎来了自己历史上的巅峰时刻：

凡现在东南西北近省各府州县之能造成这样一种形势，使数万官兵束手观望而不敢并力攻助者，谁又不晓得全靠的是大批袍哥土匪所组织的义军的声光？袍哥土匪不是和所谓棒客差不多吗？或者即是棒客之大者，棒客之官称。这般人得了势，攻进城来，那还了得！但是大家又相信他们既是成了义军，同团防们在一起，必然是改邪归正，成了正果的了。如像《水浒传》上宋江那般朋友一样。因此，大家也就不称他们为义军，相信他们的宗旨即是同志会的宗旨，而竟称之为同志军⑤。

士绅们亦感叹：“以后实不敢再找文人，所以罗先生有见解，才说宁可跟袍哥们打

---

① 李劼人：《大波》，《李劼人全集》（第3卷），四川文艺出版社2011年版，第311–312页。

② 李劼人：《大波》，《李劼人全集》（第3卷），四川文艺出版社2011年版，第312页。

③ 欧阳恩良：《西南袍哥与辛亥革命》，中国致公出版社2011年版，第37页。

④ 李劼人：《〈死水微澜〉前记》，《李劼人全集》（第9卷），四川文艺出版社2011年版，第242页。

⑤ 李劼人：《大波》，《李劼人全集》（第3卷），四川文艺出版社2011年版，第408页。

堆，还靠得住些！”① 可以说，《大波》为《死水微澜》的“教民与袍哥之争”续上了一个答案。

值得进一步注意的是，李劼人对袍哥的情感存在一个关键的悖论，即一方面钦佩袍哥的重情重义、勇敢坦率，另一方面也深知袍哥缺乏政治理性。所以，李劼人对袍哥的书写，并不是简单地为袍哥邀功。他对吴凤桐们身上的小农思想有着清醒的认识，也对袍哥们在革命后走向堕落的事实有深入的反思。在四川“反正”的过程中，由于民众与革命党缺乏有效联系，导致袍哥取而代之成为了革命文化的代名词。郭沫若回忆说：“在当时的中国的思想界是康梁的保皇立宪和孙黄的排满兴汉的对立，在四川虽然只是片面的前一派人占有势力……当时同盟会的会员也好像并没有好几个，特别是我们四川。”②于是，袍哥群体被封建势力和投机者重新包装与利用：

> 政府中人看出了袍哥力量之大，相信将来治理四川，这是可以利用的。便首由副都督出头，联合各统领，和全城有势力的大爷，成立了一个大汉公，罗副都督兼任了大爷。于是，军队政商各界的人，便从风而靡，全都变成袍哥了③。

军政府“成立那天，按照时兴办法，全部军官军佐都须行一种特殊仪式……把血酒喝了，一齐起来，再团团互相磕了一个头，便算一齐都变成了袍哥了”④。至此，一种原本属于民间田野的秘密社会组织及其文化，径直上升到了庙堂，改写了四川权力空间的颜色。被迫上台的蒲、罗等人根本不具备控制复杂局面的能力，“衰败”的迹象很快出现。一方面，政权被军权挟持。蒲、罗等人上台之后，为讨好军人并抵销军饷，竟下令给军人十天自由，巡防营、陆军开始肆无忌惮地烧杀抢掠；另一方面，宗派斗争和贿选腐败卷土重来，投机派纷纷跻身革命政府之中。

“大河三部曲”所表现的权力运动，亦是清末民初中国政治运动的缩影。而时至20世纪30年代初，这种状况仍在延续：“社会永不安定，一切事皆办不下去，袁世凯的阴谋政治激出来所谓新文化运动，北洋军人与盗阀之横行激出来国民革命……不幸大潮流之下，分成无数小潮流，来来往往，反反覆覆，事事皆成朝不保夕之局面，人人乃怀五日京兆之用心，上台是趁火打劫，下台是酝酿待时。”⑤ 辛亥革命虽推翻了清王朝的统

---

① 李劼人：《大波》，《李劼人全集》（第3卷），四川文艺出版社2011年版，第70页。
② 郭沫若：《反正前后》，上海现代书局1929年版，第75-77页。
③ 李劼人：《大波》，《李劼人全集》（第3卷），四川文艺出版社2011年版，第626页。
④ 李劼人：《大波》，《李劼人全集》（第3卷），四川文艺出版社2011年版，第631页。
⑤ 傅斯年：《教育崩溃之原因》，《独立评论》1932年7月17日。

治，但在仓促之间，北洋军阀所代表的“在朝”军事力量和民间会党代表的“在野”社会力量，共同打造着暴力治国的政治文化。李劼人对军政府的阐释与批判，正是基于后置的民国经验而进行的历史归因。

三、文化空间的价值更迭

《大波》中的重要空间还有表现清末教育危机的学堂。李劼人在小说《儿时影》中曾表达过对乡间私塾教育的厌恶。而楚用就读的成都学堂，也是师生的斗法场。师生矛盾在清末空前地激化。一方面是由于科举废除后，传统教育失去了实利性的功能，教书先生的地位一落千丈；另一方面，学生对于西方教育的想象与渴求，也进一步加深了中国传统教育的危机。从根本上来说，学堂里“中西二元”知识体系与教育理念的对峙，在一定程度上象征着清政府与革命派两者政治影响力的抗衡。

郭沫若回忆说：“我们时常在幻想，不知道怎样我们总遇不着一位革命党人，我们在我们那出过外洋或者到过京沪的教员先生里面找，但始终没有一个像。”① 年轻气盛的学生更容易赞同革命和革命派建构的一种西方想象。罗伯特·塔利认为，“当我们在某个地方颠沛流离、迷失方向的时候，我们会意识到这不是自己熟悉的地方。因此，处所意识包含了空间迷失的焦虑，它召唤我们在认知层面为处所绘制一幅地图”②。而此时，革命派引入的西方教育理念，建构着“一座单一的——虽然是摇摇晃晃的——金字塔”③，将乡村学堂里的青年们引到镇，再到城市，最后抵达主流政治文化的核心城市。在郭沫若的回忆中，少年时自己最景仰的“是欧美，其次是日，其本次是京沪，更其次——这是最低的限度——便是到成都了”④。新的金字塔的出现，使得原本以小农经济为基础的旧式教育空间被打破。清末民初的青年知识分子走上了离乡之路。他们笔下的故乡空间给人一种封闭自洽的保守印象。无论是鲁迅笔下具有反讽意味的“未庄”，还是沈从文笔下自然诗性的“湘西”，都是作为现代社会的对立空间而存在的。

西方教育在引入中国的过程中，被主观地改造成了一种东方化的西方教育想象。从政治层面来看，所谓“西方教育”，在官本位思想的改造下，迅速转化为了一种新的入仕工具。尽管科举考试废除了，但“学而优则仕”的教育理念并没有完全清除。郭沫若

---

① 郭沫若：《反正前后》，上海现代书局 1929 年版，第 77 页。

② 朱立元、陆扬、[美] 罗伯特·塔利：《关于空间理论和地理批评三人谈——朱立元、陆扬与罗伯特·塔利教授的对话》，《学术研究》2020 年第 1 期，第 143 页。

③ [美] 本尼迪克特·安德森：《想象的共同体——民族主义的起源与散布》（增订版），吴叡人译，上海人民出版社 2016 年版，第 120 页。

④ 郭沫若：《反正前后》，上海现代书局 1929 年版，第 4-5 页。

回忆道：“中国僵定了几千年的封建社会在支配阶级中发生了一个固定的公式，便是求学是为做官”①，“我们的大哥，他和尹昌衡一样，不是立宪派，不是革命党人，但也不是实力派。他的资格是东文学堂出身，是留学过东洋回来的，这第二批的新政府东洋帮最占势力，特别是东文帮，所有各部的部长副部长差不多是被他们包办了的”②。官本位思想与辛亥风潮结合后，投身革命亦成为新兴的政治手段。“面对时代巨变，上层士绅能做出很快的反应，在保路运动、武昌起义、组党参政等政治活动中，很快就能从立宪立场转变到革命立场，无情地和清政府决裂。”③《大波》里，黄澜生、孙雅堂等旧体制中的官员，王文炳等学生，吴凤桐等袍哥，都到军政府里去争取职位，但很少有人真正关心“反正”之后的民主制度如何建设。王文炳成为了新津的乡长，可谓“革而优则仕”的典型。

马克思告诉我们，经济基础决定上层建筑，上层建筑又反作用于经济基础④。西方的现代教育与工业文明的发展是相辅相成的。在中国，无论是洋务运动以降的实业救国理想，还是革命派的共和蓝图，都植根于本土工商业的发展。工商业的发展又需要配套的职业教育作为支撑。但是，中国近代的教育改革并没有与经济发展形成有效的良性关联。官本位思想的固着和重农抑商的传统观念，使职业教育备受冷遇。成都本土的商人，多数仍是傅隆盛这样的传统手工业主。可以说，职业教育的落后已经严重危及当时中国的生存与发展。鲁迅回忆在南京辗转水师学堂和矿路学堂的经历时总结道：“爬上天空二十丈和钻下地面二十丈，结果还是一无所能，学问是‘上穷碧落下黄泉，两处茫茫皆不见’了。”⑤ 郭沫若也曾谈到成都劝业场的命运：本来是鼓励民族工业发展的国货展览馆，却清一色地展示着洋货，并最终成为专卖洋货的百货大楼⑥。劝业场的建筑外形，正是李劼人所说的“殖民地码头”⑦ 的风格。这种空间意象，并不意味着国人对于西方物质文明持一种健康的开放态度，而恰恰表现了一种畸形的“崇洋媚外”心理。换言之，本土工商业的积弱和职业教育的落后互为因果，严重打击了国人的民族自信心。

近代以来，进步知识分子倾心于西方文化自不待言。这种西方崇拜中所隐藏的危机，在20世纪30年代之前的文学中很少得到深刻的表现。20世纪40年代，钱钟书的《围

---

① 郭沫若：《反正前后》，上海现代书局1929年版，第32页。

② 郭沫若：《反正前后》，上海现代书局1929年版，第200页。

③ 王永祥：《民初的政治文化生态与新文学的空间场域》，山东文艺出版社2015年版，第56页。

④ 中共中央著作编译局编译：《马克思恩格斯选集》（第2卷），人民出版社1972年版，第82页。

⑤ 鲁迅：《琐记》，《鲁迅全集》（第2卷），人民文学出版社2005年版，第307页。

⑥ 郭沫若：《反正前后》，上海现代书局1929年版，第62页。

⑦ 李劼人：《成都历史沿革》，《李劼人全集》（第7卷），四川文艺出版社2011年版，第442页。

城》塑造了方鸿渐等伪知识分子形象，拆穿了西方崇拜遮羞下的知识分子假面。李劼人的《大波》与《围城》有异曲同工之处，但主要揭示的是国内的教育问题。李劼人说："我当时也是四川高等学堂分设中学堂推选出来参加保路同志会的代表，虽然没有尽职，还是参加了几次会，看见了事件运动的真面目。"① 初版《大波》的主人公楚用在保路运动中同样被推为代表，也同样"没有尽职"。笔者虽不认为楚用的现实原型就是李劼人自己，但李劼人将自己作为学生代表的真实心理投射到楚用身上，是毋庸置疑的。楚用名"子材"，然通往仕途之路既废，经济职业也无望，所谓"成才"的理想成为了一种空想。"才子"之名与游手好闲、偷情享乐的作派形成了强烈的反讽效果。楚用的同学也几乎都是"问题青年"。懒惰厌学是通症，好色成性或谎话连篇则是引以为傲的个性。王文炳是最热心保路的学生，却有着与其年龄极不相称的心机城府："他的本事顶大，就是专门写别人的"②；他对待工作很有一些套路，如宣讲时"一定要把你讲的事，扩大到七八倍，或十来倍"③；对待女性，他也很有一套油滑的策略，并常常以此来教导楚用。在保路运动发展失控时，他又苦于冲得太前，转而赞赏楚用的旁观态度道："像你这样凡事不起劲的人，任凭咋个退缩，人家再不会笑你的不对，自家倒也落得清静！"④

众所周知，在辛亥革命的酝酿发展过程中，知识分子起到了极为关键的作用。无论是陈天华、邹容、徐锡麟、秋瑾等先驱者，还是孙中山、黄兴等革命领袖，都是知识分子。楚用、王文炳等学生人物在很大程度上颠覆了辛亥以来的知识分子形象，但无疑也具备一定的真实性与普遍性。郭沫若回忆说，辛亥革命前的学生"一面是兴奋，一面又是消沉，然而结果同样是年青人的悲歌慷慨"⑤。可以想见，在说话、宣讲要将事实"扩大十来倍"的王文炳们的治理下，"反正"后的新津会往何处去。然而，王文炳已经算是李劼人笔下"新官"中最偏于革命和进步的人选了。相较之下，邓幺姑、黄太太等女性形象则显示了一种"移风易俗"的进步性。梁启超认为，"风俗习惯之移易"⑥ 与政治法制、宗教道德的变迁一样，是一种进化的表现。家庭关系中的女强男弱，恰是以三纲五常为伦理内核的政治制度走向崩坏的一种表征。

20 世纪 30 年代的教育状况仍未能有根本的好转。这是李劼人辛亥革命叙事中负面知识分子形象的重要生成原因。傅斯年说："今日中国的社会，是个最大的矛盾集团。

---

① 李劼人：《谈创作经验》，《李劼人全集》（第 9 卷），四川文艺出版社 2011 年版，第 246 页。
② 李劼人：《大波》，《李劼人全集》（第 3 卷），四川文艺出版社 2011 年版，第 48 页。
③ 李劼人：《大波》，《李劼人全集》（第 3 卷），四川文艺出版社 2011 年版，第 131 页。
④ 李劼人：《大波》，《李劼人全集》（第 3 卷），四川文艺出版社 2011 年版，第 224 页。
⑤ 郭沫若：《反正前后》，上海现代书局 1929 年版，第 59 页。
⑥ 梁启超：《论学术之势力左右世界》，《饮冰室文集全编》（第 1 卷），广益书局 1948 年版，第 230 页。

……在这个状态之下，国家无所谓‘国是’，民众无所谓‘共信’，人人不知向那里去。三十多岁的人尚且不能‘自立’，更何所责于青年？在这样情形之下，青年学生自然不能得安定——身体的、心理的、意志的。于是乎最基本的冲动，向最薄弱的抵抗处发动，于是乎青年学生的事不是风潮便是恋爱。”① 张季鸾也如是说：“民国以来，其实质未变，或愈变而愈烈者，则民生愈困苦，吏治愈贪污，教育实业，俱少进境。民国十数年所增加者，徒为若干军阀买办与无数游民盗匪。”② 教育的困顿、经济的低迷与政治的腐败是互为因果的。左翼文化的兴起与日渐深化的民族危机，使启蒙知识分子逐渐偏离了时代文化的主潮。尽管李劼人不是一个共产主义者，但他对于知识分子形象的塑造，仍然体现了“五卅”之后文学叙事的一种共性，即知识分子在新的权力空间和文化空间中，失去了启蒙导师的权威，下沉为了需要“到民间去”的待改造者。

李怡认为，“中国现代文学研究，有必要改变沿袭多年的外来冲击/回应模式，进一步发掘和梳理中国社会与文化自我演变的内部事实”③。李劼人的辛亥革命叙事正显示了与辛亥、“五四”时期主流文化与文学的“西方中心论”所不同的中国主体意识。李劼人在历史叙事时有意规避主观的偏见，因为在他看来，“历史根本就不可信，且不说后人与旁边人的记载，有入主出奴的偏见，就是自己记自己的事时，也没有逼真的”④。于是，初版《大波》有意识地以日常生活的真实性为入口，去揭示保路运动的发生在经济、政治、文化层面的必然性与偶然性，演绎了四川历史演进的地方主体性。李劼人对保路运动反殖民意义的开掘，既从理性上反思了20世纪30年代中国深陷民族危机的内在原因，又从感性上汲取了辛亥时期川民保路的国族情感，为民族抗战鼓与呼。从这一角度来说，李劼人辛亥革命叙事的地方路径，经过了与京沪中心不同的历史文化轨道，最终又汇入了20世纪30年代的时代主潮之中。

（作者单位：湘潭大学文学与新闻学院）

① 傅斯年：《教育崩溃之原因》，《独立评论》1932年7月17日。

② 张季鸾：《〈大公报〉一万号纪念辞》，《大公报》1931年5月22日。

③ 李怡：《成都与中国现代文学发生的地方路径问题》，《文学评论》2020年第4期，第73页。

④ 李劼人：《大波》，《李劼人全集》（第3卷），四川文艺出版社2011年版，第50页。

从"事件"到"图像"

——"草原英雄小姐妹"的跨界构建及其意义

焦欣波

从新历史主义角度看，我们对"过去"的了解总是受制于某些深层的历史归类系统的符码和主题，受制于历史想象力和政治潜意识①。也就是说，历史"事件"的社会生产模式其实是一整套社会和集体乃至权力文化的"镜像式的符码和主题"，在此"镜像"中，历史"事件"作为一种深刻反映意识形态观念的文本被给予了"隐喻式的重写"。发生在1964年的"草原英雄小姐妹"事件因两个幼小的生命散发出巨大的精神力量、崇高品质和人性光辉，而成为当时轰动性的新闻热点，并被文艺作品持久性地讴歌与再造，使得"草原英雄小姐妹"成为家喻户晓的"革命接班人"和集体主义思想的榜样式人物。其中堂奥，则是在"文本"的"本质化"阐释过程中，报刊媒体、文艺创作者、评论家、出版界以及社会经济组织等于动态层面上呈现出一种彼此承续、多方联动、交互影响的构建态势。具体来说，"草原英雄小姐妹"的主体形象与结构意涵，并不仅仅是文艺生产本身及其机制运作的结果，其中处于主导性地位并确定其革命化、事件化基调的是以《人民日报》为核心的权威报刊，进而才有文艺的不断加入和生活美学因素等的积极参与，共同确保了"草原英雄小姐妹"沿着历史轴线在政治"地位"等方面的逐渐上升。这种貌似通过多途径传播与构建，实则在高度政治化、组织化即高度"一体化"的格局之下，"草原英雄小姐妹"一方面取得了合法性的灵魂与形象，一方面突显了意识形态需要不断自我确认的特性，与此同时，尤其是在"身体"及其"风景"上彻底"脱离"了原先的"本真"状态，构建了某种"乌托邦"式的符号性"图像"谱系，以

① ［美］弗雷德里克·詹姆森：《马克思主义与历史主义》，张京媛主编：《新历史主义与文学批评》，北京大学出版社1993年版，第21页。

一种日常审美消费方式，策略性地强化了政治话语的文化功能与宣教效果。

一、“文本性”：历史“事件”的本质化建构

1964年3月12日，《人民日报》第2版刊登了一则新华社记者赵琦约两千字的人物通讯——《暴风雪中一昼夜——记英勇保护公社羊群的蒙古族小英雄龙梅和玉荣》①，引起了有关领导和部门的高度重视。第二天，时任内蒙古自治区第一书记、主席的乌兰夫亲笔题词：“龙梅、玉荣小姊妹是牧区人民在毛泽东思想教育下，成长起来的革命接班人。我区各族青少年努力学习她们的模范行为和高贵品质。”② 第三天，《内蒙古日报》发表了长篇通讯《草原英雄小姊妹》。3月20日，共青团中央写信表扬了龙梅和玉荣的高尚行为，祝贺她们加入中国少年先锋队。期间，《文汇报》、《长春日报》等国家及地方诸多报刊媒体同样以通讯形式转载了《人民日报》的通讯稿件内容。《人民日报》不仅详细地叙述了龙梅和玉荣与暴风雪搏斗一夜、保护公社羊群的感人英雄事迹，而且认为龙梅与玉荣“由于受到集体主义的教育”，才“敢于舍己为公，表现了无比的勇敢”。而集体主义正是无产阶级高尚品德的集中体现，是毛泽东思想指导下的社会主义革命与建设的核心价值观念，并贯穿于未来的共产主义社会道德。在《人民日报》政治伦理定性的基础上，乌兰夫将龙梅和玉荣“提高”到“毛泽东思想教育下”的“革命接班人”的高度，使龙梅和玉荣从普通“小牧民”迅速转变为无产阶级事业的继承人这一政治身份与地位，而《内蒙古日报》的长篇通讯又通过对历史事件更为详细的组织与陈述，在赋予龙梅和玉荣以集体主义精神的同时，更强调了其父的长工身份以及蒙汉民族情谊与阶级感情。

应该说，“草原英雄小姐妹”历史“事件”的集体主义精神本质是由《人民日报》、乌兰夫和《内蒙古日报》三者共同完成的，并将“事件”的基本叙事单元固定下来，且形成了一个前后逻辑清晰、情节结构完整的“故事性”事件。其中，《内蒙古日报》通过夹叙夹议的策略，以13个小部分既展现了事件的整个过程，又以极具时代特征的激昂的政治性抒情语言挖掘出龙梅和玉荣与暴风雪搏斗的思想动态以及党委、党支部、牧民们的精神波动，呈现了一幅体现集体主义精神的宏大感人画面。《内蒙古日报》的通讯实质上是一篇文艺通讯。写人物的文艺通讯注重以人物语言、行动、细节、心理活动来

---

① 赵琦：《暴风雪中一昼夜——记英勇保护公社羊群的蒙古族小英雄龙梅和玉荣》，《人民日报》1964年3月12日。

② 雨楼原燐拉西：《草原英雄小姊妹》，《内蒙古日报》1964年3月14日。文章开头是乌兰夫的题词。

刻画性格，重在揭示其精神面貌。在此之前，《人民日报》编辑部曾会同中国作家协会，邀集了 30 多位作家、记者，召开了长达 11 天的报告文学座谈会，将文艺通讯连同特写等一起划归报告文学的范畴，并认为以写真人真事或以真人真事为基础的报告文学的首要任务是及时反映“时代精神”及其“战斗性和鼓舞作用”，在论及真实性问题时虽产生了较大分歧，但仍认为“可以允许在剪裁、结构、润色等方面作适当的必要的艺术加工”①。这就为文艺通讯或特写在把握时代的真实等方面创造了较大的艺术想象空间，而且明确要求作家和记者的首要任务是表现时代精神并使文章具有强烈的战斗、鼓舞与教育意义，因而以“事件”来挖掘人物、刻画人物、表现人物成为集体化时代报告文学最显著的特征之一，组织“事件”的重要性在一定程度上远超对“个人”独特性格的塑造。《谁是最可爱的人》、《为了六十一个阶级兄弟》以及著名作家玛拉沁夫发表在当年 5 月份《人民日报》上的《最鲜艳的花朵——记草原英雄小姊妹龙梅和玉荣》② 等长篇通讯都呈现出这样的文本特性。将历史事件“文本化”的“目的之一在于重构事实，以此来凸显被视为其深层意义的部分”③，能够反映集体主义精神的“事件”就是要凸显的“部分”。1964 年涌现的大量文本，除玛拉沁夫的长篇通讯之外，还有中国木偶艺术剧团葛翠琳的《草原小英雄》、赵纪鑫的现代革命京剧《草原英雄小姊妹》以及诸多具有崇高风格的诗歌和访问报道等，皆突出表现了龙梅和玉荣在家庭教育中接受的集体主义教育，尤其强化了父亲吴添喜对小姊妹的善诲严教——“爸爸的嘱咐记在心上：我们是光荣的公社社员，灾年也要把羊喂的肥壮”④、“这只大耳朵羊是咱们家的自留羊，小羊羔子是公社的，公私要分清楚，不能用公社的羊奶，养肥了个人的自留羊，以后看见这事要管。这就是对待集体利益的态度”⑤ 等等。与此相应，对人民公社、对党和毛泽东的歌颂与赞美成为各个文本的主要内容之一。事实上，父亲这一家庭角色要完成革命伦理教育的社会功能，则需要具备某种阶级“资格”与政治“资历”。《内蒙古日报》非常恰当地提出了父亲长工的身份，但并未给予具体的描写，而其后的各文艺文本、连环画、新闻报刊采访等赓续了这一“提法”并加以适度“发挥”，例如“过去爷爷、爸爸给牧

---

① 袁鹰、朱宝蓁、吴培华：《报告文学座谈会纪要》，《新闻业务》1963 年第 Z1 期，第 31–33 页。

② 玛拉沁夫：《最鲜艳的花朵——记草原英雄小姊妹龙梅和玉荣》，《人民日报》1964 年 5 月 19 日。

③ ［英］特里 · 伊格尔顿：《文学事件》，阴志科译，河南大学出版社 2019 年版，第 132 页。

④ 葛翠琳：《草原小英雄》，耶拉插图，《草原》1964 年第 7 期，第 59、58 页。

⑤ 赵纪鑫：《草原英雄小姊妹》，《草原》1964 年第 6 期，第 53 页。此为初刊本。京剧演出本《草原小姊妹》在《剧本》1964 年第 8 期刊登，随后单行本出版。

主放羊，丢了羊，牧主就用这榔头打爷爷爸爸的头”①、“旧社会是地狱天日不见，压的穷人喘气难，有怨无处诉，有理无处辩，王爷、地主狗赃官”② 等等。较之于文艺作品中的总结性陈述，《中国民族》发表的新闻报道《勤锄育壮苗——龙梅、玉荣访问记》则更生动逼真地叙述了吴添喜的长工身份与无产阶级“血脉”：

从前，我们小的时候，能穿上白布衣服就挺好；要穿有色的，得用高粱花子自己煮一煮。你们问问爷爷，咱们家哪一辈没有当过长工？那时候，穷的连饭都吃不饱，受的那些压迫就不用说了。你叔叔被抓兵，至今也没有回来；我被抓劳工下煤窑，若不是共产党、解放军来了，我这把骨头也早扔在窑底下了……③

显然，由“真正新的人民的文艺”经典剧目《白毛女》等所规范的美学原则与创作范式及其蕴含的历史逻辑，已渗透到中华人民共和国成立后的新闻媒介中并成为普遍运用的法则之一，因而“阶级”及“翻身”话语等在塑造英雄小姐妹父亲的过程中，被有意无意地采用并成为文本表现集体主义思想的重要依据与合法来源。正是对社会主义新中国的肯定才引发了吴添喜对人民公社的认同，由此也生发出整个家庭成员的一系列革命观念与政治道义。可见，新闻媒介与文艺作家在塑造社会主义新人新事方面具有高度的契合性，文本自身所产生的循环系统与自我生产、演化功能有效地制约了历史事件的“重构”与“编排”，呈现出文艺话语与媒介话语的“一体化”结构。事实上，关于吴添喜的“旧历史”叙述部分在1964年以后至“文化大革命”期间的各类文本包括新闻报道中反复出现，虽相互渗透、相互影响，但始终未能跳出这一思维创作模式。

令人遗憾的是，乌兰夫高度赞扬并强调的“革命接班人”因受毛泽东思想的教育才以集体主义的精神保护了公社的羊，在历史事件“文本化”的肇始阶段，几乎很少有媒体或文艺家认识到这一行为的思想资源的重要性。一年以后，上海美术电影制片厂的动画片《草原英雄小姐妹》在之前各文本故事框架基础上打破了这一“沉默”，通过在芨芨滩牧羊的英雄小姐妹学习雷锋这一“虚构性”画面解决了意识形态规训的问题，并“彻底”阐释了“草原英雄小姐妹”的“革命化”问题。雷锋被誉为“毛主席的好战士”。1963年，《人民日报》刊发《学习雷锋》的社论，强调“雷锋之所以成为一个伟大战士的最根本、最突出的一条，就是他反反复复地读毛主席的书，老老实实地听毛主

① 葛翠琳：《草原小英雄》，耶拉插图，《草原》1964年第7期，第59、58页。

② 赵纪鑫：《草原英雄小姊妹》，《草原》1964年第6期，第53页。此为初刊本。京剧演出本《草原小姊妹》在《剧本》1964年第8期刊登，随后单行本出版。

③ 雨非：《勤锄育壮苗——龙梅、玉荣访问记》，《中国民族》1964年5月，第14页。

席的话”①，因而雷锋精神集中体现了毛泽东思想的教育功能与实践意义，也囊括了阶级身份、政治伦理及其革命的自觉。“雷锋”情节的引入完成了文本的政治宣示与革命教化作用。“草原英雄小姐妹”由先前受长工出身、激赏人民公社、高度重视灌输集体主义精神的父亲的教诲向受毛泽东思想革命教导而转变，这就迫使一个始终被赋予“少先队员”政治资格的“革命接班人”从家庭教育之中抽离出来，不以血缘关系而以政治身份接受毛泽东思想的直接熏陶。如同雷锋成为“毛主席的好战士”那样，“草原英雄小姐妹”成为“毛主席的好孩子”，成为党培养和造就的千百万革命接班人中的一员，保证了党的无产阶级专政的正色及其永久性。在此之后，文学作品、连环画、故事、新闻通讯以及跟踪报道等各类文字文本“通力合作”，针对“草原英雄小姐妹”的“补叙”多途径、多方法开展。《中国民族》刊登张广伦、戈松英的《做毛主席的好孩子——龙梅和玉荣的故事》一文，向大众介绍了龙梅和玉荣“最爱听革命英雄故事”，以黄继光、雷锋的英雄模范事迹和刘文学、张高谦的斗争事迹为学习的榜样，而且“立志要做一个毛主席的好孩子，做一个有觉悟、有文化的建设社会主义和共产主义的红色接班人”②；《中国妇女》刊登吴景山、李雨楼的《草原小英雄龙梅和玉荣的成长》，以“从小就热爱劳动”、“平日就有股子顽强劲”、“管好公社的羊”三个部分细致入微地叙述了她们日常生活中的高贵品质和集体精神③；诸如此类，不一而足。龙梅和玉荣与暴风雪搏斗的“史前史”被不断“发现”与“重写”，并按照无产阶级英雄人物的价值取向、行为规范来铸造其灵魂与形象，最终完成了在毛泽东思想教育下拥有高度利他主义行为和高尚革命道德品质的“革命接班人”这一历史事件的本质化建构与文本性阐释。

二、“典范化”：媒介及其与批评、主体的互动性建构

1964年及其前后，以美国为首的资本主义再次提出要在中国实现“和平演变”，并将这一希望寄托在第三代或第四代人的蜕化变质上，而且在南斯拉夫铁托之后，赫鲁晓夫修正主义给国际共产主义运动造成了严重的损害，加之中国共产党八届十中全会认为社会主义还将长期、复杂、曲折地存在着阶级、阶级矛盾和阶级斗争，因而培养和造就革命事业的接班人成为最为迫切而具有重大战略意义的任务。《人民日报》、《解放军报》

---

① 罗瑞卿：《学习雷锋——写给〈中国青年〉》，《人民日报》1963年3月5日。

② 张广伦、戈松英：《做毛主席的好孩子——龙梅和玉荣的故事》，《中国民族》1965年6月，第50页。

③ 吴景山、李雨楼：《草原小英雄龙梅和玉荣的成长》，《中国妇女》1964年第7期，第16-18页。

以及《红旗》等权威报刊发表了一系列社论文章，大力推动青年的阶级化、革命化。"草原英雄小姐妹"不仅生于新社会、长于红旗下，而且其感人至深的英雄事迹为树立社会主义新人新事、塑造无产阶级青少年英雄提供了典范性案例，因此受到包括《人民日报》在内的各大媒体的强烈关注，对"草原英雄小姐妹"的慰问、治愈出院、学习生活等给予了高频率的报道与转载。与此同时，文艺家们以"草原英雄小姐妹"的事迹为原型积极进行创作。除上述作品之外，产生较大影响力的还有内蒙古画家官布的国画《英雄小姊妹》① 及官其格的油画《龙梅和玉荣》②，翁善珍、周文龙作词、吕宏久作曲的歌曲《歌唱英雄小姊妹》③ 和儿童歌舞《草原小姐妹》④ 等。为配合文艺创作，尤其为实现意识形态的大众化传播，出版媒介出版了玛拉沁夫报告文学的单行本《草原小姐妹》和赵纪鑫京剧的演出本《草原小姊妹》，以及印刷量动辄数千至数十万的图文并茂的连环画，如官布的《草原小姐妹》、张品操的《草原小姐妹》、朱延龄的《草原两姊妹》和"文革"之后上海电影系统编绘的动画电影连环画《草原英雄小姐妹》、木偶连环画《草原红花》等等。其中，冯国琳的年画连环画由辽宁人民出版社出版，初版印刷达 140 万册⑤，数量惊人。"草原英雄小姐妹"的故事书、文学作品、电影剧本、京剧剧本、歌舞曲谱等大量出版，其中发行规模最大的应为"样板戏"（革命现代京剧）《草原儿女》。为促进革命英雄人物的"国际化"交流，外文出版社等还以上海电影系统编绘的电影连环画为蓝本，发行了德文、日文、英文、法文、乌尔都语等多个版本。

以文本阅读为特征的多样态纸质出版大量生产、复制和传播具有特定革命意涵的"草原英雄小姐妹"及其所象征的集体主义精神和毛泽东思想，以工具理性的思维且在党的文化领导权之下解释并规定了"草原英雄小姐妹"的"革命接班人"的内在属性、价值取向及人格规范。最突出的方式是在出版物的"扉页"印上"毛主席语录"，比如《草原英雄小姐妹》的电影文学剧本印有毛主席语录——"我赞成这样的口号，叫做'一不怕苦，二不怕死'"、"下定决心，不怕牺牲，排除万难，去争取胜利"⑥，以政治话语引导读者解读文艺作品。这一"副文本"策略与其说为文本的解读提供了一种可阐

① 官布：国画《英雄小姊妹》，《草原》1964 年第 6 期封面。另外，官布的速写《草原上的两颗红星——龙梅和玉荣》刊登在《草原》1964 年第 5 期封二。

② 官其格：油画《龙梅和玉荣》，《北京晚报》1964 年 10 月 31 日。

③ 翁善珍、周文龙作词，吕宏久作曲：歌曲《歌唱英雄小姊妹》，《草原》1964 年第 6 期封底。除此之外，电影动画片《草原英雄小姐妹》中的插曲影响较大。

④ 杨书明编舞：《草原小姐妹》，邵紫绶作曲，李克瑜绘图，上海文化出版社 1965 年版。

⑤ 冯国琳：《草原英雄小姐妹》，辽宁人民出版社 1973 年版。年画连环画，十二页圆形彩绘屏条，每页一图，文图并茂。

⑥ 无署名作者：《草原英雄小姐妹》扉页，北京市人民出版社 1971 年版。原载《中国文学》中文版 1970 年第 2 期，编剧为何玉门、胡同伦。

释性，不如说是用“毛主席语录”来框定文本的实质性意义，从而以自我确认的方式强调政治话语的正确性，也是一种以“副文本”形式对文艺作品实施“媒体评论”与精神生产的方法。事实上，这种“媒介批评”并非真正意义上的作为艺术生产的文艺批评，它是高度政治化下的文艺规制的具体反映，根本不会去阐释文本结构内外的非政治性意义。与此类似，伴随文艺作品诞生的大量的文艺评论实际上是一种“激赏型解释”，即将对文本内部结构的印象式分析视为社会革命结构的外部表征。换句话说，评论家们一致认为文本与社会政治结构之间具有高度的“同一性”，文艺作品就是新中国社会政治结构的表象。比如有人认为动画片《草原英雄小姐妹》“是美术电影工作者在文化革命之后，突出政治所获得的新成果”①；有学者认为从革命现代京剧《草原英雄小姊妹》的主人公身上，“我们看到了毛泽东时代青少年的光辉思想和高尚品德，看到了革命的接班人的成长”②。而且，这种“激赏型解释”以政治话语替代批评话语，以政治理念阐释文本形象、思想意蕴与美学特质。一些人就认为玛拉沁夫的报告文学“为读者展开了一幅幅惊心动魄的画面，揭示出无比崇高的共产主义精神境界”、草原英雄小姐妹“是我国千千万万成长中的革命接班人的典范和化身”③，认为京剧《草原英雄小姊妹》“是一首共产主义思想的凯歌”④。尤其是关于“样板戏”《草原儿女》的评论，不仅有组织、有倾向性地在《人民日报》等报刊上发表而且以政治话语阐释舞蹈、音乐等独具审美价值的艺术元素，认为“反面人物巴彦的音乐，只有极短的四小节，特意用单调的旋律、不稳定的节奏、阴沉的音色加以渲染，这就充分揭露了反动牧主阴险、残暴而又虚弱的反动本质”⑤。文艺评论的目的不仅在于阐释社会主义新人所呈现出来的主体定位、现实关系与范式意义，而且着力传达了社会主义革命和建设的经验并指向未来。很有意思的是，以《人民日报》为中心的权威报刊一方面对“草原英雄小姐妹”的文艺创作及其生活现状给予了高度关照，一方面又刊登了与此相关的大多数文艺评论。这些文艺评论在毛泽东文艺思想强有力的领导下，对文艺家和读者起着极大的指导教育作用，具体做法是“必须进一步提高批评的政治思想内容，并使之与对具体作品的艺术分析结合起来，批评

---

① 边善基：《生动的形象　感人的艺术》，《人民日报》1966年3月11日。

② 刘乃崇：《草原小英雄的赞歌——评京剧现代戏〈草原英雄小姊妹〉》，《上海戏剧》1964年第7期。

③ 续磊：《这就是我们的后代——报告文学〈最鲜艳的花朵〉读后》，《人民日报》1964年11月4日。

④ 廖震龙、彭兆棨：《新题材，新思想，新风格——京剧〈草原英雄小姊妹〉观后漫谈》，《光明日报》1964年7月16日。

⑤ 朝华：《时代精神和民族风格——谈〈草原儿女〉的音乐创作》，《人民日报》1975年5月18日。

一方面要对文艺上一切不良倾向进行斗争，另一方面又要注意发现文艺上的新的力量，新的成果和新的经验，加以提倡表扬”①，如此才能作为实现党的领导的重要工具，确保社会主义文艺事业的正确性。因此，无法彰显个人思想的文艺评论实质上强化了自身作为政治意识形态的手段和对象，通过挖掘和弘扬“草原英雄小姐妹”的“垂范性”价值，把人民群众纳入一种国家规定的革命道德和政治精神之中。

需要明确的是，传播媒介依据党的文艺政策，从现实环境中“选取”乃至“合理想象”出她们认为重要的“部分”，并赋予其一定的结构化秩序，从传播学角度看，这种信息的“再结构”其实在“人与自我的环境之间嵌入了一个拟态环境”②，人们通过对“拟态环境”而不是真实的现实环境来认知这一历史“事件”，形成价值、观念与行为的“共识”。这套机制在大众传媒时代被普遍运用，并通过国家掌控的媒介流向各个阶层与各个角落。尤其进入“文化大革命”以后，《人民日报》的地位格外突显，在《人民日报》发表文艺评论可以将原本局限于学术界或文化界的“知识性”文章输送到最基层，对“拟态环境”下“草原英雄小姐妹”所具有的“典范性”意义的广泛宣教起到巨大的推动作用。需要强调的是，这种媒介传播方式并非纯粹只以静态的方式进行，动态的传播媒介丝毫不亚于静态的印刷媒介。就展演媒介来说，赵纪鑫的京剧《草原英雄小姊妹》被辽宁、山西、上海、河南等地众多京剧团移植或改编演出；影响较大的北京市木偶剧团集体创作的木偶歌舞剧《草原红花》等同样在多地上演；中国舞剧团集体创作并演出的革命现代舞剧《草原儿女》更是作为优秀“样板戏”，在国家权力机构的组织下向全国大规模推广，1975 年北京电影制片厂还将其摄制发行，为视觉化呈现“草原儿女”以及更忠实地学习优秀“样板戏”提供了极大方便。展演媒介更强调政治传播中直接的个人接触，对文盲或半文盲于“娱乐性”中掌握新的典型以及实现集体认同感、自我意识等能产生重要的群体效应。

“文化大革命”伊始，作为历史主体的“草原英雄小姐妹”数次被《人民日报》报道，“草原英雄小姐妹”由“小英雄”一跃而成为“小战士”，被历史“激流”所裹挟并以新的面貌频频接受采访。1966 年 11 月 4 日，《人民日报》报道“草原英雄小姐妹”作为“蒙古族红卫兵小将”接受检阅③；同年 11 月 6 日，《人民日报》又以图片形式报道“广大青少年学习的榜样”“草原英雄小姐妹”④；1969 年 1 月 26 日，《人民日报》转

① 周扬：《加强文艺工作上的批评与自我批评，克服自由主义的作风和庸俗习气》，《文艺报》1951 年第 4 卷第 5 期。

② W. Lippmann, *Public Opinion*, New York, Macmillan, 1956, p. 15.

③ 《毛主席的路线胜利万岁!》，《人民日报》1966 年 11 月 4 日。

④ 图片报道，《人民日报》1966 年 11 月 6 日。

载了新华社呼和浩特通讯关于“草原英雄小姐妹”配合政治批判的活动，并重述了与暴风雪搏斗、救护公社羊群的事迹，且将其集体主义思想的根源归结为“毛主席的教导：‘下定决心，不怕牺牲，排除万难，去争取胜利’”①；同年4月26日，“草原英雄小姐妹”现身说法，在《人民日报》“发文”再次讲述正是“毫不利己专门利人”等教导“终于保住了公社的羊群”，“誓做无产阶级革命事业的可靠接班人”②；同年9月18日，《人民日报》以“英雄小姐妹，骨硬心更红”为题报道了“草原英雄小姐妹”参加“毛泽东思想宣传队”等革命事迹③。在突出强调集体主义的特定时代，“草原英雄小姐妹”作为“垂范”的英雄人物必然被推向时代的浪头，并且与文艺创作及媒体宣传形成一种互动性关系。不仅媒体同步转变了宣传话语，相应地，像河南省群众艺术馆改编的革命现代京剧《草原小姐妹》④、上海电影系统连环画《草原英雄小姐妹》⑤以及后来的《草原红花》⑥、《草原儿女》⑦等都将“草原英雄小姐妹”塑造为革命的“小战士”。特别明显的是，“草原英雄小姐妹”喊过的“毛主席的教导”等“语录”生硬地表现在同时代的故事文本之中，或许在一定意义上影响了内蒙古京剧团1972年集体修改的《草原小姐妹》⑧的情节，即将龙梅、玉荣与暴风雪搏斗这一核心结构改为与反动牧主巴彦之间的阶级斗争。这一大改也成为后来的“样板戏”《草原女儿》的“潜文本”。应该说，从“小英雄”到“小战士”这一新的文本的生成，是媒介话语、历史主体及叙事话语以互动性影响的方式，历史地构建、传播了“草原英雄小姐妹”的典范形象。这一构建，既是历史主体与革命政治之间相互确信的过程，也呈现出意识形态权力需要不断自我确认的特性。

① 《草原英雄小姐妹同解放军战士一起狠批大叛徒刘少奇的“活命哲学”》，《人民日报》1969年1月26日。

② 《毛泽东思想哺育红卫兵成长》，《人民日报》1969年4月26日。

③ 《英雄小姐妹，骨硬心更红》，《人民日报》1969年9月18日。

④ 革命现代京剧《草原小姐妹》，河南省剧目工作委员会、河南省群众艺术馆内部资料，1967年11月。

⑤ 上海电影系统《草原英雄小姐妹》编绘组编绘：动画电影连环画《草原英雄小姐妹》，上海人民出版社1970年版。

⑥ 北京市木偶剧团集体创作：《草原红花》，周荻、葛翠琳执笔，1975年演出本，北京人民出版社1976年版。

⑦ 中国舞剧团集体创作并演出：革命现代舞剧《草原儿女》，北京电影制片厂1975年摄制。

⑧ 内蒙古京剧团《草原小姐妹》剧组集体修改：革命现代京剧《草原小姐妹》（内部资料），赵纪欣（原作）执笔，1972年2月演出本。

三、“符号性”：身体及其“风景”的图像化建构

作为一种结构性的社会文化符码，代表集体主义精神的“草原英雄小姐妹”最初以摄影照片的形式在《人民日报》等报刊上呈现。这种机械性与技术性融合而产生的极具写真性的图像逼真地再现了“草原英雄小姐妹”治愈之后的、学习中的形象以及生活近况。我们可以清楚地发现这一系列照片中“草原英雄小姐妹”质朴、自然以及胖乎乎的面容，既保留了姐姐龙梅的两根辫子和妹妹的齐耳短发，又始终以红领巾衬托着幸福而微笑的精神状态。有意味的是，新华社记者赵连升所摄的乌兰夫到医院看望、慰问“草原英雄小姐妹”的照片展示了党对小英雄的无限关怀，而他所摄的另一幅两姊妹依偎而坐的照片则表明姊妹情深、生活富足，还有“草原英雄小姐妹”穿着民族服的学习照片等①实际上都表明了社会主义建设特别是人民公社的美好。一系列由内蒙古画家官布、官其格所创作的油画、素描等同样广泛流行。这些油画、素描以相似性原则大致再现了摄影照片中的日常形象。值得注意的是，官布创造性地描绘了“草原英雄小姐妹”与暴风雪搏斗的感人场面，这一场面被包括其连环画的封面等多次使用。然而，这两个传播范围广泛的系列图像都揭示了一个道理——平凡之中蕴藏着伟大。它们“事实上就是一种对真实存在物进行解释的形式”，具有“确定的感性效果或情感效果”②，并诉诸受众的视觉。但是，若撇开对历史“事件”及其文本的语言描述语境，受众无法从图像上直接感受到两位小姐妹之外的“英雄之气”。事实上，这两个系列是经新闻媒体、报告文学、京剧文本等语言符号而相应产生的图像符号。如同在连环画中那样，语言文字在“事件”传播中处于主导性地位，图像是对语言文字的一种辅助性阐释，更是对语言文字的直观化呈现，因而这种“惰性”特质使得图像并未生成“独立”的符号性意义。

开创“英雄之气”以及强化视觉符号独立的表意系统的，是彩色动画片《草原英雄小姐妹》。在这部影片中，妹妹玉荣比姐姐龙梅显得更有“男子汉”气质，又加之学习“雷锋叔叔”，因而“英雄之气”油然而生。从此以后，两姊妹坐在草原小丘上学习雷锋的定格画面成为各大报纸图片、刊物封面、连环画封面以及故事丛书封面等竞相模仿的“原型”，如《大众电影》1966 年第 5 期封面就是动画片版的“草原英雄小姐妹”身穿红

---

① 《党和各族人民热情关怀蒙古族小英雄——乌兰夫等到医院慰问龙梅和玉荣，她们的伤势已显著好转》，《人民日报》1964 年 4 月 2 日。该通讯配有一张赵连升摄影的慰问现场合影。此外，《解放日报》1964 年 4 月 2 日通讯《两位蒙族小英雄受到各方关怀》配有一张赵连升摄影的小姐妹近照；新华社 1965 年 1 月 30 日举办“发扬共产主义道德风尚”展，其中有一张赵连升摄影的龙梅和玉荣学习照。类似照片不一而足。

② ［美］苏珊·朗格：《艺术问题》，中国社会科学出版社 1983 年版，第 92 页。

色民族服装一起“学习雷锋”的半身照①。很明显，这个“原型”不再是对“草原英雄小姐妹”忠实的复制或模仿，而是采用特殊的艺术处理方式实现了对她们的一种“转化”，并赋予了“草原英雄小姐妹”天然的外在形象气质所“缺乏”的“英雄之气”，并在因果逻辑关系上链接了“英雄之气”与“学习雷锋”。由此，就生发出一个意义的“第二系统”（涵指），而意义的“第一系统（直指）变成表达平面或第二系统的能指”，涵指的所指成为“意识形态的一部分”②。这个极具符号性的“意识形态”以隐喻的方式阐明了“革命接班人”的内在精神力量即“学习雷锋”。

“文化大革命”强化了作为阶级斗争武器的文艺，将“努力塑造工农兵的英雄人物”作为“社会主义文艺的根本任务”，要求文艺在创作方法上采用革命的现实主义和革命的浪漫主义，“不要受真人真事的局限”③。这一规定导致“文化大革命”期间“草原英雄小姐妹”的各类文艺文本再未出现过小姊妹的“照片”形象，而是在动画片《草原英雄小姐妹》、赵纪鑫的京剧《草原小姊妹》以及官布等的绘画所形成的三个图像符号上给予了“再生产”与“再创造”。一种个人化、个性化的“自然符号”的身体消失了，“草原英雄小姐妹”的身体被更多地置于社会主义的关系与秩序之中，一种有着构形性力量的“风景画”指涉着具体的现实与事实。上海电影系统编绘的《草原英雄小姐妹》连环画的封面与《红小兵》1970 年第 20 期④的封面具有同构性。前者，动画版“草原英雄小姐妹”身着红色民族服，英姿飒爽，并于胸前手持《毛主席语录》，红领巾边角随风飘扬。后者则以同样的身姿和装束坐在一起学习“老三篇”。她们身后是广阔的空间，风景以一种渐退的平面重构了这样一些元素：茂盛的草原、无尽的羊群、蓝色清澈的河流、远处由输电塔组成的电网以及更远处的现代工厂。这是依照政治话语模式重新设计的空间秩序与涵指表达。它清楚地告知受众学习“毛主席著作”所实现的社会主义现代化成就。而“小战士”不仅是这一成就的承继者，同样也是保卫者。这两幅风景式图像以各种“创新”被广泛应用在邮票、作业簿、日记本、图画本、文具盒、铁烟盒、剪纸、教学挂图、瓷器等诸多日常生活用品和教学用具上，并成为能够独立表达涵指意向的系统性的图像符号。同样传播广泛且有异曲同工之妙的，是冯国琳所作的年画连环画《草原英雄小姐妹》中的两幅图像：一幅是“草原英雄小姐妹”在家学习“毛主席的

① 《大众电影》1966 年第 5 期封面人物为“草原英雄小姐妹”，依照动画片版创作。

② ［法］罗兰·巴尔特：《符号学原理》，李幼蒸译，中国人民大学出版社 2009 年版，第 55-56 页。

③ 《林彪同志委托江青同志召开的部队文艺工作座谈会纪要（一九六六年二月二日——二月二十日）》，谢冕、洪子诚主编：《中国当代文学史料选（1948—1975）》，北京大学出版社 1995 年版，第 635-639 页。

④ 封面“草原英雄小姐妹”，《红小兵》1970 年第 20 期（总第 67 期）。

好战士雷锋”，身后墙上悬挂“向雷锋同志学习”的题词，周围布满各种生活用品；一幅是“草原英雄小姐妹”身骑健壮高大的骏马，其右侧草原河流的对岸是蒙古包和一组输电塔网，再后面是崇山峻岭。

“样板戏”《草原儿女》及木偶剧《草原红花》等在其布景中也展示了社会主义的现代文明及其工业体系，但重点已由“草原英雄小姐妹”与暴风雪搏斗转向“草原儿女”与阶级敌人牧主巴彦（古勒格）的生死搏斗，突出了革命的阶级斗争内容。因而《草原儿女》的电影海报以风雪中芭蕾舞女演员用高难度动作做鹤立式舞姿面向红领巾，呈现出一幅英勇斗争、又寻求保护的视觉图景，反映了“草原儿女”既无惧反动牧主的迫害又在革命军人的帮助下锻炼成为合格的“革命接班人”这一过程，革命的意识形态被潜藏在具有崇高之美的舞姿之下。这一类貌似表现纯粹艺术美的舞姿及其广阔背景的地方“风景”，被年历卡、瓷器等生活用品反复使用。1976 年江苏人民出版社发行的年历卡就是一张冰雪中女演员以鹤立式舞姿扶着羊圈护栏的剧照①。类似的还有天津杨柳青镇的木刻版年画《草原英雄小姐妹》等，也突出表现了“草原英雄小姐妹”的美学效果，美学呈现成为宣传革命意识形态的主要策略。实际上，这种宣传方式与承载涵指的物体自身的特性不无关系。虽说在集体化时代日常生活用品以统购统销的经济方式实现其使用价值，但其自身所蕴含的交换价值以及“作用于世界、改变世界并积极地生存于世界”②的传递性，又不得不使政治权力考虑消费者的审美态度。因而，物体的媒介作用及其商品属性使附丽其上的符号性图像也具有商品的特性。相对而言，直接宣扬革命意识形态当然不如通过美的图景间接宣教革命意识形态的效果好，后者更易于被普通大众所接受。这也意味着政治观念被日常生活化，同时日常生活化审美被政治理念彻底渗透。那么，作为“英雄偶像”人物的“草原英雄小姐妹”只能以更“美”的图像化方式被构建与体现。

如此看来，“草原英雄小姐妹”在“文化大革命”后期已被纳入社会主义的交换与生产体系，她们的身体不仅仅是政治性的身体，而且也是被意识形态驯服了的具有强烈美感的“革命身体”，并成为一道亮丽的风景。附着在物体之上的“草原英雄小姐妹”是“一套被调用和再造从而表达意义和价值的象征符号”③。她们这种“政治”与“产品”的文化双重符号特性使其可能成为拜物教的对象，极有可能在接受者那里成为无意识的、纯粹的审美对象。如发行量较大的《草原红花》木偶剧照往往呈现的是“草原儿

---

① 1976 年江苏人民出版社发行年历卡。正面为年历，背面为舞剧《草原儿女》剧照。

② ［法］罗兰·巴尔特：《符号学原理》，李幼蒸译，中国人民大学出版社 2009 年版，第 153 页。

③ ［美］W. J. T. 米切尔：《帝国的风景》，W. J. T. 米切尔编：《风景与权力》，杨丽、万信琼译，译林出版社 2017 年版，第 15 页。

女”的放牧生活，又比如1973年外文出版社的年历卡就是一群洁白的羊围绕着两姊妹①。特殊的是，舞剧《草原儿女》中的“成人化”形象及其剧照的广泛传播，在一定意义上展现了政治的身体性美学。“草原儿女”的身体越来越完美，且通过有力的芭蕾舞姿达到了“草原英雄小姐妹”前所未有的绝对美感，对身体本身自然美的欣赏同样也成为日常政治生活中对英雄图像的一种消费体验。然而，“成人化”形象实质上是一种特殊的历史构型，尽管与芭蕾舞本身的难度有相当大的关系，但“成人化”形象会将更倾向于“少儿”文艺文本的受众中的少儿排除出去。自赵纪鑫的《草原小姐妹》至“样板戏”《草原儿女》这一京剧体裁，绝大多数少儿因看不懂而难以接受。因此，“草原英雄小姐妹”的意识形态内容及其教化功能始终未放弃“成人世界”。沿袭这一传统，事实上便是在身体性意义上疏离了处于“本真”状态的“草原英雄小姐妹”，从而进入某种“乌托邦”式的想象性图像，那么此时，被抽离出来的“草原女儿”实际上与“草原英雄小姐妹”发生了严重“脱臼”，“草原女儿”只是一种剥离历史真实的意识形态符号性图像谱系，一个虚拟的“他者”风景。

从“草原英雄小姐妹”到“草原女儿”，是历史、政治及美学相互融合的结果，也是内容生产与形式消费、个体形象与集体意识、经济需求与精神意涵互相“沟通”的结果。实质上，在这种“沟通”中，消费者是以一种被动参与的状态卷入政治的日常性审美，却充分体现了以权力为中心的生产者，为完成革命意识形态传达这一中心任务，而通过图像技术实施的动态性“一体化”运作。换句话说，处于主导性的国家权力催生了一系列式图像形象，并构建了这一结构性的政治话语“风景”，而貌似彰显了大众审美权及消费权利的行为只不过是意识形态本身“一体化”策略性妥协的一种方式，目的仍在于强化其文化渗透与宣教效果。

（作者单位：西北大学文学院）

---

① 1973年外文出版社发行年历卡。正面为年历，背面为木偶剧《草原红花》的卡通版。

陌生的形象与熟悉的观念
——“西行漫记”中的陕北世界

刘 贵

1935年10月，中央红军结束长征到达陕北，这支队伍因长征胜利赢得了国内外的普遍关注。12月，中共中央根据世界反法西斯局势召开瓦窑堡会议，不仅确立了建立抗日统一战线的策略，还制定了国际反法西斯统一战线策略原则①。这为共产党打破“关门”政策，迎接中外民主力量做了铺垫。在至关重要的历史时刻，美国记者埃德加·斯诺夫妇分别于1936年6月、1937年4月前往陕北访问，创作了以《西行漫记》与《续西行漫记》为核心的系列游记②。“西行漫记”是特殊时期文化交流活动中诞生的新文学形式，承载了丰富的文化信息，以文学形式影响了革命活动甚至历史进程。斯诺离开陕北后，选取游记中的部分片段发表在西方的报纸杂志上，相关英文专著随后出版，轰动一时。《西行漫记》的中译本也迅速在国内传播。威尔斯的英文专著、游记中译本也分别在西方与中国出版。“西行漫记”为大批中外民主人士尤其是进步人士提供了具化的“红色中国”形象，吸引他们奔向陕北。其在中国革命进程中扮演了重要角色，无疑意义非凡。

既往关于“西行漫记”的研究，或将其看作报告文学，解读斯诺夫妇展示陕北的客观性，或基于斯诺夫妇的美国记者身份，指出他们的陕北书写具有真实性，或强调该系列游记兼具文学性与客观性。这些讨论忽视了“西行漫记”作为跨文化交流产物的本质

---

① 祝志男：《中国共产党关于建立抗日民族统一战线的理论和政策研究》，首都师范大学出版社2010年版，第250-251页。

② “西行漫记”系列游记包括斯诺的中英文专著《前西行漫记》、《西行漫记》，尼姆·威尔斯的中英文专著《续西行漫记》以及斯诺根据访问材料创作的单篇游记，包括《来自红色中国的报告》、《毛泽东自传》、《中国共产党和世界事务》、《中国为何要长征》、《我去红色中国》等。

特征以及斯诺夫妇重塑陕北形象而赋予陕北的文化魅力。因此，引入跨文化视角的讨论极有必要。本文选取最接近“英文本初版的历史原貌”① 的董乐山 1979 年《西行漫记》译本和徐复、陶宜 1991 年《续西行漫记》译本展开讨论。这是因为，我们既需要考虑其时西方读者的接受，又注意到这两个版本保留了 20 世纪 30 年代译本中跨文化想象相关内容的原貌。

一、前往“红色中国”：斯诺夫妇的陕北之行

埃德加·斯诺夫妇既是美国记者，又是不带政治立场的自由知识分子。对他们而言，中国是陌生的东方世界，无产阶级革命运动活跃的陕北解放区更是陌生的文化世界。斯诺夫妇前往陕北访问，意味着要走进一个完全陌生的“他者”世界。

斯诺终身未曾改变自由主义立场②，自由主义视野是他审视“东方文化”与“红色文化”的基本眼光。他在美国文化的熏陶下长大，在丰富的文化经历与冒险活动中养成了独立思考的习惯。他的家乡密苏里堪萨斯城是个“典型的美国城市”③，该地人以“独立精神”著称。在遭受严厉的怀疑时，斯诺通过强调密苏里人身份以显示独立性④。斯诺的家庭属于中产阶层，其父经营着一家打印店，他也因之较早接触到文字，且在父亲的影响下养成了热爱阅读的习惯。在不同的学习阶段，他结合阅读兴趣参加文学讨论会，创办小报。丰富的阅读经验和文化活动促使他形成了独立的性格。日常生活中，他更是显示出极强的独立性。他从小就注重通过亲身体验认识事物。中学期间，他靠在铁路线上打工获得免费的旅行机会以观察广阔的世界，还与朋友结伴前往美国西部探险⑤。这些经历开拓了他的眼界，提升了他独立判断事物的能力。正是独立精神促使他踏上寻找“东方魅力”的冒险旅程。

1928 年 7 月，斯诺暂时结束东方之旅，在中国上海落脚。在上海工作、生活期间，他接触了身份、价值观念各异的人群。他在开拓视野的同时依然坚守着自由立场。初到

---

① 张小鼎：《〈西行漫记〉在中国——〈红星照耀中国〉几个重要中译本的流传和影响》，《出版史料》2006 年第 1 期。

② 李杨：《“记录历史”与“创造历史”——论斯诺〈西行漫记〉的历史诗学》，《天津社会科学》2015 年第 5 期。

③ ［美］约翰·马克斯韦尔·汉密尔顿：《埃德加·斯诺传》，沈蓁等译，学苑出版社 1990 年版，第 7 页。

④ ［美］埃德加·斯诺：《给美国驻华大使约翰逊的信》，裘克安编：《斯诺在中国》，生活·读书·新知三联书店 1982 年版，第 79 页。

⑤ ［美］约翰·马克斯韦尔·汉密尔顿：《埃德加·斯诺传》，沈蓁等译，学苑出版社 1990 年版，第 10–13 页。

上海时，他在鲍威尔主办的《中国评论周报》工作。鲍威尔支持蒋介石并积极筹划“新中国”专栏，斯诺因参与专栏工作而采访了宋子文、孙科等国民政府要人①，并对国民党的理念与政策有所了解。1929 年 7 月，他完成鲍威尔指派的访问工作后自行考察绥远洪灾区，这场访问活动使他对贫苦民众产生了同情②，也促使他积极关注左翼政治与文化活动。“九·一八事变”后，他先后奔赴齐齐哈尔与上海采访，面对残酷的战场和蒋介石的不抵抗政策，他对国民党的认识发生了改变③。1932 年，斯诺采访了其时同情无产阶级革命的宋庆龄，并受其影响对“红色中国”产生了兴趣。同年，他与来华冒险的尼姆·威尔斯结为夫妇。随后，他们选取现代中国小说来编译《活的中国》一书。斯诺因编译工作接触了鲁迅与部分左翼作家，并在编译工作中加深了对左翼文化的认识。1933 年 2 月，斯诺夫妇前往北京。斯诺在燕京大学任教，借此机会接触了东北学生、共产党员以及同情左翼人士的青年学生④。在与进步学生交流时，他增强了对“红色中国”的好奇。

访问陕北前，斯诺接触了身份各异的个人与群体，接受了丰富的价值观念与文化信息，这使他对中国政治的看法多元且模糊。斯诺对国民党、共产党以及两者的关系虽然有一定的了解，但是两党思路和宣传路线的巨大差异使他的认识较为混乱，被国民党封锁的“红旗下的中国”对他来说“是一个谜”⑤。他一贯秉持独立精神，追求真理，“避开任何意识形态模式”⑥。他对各方的政治文化宣传均有所保留，渴望亲自观察“红色中国”。当共产党通过民间渠道邀请西方记者访问陕北⑦时，他以开放的姿态抓住了访问机会，并以独立的姿态前往陌生的“红色中国”。对他而言，访问陕北是其寻访“东方魅力”⑧ 的延续。

① ［美］约翰·马克斯韦尔·汉密尔顿：《埃德加·斯诺传》，沈蓁等译，学苑出版社 1990 年版，第 24–26 页。

② ［美］埃德加·斯诺：《拯救二十五万生灵》，《密勒氏评论报》1929 年 7 月 4 日。

③ ［美］伯纳德·托马斯：《冒险的岁月：埃德加·斯诺在中国》，吴乃华等译，世界知识出版社 1999 年版，第 93 页。

④ 崔维征：《论斯诺陕北之行以前的思想发展》，刘力群编：《纪念埃德加·斯诺》，新华出版社 1984 年版，第 408–446 页。

⑤ 白夜：《斯诺的历程》，《新闻战线》1979 年第 1 期。

⑥ ［美］蒋弗朗哥·哥儿西尼：《埃德加·斯诺：一位沉静的美国人》，刘力群编：《纪念埃德加·斯诺》，新华出版社 1984 年版，第 203–204 页。

⑦ 张多一：《海伦·福斯特·斯诺的来信》，《新闻战线》1980 年第 1 期。

⑧ 胡金魁：《斯诺在保安》，裘克安编：《斯诺在中国》，生活·读书·新知三联书店 1982 年版，第 363 页。

尼姆·威尔斯紧随斯诺之后访问陕北。她同样是个注重独立精神①的美国记者。威尔斯感情丰富，容易冲动，有着强烈的人道主义精神。这使她易于同情弱势人群，但她对民主思想与独立精神有着较高的认同与自觉的坚守。美国式民主是她引以为傲的价值理念，也是她开展一切活动的准则。威尔斯对自己与史沫特莱一类的西方左翼记者以及中国共产党人的区别有清晰的认识，强调道："我不属于这些顽强的，坚硬的，激进的性格，我也不属于中国人。"② 正是这种精神促使她克服恐惧③，前往陕北，亲自察看斯诺笔下的"红色中国"。访问"红色中国"前，斯诺在中国生活了 8 年左右，威尔斯则在中国度过了将近 6 个年头，虽然他们对共产党有所了解并逐渐产生了同情，但他们始终坚持自由立场与独立价值。"红色中国"对他们而言，是"他者"世界，他们以"外来者"的身份进入一个陌生的文化世界。

自由主义理念影响了斯诺关注中国社会的重心及其在中国的活动轨迹，也最终促使他敲开陕北的大门。斯诺关注中国的独立，不仅质疑压迫中国的各种势力，还在中国饱受日本法西斯侵害时积极寻找反日力量。初到上海时，他在与家人的通信中质疑了西方各国宰制上海的行为，指出："中国最富饶的港口却由外国人控制着，而英国人和美国人都说这样做完全正确。"到中国的第二年，他在报上公开抨击白人享有电梯使用特权的统治观念④。随着世界法西斯势力的扩张，日本加紧了对中国的侵略，斯诺的反法西斯情绪不断高涨。1935 年，日本意图强占华北，斯诺意识到日本的野心，思考东西方法西斯势力扩张对整个世界秩序的影响，坚决反对日本的侵略行径，同时，积极支持中国学生的爱国活动。威尔斯对中国反法西斯力量的关注以及对日本的厌恶虽然与人道主义精神有关，但是，独立精神与民主理念始终是她关注甚至参与学生抗日活动的关键因素。她强调民主路线始终是"'一·二九'运动的宗旨"⑤。自由理念、民主精神促使斯诺夫妇踏上了访问"红色中国"的道路。自由主义视角是他们审视陕北的根本眼光，这影响着他们对陕北世界的观察和呈现。

---

① [美] 凯勒·朗恩：《一位孤独者的画像——海伦·福斯特·斯诺对中美关系的贡献》，安危主编：《伟大的女性：纪念海伦·福斯特·斯诺》，陕西旅游出版社 1997 年版，第 87 页。

② [美] 海伦·斯诺：《一个女记者的传奇》，汪溪等译，新华出版社 1986 年版，第 141、263 页。

③ [美] 海伦·斯诺：《我在中国的岁月》，安危译，北京出版社 2018 年版，第 260 页。

④ [美] 约翰·马克斯韦尔·汉密尔顿：《埃德加·斯诺传》，沈蓁等译，学苑出版社 1990 年版，第 24–25、31 页。

⑤ [美] 海伦·斯诺：《一个女记者的传奇》，汪溪等译，新华出版社 1986 年版，第 212 页。

二、光明世界：斯诺夫妇笔下的陕北

斯诺夫妇带着强烈的民主向往奔向陕北，并以“他者”眼光审视“红色中国”。陕北解放区欣欣向荣、翻天覆地的局面刺激、丰富并具化了他们的民主想象①。他们从领袖、儿童、妇女以及文化生活等方方面面打量解放区，用他们的笔呈现出民主、平等与文明的陕北。

斯诺夫妇首先将关注重点放在红军领袖身上，通过领袖风范呈现陕北的民主面貌。领袖是“西行漫记”中最为浓墨重彩的一笔。平易近人而又才华横溢的领袖令斯诺夫妇颇为震撼，他们用笔展示出一批颇具民主风范的红军领袖。

在斯诺眼中，毛泽东是林肯式的人物：

> 看上去很像林肯的人物……我在一霎那间所得的印象，是一个非常精明的知识分子的面孔②。

“很像林肯的人物”这一概述将红军最高领袖与深受东西方民众欢迎的美国总统林肯作了联结。斯诺将毛泽东比作林肯，展示出其尊重个人自由的民主风范。在其后的访谈当中，斯诺围绕“对日战争”等话题展示了毛泽东富有才识、具有战略眼光的天才风貌，强化了其“林肯式”的知识分子气度，深化了他坚持抗日的民主精神。

威尔斯进一步强化了毛泽东的民主风貌。她参照西方神话这一文化框，将毛泽东比作奥林匹斯山神：

> 在延安这个熙来攘往的弹丸之地，他俨然是一尊奥林匹斯山神，夜访之隐秘庄重，一如朝觐神明③。

威尔斯将毛泽东比作奥林匹斯山神，从西方人文主义脉络中凸显了毛泽东的精神气质。威尔斯以奥林匹斯山神意指的人文色彩④映衬出毛泽东尊重个人价值的民主气度。威尔斯极力渲染访问毛泽东的神秘与庄重，又将袅袅烟雾中的毛泽东比作阿波罗神：

---

① 李跃力：《陕北游记与“新中国”想象》，《山西日报》2016年6月22日。

② ［美］埃德加·斯诺：《西行漫记》，董乐山译，生活·读书·新知三联书店1979年版，第61页。

③ ［美］尼姆·威尔斯：《续西行漫记》，陶宜、徐复译，生活·读书·新知三联书店1991年版，第235页。

④ 谢选骏：《神话与民族精神：几个文化圈的比较》，山东文艺出版社1986年版，第65页。

毛泽东同我握手问候，然后退回暗处坐了下来，燃起了一缕袅袅的香烟雾，神态有如居于洞穴中的阿波罗神①。

威尔斯将毛泽东比作西方民主、自由的守护神，不仅显示出毛泽东浓重的民主精神，还使其越出人性层面，散发出神性的光辉。斯诺与威尔斯笔下的毛泽东异于国民党宣传中的“土匪头子”，他不仅是共产主义战士，更重要的是，他还具有卓越的民主品质。

斯诺将彭德怀与其他中国人区分开来，说“他的谈话举止里有一种开门见山、直截了当、不转弯抹角的作风很使我喜欢，这是中国人不可多得的品质”②。斯诺将彭德怀“拎出”中国人的范畴，指出其具有令西方人欣赏的独立、直率气质。威尔斯同样将彭德怀与中国人作了区分，说：“我当时对他的印象是：他从心眼里是个真正的人道主义者，这在中国是很少有的。”威尔斯欣赏朱德的精神气质，先强调朱德“终结苦难”的人道主义精神，接着指出其“天性和习惯都是民主的”③，这就从人文脉络中展示出朱德的人道主义精神和民主风范。斯诺夫妇将红军领袖与西方领袖或神话中的名人、西方文化精神作了诗性联结，呈现出领袖们的民主风范。这些领袖作为整个“红色中国”的象征，折射出陕北浓厚的民主氛围。

其次，斯诺夫妇将关注重点放在妇女、儿童上，通过展现妇女、儿童的进步意识呈现陕北的平等面貌。封建社会中的中国女性与儿童长期处于依附位置，他们获得平等意识足以反衬整个社会平等意识的浓厚。斯诺夫妇展现了妇女、儿童焕然一新的面貌，凸显了陕北社会的平等意识。

两性平等是社会进步的要素，而女性平等意识的提高则反过来显示出社会的进步④。陕北革命女性的平等姿态令威尔斯欣喜，女性可以说是威尔斯通往陕北的重要通道。斯诺以平等的婚姻法⑤展示出陕北的现代平等意识，威尔斯则细腻地呈现了女性的平等意识。她指出，革命妇女刘群先不仅异于一般中国女性而具有丰富的情感，还积极“为争取妇女的平等权利而斗争”。相对于关注集体精神的女性来说，争取女性权利的刘群先更具人文脉络中的平等意识。

---

① ［美］尼姆·威尔斯：《续西行漫记》，陶宜、徐复译，生活·读书·新知三联书店1991年版，第235页。

② ［美］埃德加·斯诺：《西行漫记》，董乐山译，生活·读书·新知三联书店1979年版，第238页。

③ ［美］尼姆·威尔斯：《续西行漫记》，陶宜、徐复译，生活·读书·新知三联书店1991年版，第105、106页。

④ 王丹宏：《女权主义对民主政治的批判与重构》，《学习与探索》2013年第2期。

⑤ ［美］埃德加·斯诺：《西行漫记》，董乐山译，生活·读书·新知三联书店1979年版，第201页。

在威尔斯眼中，康克清最具平等意识。她要求在女权范围以外指挥男性的权利：

> 四川有一个团的娘子军，指挥员是妇女。不过康克清不甘于此，她并不以女权为满足，她要求以和男子同等的指挥才能，取得指挥男人的同等权利①。

女性破除依附性对于其时的中国来说已是进步的象征，而威尔斯眼中的康克清具有追求绝对平等权利的自觉，更具平等精神。实际上，这种追求是个性解放程度较高的文化环境中的产物。其时的陕北情况比较特殊，无论男性还是女性，均更看重服务革命的集体意识。威尔斯还展示出陕北女性在革命中的普遍性平等位置，认为她们即使称不上革命的“骄子”，“至少也是平等的一员”②。

“西行漫记”中的“红小鬼”令无数读者眼前一亮。“小鬼”是红军少年先锋队员的昵称，斯诺夫妇亲切地称他们为“红小鬼”。在斯诺夫妇笔下，这些孩子拥有高度的平等意识。斯诺在“红小鬼”积极参与工作的身影中看到了他们的平等意识：

> 他们似乎每样事情都要参加；他们认为自己跟任何人都是平等的③。

斯诺所说的“平等”并非“红色文化”脉络中以经济、政治为基准的平等，而是建立在个性解放基础上的平等意识。威尔斯指出，“红小鬼”最令她印象深刻：“苏区给我印象最深的是那里的孩子们有独立性，有勇气，英雄气概十足。……在后方各种活动都有他们参加。”④ 威尔斯对革命儿童的认知显然与斯诺一致。她在“红小鬼”忙碌的身影中看到了他们平等、独立的意识。其实，儿童参与各项工作与战时紧张的工作需求相关，与威尔斯所看重的平等观念有一定的差别。斯诺夫妇所呈现出的气质出众的革命儿童，让陕北散发出令人动容的平等之光。

最后，斯诺夫妇呈现了陕北的现代文化生活，勾勒出陕北的文明面貌。富有生机的陕北生活令斯诺夫妇无比惊讶，他们满怀欣喜地展现出一副颇具现代气息的文明图景。斯诺对红军大学学生的娱乐活动作了细致观察，展示出富有现代文明色彩的娱乐方式：

---

① ［美］尼姆·威尔斯：《续西行漫记》，陶宜、徐复译，生活·读书·新知三联书店1991年版，第174页。

② ［美］尼姆·威尔斯：《续西行漫记》，陶宜、徐复译，生活·读书·新知三联书店1991年版，第174、174、158页。

③ ［美］埃德加·斯诺：《西行漫记》，董乐山译，生活·读书·新知三联书店1979年版，第300页。

④ ［美］尼姆·威尔斯：《续西行漫记》，陶宜、徐复译，生活·读书·新知三联书店1991年版，第93页。

有的学员在两个球场上打篮球；有的在保安城外一条黄河支流边草地上的一个网球场上打网球。有的在打乒乓球，有的在写东西，读新到的书报，或者在他们简单的“俱乐部”中学习①。

斯诺所介绍的学生的娱乐活动无一不带有西方文明色彩。他第一次看到学生打网球时，惊叹道：“这真是奇迹！我万万没想到……在这样荒僻的山沟里，会看见红军的高级指挥员竟矫健活泼地进行着这种不寻常的运动。”② 在斯诺的笔下，红军战士的生活同样散发着文明气息。红军战士痴迷于乒乓球，他们开展文化活动的“列宁室”有西式留声机，他们努力学习文化知识而且发明了有趣的识字游戏③。斯诺通过学生和战士对现代文化活动的喜爱展示了他们优雅、文明的一面，显示出他们对现代文明生活的向往。

威尔斯惊喜地发现红军战士热爱西方的“摩登”事物：

他们最钟爱的墙纸是《字林西报》的插画栏，厨房炉子上面的墙上，就贴着一大排电影明星和上海白俄芭蕾舞明星的照片。马夫老王有一张非常好的珍妮盖纳的照片④。

威尔斯通过红军对“摩登”事物的喜爱呈现他们的现代文明意识，并据其观察得出“全体红军士兵都愿意尽量摩登一些”⑤ 的大胆结论。陕北文化生活在威尔斯眼中具有亮丽的色彩。

陕北的中文拉丁化运动令威尔斯看到中国文化复兴的未来，并由文化的复兴看到民主政治发展的希望：

它相当于欧洲文艺复兴的基本步骤，使中国的文化复兴向前迈了一大步。它的意义，超过了解放思想，以及在中国不识字的群众中加速传播文化知识。它意味着为一种新的文化和政治民主打基础⑥。

---

① ［美］埃德加·斯诺：《西行漫记》，董乐山译，生活·读书·新知三联书店1979年版，第90页。

② 张爱萍：《一张珍贵的照片》，《解放日报》1982年2月15日。

③ ［美］埃德加·斯诺：《西行漫记》，董乐山译，生活·读书·新知三联书店1979年版，第256–257页。

④ ［美］尼姆·威尔斯：《续西行漫记》，陶宜、徐复译，生活·读书·新知三联书店1991年版，第86页。

⑤ ［美］尼姆·威尔斯：《续西行漫记》，陶宜、徐复译，生活·读书·新知三联书店1991年版，第86页。

⑥ ［美］尼姆·威尔斯：《续西行漫记》，陶宜、徐复译，生活·读书·新知三联书店1991年版，第137页。

威尔斯将中文拉丁化比作欧洲的文艺复兴，凸显了中文拉丁化与文学教育的现代色彩，展示出中文拉丁化运动中发现“人”的现代启蒙亮色。文化运动与语言文字关系着一个社会的文化性质、面貌与水平。威尔斯对陕北语言文字等的打量以及对其水平的高度肯定，折射出陕北文化教育与现代文明的稳步发展。斯诺夫妇从方方面面观察陕北，展现出光明的陕北世界。

三、跨文化想象中的“镜像世界”

斯诺夫妇笔下民主、平等与文明的陕北世界显然处处烙下了西方文化的印记，“西行漫记”无论从内容还是形式来看都是典型的跨文化文本。这一特质因巧妙的结构安排以及由此产生的效果而被忽视。斯诺采用兼容社会文化、风俗以及知识、价值①的报告式游记记录了访问陕北的所见、所闻与所感。一方面，他通过大量引用领袖的谈话、革命纲领以及数据材料来展示陕北的抗日政策、经济发展以及革命发展阶段等重要问题。譬如，第三章第一节“苏维埃掌权人物”、第四章“一个共产党员的由来”大量引用毛泽东的谈话，以其权威视角展示了革命进程、策略及发展方向等。第六、七、八章大量引用访问记录，介绍了陕北的经济、教育以及红军的战术等，使其对陕北的介绍显得客观、全面。另一方面，他呈现了大量感性化的文化交流体验，在介绍陕北人物风貌与文化生活时，保留了一些颇具个性色彩的体验甚至疑惑。并且，他将生动的个人经验与客观性材料编织在一起，使他笔下的陕北形象显得既客观又具有吸引力，让“中国的右派和左派都相信他所说的一切”②。各类读者群体的推崇强化了《西行漫记》的客观性。威尔斯的《续西行漫记》无论在内容还是结构安排上均参照了《西行漫记》，它作为《西行漫记》的补充进一步增强了其客观性。

实际上，“西行漫记”受到读者欢迎，尤其是中外民主人士的欢迎，关键在于其所承载的感性化文化体验，而非与中国左翼知识分子报告材料中相同的数据材料或理论。从本质上而言，作为跨文化交流的产物既是“西行漫记”的本质特征，也是其产生影响的关键所在。这一本质特征随着其客观性不断强化而被彻底忽视。个别西方记者对《西行漫记》有独到的认识。同样身为“外来者”的德国访问者王安娜对斯诺的跨文化交流与感性化书写“心领神会”，指出与其同往陕北的美国摄影师厄尔·列夫试图演绎斯诺走过的“道路”：

---

① 朱德发主编：《中国现代纪游文学史》，山东友谊出版社1990年版，第24页。

② ［美］海伦·斯诺：《一个女记者的传奇》，汪溪等译，新华出版社1986年版，第198页。

虽然这一切给列夫先生的印象平淡无奇，但这似乎并不妨碍他以罗曼蒂克的眼光去观察事物。

……

“埃德加·斯诺给他的书取名《红星照耀中国》（Red Star Over China），”他想了想，又说，“我的书就叫做《苏维埃月下的爱情》（Love Under The Soviet Moon）。”①

王安娜对列夫的评价从一定程度上折射出《西行漫记》的跨文化想象特征。实际上，“西行漫记”中的陕北世界正是斯诺夫妇跨文化想象的具体化。

作为来自西方世界且置身另一文化维度的“他者”，斯诺与威尔斯无法自“红色文化”内部对其进行体察。对他们而言，通往“红色中国”的途径势必要借助西方文化经验。当他们面对涌现到眼前的诸多陌生事物时，会不自觉地“用自己固有的知识来评判、解读新鲜事物”②。该交流过程涉及两种陌生文化的碰撞与互动。这是因为，社会文化作为抽象的空间无法通过客观化的材料来认识，也无法通过简单的交流迅速深入其中。观察者在感受、体验过程当中，其文化经验将不可避免地印刻在观察对象上。

就“西行漫记”中陕北世界的呈现而言，它首先与斯诺夫妇所持的文化眼光与“红色文化”间的差异密切相关。显然，两者的差别越大，文化交流产生的碰撞越激烈，观察者调动自身文化经验在观察对象上刻下的印记便越明显。斯诺夫妇的自由主义眼光与陕北的“红色文化”有根本的区别，斯诺也因此在访问前紧张不安，访问期间更是因巨大的文化差异而产生了诸多震撼体验，还差点闹出笑话。他不知道红军高声呐喊是恫吓敌人的方式，因而产生“他们要把我当作一个帝国主义者交给行刑队吗？还是当作一个老实的访问者予以欢迎”③ 的困惑。威尔斯也因文化差异被误会。她用“漂亮”称赞红军，这对崇尚血性的他们来说简直是“无心”的羞辱，她的由衷“赞叹”惹得受夸赞的“老王”总躲着她④。斯诺夫妇将红军领袖的思想纳入西方人文脉络，以西方妇女、儿童的独立自主与平等意识观照革命女性、儿童，并以现代文明生活为标准审视陕北文化生活，他们呈现出的陕北世界处处带有鲜明的西方文化色彩。而他们呈现出的民主、平等与文明的陕北世界正是跨文化视域内映现出的西方“文化镜像”。这样的陕北异于中国

---

① ［德］王安娜：《我的第二故乡》，爱泼斯坦、高粱主编：《中国解放区文学书系　外国人士作品编》（一），重庆出版社 1992 年版，第 183 页。

② 唐宏峰：《旅行的现代性：晚清小说旅行叙事研究》，北京师范大学出版社 2011 年版，第 130 页。

③ ［美］埃德加·斯诺：《西行漫记》，董乐山译，生活·读书·新知三联书店 1979 年版，第 54 页。

④ ［美］尼姆·威尔斯：《续西行漫记》，陶宜、徐复译，生活·读书·新知三联书店 1991 年版，第 92 页。

自由作家黄炎培眼中朴实①的陕北形象。

其次，陕北形象呈现与观察者的访问目的与被观察对象的交互作用有关。斯诺夫妇具有强烈的反法西斯热情，是带着民主期待访问陕北的。欣欣向荣的陕北世界具化了民主想象，寻找民主力量的诉求与陕北世界的互动促使斯诺夫妇主动将民主色彩投射在陕北之上。斯诺在访问前列下一长串问题清单，其中“共产党是真正‘反帝’吗？他们真要同日本交战吗”② 等问题占据重要位置，由此可见斯诺对民主的强烈向往。威尔斯最先看到斯诺的访问材料，光明、民主的陕北像“一块强大的磁石，紧紧的吸引着”她，她“暗暗下定决心，准备不惜一切代价，一定要到陕北跑一趟”③。斯诺夫妇的民主期待与跨文化交流活动，影响了他们对陕北的呈现。

斯诺夫妇的跨文化想象形塑了光明的陕北世界，这种想象建立在碎片化的感受之上。这是因为他们无法全面把握陌生文化环境中的事物。他们观察陕北时，多抓取个别事物或一些生活片断、场景。譬如，通过个别生活场景的特写突出革命妇女、儿童的平等意识，或以红军战士、领袖与百姓相处的点滴展示陕北的整体风貌等等。斯诺夫妇抓取了他们所关注或有所感悟的细节，看到和接触的只是“他者”世界的一个碎片④。但是，当他们将文化碰撞产生的零散、感性的体验借游记呈现出来，陕北便“获得了一种自在性与独立地位”⑤。游记组织了碎片式的体验，建构出整体的陕北形象。此时，跨文化视域内的陕北形象置换了缺席的原型⑥。

斯诺的《西行漫记》最早问世，影响最大。作为前往陕北的第一位西方记者，他从方方面面呈现了陕北世界，他的书写成为威尔斯观察陕北的重要参照。威尔斯的《续西行漫记》在各方面与《西行漫记》高度一致，充当了《西行漫记》的补充和证明，增强了其权威性。陕北形象的“镜像”特质因威尔斯以及其他访问者的印证而被忽视。此外，在国共关系紧张的特殊时期，西方记者不仅具有得天独厚的采访条件，还具有较大的影响力。他们的访问与报道被看作不带价值倾向的客观内容，加之“西行漫记”引述了大量客观性材料，斯诺夫妇笔下的陕北更是被读者看作对陕北的客观再现。“西行漫记”的跨文化想象特质、陕北的“镜像”本质由此被读者忽略。

---

① 黄炎培：《延安归来》，上海书店出版社 1945 年版，第 20 页。

② ［美］埃德加·斯诺：《西行漫记》，董乐山译，生活·读书·新知三联书店 1979 年版，第 5 页。

③ 安危：《逃亡延安的美国人——记海伦·斯诺》，安危主编：《伟大的女性：纪念海伦·福斯特·斯诺》，陕西旅游出版社 1997 年版，第 9 页。

④ 张文瑜：《殖民旅行研究：跨域旅行书写的文化政治》，暨南大学出版社 2016 年版，第 119 页。

⑤ 张月：《观看与想像——关于形象学和异国形象》，《郑州大学学报（哲学社会科学版）》2002 年第 3 期。

⑥ 李岚：《行旅体验与文化想象：论中国现代文学发生的游记视角》，中国社会科学出版社 2013 年版，第 29 页。

四、陕北的符号化：游记的传播与社会影响

“西行漫记”问世后，在国内外产生了巨大的轰动效应。随着游记被读者普遍接受，斯诺夫妇笔下民主、平等与文明的陕北形象逐渐上升为固定的文化符号，陕北尤其是中共中央所在地延安成为知识分子向往的圣地。符号化的圣地在更广的层面对中国知识分子有了更强的召唤力。

离开陕北后，斯诺从访问材料中抽取单篇英文游记发表在西方的报纸杂志上。“西行漫记”在国外的传播撬动了西方民主人士对中国无产阶级革命与“红色中国”的固化认知，促使大量西方记者访问陕北，新一轮的访问活动不断固化了陕北的光明形象。1937年，美国《亚洲》杂志相继刊发了斯诺的《来自红色中国的报告》（2月号）、《毛泽东自传》（7–10月号）以及有关长征的报道（10–11月号），并附有朱德等人的照片。同年，美国《美亚》杂志发表了斯诺的《中国共产党和世界事务》（8月号），《新共和》刊登了斯诺的《中国为何要长征》（8月号）等文章①。1937年11月6日，美国《星期六晚邮报》刊登了斯诺的《我去红色中国》一文②。这些报道深受欢迎，引发了西方人对陕北的关注。

1937年10月，英国戈兰茨公司以 *Red Star Over China*（《红星照耀中国》）为名出版了斯诺的游记。1938年1月，美国版保留英国版原貌出版发行③。“在美国，此书成为有关远东的非小说作品中的最畅销书；在伦敦，短短几个星期内，这部书就销售了十万册以上。”④ 斯诺笔下的陕北令拉铁摩尔、爱德华·卡特等西方人士无比向往⑤。更多的西方记者受斯诺的影响而奔赴陕北并创作了内容、结构相似的访问记。美国记者福尔曼、武道和英国记者斯坦因等前往陕北，在访问陕北后分别创作了《北行漫记》、《我从陕北回来》以及《红色中国的挑战》，产生了巨大的影响⑥。访问或到过陕北的西方人士反复印证了“西行漫记”的真实性，促使其上升为权威性的知识。费正清就指出：“所有到

---

① 邹振环：《20世纪上海翻译出版与文化变迁》，广西教育出版社2000年版，第228–229页。

② 张注洪：《中美文化关系的历史轨迹》，南开大学出版社2001年版，第161页。

③ 胡愈之：《〈西行漫记〉译者附记》，《胡愈之文集》（第4卷），生活·读书·新知三联书店1996年版，第9页。

④ 董乐山：《斯诺和他的〈红星照耀中国〉》，《中国建设（英文版）》1982年第2期。

⑤ 刘力群：《斯诺成功之路——从〈西行漫记〉看斯诺成功的内外因素》，刘力群编：《纪念埃德加·斯诺》，新华出版社1984年版，第459–461页。（拉铁摩尔：《中国震撼世界·序》，北京出版社1980年版，第4–5页；爱德华·卡特：《〈红星照耀中国〉书评》，《太平洋事物》1938年3月。）

⑥ 李良志：《福尔曼的延安之行与〈北行漫记〉》，《中国人民抗日战争纪念馆文丛》第五辑，中国人民抗日战争纪念馆，1995年，第43–45页。

过延安的人——林迈可、美国领事雷·卢登、医护人员等都证实这幅图画的真实性。”①1939年，美国道布尔戴-百老汇出版了威尔斯的 *Inside Red China*（《红色中国内幕》）。该书不仅印证了《西行漫记》的真实性，提升了其影响力，还补充了有关革命妇女、儿童等内容。它与《西行漫记》共同成为其时中外读者认识陕北的主要读物。

“西行漫记”对中国读者更是意义重大、影响深远。1936年11月14日、21日，上海英文报纸《中国评论周报》刊登了斯诺访问毛泽东的中译文章《毛泽东访问记》，并附上了毛泽东的照片②。国内知识界受到震动，各报纷纷转载这篇文章。1936年12月5日，《燕大周报》转载了该文章。1937年1月1日、9日，《学生呼声》分上、下两篇作了转载。1940年初，《国际周报（香港）》、《上海周报》等报转载了文章。1937年3月，斯诺将访问原稿、照片以及资料交给爱国知识分子王福时。王福时等编译出《外国记者西北印象记》（后改为《前西行漫记》），其后的《西行漫记》正是以该书为基础完成的。该书于1937年4月出版后“首次印了四千本，很短的时间就全部发行完了”③。1938年2月，上海复社根据戈兰茨公司的首发英文版译出《西行漫记》，短短10个月内印行了4版④。1939年4月，《续西行漫记》在复社出版后同样受到读者欢迎。

“西行漫记”中的陕北令痛苦、迷茫的中国知识分子，尤其是进步青年看到了希望，不仅影响了他们的思想认知，还改变了他们的行动。清华大学、燕京大学的部分学生最先通过斯诺拍摄的照片以及由此制作的幻灯片了解了陕北。部分燕京大学的学生在斯诺家传阅了《西行漫记》手稿。龚澎翻译了《西行漫记》原稿的几个章节，在同学间传阅。“红旗下的中国”，“赢得了同学的欢迎”⑤。“西行漫记”中的红军领袖最令革命青年心动，当他们“看到毛主席、周副主席、朱总司令和另外许多革命领袖神采奕奕、身体健康的光辉形象时，二十个人禁不住热烈鼓掌，有的流着热情的眼泪……”青年学生在具化的陕北领袖身上看到了中国的未来，甚至因此决定了自己的前路。他们赞叹坚韧、独立的“红小鬼”，称他们为“奇迹”⑥。《西行漫记》所呈现的陕北世界令青年们备受

---

① 费正清：《发现了左派》，爱泼斯坦、高梁主编：《中国解放区文学书系　外国人士作品编》（二），重庆出版社1992年版，第733页。（《中国解放区文学书系》中的注释指出，本篇主要是费正清20世纪40年代初日记、书信、笔记和其他资料的摘录；译文源于《中国之行》，新华出版社1988年版。）

② 张注洪：《中美文化关系的历史轨迹》，南开大学出版社2001年版，第108页。

③ 李放：《斯诺〈西北印象记〉翻译始末》，刘力群主编：《纪念埃德加·斯诺》，新华出版社1984年版，第157页。

④ 吴明：《〈西行漫记〉版本评介》，《北京党史》1993年第4期。

⑤ 张文定：《斯诺在燕园》，《新时期》1930年第3期。

⑥ 赵荣声：《步着斯诺的后尘到延安去》，裘克安主编：《斯诺在中国》，生活·读书·新知三联书店1982年版，第388页。

鼓舞①。

燕京大学的部分青年学生因“西行漫记”而对延安产生了热切的向往，决心前往延安访问。赵荣声“单独找斯诺谈了一回，询问这条路怎么走，阻碍在什么地方，要注意一些什么事项”。热情的学生们“组成了一个十人的小队，以利用春假到西安旅行为名，离开北平，按着斯诺在一张草图上所画出的路线前进”②。他们返校后向其他同学介绍延安，促成了第二个燕大学生延安访问团。这两次访问活动影响了更多学生，或阅读“西行漫记”，或前去延安访问。在燕大校园，斯诺“发现常有年轻人夹了本《西行漫记》在出人意外的地方询问他如何能到西北共产党学校念书”③。

随着“西行漫记”被读者广泛接受，其中的陕北形象上升为体系化、客观化的知识，无数进步青年通过这些游记受到革命启蒙教育④。漫画家华君武正是在《西行漫记》的影响下前往延安参加革命的。光明的陕北世界赋予了他无穷的力量，他只身一人经过3个月的长途跋涉，“途经香港、广州、长沙、汉口、重庆、成都、宝鸡、西安”⑤，于隆冬时节到达陕北。当“美国记者爱泼斯坦访问西北苏区，问起有些人是如何来到西北苏区的，他得到的回答往往就是‘我读了《西行漫记》’”⑥。许多海外华侨读了《西行漫记》后，冒着生命危险回国参加八路军、新四军的队伍⑦。

“西行漫记”的权威性随其影响力的扩大不断增强，陕北，尤其是它的中心延安成为固化的文化符码，具有了强大的号召力，吸引了更多的知识分子。“圣地”成为延安的代称，寓意民主、平等与文明，或者说就等于民主、平等与文明。由此，作为社会集体想象物的“圣地”作用于无数读者的情感与认知，具有了不可思议的、影响人心向背的能量。

（作者单位：西南大学文学院、西安财经大学）

① 梁士纯：《关于埃德加·斯诺的回忆》，裘克安主编：《斯诺在中国》，生活·读书·新知三联书店1982年版，第359页。

② 赵荣声：《步着斯诺的后尘到延安去》，裘克安主编：《斯诺在中国》，生活·读书·新知三联书店1982年版，第389页。

③ ［美］约翰·马克斯韦尔·汉密尔顿：《埃德加·斯诺传》，沈蓁等译，学苑出版社1990年版，第96页。

④ 朱青：《在斯诺家做客》，《世界知识》1982年第4期。

⑤ 华君武：《漫画一生》，新世界出版社2005年版，第118页。

⑥ ［美］约翰·马克斯韦尔·汉密尔顿：《埃德加·斯诺传》，沈蓁等译，学苑出版社1990年版，第96页。

⑦ 孙华：《〈西行漫记〉的传播对中共领导的抗日战争及中美关系的影响》，《出版发行研究》2009年第6期。

"从中西比较到新文学创造"

——论柳无忌与南开大学英文系的文学教育（1931—1937）

童一菲

1932年夏，时年26岁的柳无忌自欧洲返回上海。此时，"一·二八"淞沪抗战创伤未愈，伪满洲国在长春成立，整个华北笼罩在战争的阴影里。尽管政局变幻莫测，柳无忌还是决定放弃其父柳亚子建议的上海通志馆及其他学校的邀约，携妻北上于南开大学任教。昔日耶鲁的同窗好友杨石先、张纯明以及早先毕业的何廉、方显庭均在南开大学担任重要职务①，柳无忌的赴约正是要和他们一起为南开大学开辟一个新阵地——英文系。

"从中西比较到新文学创造"，这是柳无忌为南开英文系设计的道路之一。对新文学而言，它自诞生起就和外国文学产生了密不可分的联系，除了大批留学生带回的外国文化资源，高校外文系也是国人接触西学的渠道之一。回顾近代高校外语教育，从偏重翻译等实用技能训练，到注重作为整体的西洋文学与文化教育，思路转变中自有对新文学发展的重大意义。从吴宓、朱光潜、叶公超、徐志摩等教师，到卞之琳、钱锺书、冯至、曹禺、穆旦等一大批学生，外文系师生已然成为新文学发展的重要力量。

全面抗战前的南开大学英文系虽存在时间短，亦无赫赫声名，但它在柳无忌、罗暟岚②、梁宗岱等人的主持下发展迅猛，实力大增，1937年南迁后与发展了几十年的清华、北大外文系合并时也不落下风。这些教员们既有留学归来的学识与眼界，又有交织于学

① 张纯明时任政治系主任，后任文学院院长；何廉为经济学教授兼商学院院长；方显庭为经济学院研究主任；杨石先为理学院院长，正是杨石先向柳无忌发出了邀约。

② 罗暟岚，本名为罗正晫，字暟岚。因应聘南开大学教授的聘书上写的是"罗暟岚"，遂以字为名。现多被称为"罗皑岚"，实为"罗暟岚"。

院与文坛间的丰富资源。在他们的筹划下，不但基本教学活动开展顺利，师生还合作组社团、办刊物、做翻译、开演讲，学生们逐步离开象牙塔走向文坛，找到了发展文学理想的沃土。这是“教育空间”向“文化场域”位移所产生的耐人寻味的文学现象。

值得注意的是，无论是柳无忌、罗暟岚，还是与之相关的朱湘、水天同、罗念生等，维系他们情感的起点是20世纪20年代的清华文学社。这意味着，这些于20年代中后期出国的留学生们，他们早年萌发的文学热情，经西方学术训练后，在新的文学环境下与新文学的又一次碰撞。

一、“南开五年”：英文系的蓬勃与三种任务

南开大学最初的“英文学系”并不等同于后来拥有专门行政实体的“系”，只指课程的学门。1923—1925年，英文学门分别有2人、3人和6人毕业①。1930年，南开大学由科改院，文学院仍未设立英文系②。据曹鸿昭回忆，他和高殿森在文学院学习时，因对西洋文学产生兴趣，遂联名上书校长张伯苓请求开设英文系，在大学部主任黄钰生的支持下，英文系很快成立，他于1933年成为该系第一届毕业生并留校任教③。起初，系主任由院长陈逵兼任，教员只有陈钦仁教授和刘荣恩助教。柳无忌来校时，正式成立仅一年的英文系接收了保定河北大学专修英文的全部学生，一跃成为文学院最大的系④。1933年6月，陈逵辞职，张纯明继任文学院院长，柳无忌被聘为英文系主任。

柳无忌在晚年的回忆里不止一次地提过，任教南开的五年是他“人生中未能忘怀的，最美满、愉快和珍贵的经历”⑤。但当时的南开作为私立大学，规模不大，经费亦受限制，校长张伯苓主张以有和衷共济之精神为聘请教师的原则之一，以求节省人力，达到用人少而效率高的效果⑥。当时的英文系是一片需要耗费大量心力开垦的荒地，为何柳无忌会如此难以忘怀？他进入的是一个怎样的教育空间，又做出了什么贡献？

其实从建校起，南开大学便提倡朴实勤奋的校风。校长张伯苓极富个人魅力，亦拥有出色的管理能力，对教师极尽人文关怀——他为教员们配套住宅、教师俱乐部、草坪网球场等完善的生活设施，也会每年为欢迎新教员或感谢教员一年的付出而专门设宴。

---

① 编者：《天津南开大学一览》，协成印刷局1923年版，第12、23页。

② 《英文系课程公布》，《南大周刊》第108期，1931年5月5日。

③ 曹鸿昭：《南开与我》，《南开校友通讯》复第8期，1986年7月。

④ 《河北大学英文系转入我校》，《南大周刊》第114期，1931年10月6日。

⑤ 柳无忌：《南开五年——我的家庭与教学生涯的开始》，《南开校友通讯》1990年第2期。

⑥ 王文俊等选编：《张伯苓谈招生及教师聘任问题》，《南开大学校史资料选1919—1949》，南开大学出版社1989年版，第179页。

所以，即使南开大学任务重且薪资水平低，但对留学归国的教员们还是极具吸引力①。柳无忌正是在这样的氛围中开始了自己的教学生涯，妻子高蔼鸿在南开中学教英文，二人生活舒适安定，英文系的教学与系务工作也得以顺利开展。

柳无忌接任系主任后，“开设的课程骤然增加，任课的教授也随之多起来，有专任的、有兼任的，还有每周一次由北平来校讲课的”②。其中，语言课在陈钦仁辞职后由司徒月兰继任，后者从小在美国长大，是美国密西根大学的语言学硕士；文学课教授先有李唐晏、赵诏熊，后聘罗暟岚、梁宗岱。李、赵、罗是柳无忌的清华校友，梁宗岱是当时鼎鼎大名的法国文学专家兼诗人，诸人均有留学经历。柳无忌认为，虽然“英文系的主要任务在训练学生英国文学与文字”，可“他们对于西洋文学——英国文学仅为其中的一部分——亦应有普遍的知识”，这就是他力邀“从未谋面或通信，只是耳闻其名的法国文学专家，而且对于德国文学也有修养的梁宗岱”来南开大学任教的主要动机③。为此，柳无忌还特增一门“西洋文学名著”，由梁宗岱主持并任主讲，系中其他教授则轮流讲授自己喜爱的西洋名著。《浮士德》是梁宗岱所讲的名著之一，这和他后来翻译此书、研究歌德大概不无关联。

梁宗岱任教南开大学后，英文系的教师阵容已相当齐整，各教授据其所长开设课程：司徒月兰教授英文写作与会话，罗暟岚讲小说，梁宗岱讲诗歌，柳无忌讲莎士比亚、文学史和文学批评。戏剧方面缺少教员，便请一直致力于话剧发展的张彭春和黄佐临兼课。张彭春对莫里哀、易卜生有独到研究。正是在他和哥哥张伯苓的积极推动下，南开大学逐渐形成校园话剧传统。黄佐临在英国留学期间曾师从萧伯纳，便主讲萧伯纳和狄更斯。1933 年萧伯纳访华时，他还特意带着英文系的学生们到车站欢迎，学生们得以一睹国际大师的风采。

从英文系学程安排来看，它体现了柳无忌“先广而后专”的基本理念，同时语言与文学并重，即以“语言”为基础，着重扩充“文学”，不仅限于英国文学，而是希望学生对整个西洋文学均有涉猎。张伯苓也对英文系的课程提出过指导意见，认为文学系读文学是自然的，但学生毕业到社会上要具备就业能力，不能饿着肚子作诗④。之后，英文系便增设了“翻译”、“讲演术”和“新闻习作”等一系列实用性课程，以提高学生的听说、写作等能力。柳无忌也经常指定一些文学作品，要求学生读完后和他进行英文对

① 罗暟岚来校任教，除在本系开设两门专业课，还须担任大一英文和高级英文两门公共课，另有批阅作文卷子等其他任务，而月薪只有 240 元。此时公立大学月薪一般为 300 元。

② 郭沛元：《忆五十余年前的南开英国文学系》，《南开校友通讯》复第 7 期，1985 年 5 月。

③ 柳无忌：《梁宗岱在南开》，《古稀话旧：柳无忌散文选》，中国友谊出版公司 1984 年版，第 70 页。

④ 郭沛元：《忆五十余年前的南开英国文学系》，《南开校友通讯》复第 7 期，1985 年 5 月。

话，还规定学生从二年级起的每个寒暑假都要阅读一本英文著作，开学后提交读后感。为了使学生能在毕业后愉快胜任教师工作，他还请张彭春和南开中学教师喻传鉴讲授教育学，请黄钰生讲授心理学，鼓励学生帮教师批改英文作文，安排学生到南开中学实习①。

此外，柳无忌和罗暟岚还组织了“人生与文学社”。他们以该社的名义广延名家讲学，例如朱自清讲过方言问题，朱光潜讲过“文艺心理学”，孙大雨和罗念生分别讲过“莎士比亚”和“希腊戏剧”，朱湘讲了“新诗创作”。这些文学界名流大多是柳、罗二人在清华的老师或同窗好友，他们的到来开拓了学生眼界，丰富了他们的文学认知，不仅英文系的学生，许多理工科学生亦慕名而至②。

英文系不仅有柳无忌认为的“新兴的蓬勃的生气”，还有他特别看重的“师生亲切合作的精神”。在学生们的回忆里，英文系老师们要求严格，富有远见，为学生创造了多种学习和培养能力的机会，老师们也非常认可学生：“学生人数多，大部分资质优秀，对于文学有兴趣。学校为成绩优良的学生，设立奖学金，名额不多，但我们总是每年能得到一、二名。”③ 融洽的师生关系给老师们带来极大的精神愉悦。师生合作编辑刊物，翻译作品，合著外文教材。从天津到几十年后的美国，他们都保持通信或聚晤，将这种从师生到朋友的关系维持了一生④。

南开大学英文系在短短的五六年间迅速发展，蒸蒸日上，师生接触频繁，和衷共济。虽然校外时有日军枪炮声骚扰，但演讲、话剧演出等活动仍有条不紊地进行。尽管时局变化不测，但柳无忌对南开大学，对他主持的英文系，都抱有极大的希望与信心。在他的理想中，英文系在大学内应担负三种任务：一是“为全校各院系服务，提高学生阅读英文的能力，以适应20世纪自西方汹涌而来的新潮流、新知识的挑战”；二是“造就以英语为专业的人才，能读能讲，可以愉快地胜任需要英语的职业，如新闻界、教育界、出版社、银行界等”；三是“培养一些研究与翻译西洋（不限于英国）文学的学者，以介绍外国文学为终身事业，或更进一步，经过中、西文学的比较而从事中国新文学的创造”。这三种任务由浅入深，兼顾满足了以英文学习为“职业”与“志业”的不同需求，既有作为系主任应有的全局眼光，也包含了一个外国语言文学研究者的审美判断与价值

① 叶雪芬编：《柳无忌年谱》，社会科学文献出版社1992年版，第42页。

② 罗暟岚：《朱自清在南开》，《南开校友通讯》复第2期，1982年10月。

③ 柳无忌：《梁宗岱在南开》，《古稀话旧：柳无忌散文选》，中国友谊出版公司1984年版，第71页。

④ 抗战期间，柳无忌曾推荐李田意、曹鸿昭、张镜潭任教于重庆中央大学，还与曹鸿昭、李田意合作译书。他多次在回忆录里提及学生及其在研究、翻译等方面的成就，称“在今日我仍引以自傲，乐于同他们互通音讯”。

理念。他还补充道："不用说，我是有意走这第三条路的，所以我教授英文时，试以我个人的影响，去鼓励同学们多读文学作品，不仅能增进英文程度，还要体会此中的真理与情趣，并以自己所得的成果传授后人。"①

其实，柳无忌这里"有意"走的第三条路已超越了他"英文教员"的身份。其致力于培养的是，"以介绍外国文学为终身事业"，乃至经中西文学比较而"从事中国新文学的创造"的，以中国文学发展为蓝图的人才。这种不同以往的、着力甚多的教学方式在思路转换中已不自觉地开辟出一条新文学发展道路。而在南开大学英文系基本教学活动之外，一系列创作、编辑和出版活动的展开，才真正将南开大学英文系这个"教育空间"与当时的"文学场域"直接相连。

二、《文学周刊》：从"教育空间"到"文化场域"

1934 年 3 月，柳无忌应钱端升之邀编辑《益世报·文学周刊》。这是梁实秋主持的《文学周刊》之延续，只是将刊名重新题写以示区别。《益世报》的影响力自然不容小觑，在柳无忌看来，这正好是他"为南开英文系开辟了一个投稿地盘"。

在柳无忌的经验里，"报章杂志是从事文学者的实验室"，他非常看重和鼓励学生们进行写作、翻译和投稿。学生张镜潭、郭沛元、李田意、曹鸿昭、高殿森、吴炎、黄燕生、巩思文等都在《文学周刊》上发表过作品。借助《文学周刊》这块园地，柳无忌带动了系中学生的文学热情，替他们敲开了文学创作的大门，这种煞费苦心的引导印证了他"有意"走的第三条路。学生们也对老师指引的"经过中、西文学的比较而从事中国新文学的创造"之路进行了积极回应，后来成为外国文学领域著名学者的张镜潭就是当时积极投稿的"文学青年"之一，他还鼓励郭沛元一起习作，"我们有时写些短篇投在《天津益世报》副刊上发表。既练习了写作，穷学生还可以挣一些稿费补贴零用"。几十年后，郭沛元仍对柳无忌刊发自己的《忆庐隐女士》一文报以感激，称这种对学生的尽力提拔，让他有"说不出的高兴"②。还有一些在文坛上已有名气的作家或他校教员，如柳亚子、罗念生、陈麟瑞、李霁野、王余杞、孙大雨、陈铨等，皆因与柳无忌的关系而投稿支持。一时间，《文学周刊》声名鹊起，甚至在东北还出现了"专门抄录本刊稿件"的剽窃现象③。

---

① 柳无忌：《国难中长成的南开英文系》，《教授·学者·诗人 柳无忌》，社会科学文献出版社 2004 年版，第 35 页。

② 郭沛元：《忆五十余年前的南开英国文学系》，《南开校友通讯》复第 7 期，1985 年 5 月。

③ 《编后》，《益世报·文学周刊》1934 年 9 月 12 日。

学生们的积极行动不仅证明了新文学与西洋文学研究中蕴含的巨大吸引力，也为师生融洽关系的建立带来了积极影响。此种师生间良性互动的力量不可小觑，言传身教既是知识生产传播过程在学院中的特有现象，也是一种最直接的输出与反馈模式。更为重要的是，这种一拍即合的双向互动也非易事，教师的良苦用心未必总能得到学生的认同与支持，杨振声即是一例。

1930年，杨振声任国立青岛大学校长，继续践行他在清华提出的“创造我们这个时代的新文学”的教育目标，强调中国文学系的课程组织要“一方面注重研究我们自己的旧文学”，“一方面再参考外国的新文学”①。为了实现“中外文学系是一系”② 的设想，他用“先尝后买”的方法聘请到梁实秋、闻一多分别担任外文系、国文系主任，还常和教员们一起宴饮交游，自封“酒中八仙”③。虽然教员之间志同道合，但是他们未能获得学生们的拥戴——青岛大学的学潮接连不断，杨、闻和梁还被冠以“新月派包办青大”、“不学无术”、“准法西斯主义者”的骂名而不得不离开。最终，青岛大学也在数次学潮中被勒令解散，一帮同仁的教育理想就此暂停。正如研究者认为的，“‘新月派’在青大的受挫，带出了受教育者的反馈问题。新文学教育者的理想固然重要，受教育者的接受亦不容忽视。只有合而观之，新文学教育才能构成一幅互动的、立体的画面”④。

反观南开大学英文系，这种师生相处融洽、和衷共济的氛围并非凑巧，实是双方在学理上达成的共识促使他们持有相近的价值理念。他们的共识是什么呢？在《文学周刊》发刊词中，柳无忌道出了一二。他在文中先陈述了新文学发展中的窘境，随即道出了近年文坛出现的诸多不健全状况，最后说明《文学周刊》要成为新文学的护卫，为文学的健康发展做贡献⑤。

所谓“为新文学辩护”，并非喊几句口号那么简单，为此柳无忌在编辑刊物时耗费了大量心血。《文学周刊》有文学创作、文学理论、文学翻译及国内外文坛消息等多个栏目，介绍和翻译西洋文学的文章最多，选取的也多是西方有重大影响的作家和当时新近出版的作品，如子峤（刘荣恩）、罗暟岚介绍了美国先锋作家辛克莱、美国诗人桑德伯、“白克夫人”赛珍珠以及英国作家柏克等。《文学周刊》还有“欧洲文坛零拾”一栏，每期介绍几部西方最热门的作品，及时向中国读者报告世界文坛动态。整个刊物呈

---

① 《中国文学系的目的与课程的组织》，《清华周刊》第35卷第11、12期合刊，1931年6月。

② 杨振声：《为追悼朱自清先生讲到中国文学系》，《文学杂志》第3卷第5期，1948年10月。

③ 梁实秋：《酒中八仙——记青岛旧游》，《梁实秋文集》第4卷，鹭江出版社2004年版，第545页。

④ 刘子凌：《民国大学里的新文学教育实践及其限度——以杨振声为中心》，《东岳论丛》2019年第1期。

⑤ 柳无忌：《为新诗辩护》，《益世报·文学周刊》第1期，1934年3月7日。

现出浓郁的“西洋风”，暗含的恰是柳无忌作为外国文学研究者为新文学发展提供的思路，也是他“为新文学辩护”的具体实践。

第24-27期的《文学周刊》刊出了整整4期“现代英美诗歌专号”，有现代英美诗坛的介绍、诗歌翻译、代表诗人介绍——“哈代、白理基斯、霍斯曼、叶芝、大卫斯、德拉曼、梅斯菲尔、罗伦丝、娣丝黛耳、翁探曼远”等。译介最新的和最鼎盛民族的文学创作及理论是柳无忌的译介原则之一，是他异于其他翻译者之处，也是他迫切沟通中外文坛的最直接体现。他称：

> 我们研究近代的英美文学，不仅是为明了他们的文坛趋势，也因为那些是活的文学，正在繁荣滋长着，而且也与我国的新文学有密切的关系。……我们希冀能攀上时代的轮环，与国外的作家，共同生活着，感觉着，思想着，研讨着，我们不甘落后，或孤陋寡闻，我们要与国外文坛接触，在不盲从与不眩新的原则下，从而得到揣摩之益①。

可“攀上时代的轮环”又岂是轻而易举之事？柳无忌清楚这并非一人之力就能完成，他特别声明这专号是利用着“南大图书馆丰富的藏书，英文系内有训练的人材”。学院体系下的知识生产成果借报纸传媒之手公开面世，这是师生合力进入文坛的初步尝试。而另一方面，《文学周刊》还关注和培养了一些文坛新兴力量，如刊发了当时还是初中生的张秀亚的作品，使她“喜极欲狂”，在成名后寄给柳无忌的获奖作品和信件中，还自称“当年那个初中的女孩”②。

《文学周刊》虽影响力大，但难免不受出版、审查等各方掣肘，在发行50期后于1935年2月终刊。但这并非绝路，随着“人生与文学社”的创立，另一方园地也随之而发展起来。

三、学院以外：“为华北文坛尽些微力量”

1935年初，柳无忌和罗暟岚组织学生共同发起了“人生与文学社”，紧接着《人生与文学》杂志出版。从主编到发行、出版，全都由南开大学英文系师生负责。这是一份几乎完全“自给自足”的刊物，不假手于书贾，自然不受其牵制束缚，给编辑带来极大

① 编者：《写在现代英美诗歌专号前》，《益世报·文学周刊》第24期，1934年8月15日。
② 柳无忌：《南开五年——我的家庭与教学生涯的开始》，《南开校友通讯》1990年第2期。

的自主空间。《人生与文学》甫一面世，清华外文系的常风就注意到了它，还在《大公报》上做出简评，称这是一份值得注意的期刊，希望编者能从深处更加阐明“人生”与“文学”二者间的关系；在翻译与论文上，能“显示出真正的学识与研究的心得”；在创作方面“应该竭力避免学校课卷式的作品”①。

显然，常风注意到了这是一份“学院派”刊物，它依托学院资源，带有研究特色，具有天然追求学理的情怀。但他对这份刊物在文坛上的定位更值得注意：“现在国内纯文艺的刊物很少，而在北方，除了文学季刊外，似乎就只这个《人生与文学》。”此外，该刊编者也曾在“编后”中称：“希望为没有一个大型文艺刊物的华北文坛，尽一份些微的力量。”那么，这时的华北文坛怎么就“没有一个大型文艺刊物”呢？《人生与文学》又与华北文坛有何关系？

时间回到1928年前后。此时，北伐结束，新文学中心南迁上海，北京改称北平。清华园中新、旧两制仍同时存在，风波不断。柳无忌、罗暟岚正是这最后几届的留美预备部学生，“离情别绪收残局，海水天风快壮游”② 正是他们留学前内心波澜和国内局势的写照。随后几年，北平成为“文化古城”，北方文坛几乎只剩后期“语丝”及部分高校师生支撑。直到他们留学归来，北方文坛虽不至颓唐潦倒，但也确如常风所说：“近年来北方文坛比较的消沉，南方文坛却有相当的昌旺。许多有名而热闹的争辩都发生于南方，北方的作家简直不曾过问。有些与文坛消息相辅而行文坛相骂的文章，在北方的人有时就看不懂。”③

到了20世纪30年代中期，随着几方人马的加入，北方文坛呈现出几股力量的“和而不同”：一是原本就留在北平的后期“语丝”，如周作人、废名、沈启无；二是以胡适为支撑的《现代评论》—《新月》派，包括梁实秋、闻一多、叶公超、沈从文、杨振声、余上沅、朱光潜、李健吾等，他们自30年代初陆续返回北平后任教于清华、北大等高校，连同外地高校的陈西滢、凌淑华、饶孟侃等，以《现代评论》、《新月》、《大公报·文艺》副刊为阵地，努力推动北方文坛的复苏；三是上海左翼也以更积极的姿态介入北方文坛，联络各派作家，积极推动新文学发展，《文学季刊》便是由郑振铎、靳以和巴金主编的，代表第三种力量介入的刊物④。与出版繁盛、众声喧哗的上海相比，此时北方文坛的“大型纯文艺期刊”出版局面虽稍显逊色，但自杨振声、沈从文接手《大公

① 常风：《〈人生与文学〉（革新号）简评》，《大公报（天津）》1935年11月15日。

② 柳亚子：《八月二十三日，送忌儿西渡，道出横滨，游三溪园，登绝顶观海，归途口占一律》，《磨剑室诗词集》（上册），上海人民出版社1985年版，第554页。

③ 常风：《评〈反攻〉》，《大公报（天津）》1935年10月20日。

④ 解志熙：《气豪笔健文自雄——漫说文坛健将杨振声兼谈京派问题》，《文艺争鸣》2014年第11期。

报·文艺》,《文学季刊》、《水星》逐步面世，都预示着“北京文坛的复兴期”①。《人生与文学》也积极参与其中。

从人事上说，柳无忌、罗暟岚、梁宗岱和这几方人马都有或浅或深的交往。一方面，柳无忌在天津参加了部分文人的“星期聚餐会”，每逢周末就和罗暟岚、李霁野、曹禺、王芸生、王余杞等在天津名饭馆吃饭，纵谈文艺②。李和曹是文坛知名作家，王芸生任职《大公报》，王余杞则是北方“左联”的代表人物之一。大家聚餐凑份子，由王余杞管账，“饭友”成了柳无忌的刊物作者和“人生与文学社”的演讲者。另一方面，早在1926年的清华园，柳无忌、罗暟岚就在清华文学社结识了诸多热衷文学的朋友，如闻一多、谢文炳、饶孟侃、孙大雨、朱湘、罗念生、水天同、赵诏熊、陈铨、陈麟瑞等，他们的指导老师正是杨振声、张彭春、朱自清和俞平伯。柳、罗留学期间，闻一多、朱湘、孙大雨、罗念生成为“新月”成员，但殊途同归，柳无忌也十分赞赏新月诸人的诗歌主张与创作实践，在国外时就写文称，不论是承继了胡适衣钵的“冬夜派”，还是与之对张旗鼓的郭沫若“女神派”，都无法与新月派相持恒。因为前者“想把传统的思想，旧的诗意，放入新的形式内，结果还不如回到旧诗词为合宜一点”，后者“排斥了理智，轻蔑着艺术”，缺乏这两种元素的，“终究不能成为伟大的诗人”。如果说“女神派”的背景是“从日本贩来的欧洲大陆文学”，那新月派的背景则是“英美文学”，他们“注重理智与形式”，“初看起来好像他们是复古，但其实他们却新过了头”。从前女神派“盲目”接收的西洋文学影响，也正是新月派如今“有意识”接收的③。

最直接的例子便是他们对“十四行诗”的译介。新月派的贡献不必多说，柳无忌也有大量十四行诗的创作作品。在编辑《文学周刊》时，他曾刊出一期“sonnet”专号，以刘荣恩的论文《谈“商籁体”sonnet》开篇，后有朱湘、罗念生、王周南创作的十四行诗，最后以翻译莎士比亚、弥尔顿等西方著名诗人的十四行诗收尾。在《编后》中，他阐明了看重这种诗歌形式的原因——“诗人的想象力在这种严格的诗体中不至于过于奔流而无拘束，但依然有自由运用的余地”，最重要的是，这极大地解决了当下新诗“在音调和形式上的问题”④。

小说方面，罗暟岚的《苦果》在《大公报·小公园》上连载五月，风靡一时。《苦果》是柳无忌推荐，由老乡罗暟岚、南开大学商学院院长何廉出面与《大公报》社长胡

① 夏志清:《30年代的左派作家和独立作家》,《中国现代小说史》，广西师范大学出版社2014年版，第103页。

② 叶雪芬编:《柳无忌年谱》，社会科学文献出版社1992年版，第50页。

③ 柳无忌:《为新诗辩护》,《文艺杂志》第1卷第4期，1932年9月。

④《编后》,《益世报·文学周刊》第6期，1934年4月11日。

政之商洽刊登的。此时沈从文正接手了《大公报·文艺》副刊，他的九妹岳萌在南开大学英文系旁听。在《苦果》的序言中，罗暟岚提到，这部小说创作于清华园，当时就已由俞平伯作序、朱自清题名、李健吾推荐出版，但由于书店关张，出版亦耽搁下来。在《小公园》连载结束后，《苦果》作为“人生与文学丛书”的第一部作品出版，初版两千册很快售罄。罗暟岚出色的创作才华也早已得到师友的肯定，朱湘就称他的小说“在当今的文坛上总是在水平线以上”。在另一部小说集《红灯笼》的后记中，罗暟岚写道：“此集之成，赖友朋之力殊多，尤其是柳无忌、沈从文二位先生，他们是我的畏友兼严师……”

由此可见，柳、罗二人和这些新知旧友们既保有同窗情谊，又有相近的文学趣味，正是这些“文坛关系”带来了师友们对刊物和“人生与文学社”的鼎力支持。人事与文学趣味的关联，将发生于南开大学校园的带有英文系学术理念与研究特色的文学活动，直接导入了文坛场域中，不但有李健吾、赵景深、孙大雨、罗念生等文坛中人的文章见刊，《人生与文学》还成为他们参与论争的一块阵地。

水天同的《文章的需要与需要的文章》及之后的《茅盾先生的“神曲”》，就是罗念生与茅盾就《荷马史诗》中关于“史诗年代”、“金苹果的故事”、“特洛伊战争的民族和他们的文化问题”等5个“知识性”问题对错探讨的延续。这是一场已在《中学生》和《大公报·文艺》上持续半年的学术论争余波，最后演变为人身攻击，茅讽罗为“疯子”，罗骂茅为“疯狗”。主编沈从文不得不进行调停，在《编者白》中委婉劝说和批评，并表示《大公报·文艺》将不再登载相关文章。一个月后，《人生与文学》创刊，论争继续发酵，不仅罗念生，柳无忌、罗皑岚、水天同也都加入进来，发起了对茅盾的“围攻”。

柳无忌（啸霞）在文坛短评栏目里有一篇《说话难》，正是对茅盾的讽刺：

> 人们尚可以闲话世界文学，从英、日文里翻译出许多弱小民族的作品，——“弱小”，在老大的资格文坛内这名词多么动听！或者，好在大家都不懂，给中学生贩来一些希腊知识，也有教育的效率，只要不自己矛盾或不遇着疯狗就好了①。

事实上，两方纠缠的根本，除了文学立场的分歧，最终在于双方在西方文学领域的积累不同，认识不一。发现茅盾“知识”错误的罗念生、柳无忌等受过西方学术体系的专门训练，又有从事文学创作及翻译的经验，不论从学术问题本身，还是从文学立场、

① 啸霞：《说话难》，《人生与文学》第1卷第1期，1935年4月。

写作态度上，他们眼里根本“揉不得沙子”。另外，他们也无法接受茅盾的这种“粗制滥造”，尤其在他们深耕的西方文学领域，对其“东拼西凑”尤为不齿①。这场由“学术讨论”发展到“骂战”的论争，也以小见大地揭示了文坛对西洋文学的不同“拿来”方式，柳无忌他们所坚持的，正是在学术体系与学院传承中对新文学的护卫姿态。

正所谓“言传身教”，《人生与文学》也给了学生们更多的“批评”机会。李田意、曹鸿昭显示了出色的文学评论与鉴赏才能，外校的学生稿件也有了发表的机会，如毕业于金陵大学的徐盈、清华大学外文系的辛笛、清华大学研究院的曹葆华及北师大学生吴奔星等，都是该刊的作者。相较于《文学周刊》，《人生与文学》对文坛的介入更深，批评姿态也更加独立，不仅有对文坛各种现象和话题的讨论，如“滥产作家”、“世界文库”、“话剧在乡村”等，还有对文坛事件或观点的直接点评，如悼念鲁迅逝世的专题等。另外，柳无忌对学生们的书稿出版也颇为费心。他曾专程跑去上海，与商务印书馆总编辑韦悫接洽，欲以“南开大学英国文学丛书”为名出版系列作品，但最终出版方只答应先出书，再谈丛书名义。正是这样，李田意的《哈代评传》、巩思文译奥尼尔的剧本《奇异的插曲》、曹鸿昭译莎士比亚长诗《维纳斯与亚当尼》得以问世。曹鸿昭的这本译作是他的毕业论文，奠定了他之后几十年翻译工作的基础。遗憾的是，因抗战的全面爆发，李田意译卡瓦德的《乱世春秋》未能印出，稿件亦遭失落；《人生与文学》也在刊出 10 期后被迫中止。

四、结语

从《文学周刊》到“人生与文学社”，南开大学英文系师生在新文学创作和西洋文学译介的路上步子迈得越来越大，若不是因战争的阻隔，他们势必会前进更多。但历史没有如果，南迁之后的南开大学英文系和清华、北大的外文系合并为“长沙临时大学—西南联大外文系”，柳无忌、曹鸿昭随临大从南岳山下去了春城昆明，任教之余继续从事译介和研究工作，但很少再进行文学创作；罗暟岚则流转于家乡湖南，几乎再无研究或创作成果。南开大学英文系成为众人一生怀念之地。

南开大学英文系不仅是南开大学“文学教育”乃至人文教育的开端②，它在某些方面还是清华文学教育的遗续，是“五四”文学从 20 世纪 20 年代蹒跚走到 30 年代的缩

---

① 彭林祥：《“京派”“海派”论争后的论争——以茅盾和罗念生关于〈荷马史诗〉的论争为中心的考察》，《中国现代文学研究丛刊》2018 年第 6 期。

② 南开大学建校之初的文科以经济学、政治学等社会科学为主，其中国文学系直到抗战后才得以设立。

影。从“五四”后期出国深入西学，到归来后身处文坛的非中心地带，柳无忌和他的“人生与文学社”是清华文学社在30年代的一个分支，是“新月社”的胞弟。他们在南开大学打开了一个缺口，建造和维护了一个以英文系为中心，兼具教育、研究与创作的“教育空间”，以学院化、知识化的方式传递新文学理想，在教育管道内输入新文学的血液。这是新鲜的、营养丰富的血液，因为它的形成不是早先的直接“拿来”，而是在欧风美雨中历练、在苦读叩问中习得的，由具体文学作品搭建起来的知识框架。这使他们的主张不再抽象和飘忽，像是已然搭建好了的钢筋结构，而他们认真教授的课程、积极兴办的刊物，是依附在这钢筋上的水泥，也是附着在骨架上的、让生命鲜活而坚定的血肉。

从清华到南开，文人交往带来的资源和机遇使“教育空间”向“文化场域”顺利位移，他们的研究与教学成果也转化为面向大众的文化产品。虽不都是直接的文学创作，但正如夏济安创办《文学杂志》时所言，“文学理论和有关中西文学的论著，可以激发研究的兴趣；他们本身不是文学创作，但是可以诱导出更好的文学创作”①。这也大概正是柳无忌积极办刊物、编丛书的初衷所在。当然，对于近代高校外文教育与新文学发展间千丝万缕的联系来说，南开大学英文系只是提供了一种可能，但这种营养供给模式没有因为抗战的全面爆发而中断，在20世纪40年代的西南联大，外文系为新文学注入了更蓬勃、更富创造性的力量。

（作者单位：南京大学中国新文学研究中心）

---

① 夏济安：《致读者》，《文学杂志》1956年1卷1期，第70页。转引自梅家玲：《夏济安、〈文学杂志〉与台湾大学》，《台湾文学研究集刊》2006年2月。

现代史家张荫麟佚文七篇考论[①]

黄彦伟

谨以此文纪念天才史学家张荫麟先生诞辰115周年

张荫麟（1905—1942）是中国现代学术史上罕见的史学天才，史家陈寅恪、钱宾四、顾颉刚等均对这一晚辈致力的“通史事业”寄予了深切寄望。然而，他年仅37岁时英年早逝终不禁令人扼腕叹息。张荫麟生前仅出版《中国史纲》（1941）一书，另有《通史原理》、《宋史论丛》、《刘琦与顺昌之战》三书已成未刊②。其他散见于现代报刊中的篇目，经过几代学人的不断裒辑，终于在2013年编纂成三卷本的《张荫麟全集》，共180余万字，全面再现了这位史学天才的著述风貌，有功于学界甚大。然笔者近来在梳理《大公报》的过程中，又发现了张荫麟的7篇佚文（函），考虑到其内容的重要性以及将来补入全集的必要性，以下将分别述之。

一、两封佚函释要

张荫麟的两封佚函均发现于《大公报·文学副刊》。1927年12月，当吴宓决定创办《大公报·文学副刊》（1928—1933）时，即邀请时为清华高等科三年级学生的张荫麟加入编辑团体。张荫麟在1929年8月留学美国之前，曾为《大公报·大学副刊》撰写大量稿件，包括书评、翻译以及通论性文字，或署名素痴、燕雏，或未作署名。1929年9月至《大公报·大学副刊》终刊的1933年底，张荫麟还从美国寄来了不少高质量的稿件。

① 本文系河南省哲社规划项目“现代教育视域下近百年女性词学传播研究”（2020BWX027）的阶段性成果。

② 周忱：《张荫麟先生著述系年》，《张荫麟先生纪念文集》，汉语大辞典出版社2002年版，第357-358页。

可以说，他始终是《大公报·文学副刊》办刊6年中的鼎力支持者。

第一封佚函刊于《大公报·大学副刊》1929年8月12日第83期，题作《答冉鹏君函》，署名素痴，内容如下：

冉鹏先生：辱以深切之注意垂览芜文，并以新资料见赐，感幸奚似。所询问及纠绳各节，谨条答如下：

（一）《通志堂集》中之容若传记材料，拙作“后记”（八十期）已尽量采入。关于容若婚年及悼亡之年，集中并无新证，以愚见闻所及，他籍亦无可征，诚属憾事。依拙作所考，其婚年最迟不能过十七岁，然过早又不类。存疑之界限，要在十七岁以前十五岁以后。其悼亡之年已考定最迟不能过二十岁暮春，最早不能在十八岁以前（因有《十八年来堕世间》一词）。存疑之界限，亦不过包括二年余。以愚近所推测，其悼亡盖在十九岁。因《渌水亭杂识·自序》有“癸丑病起”之语，而徐乾学所作墓志铭亦载其癸丑因病不及廷对。癸丑乃容若十九岁之年，颇疑其病乃妻丧伤痛所致也。然此自为“未至十分之见”。

（二）粤雅堂本《饮水诗集》，诚不完备。今以《通志堂集》校之，少四十四首。

（三）拙作所记容若生年之公历并不误。因公历月份，视中国旧历类有月余之差。顺治十一年十一月二十二日以前为公历一六五四年，此日以后则为一六五五年。而容若乃生于顺治十一年十二月十二日也。通行中西对照年表咸忽略此等差异，若事实发生在旧历年抄者，此等年表以推公历，必生一年之误。此陈援庵先生（垣）之《中西回史历表》所以为治史者所必不可少之工具也。

（四）“（己丑）岁四月（距容若卒前一月）……”，己字当作乙字。“康熙二十二年辛酉四月查慎行再馆明珠家”，上二字当作三字。因手民之误，致费先生玩索之劳，良用歉仄。报纸仓卒印行，无暇细校，每有使作者见而面赧之讹舛。但就拙作而论，除先生所指出者外，例如第八十期第一栏本文第九行“余数年来渴求而未得”，手民将“渴”字误排“谒”字，使愚不怿者终日。愚固何尝有所“谒求”也！此复并颂撰安。

素痴（八月二日）

先是张荫麟以“素痴”的笔名在《大公报·文学副刊》第77—80期发表长文《纳兰成德传》，约2.5万字，涉及纳兰成德的家世渊源、性情禀赋、师友交谊、仕途经历、文学观念等多个方面。随后，《大公报·文学副刊》第83期“来函答问”栏目中有《冉鹏君来函》一文，除了为《纳兰成德传》提供一些新的材料外，还对传中所涉及的成德生卒年月、悼亡的具体时间，以及粤雅堂本《饮水诗集》与《通志堂集》的差异等问题，提出了质疑。张荫麟的这封复函，便是以作者的名义，对冉鹏的来函所作的逐条答复。冉鹏（1906—1978），湖南常德人，1924年7月考入北京私立朝阳大学法律系，并旁听国立北京大学国文系课程，1930年大学毕业①。1929年正是冉鹏毕业的前一年，又因其来函中有“仆曩亦作纳兰传，只以未见《通志堂集》，于意未惬，后遂搁置”② 云云，可知冉鹏对纳兰成德的研究进展也颇为关注。这是两人笔墨相涉的大体背景。

此函值得注意处有三。一是张荫麟严谨求是的治学态度。《纳兰成德传》写成后，他又因缘得读清华大学朱保雄的《纳兰性德评传》、燕京大学罗慕华的《纳兰成德传》，更在时任燕京大学教授的乡贤伦明先生处获读纳兰的《通志堂集》，并及时撰写《后记》，补充了一些新发现的材料，也即函中所言的“《通志堂集》中之容若传记材料，拙作‘后记’（八十期）已尽量采入”等。之后，张荫麟又将《纳兰成德传》进行了修改，题作《纳兰传集》，售与商务印书馆，稿费一百元。可惜的是，该稿在1932年“一·二八”事变中毁于战火③。二是因张荫麟有古代科技史研究的学术积累，故其对纳兰出生年月的考证，以公历对照于中国旧历，显得审慎而自信。第三个，更为关键的是，因排版者造成的“讹舛”而使张荫麟“不怿者终日”者，今在《张荫麟全集》（2013）中仍未作改正，分别见于《全集》第1151、1155、1156页；而闵泽平主编的《纳兰性德全集》（全4册，新世界出版社，2014年）中第一册收录张荫麟的《纳兰性德传》一文，错误仍旧。张荫麟性情狷介孤傲，在学术上固未尝有求于他人，因是他对于排版者将“渴求”误排为“谒求”，尤其愤恨不已。从这些角度，也可见出此函在校勘上的特殊价值。

《大公报·文学副刊》中的第二封佚函见于1933年2月27日第269期，题作《张荫麟君来函》，内容如下：

> 记者先生：贵刊二百六十期所载拙作纪念龚定庵文末谓定庵之“六经皆史”说不本章实斋。此文附邮后忆及一事，而知前言之未谛。按实斋论文，尝谓“嗟乎，知文亦岂易易，通人如段若膺，见予之《文史通义》亦为折服，惟曰惜杂时文句调”。（此凭记忆，容有数字之差，惟确记引见胡氏《实斋年谱》。）若膺即定庵之外祖父段玉裁，已获读《文史通义》稿本（至少其一部分），而定庵少就玉裁学，其得闻章氏之说，不独可能而已也，故愚前说当更正。
>
> 又拙文中漏举一要点。定庵谙悉清朝掌故，虽无种族之痛，却多不平之鸣，诗文中往往隐约流露，亦读其集者所不可不知也。例如《汉朝儒生行》为集中刻意经

① 徐友春：《民国人物大辞典　上》（增订版），河北人民出版社2007年版，第282页。

② 《冉鹏君来函》，《大公报·文学副刊》1929年8月12日第83期。

③ 张荫麟：《致容庚》（十一、十二），《张荫麟全集》，清华大学出版社2013年版，第661、662页。

营之最长篇，而语殊诡秘，幼时绎读，直如哑谜。由今观之，此诗所咏，乃岳钟琪事也。岳为兰州人，故云“关西籍甚良家子”。岳以汉人为满用，百战功高，万般婞婀，仅乃全躯，故云“笑比高皇十八侯，自居虫达曾无羞。此身愿爵关内老，黄金百斤聊可保”。至云“南军北军颇有私，北军似姑南似嫂”，北谓满，南谓汉。读此而清初满汉之暗斗活现。循此线索以求解释，则全诗不难涣然也。又例如《夜读番禹集书其尾》两首云：“灵均出高阳，万古两苗裔。郁郁文词宗，芳馨闻上帝（其一）；奇士不可杀，杀之成天神；奇文不可读，读之伤天民（其二）。”《番禺集》未之前闻，盖指屈翁山（大均）之《九歌草堂集》。屈为吾粤番禺人，明遗民之不臣清者。其著作列禁书之目。屈原自称为“帝高阳之苗裔”，此云两“苗裔”，盖一则屈原，而一则大均也。定庵诗确有待于诠注，书此以贻来者。

尚有一题外之事相渎。鄙人向在贵刊投稿，皆署“素痴”隐名，盖以少日涂鸦，惧贻后悔，而亦有见于“爵位不尊，姓名可隐”（语出《桃花扇》）之义；初非敢效今之伟人，不容以伟名出入于贱口也（恭读去年十二月二十九日贵报，“要人姓名，报纸不准直书，只许写其职衔”）。近贵刊所登拙稿二（一《浮士德》译文，一即纪念《定庵》文），均蒙代署真名，并将笔名附后，此似可不必。自为隐名而自暴之，读者其谓我何？敢请以后毋尔（需用真姓或可用笔名处，盼代酌，惟勿兼用）。琐事耗幅，无任主臣，此颂撰安。

张荫麟拜启。

一月二十二日，于美国斯丹佛大学。

此函三个段落分论三事。首段是对《龚自珍诞生百四十年纪念》一文观点的修正。该文结尾处有言：“自珍尚有一历史见解，为章学诚所掩者，即‘古无私门著述，六经皆史’之说是也。……然自珍盖非剿袭章氏。考《文史通议》之最初刊行乃在道光十二年，而自珍发此论之文字，其一（《乙丙之际箸议》）作于嘉庆二十二年，其一（《古史钩沉论》）亦于道光五年已具稿矣。”① 此函则指出在龚自珍和章学诚之间，还有一中介人物段玉裁。段为龚自珍的外祖父，龚早年曾就学于段氏。另据胡适的考证，章学诚于乾隆三十七年始撰《文史通义》，嘉庆元年《文史通义》已部分刊刻②。据此，龚自珍完全可能通过段玉裁的中介而获知章学诚“六经皆史”的论断。这也即是张荫麟修正后的观点。

函中第二段的内容更为关键。《龚自珍诞生百四十年纪念》发表于1932年12月26日，《龚自珍〈汉朝儒生行〉本事考》一文成于1933年6月。后一文写作的缘起，据张

---

① 张荫麟：《龚自珍诞生百四十年纪念》，《大公报·文学副刊》1932年12月26日第260期。
② 胡适：《章实斋先生年谱　戴东原的哲学》，北京师范大学出版社2014年版，第167-168页。

荫麟夫子自道，“定庵文久以怪诞著。余初读即疑其有所隐托，然命意所在尽详也。即如《汉朝儒生行》一诗，稍知定庵生平者，一览即知其中三数语为极明显之自状；惟余则迷离惝恍，莫明所指。岁壬申（按：1932 年），为定庵诞生第百四十周年，予方居美洲，或以《定庵集》见寄，属为纪念之文，因取此诗反复咀嚼。及‘关西藉甚良家子，卅年久绾军符矣’二句，忽念此讵非指岳钟琪事？”① 观于此，则可知这封佚函实是从《龚自珍诞生百四十年纪念》到《龚自珍〈汉朝儒生行〉本事考》中间的一个关键性环节。大凡《龚自珍〈汉朝儒生行〉本事考》中的主旨观点，如指出龚自珍处处以汉家汉事影射清室清事、在刻意经营中对“清朝之一段腹诽恶诅”的意旨寄寓、坐实“卅年久绾军符”的某将军乃康熙、雍正、乾隆间的三朝名将岳钟琪、夜读《番禺集》而知龚自珍隐然为明遗民屈大均张目等论点，在此一函中均已具备，只是在《龚自珍〈汉朝儒生行〉本事考》中更作进一步展开罢了。

后继有论者，《龚自珍〈汉朝儒生行〉本事考》1933 年 6 月在《燕京学报》（13 期）发表后，陈寅恪先生读到了此文，曾私下对时为《燕京学报》的主编容庚说：“定庵《汉朝儒生行》中所咏实杨芳事。”② 龚诗中所咏的将军到底是岳钟琪，还是杨芳？对于这一公案，今人刘克敌进一步梳理说：“杨芳为清朝著名将领，字诚斋。曾于道光元年至三年任直隶提督，而龚氏好友魏源此时就在杨芳家坐馆。魏源离京赴杨芳处时，龚自珍还曾送行”，“作为汉人而能受到清廷重用，杨芳可谓罕见，自然也会受到他人特别满族将领的妒忌……”③ 这些构成了道光二年龚自珍创作《汉朝儒生行》的历史背景。对于自己素所敬重的陈寅恪先生之意见，张荫麟也不得不认真考虑。1934 年 6 月，他再借《燕京学报》的篇幅发表《与陈寅恪论〈汉朝儒生行〉书》，吸纳陈寅恪先生的意见，部分调整了自己的观点。他“确信此诗乃借岳钟琪事以讽杨芳而献于杨者，故诗中‘一歌使公思，再歌使公悟’之‘公’，殆指杨无疑”，并公开承认“本诗与杨芳之关系，愚以前全未涉想及之。今当拜谢先生之启示，并盼更有教之”④。张荫麟的服善之心，令人慨叹！陈寅恪先生治学重视“诗史互证”，张荫麟作为亲炙陈先生的后进学人，在考证此诗的本事时，也不免受其治学方法的影响。在这一公案中，如果说张荫麟比较重视“古

---

① 张荫麟：《龚自珍〈汉朝儒生行〉本事考》，《张荫麟全集》，清华大学出版社 2013 年版，第 1311 页。

② 张荫麟：《与陈寅恪论〈汉朝儒生行〉书》，《张荫麟全集》，清华大学出版社 2013 年版，第 676 页。另，在其发表《龚自珍〈汉朝儒生行〉本事考》一文的稍晚些时候，岭南老辈学者温廷敬发表《读龚定庵诗书后》、《张荫麟龚自珍汉朝儒生行本事考辨证》两文，指出龚诗中将军不是岳钟琪，乃是历仕乾隆、嘉庆、道光三朝，与杨芳（1770—1846）并称“二杨”的另一名将杨遇春（1760—1837）。此亦聊备一说。两文参看《国立中山大学文史学研究所月刊》1934 年 2 月第 2 卷第 5 期。

③ 刘克敌：《龚自珍与陈寅恪——兼论陈寅恪与张荫麟》，《中国文学研究》2011 年第 3 期。

④ 张荫麟：《与陈寅恪论〈汉朝儒生行〉书》，《张荫麟全集》，清华大学出版社 2013 年版，第 676 页。

典”的话，无疑陈寅恪先生更能绾合现实而紧扣“今典”，“古典”与“今典”的交相呼应，最终发明了此诗的本事，揭示出诗作的意旨。

第三段涉及两个小问题：一个是对“中宣会通函全国报社，此后记载新闻，如涉及国家元首或国重要人员时，只能记其职衔，不必载其姓名”举措的讥讽①；一个是对《大公报·文学副刊》体例的自觉遵循。因其体例有“本副刊立论，力求大公无我，专重批评精神，但论其书，不问其人。……故本副刊于作者（除来稿自愿用真名者外）例不署名，或则仅志别号，而真姓名亦约定不以告人，俾作者读者两得自由”②。以笔者通读313期《大公报·文学副刊》的直接感受而言，荫麟先生自始至终是恪守这一体例规约的。

二、五篇佚文考论

依据时间顺序，第1篇佚文载于《大公报·文学副刊》1928年9月17日第37期，是题作《蜗逊论心理学与文学》（蜗逊，今译作约翰·华生）的译文。全文约4900字，文长不录。该文属于“通论”栏目，因循副刊的通例而未作署名，故颇难考证。

据《吴宓日记》，1928年7月底至8月底的一个月中，吴宓休假南游，途经天津、南京、上海和杭州四地。7月29日，吴宓在抵达天津后，旋即赴大公报馆，交付已编好的《大公报·文学副刊》34—36期稿件。经查询，第36期的刊发时间是1928年9月10日。也就是说，在吴宓的整个南游期间，《大公报·文学副刊》的编辑团体勿须再考虑编稿的问题。9月1日，吴宓南游归来后，立刻着手编排《大公报·文学副刊》37期，即9月17日要刊发的稿件。复核吴宓这几天的日记：9月8日，“待张荫麟稿，不至。下午仍续撰《副刊》新闻数条”；9月9日，“待张荫麟译稿，正午始至。编校毕，遂于下午2—4乘人力车电车入城，至达智桥邮局发寄稿件”③。则吴宓9月9日所寄发的正是《大公报·文学副刊》第37期稿件，其中唯一的一篇译文即《蜗逊论心理学与文学》。而此下几期的译文均出于吴宓之手，故可确证《蜗逊论心理学与文学》一文的译者为张荫麟先生。

此篇佚文包括两个部分。前一部分为吴宓以主编的身份所作的“按语”，约400字，其中不仅谈到约翰·华生的行为主义心理学在中国的传播情况，还撮述了文章的要旨，指出了该文的价值，如“指斥今之小说家戏剧家，好以心理分析自诩，而其所描写者完全不合男女实在之心理，亦犹自号为‘写实派’者所写并非某社会某地方实在之情形，

---

① 《要人姓名　报纸不许直书　只许写其职衔》，《大公报》1932年12月29日第3版。

② 《清史馆来函》编者附言，《大公报·文学副刊》1928年6月11日第23期。

③ 参看吴宓：《吴宓日记》（1928—1929），生活·读书·新知三联书店1998年版，第96、121、125、126页。

此层颇可为从事文学者之当头棒喝”，至于下半篇约翰·华生“极力劝人研究彼行为派之心理学，此则吾人固不必重视之也”。吴宓的“按语”，体现了其所倡导的“新人文主义”理念，以及批判极端写实主义的基本立场①。后一部分即张荫麟所翻译的刊载于 *Saturday Review of Literature* 上的《论心理学与文学之关系》正文。

对于张荫麟此篇佚文的价值和意义，应该从两个方面来看待。其一，是放在“学衡派”的整体视域下去审视。张荫麟在“昌明国粹，融化新知”的《学衡》宗旨认同和“新人文主义”思想资源的译介两个层面上，可视为“学衡派”后期的代表人物②。1925年—1929年8月，张荫麟留美之前，在吴宓的影响与指导下，翻译了不少带有人文主义倾向的西方著述，如《葛兰坚论学校与教育》（1925）、《葛兰坚黑暗时代说》（1925）、《斯宾格勒之文化论》（1927—1928）、《论中国语言之足用及中国无哲学系统之故》（1929）、《白璧德论班达与法国思想》（1929）等，以及安诺德、华兹华斯、罗色蒂女士、歌德等诗人的一些著名作品。约翰·华生《论心理学与文学之关系》一文中的主张，虽然与吴宓“新人文主义”的思想主张并不一致，但其中反对以弗罗伊德男女性欲及潜意识等研究文学，以及批评极端的写实主义倾向，却与“新人文主义”的批评对象具有内在的趋同性。从这一角度看，张荫麟此文的翻译，仍可置于上述译作的序列中去审视。至于张荫麟翻译此文的动机，笔者推测应是在吴宓的建议下翻译的。因为吴宓无论是作为张荫麟“翻译”课程的指导老师，还是作为《大公报·文学副刊》的主持者，

---

① “新人文主义”之“新”体现在两个方面：一是继承并超越了14—16世纪的文艺复兴和17世纪新古典主义的思潮与主张，重续古希腊人文主义的思想和精神；二是在世界文明的整体范围中扩展了人文主义的思想资源，基督教传统、印度的佛教、中国儒家和道家等也同时被纳入“新人文主义”的思想统绪中。在基本学理上，“新人文主义”者坚信“人性二元”，即人性中隐含着善、恶的二元对立，主张以理性和意志节制人性中的过度欲望，以自律、克制来达成个体的完善，践行古典主义理性、中庸和均衡的原则，借以恢复近世以来遭遇严重危机的人文秩序。职是之故，近世文学思潮中泛情人道主义、科学人道主义、现实主义和批判现实主义、自然主义、精神分析和柏格森的直觉主义等均是吴宓所批判的对象。

② 现代中国思想文化史上的“学衡派”，其内涵至少涉及三层。其核心层是对美国“新人文主义”大师白璧德等人思想的宣扬与转化，这是《学衡》区别于其他学术思想流派的最显明特征，代表人物包括梅光迪、吴宓、胡先骕以及作为“学衡派”后劲的郭斌龢。第二个层面是基于学术的立场，注重中西传统中人文精神的发明，以笃实的学风践行“昌明国粹，融化新知”的学术旨趣，代表人物为柳诒徵、汤用彤、缪凤林、景昌极等；同时，王国维、陈寅恪虽在《学衡》中刊文不多，但仍典范性地代表了这一价值取向。也正是在这个层面，“学衡派”可称为“新传统主义者”。第三个层面为外围层，包括价值取向近似的一些老派、新派学者，以及一些擅长旧体诗词的学者，如孙德谦、张尔田、吴芳吉、刘永济、李思纯等。至于张荫麟是否属于“学衡派”，若以梅光迪“凡有文章登载于《学衡》杂志中者，其人即是社员”的原则，则张无疑属于《学衡》团体。但一方面张荫麟素来追求学术独立，固不愿为一思想、一团体所局限；另一方面，至少在1930年，张荫麟已逐渐从文化上的趋于保守主义、政治立场上的民族主义，转变为接受英国费边式的社会主义，并兼具同情共产主义的思想倾向了。因此可以说，1925—1929年间，张荫麟对《学衡》宗旨的认同和对“新人文主义”思想资源的译介，仅是其学术思想嬗变中的一个具体环节；1930年之后，其思想便与“学衡派”渐行渐远了。

都有理由、有能力影响到张荫麟翻译的选篇。

第二个方面是此一佚文凸显出张荫麟早年知识构成中的一个维度。1929 年 8 月游美之前，张荫麟已在人文社科多个领域内显示出浓厚的探索兴趣，对于先秦诸子、历史学、科技史、新旧体文学、逻辑学等均有所关注，或有一些代表性的论文。而在心理学领域，却未见他有任何撰述。今对约翰·华生《论心理学与文学之关系》一篇译文的新发现，则让我们看到张荫麟对于行为心理学派的具体接触，虽然他此后并未在这一领域作继续的深入。

从《大公报·文学副刊》中考证出的第 2 篇重要佚文为《雷兴诞生二百年纪念 Gotthold Ephraim Lessing（1729—1781）》（雷兴，今译作“莱辛”），载于 1929 年 1 月 28 日、3 月 11 日的第 55、61 期，未署名。全文约 9600 字，文长不录。此一时期，吴宓正处于对毛彦文爱情的紧张追逐中，且有南游计划。吴宓日记 1 月 31 日条，有“见张（荫麟）、浦（江清）二君，谓宓若南游，三期《文学副刊》稿，彼等可负责云”；2 月 5 日，吴宓“因拟南游二三星期，以《文学副刊》编稿事，托浦君代理，并嘱请诸君作文”①。1929 年 2 月至 3 月初，浦江清代理《大公报·文学副刊》编辑。其日记 2 月 18 日条，有“斐云有信来，并寄来所撰《文副》稿，两千余字。荫麟来，云莱辛（Lessing）纪念稿赶不及。余甚着急，盖《文副》尚缺数千字，而明晨须发也”；2 月 19 日条，有“荫麟以《所谓中国女作家》一文来，有两千字，此文乃嘲讽《真善美》杂志‘女作家专号’者，对于冰心嘲讽尤甚。文并不佳，但此种文章较有生气，适宜于副刊。倘吴先生在，则此文定不能登载，以挖苦人太甚也”②。

今按，浦江清 2 月 18 日所编稿的 59 期中，即包括上文所提到的张荫麟《所谓中国女作家》、赵万里《重广会史》、浦江清《殷墟甲骨之新发现》三文。而张荫麟在 59 期“赶不及”作的“莱辛纪念稿”，在续作之后，登载于隔一期的 61 期中，同期还有浦江清的《民俗学之曙光》一文。吴宓虽于 2 月 23 日南游归来，但此一时期仍处于“心乱不能作文”③ 的状态。故此，长文“莱辛纪念稿”确为张荫麟的佚文无疑。

按，此文属于《大公报·文学副刊》的“通论”栏目，分为两个部分。前一部分是对莱辛生平、遭际和著述的撮述，尤其对莱辛在 18 世纪德国文学史上的地位和价值做了评判。文章指出，在德国文学界最衰寂之时，莱辛致力于摆脱法国古典主义的羁绊，“树立真正德国戏剧之良模、奠定近世文学批评之基础”；对于莱辛 1767 年创作的喜剧《弥娜·封·巴伦赫尔穆》（*Minna von Barnhelm*），作者认为它“终不失为十八世纪之一大名

① 吴宓：《吴宓日记》（1928—1929），生活·读书·新知三联书店 1998 年版，第 205、208 页。

② 浦江清：《清华园日记　西行日记》，生活·读书·新知三联书店 1999 年版，第 33 页。

③ 吴宓：《吴宓日记》（1928—1929），生活·读书·新知三联书店 1998 年版，第 224 页。

著，其特点尤在切合当世之思想与时事”，诚为“德国喜剧之第一部伟作”。后一部分是该文的重点，是对当时“国内尚未有人为充分之介绍”的《拉奥孔》一书的介绍与批评。

据文中所述，莱辛撰写《拉奥孔》的动机，源于当时有名的希腊艺术史家温克尔曼（1717—1768）尝以桓吉尔史诗中叙述“拉奥孔”见殛于神遣之毒蛇事与古希腊人以此事为题材之同名雕塑的比较。温氏认为，史诗中描写的“拉奥孔”痛楚至极，张吭厉号，丑态毕露；而雕塑中所表现的“拉奥孔”，临难挣持，筋肉奋张而神色镇静，使欣赏者更能感觉到苦痛的深刻，也即他所谓的“高贵的单纯，静穆的伟大”的希腊艺术精神。因此，温氏判定前者为劣，后者为优。莱辛的反驳，首先以科学的、理性的思维厘定了诗与画（雕塑）的界限，阐述了不同艺术门类的共同规律及其特殊的内在制约，进而完全打破了文艺史上“即诗即画”（Ut picture Poesis）的传统囿见。是文中，张荫麟对莱辛论点的撮述与发挥，至为全面，此不一一赘述。值得注意的是，张荫麟在阐释莱辛观点时，在不少地方恰当地运用了中国古典诗歌予以佐证，以见出其中西比较会通的文学视野。同时，他还特别指出了莱辛文艺批评的一些误区，如认为艺术的目的在摹仿理想的自然，并未跳出亚里士多德“摹仿论”的窠臼，也忽视了诗歌中的情感表现，等等。作为《大公报·文学副刊》“通论”栏目的重要篇目，《雷兴诞生二百年纪念》一文重在“讨论艺术之类型及美的本体问题”，旨在关切当时中国文坛的创作①。而此文作者的考定，也丰富了作为史学家的张荫麟文学思想的一些侧面。

第3篇为小词一首，刊载于《大公报·文学副刊》1933年4月17日第276期。《全集》失收②，题为《塞上花（闺怨）自度曲》，署名素痴，内容如下：

忍死俟君君不至。念否当时，誓海盟山意。妾纵可欺天可蔽，情场终有董狐史。休作多情，休作惊人语。郎已来迟，妾身已付东君主。

右词闻热河失，有感而作。

二十二年三月十三日，在美国斯丹佛大学。

---

① 《第五年之本副刊编辑赘言》，《大公报·文学副刊》1932年1月18日第210期。

② 贺麟《我所认识的张荫麟》一文中亦有荫麟先生存诗一首，《全集》失收。《赠贺麟（丙寅夏六月）》：“人生散与聚，有若风前絮。三载共晨昧，此乐胡能再。世途各奔迈，远别何足悔。志合神相依，岂必聆謦欬。折柳歌阳关，古人徒吁慨。而我犹随俗，赠言不厌剀。毋为婀婀态，坚毅恒其德。君质是沉潜，立身期刚克。温良益威重，可与履圣域。为学贵自辟，莫依门户侧。审问思辨行，四者虑缺一。愧缀陈腐语，不足壮行色。”张荫麟虽于诗道不深，但此诗情真意切，亦弥足珍贵。参看周忱：《张荫麟先生纪念文集》，汉语大辞典出版社2002年版，第190页。

此词运用比兴的艺术手法，借助传统闺怨方式的表达，对“热河战役”中南京国民政府的不作为，以及因张学良为首的关东军不抵抗，致使1933年2月21日至3月10日短短十日间热河省的迅速沦陷，进行了讽刺和揭露。词中的“君”和“郎”实指南京国民政府，“妾”是热河省的自拟，“东君”指贪餮无厌的日本侵略者。此时，张荫麟虽仍在美留学，但他始终密切关注国内的局势，今《全集》中的《为东省事件复容希白教授书》、《为东省事件再与容希白教授书》等可为证。因是，“热河战役”后张荫麟有是词之作，也就丝毫不意外了。

在《大公报·文学副刊》之外，笔者于《大公报》其他版面中也发现了两篇佚文。第4篇佚文连载于《大公报》1933年11月21、22日新闻版（第9版），题作《论清华大学宜设西北分校》，署名张荫麟。全文约2100字，文长不录。

撰写《论清华大学宜设西北分校》的直接契机是1933年10月初清华理学院长吴有训先生往访张荫麟就读的斯坦福大学①。吴先生谈到华北的局势以及清华将面临的战争前线危机，张荫麟于是有感而作。而1932年“一·二八事变”爆发后，迫于当时的政治军事形势，国民政府决议临时迁都洛阳，并以西安为陪都。即使在1932年5月《淞沪停战协议》签订换来了暂时和平、12月国民政府迁回南京后，国民政府仍决定“进行长安陪都及洛阳行都之建设事宜”② 等，构成了张荫麟提议在西北设立分校的议论背景。是文中，张荫麟提出了清华大学设西北分校的两点理由：一是在中日全面战争终不可避免的情况下，在西北设立分校可以避免一些无谓的牺牲，为清华，也为中国高等教育保存一些元气；二是为政府决意经营、开发西北培养更多的实用性人才，改良都市的一些贪腐风气，同时清华也有责任、有经济能力推进这一目标的实现。这些观点体现了张荫麟对于母校清华前途的关心，对于中国高等教育发展的忧虑，以及对于全面抗战准备工作的未雨绸缪。张荫麟关于清华在西北设立分校的倡议，是否得到清华官方的回应尚未可知，但值得注意的是，面对日本在华北地区的步步紧逼，两年后的1935年，清华当局便成立了“长沙分校筹备委员会”，开始正式研究和部署清华南迁的问题了。

第5篇佚文题为《改善士兵生活之建议》。《张荫麟全集·序言》中说：“《关于改善士兵生活之建议》，载《大公报》1941年10月29日。原稿漫漶不清，无法收入本集，甚憾。”③ 但笔者经过细心检索，发现此文复载于1941年11月2日的桂林版《大公报》，

① 按，1933年9月吴有训赴美考察，开始一年的休假。参看徐文镐：《吴有训年谱》，《中国科技史料》1997年第4期。

② 参看韩信夫等：《中华民国大事记》（第三册），中国文史出版社1997年版，第338、431页。

③ ［美］陈润成、李欣荣：《张荫麟全集》，清华大学出版社2013年版，《序言》第19页。

题作《改善士兵生活建议》，署名张荫麟，内容完全一致，约840字。全文如下：

> 无论从国家利害着想，或从人道着想，战士生活之应当改善，已不成为讨论之问题。今若费词为此主张辩护，则未免太低估读者之同情心与了解力。今日所亟待讲求者，厥为改善战士生活之办法。关于此事，兹建议六点如下：一规定士兵健全生活之供应（包括医药设备）之最低限度标准：（甲）此项标准之建立，须谋之专家，如关于膳食方面须谋之医学家及营养化学家，关于娱乐方面须谋之心理学家。（乙）此项标准之细节，常因地域而异；如关于膳食之规定当因各地物产不同而异，服装之设备当因气候不同而异。二调查现在士兵生活实况，特别注意其与最低限度标准之距离，以为改革之根据。此项调查工作，须请社会学家之富于社会调查经验者及医学家参加。三关于士兵生活，应有永久性之监督与考核办法。士兵生活之进步或退步，应定为军官考绩标准之一。四于军队施行严格之点验，革除“虚额”之弊；于军需之经理，杜绝中饱，则军费可省出一部分，以为改良士兵生活之用。此项自是“言之非艰，行之维艰”，但不可不特别提出，与改善士兵生活同为今后军政上努力之目标。五举行大规模之“战士幸福捐款”募集运动，各级党部及各公共团体一律参加，并可扩及海外。此项运动，心理之作用大于经济之作用。募捐所得，未必可观，特以引起人民对士兵生活之同情与注意，亦使士兵感觉其自身受国家社会之重视。六发行巨额之“战士幸福公债”，规定战后还本，利息从厚。（甲）此项公债之发行，须在“战士幸福捐款”募集之后，二者在时间上须有相当之距离。（乙）此项公债以摊派为主。（丙）摊派只宜行于城市，不宜行于乡村。（丁）此项公债，实际上等于强制征发，政府须以无上之道德的勇气行之。“若药不瞑眩，厥疾弗瘳”，“不得罪于巨室”之传统政术，似不能采用于在挣扎生存中之现代国家，且与民生主义亦似不甚融洽。向以私产为神圣之美国，近尚授政府以战时征用私人财产之权，况在目前之中国？国家于兵役现已施行强制矣，若谓大部分人之生命反轻于小部分人之小部分财产，此义坚信而固执之者容或不少其人，但似非理之所可通，或情之所能许者也。

张荫麟绝非纯然书斋里的学者，始终抱有强烈的民族意识和现实关切。他说：“所谓民族意识，就是各个人认定全民族的福祸利害，荣辱安危，即是自己的福祸利害，荣辱安危，而自愿献身为民族的生存与发展而奋斗。”① 他“淋漓修国史”的通史实践，也正

① ［美］陈润成、李欣荣：《张荫麟全集》，清华大学出版社2013年版，第1686页。

旨在于“明国族绳绳之使命，庶无馁于任重而道艰；表先民烈烈之雄风，期有效于起衰而振懦”①。故张荫麟对于正在进行的艰苦卓绝的抗战，始终具有一种自觉的历史审视和现实关切，并且能够针砭时弊地提出一己的意见和建议。这些构成了他书生议政的现实着眼点②。在他一系列关于政治和时事的文章中③，其一以贯之的中心主张即政府对于人民（包括士兵）如何“致养”的问题。如在《抗战中心的问题》（1938）中，他认为政府应当体恤前线的士兵生活之苦，提高士兵的物质生活，“这不仅是道德的问题，而是国家和民众利害的问题”④。1941 年的《改善士兵生活之建议》，从抗战最艰苦时期的国家利害和人道主义立场出发，在前文观点的基础上，从规定士兵健全生活供应、建立永久式的监督与考核、发行“战士幸福公债”等 6 个方面，提出改善士兵生活的建议，其中不仅注重士兵的物质生活、精神和尊严，而且兼顾到当下的实际困难和士兵的长远利益，考虑到现实的操作性和不同区域间的差异性。这与其同时稍后撰写的《关于战时抚恤制度的一个建议》（1941 年 10 月 15 日），构成了内容和逻辑上的因果关系。应该说，贺麟对于张荫麟在“北伐成功后，他乃由民族主义的思想，进而赞成一种近似英国费边式的社会主义”、“注意平民实际生活的改善”⑤ 的评价，是十分准确的。

三、《张荫麟全集》误收及编纂的两点意见

以上 7 篇佚文的内容、价值已如上所论。另值得注意的是，鉴于《大公报·文学副刊》仿照欧美各大日报文学版，编辑者的文章或仅用笔名，或不作署名的通例，其中未署名的篇目中当还有一部分为张荫麟所作。如何本着求真的态度考证佚文，将是张荫麟研究中的一个难点。但今可确定的是，《张荫麟全集》中收录的《托尔斯泰诞生百年纪念》一文，未作署名，约 1.4 万字，实属误收，它真正的作者应是《大公报·文学副刊》的主编吴宓。缘由如下：

首先，曾亲炙张荫麟先生的徐规，在 1943 年刊发的《张荫麟先生著作系年目录》

---

① 张荫麟：《中国史纲·自序四》，《张荫麟全集》，清华大学出版社 2013 年版，第 16 页。

② 关于张荫麟简短的一段参政经历，可参看贺麟《我所认识的张荫麟》，《张荫麟先生纪念文集》，汉语大辞典出版社 2002 年版，第 196–197 页。

③ 这一系列文章包括《抗战中心的问题》（1938）、《组织、宣传与训练》（1940）、《宗教对抗战的重要》（1940）、《从政治形态看世界的前途》（1941）、《关于战时抚恤制度的一个建议》（1941）、《论修明政治的途径》（1942）等。

④ ［美］陈润成、李欣荣：《张荫麟全集》，清华大学出版社 2013 年版，第 1671 页。

⑤ 贺麟：《我所认识的张荫麟》，《张荫麟先生纪念文集》，汉语大辞典出版社 2002 年版，第 191–192 页。对此一问题的讨论，另见李欣荣：《温和的左翼：抗战时期史家张荫麟的论政与参政》，《暨南学报》2016 年第 4 期。

中，并未列出《托尔斯泰诞生百年纪念》一文①。最先认定该文作者为张荫麟的是周忱，在其编纂的《张荫麟先生著述系年》中标注“托尔斯泰纪念文，题目、发表年月、刊登杂志，均未检得”，但未加任何说明②。《张荫麟全集》复从《国闻周报》（第5卷38期，1928年9月）中收录此一未署名之文，也同样未作任何考证。

其次，事实上，该文曾先后3次刊载，均未署名。第一次发表在《大公报·文学副刊》第34—36期，题作《托尔斯泰诞生百年纪念》；接着，《国闻周报》以同题转载；而1928年下半年出版的《学衡》第65期，在“一九二八年西洋文学名人纪念汇编”（12篇）中复收录此文。是故，除非张荫麟在以往的谈话或著述中明确表示他曾撰写过《托尔斯泰诞生百年纪念》，否则我们无法认定其为张氏所作。

再次，从线索上来看，吴宓为了1928年8月间能够如期南游，整个7月份都处于撰稿、编稿的繁忙状态中。据《吴宓日记》载，1928年7月4日，“《学衡》与《文学副刊》稿件，仍不完具，欲行且不得”；7月14日，“下午编稿。连日赶作《文学副刊》稿件。俾八月中得南游宁沪”；7月21日，“昨夜又思赴宁沪一行……且尤难得《文学副刊》预先编成四五期之成绩也”；7月23日，“晚发出《文学副刊》32、33期稿”；7月29日，“宓乘人力车至（天津）大公报馆……又以《文学副刊》34—36期稿交付何心冷”③。由此，吴宓已“预先编成四五期”的稿件，正是指《大公报·文学副刊》第32—36期，其中在“连日赶作《文学副刊》稿件”中，理应包括刊载于第34—36期中的《托尔斯泰诞生百年纪念》一文。纪念文中所讨论的“革命与文学”问题，以及对于“泛情人道主义”的批评，显与吴宓“新人文主义”的立场及其在清华讲授“世界文学史”的闳通视野相吻合。因是，最新出版的吴宓《世界文学史大纲》（2020）将此文收录其中，也就丝毫不意外了。但遗憾的是，作为主编的吴学昭女士，对《托尔斯泰诞生百年纪念》的“两收”，也同样未做任何说明和解释。本文的这两段讨论，或可作为《世界文学史大纲》收录此文的一个脚注吧。

至于《张荫麟全集》编纂中的两点可议之处。第一点即承上而言，对于部分未署名的文章缺少必要的说明与考证。事实上，这一做法是极其危险的，上述《托尔斯泰诞生百年纪念》的误收即缘于此。同时，这种处理也难以取信于读者，如《张荫麟全集》收录了《大公报·文学副刊》第27期中的书评《〈燕京学报〉第三期》，却并未收入同刊第9期中的《〈燕京学报〉第二期》。其缘由何在？依据《大公报·文学副刊》体例，

---

① 徐规：《张荫麟先生著作系年目录》，《思想与时代》1943年第18期。

② 周忱：《张荫麟先生纪念文集》，汉语大辞典出版社2002年版，第357页。

③ 吴宓：《吴宓日记》（1928—1929），生活·读书·新知三联书店1998年版，第84、85、88、89、92、93、94、96页。

《大公报·文学副刊》有“对于杂志之介绍，每次均由数人分别担任，各评一篇，或汇集众意而由一人执笔写出”① 的做法。我们又该如何证实《全集》中所收录的《〈燕京学报〉第三期》，其内容、观点完全出于张荫麟先生一人呢？

可议的第二点是《全集》中“编者按”、“编者识”的编注问题。张荫麟的文章大多发表于现代报纸杂志中，文前或文后常有编者所加的“按语”或“题跋”，或对文章的内容进行提要，或作补充，或进行推衍阐发。这些“按语”或“题跋”，有一部分篇幅颇长，学术价值亦高。“编者”为谁？倘不作进一步的说明和考证，读者就有可能将“按语”、“题跋”与正文混作一团，而难以做出学人之间观点的清晰性区分。如《斯宾格勒之文化论》译文前有一篇3500字的“编者识”，系统地介绍了德国历史哲学家斯宾格勒《西土沉沦记》的内容、特色，及其所显示出的欧洲思想界正在发生的重要走势。《龚自珍诞生百四十年纪念》的文前有一段约900字的“编者附识”，对龚诗在近现代诗坛的“接受史”进行了脉络梳理，与张荫麟的文章构成内容上的互补关系。这两篇文章中的“编者”，为《学衡》和《大公报·文学副刊》的主编吴宓先生。又如《“可能性”是什么——一个被忽略的哲学问题》的文后有约400字的“编者按”，对“可能的哲学”和“可能思想”在欧美近几十年的发展，作了必要的补充与拓展。编者为《大公报·世界思潮》的主编张申府（崧年）先生。类似之处尚多，不再具举。

总括而言，在《大公报》中新发现的7篇张荫麟佚文，体现出三个方面的价值：一是补正了张荫麟在《纳兰成德传》、《龚自珍诞生百四十年纪念》和《龚自珍〈汉朝儒生行〉本事考》中的若干论点，具有重要的校勘学价值；二是发现了张荫麟早年对于行为主义心理学关注的一个维度，以及对于18世纪德国美学家莱辛《拉奥孔》文艺美学批评的具体视角；三是补充了张荫麟在抗战期间密切关注现实和议政的一些基本文献。同时，对于《张荫麟全集》中误收的长文《托尔斯泰诞生百年纪念》，进行了必要的考证；对将来《全集》的修订也提出了两点意见和建议，以贡献于《张荫麟全集》的编纂者斟酌考虑。

（作者单位：河南大学宋代艺术研究所）

① 《本副刊体例申言（答朱希祖君）》，《大公报·文学副刊》1928年9月24日第38期。

历史性文献的历史性误读

——《文艺战线上的关门主义》的正本清源①

郭 帅

1932年11月，中共临时中央机关报《斗争》发表了“歌特”的文章《文艺战线上的关门主义》。“歌特”到底是谁，此后一直成为学界与党史之谜。直到20世纪80年代初，经程中原等学者悉心考证，终于确定“歌特”系时任上海中共临时中央宣传部长的张闻天②。很快，这篇文章收入了人民出版社1985年版《张闻天选集》，得到了正式确认。张闻天的这篇文章，正如严家炎先生所说，“具有极重要的意义”③，理所当然地引起了学术界的强烈关注。

30多年来，围绕这个文献产生了许多著述。然而，诸多著述不同程度地夸大了这个文献的“重要意义”。比如一些学者认为，《文艺战线上的关门主义》是张闻天为终止左联对“自由人”、“第三种人”的论争而作，是专门在文艺战线上提出反对“关门主义”，进而将此文追认为中共中央较早乃至最早反对“左”的倾向的文献，甚至包括夏衍在内

① 本文系重庆市社会科学规划项目博士项目“1930年代中共白区工作经验与左翼文学运动关系研究”（2018BS36）、国家民委民族研究项目“中国左翼文学的‘民族’与‘国家’话语研究”（2019-GMC-048）的研究成果。

② 程中原：《“歌特”为张闻天化名考》，《中国社会科学》1983年第4期。

③ 严家炎：《新时期15年的中国现代文学研究》，中国社会科学院文学研究所《中国文学年鉴》编辑委员会：《中国文学年鉴1994》，社会科学文献出版社1995年版，第40页。

的一些历史在场者，亦持此说①。然而事实并非如此。

一、1932 年：中共中央和张闻天在各条战线上反对“关门主义”

1932 年底面世的《文艺战线上的关门主义》，不是中共中央专门在文艺战线上提出反对关门主义。在此前后，在各条战线上，中共中央都在反对关门主义。

据公开出版的中共中央文件披露，1931 年“九·一八事变”和 1932 年“一·二八事变”后，中共中央明确提出检讨“关门主义”的错误。最早的一次是在 1931 年 12 月 2 日。中央考察了“九·一八事变”后各个省委的反帝工作，下发《中央关于反帝斗争中我们工作的错误与缺点的决议》。所列举的第六条就提到“关门主义”：

> 六、两条战线的斗争，也还不过是嘴上的与决议上的。在实际斗争中，在每一具体问题上，两条战线的斗争，还很少看见。对于消极怠工的右倾机会主义者与“左”的关门主义者的打击，表示非常不充分与没有力量②。

1932 年“一·二八事变”后，中共中央再次检查各地党部的反帝工作，并下发《中央为上海事变给各地党部的信》，再次明确反对“关门主义”：

> ……在各地的反日工作中，我们很明显地看到两个不能容许的极端。或者是完全的关门主义，不参加任何反日运动；或者是所谓完全的“公开主义”，变为国民党的俘虏。……只有在反对这种国民党尾巴主义与“左”的关门主义的两条战线的

---

① 略举几例：夏衍：《懒寻旧梦录》（增补本），北京三联书店 2000 年版，第 144 页；姚辛：《左联史》，光明日报出版社 2006 年版，第 171 页；陈早春、万家骥：《冯雪峰评传》，人民文学出版社 2003 年版，第 136 页；黄修已主编：《20 世纪中国文学史》（上卷），中山大学出版社 2004 年版，第 67 页；许志英：《五四文学精神》，江苏文艺出版社 1991 年版，第 240 页；冯光廉主编：《中国近百年文学体式流变史》（下），人民文学出版社 1999 年版，第 548 页；张大明：《关于左联时期的几个理论问题》，《中国文学年鉴 1991—1992》，社会科学文献出版社 1993 年版，第 422 页；中共上海市委党史研究室编：《共赴时艰——1920—1949 年上海统战历史专题文集·土地革命时期中共在上海左翼文化界的统战工作》，上海人民出版社 2014 年版，第 109 页；王杰主编：《马克思主义美学研究》，中央编译出版社 2015 年版，第 188 页；《生态文化学与 30 年代小说主题研究》，中国海洋大学出版社 2006 年版，第 86 页；冯小敏主编：《现代上海研究论丛》（一），上海书店出版社 2005 年版，第 154 页；刘永明：《左翼文艺运动与中国马克思主义文艺理论的早期建设》，中国文联出版社 2007 年版，第 200 页。至于单篇论文，则难计其数。

② 《中央关于反帝斗争中我们工作的错误与缺点的决议》，中央档案馆编：《中共中央文件选集》（1931），中共中央党校出版社 1991 年版，第 533 页。

斗争上，我们才能使我们的工作，顺利地向前发展①！

反对“关门主义”，是中共中央对反帝斗争的直接要求。“九·一八事变”甫一爆发，中央就看到了“广大的劳苦群众的民族觉醒”，看到了群众对国民党不抵抗政策的不满。同时，他们也看到了各种政治势力利用民族主义引领民族觉醒的企图②。中央号召党内“必须要能够利用最明显的事实，揭破这些派别（主要的为改组派，国家主义派，新月人权派，社会与教育派，第三党，取消派）的欺骗，与它们维持地主资产阶级的整个统治的作用”③。

既要反对国民党政权，又要与各个在野派竞争民族激情的领导权，这就必然要求中共在组织工作上克制或至少暂时地克制“左”的倾向，以达到“一切反帝及反日的组织，必须集中起来，用各种名义依持着群众的力量争取自己的公开存在，吸收最大的工人，兵士，农民，及学生群众参加，成为群众的反日代表会议的组织”④ 的目标。但是，各级组织在实际工作中常常难以克服“左”的倾向⑤，中央甚至发现“我们甚至怕谈民族两字”⑥。

所以，检查与批判“关门主义”，既是反帝工作的现实需要，也是中共在统战工作中的即时要求。为此，中共中央在提纲挈领地提出反对“关门主义”之后，更加明确、具体地以中央文件的形式，责成各条战线检讨和改正“关门主义”。

在群众革命组织方面：1932 年 1 月 8 日，中共中央为加强对互济会的领导，而下发给各级党部一封信⑦，要求各级党部“应该无情的反对互济会工作中的‘关门主义’与

① 《中央为上海事变给各地党部的信》（1932 年 2 月 15 日），中央档案馆编：《中共中央文件选集》（1932），中共中央党校出版社 1991 年版，第 114–115 页。

② 《中央关于日本帝国主义强占满洲事变的决议》，中央档案馆编：《中共中央文件选集》（1931），中共中央党校出版社 1991 年版，第 421 页。

③ 《中国共产党中央委员会为目前时局告同志书》（1931 年 12 月 11 日），中央档案馆编：《中共中央文件选集》（1931），中共中央党校出版社 1991 年版，第 546–548 页。

④ 《中央紧急通知——关于帝国主义的新进攻》（1932 年 8 月 30 日），中央档案馆编：《中共中央文件选集》（1932），中共中央党校出版社 1991 年版，第 466 页。

⑤ “我们没有能够在斗争中，揭破国民党以及各反革命派别出卖民族利益的事实，我们没有能够很广泛的，很清楚的把以民众革命来争取中国民族独立解放与中国民族统一，同国民党以及一切派别反对民众革命，投降帝国主义，造成民族耻辱与瓜分局面的民族主义的一切武断宣传与欺骗对立起来。”见《中央关于反帝斗争中我们工作的错误与缺点的决议》，中央档案馆编：《中共中央文件选集》（1931），中共中央党校出版社 1991 年版，第 533 页。

⑥ 《中央关于反帝斗争中我们工作的错误与缺点的决议》（1931 年 12 月 2 日），中央档案馆编：《中共中央文件选集》（1931），中共中央党校出版社 1991 年版，第 532 页。

⑦ 《中央为加强对互济会的领导致各级党部信》（1932 年 1 月 8 日），中央档案馆编：《中共中央文件选集》（1932），中共中央党校出版社 1991 年版，第 31–33 页。

畏惧群众的观念与所谓‘群众怕组织’的理论”。互济会是中共领导的最广大的革命组织之一。在互济会工作中反对“关门主义”，就为中共在各种群众革命组织中反对“关门主义”作了示范①。

在共青团的组织工作方面：1932 年 2 月 15 日，中共中央政治局在听取了共青团书记报告后，通过了《中央关于青年团工作的决议》②，要求“团必须克服附属组织发展的薄弱，基础的狭隘，工作上的关门主义”。在此决议下，共青团发展了一批青年读书会等附属组织。此后，中央又下发《党团中央联席会议的决议》（草案）等文件，继续纠正共青团的“关门主义”错误。

在工人运动的组织方面：工人运动一直是工作重心。而工人运动中的“关门主义”由来已久，因而反对“关门主义”的任务一时艰巨无比。中央为此三令五申，数次明确反对“关门主义”：1931 年 11 月 15 日，中央发布《中央关于职工运动决议案》③，对赤色工会的关门主义倾向，提出了种种具体的批评，尤其批评“不会运用下层统一战线来吸引广大的群众参加斗争”；1932 年 8 月 20 日，中央又通过《中央关于组织上海纱厂公会的决议》④，批评了“对于建立沙厂工会是采取了极端有害的关门主义”的错误。同时，中央还责令各级党组“在建立失业工人的这些组织时，首先必须要严重的打击关门主义的错误”⑤，为工人运动的广泛发展创造了契机。

在妇女工作方面：1932 年 10 月 1 日，中共中央通过并下发《中央关于检查妇女工作的决议》⑥。该决议认为该阶段妇女工作的一个重大错误就是“女工工作中的绝端关门主义，与狭隘的‘动员妇女干部’的工作方式”。中央为此提出更加开放的工作作风，使妇女工作猛力地摆脱关门主义倾向。

中共中央不仅在直接领导的革命组织和运动中反对“关门主义”，并且在给各省委

---

① 中共中央在指示上海反帝大同盟的反帝工作中，也明确提出要反对关门主义。《中央致上海反帝大同盟党团的一封信》（1932 年 2 月 11 日），中央档案馆编：《中共中央文件选集》（1932），中共中央党校出版社 1991 年版，第 106–107 页。

② 《中央关于青年团工作的决议》（1932 年 2 月 15 日），中央档案馆编：《中共中央文件选集》（1932），中共中央党校出版社 1991 年版，第 131 页。

③ 《中央关于职工运动决议案》（1931 年 11 月 15 日），中央档案馆编：《中共中央文件选集》（1931），中共中央党校出版社 1991 年版，第 515–516 页。

④《中央关于组织上海纱厂公会的决议》（1932 年 8 月 20 日），中央档案馆编：《中共中央文件选集》（1932），中共中央党校出版社 1991 年版，第 431–432 页。

⑤ 《中央关于组织失业运动日的决议》（1932 年 10 月 14 日），中央档案馆编：《中共中央文件选集》（1932），中共中央党校出版社 1991 年版，第 521 页。

⑥《中央关于检查妇女工作的决议》（1932 年 10 月 1 日），中央档案馆编：《中共中央文件选集》（1932），中共中央党校出版社 1991 年版，第 493–495 页。

的指示中要求反对“关门主义”。1932年6月，中央召开北方各省代表联席会议，基本通过了《革命危机的增长与北方党的任务》①。会议特别指出：“个别党的组织在反帝运动中或者拒绝反日运动的领导的关门主义——实际上是取消反帝运动的倒过来的取消主义（如陕西）。”中央根据这个会议精神，具体指示北方各省的反帝统战的组织工作。如1932年7月22日，中央为贯彻北方各省代表会议精神，在给河北省委的信中指出，河北省委在义勇军和保定二师学潮等工作中存在一定的“左”的错误，要求河北省委“无情的打击深痼的关门主义”②。同一时期，中央给河南省委发去贯彻北方各省代表会议精神的信，信中直接引用《革命危机的增长与北方党的任务》的结论，认为河南省委存在“党内两条路线斗争的不深入，领导方式的恶劣，培养干部的不足，与严重的关门主义”③ 等问题。

就在中共中央指示各条战线反对“关门主义”时，中共临时中央政治局常委张闻天的《文艺战线上的关门主义》发表在中央机关报《斗争》上。因此，可以说，《文艺战线上的关门主义》，不是中央专门在文艺战线上提出这一要求，而是这一时期中共中央在各条战线上反对“关门主义”的具体体现。

事实上，《文艺战线上的关门主义》不仅不是中共中央在文艺战线上的方针，也不是其作者张闻天专门针对文艺战线所提出的要求。

虽然张闻天主管文化宣传工作，但事实上，张闻天在撰写文章和会议发言中，对各个战线的“关门主义”均表示了特别的关注，甚至可以说，张闻天此间凡是谈及反帝统战工作，几乎必提反对“关门主义”。在此期间，张闻天也不只撰写了《文艺战线上的关门主义》来反对“关门主义”，这篇文章更不是他第一篇反对关门主义的文章。

张闻天最早在文章中提出反对“关门主义”，是1931年9月28日所作的《尽量的利用公开的活动》，署名洛甫。在这篇短论中，张闻天提出“要给那些惧怕群众的‘左’的关门主义以打击”。这个短论最有价值的一点，是对上海学生赴南京请愿事件作了指

① 《革命危机的增长与北方党的任务》（1932年6月24日），中央档案馆编：《中共中央文件选集》（1932），中共中央党校出版社1991年版，第352页。

② 《中央为贯彻北方各省代表会议精神给河北省委信》（1932年7月22日），中央档案馆编：《中共中央文件选集》（1932），中共中央党校出版社1991年版，第331页。

③ 《中央为贯彻北方各省代表会议精神给河南省委信》（1932年7月31日），中央档案馆编：《中共中央文件选集》（1932），中共中央党校出版社1991年版，第400页。

示，为各级党部组织群众反帝统战工作提供了示范①。这则短评也是中央领导人较早反对"关门主义"以及如何克服"关门主义"的声音。

一天之后，张闻天又作了《反帝运动的主要弱点：主力军还没有完全参加斗争》，再次对"关门主义"开炮。张闻天发现了一个极其严重的问题，即工人作为党所领导的无产阶级队伍，尚未组织起反帝工作，"反帝的主力军还没有完全参加斗争"，何谈组织动员广大群众组成统一战线?！为此，张闻天非常明确地检讨党"在组织上动员群众的力量还表示得非常薄弱"，批评"关门主义的倾向也是非常严重"②。

1931年12月5日，张闻天作《为中国民族的独立与解放而斗争》，发表在《红旗周报》，署名平江。文章再次检讨了"九·一八事变"后党的工作方式，认为各级党部没有认清"民族主义"的内涵，"在广大的民族革命运动上，犯了关门主义的错误"。张闻天在文中愤愤地说："我们甚至惧怕民族两字，恐怕一谈民族，就会堕落到国民党民族主义的泥坑中去似的。"同样的话，更早出现在中共中央12月2日《中央关于反帝斗争中我们工作的错误与缺点的决议》③。可以说，张闻天直面了反帝工作中的真实情况，对"民族主义"的认识是较为清醒的。

"一·二八事变"后，中央发布了一系列文件。张闻天在此期间的个人文章也亦步亦趋，延续了他自"九·一八事变"以来对关门主义的批判，并由于实际反帝工作的开展而更加具体④。同时，张闻天在中共临时中央政治局常委会上连续发言，批评党在具体工作中的关门主义问题。

1932年10月27日中央临时政治局会议上，张闻天作目前形势报告，指出党内反倾向斗争中存在"左"倾情绪增长的情况。其报告得到大多数与会者的同意，一致认为"空喊苏维埃与关门主义的倾向在各方面表现出来"。经过讨论，张闻天作了结论，再次明确在新的反帝形势下反"左"的特殊性⑤。

---

① "一方面我们要指出这种请愿的没有效力，另一方面我们积极参加请愿，使学生群众在实际经验中了解这种情（请）愿行动的错误。同时我们要利用情（请）愿团的名义到南京各种有群众的地方去活动，去做反帝反国民党的宣传鼓动的以至组织的工作。"洛甫：《尽量的利用公开的活动》，《红旗周报附刊》1931年第1期。

② 洛甫：《反帝运动的主要弱点：主力军还没有完全参加斗争》，《红旗周报附刊》1931年第1期。

③ 平江：《为中国民族的独立和解放而斗争》，《红旗周报》1932年12月第26期。

④ 较为典型的可参见洛甫《上海罢工潮与我们的领导》，《斗争》1932年7月第18期。

⑤ "'左'的问题，我们今天的提出，确与过去提的是不同的。在革命危机在全国增长中'左倾'是易发生的，这一发生不是在于他们看不见个别先进群众积极性，而是在于掩盖其'左倾'消极。"中共中央党史研究室张闻天选集传记组编，张培森主编：《张闻天年谱》（上卷），中央党史出版社2010年版，第186页。

两天后的10月29日，中共临时中央政治局常委会再次召开，讨论援助东北义勇军的工作。常委们发现当时上海组织的义勇军虽然声称有1500人，但实际行动者仅有400人。张闻天认为这种“雷声大雨点小”的情形是反帝义勇军工作中的“关门主义”作祟。他提出“与左翼名流共同成立东北义军后援会的组织”等主张来加以克服①。

又两天后的10月31日，张闻天就作了《文艺战线上的关门主义》。不得不说，远看，这篇文章延续了张闻天自“九·一八事变”来的一贯观点；近看，则延续了他在近两次政治局常委会上的观点。显然，他不是专门针对文艺战线而提出此观点的。

二、“白区”经验与《文艺战线上的关门主义》的适用性

通观1931—1932年中共中央和张闻天对各条战线反“关门主义”的指示，可以说，反对“关门主义”是中共在这一时期的一个重要方针，也是张闻天关于反帝工作的持续性观点。同时可以确定，《文艺战线上的关门主义》一文的出现并不突兀，它不是张闻天针对“自由人”、“第三种人”而作，更不是张闻天为了结束左翼文艺的“左”的倾向而作。虽然这篇文章可能在这几方面起了一定的客观作用，但它实际上是一段时期以来中共中央和张闻天的观点在文艺方面的体现。如上所言，这一时期党的工作在各方面均不同程度地出现了“关门主义”问题，中央和张闻天不仅在文艺方面反对这种“关门主义”，几乎在各条战线均反对“关门主义”。后人考察与叙述此时中共反对“关门主义”的情况，理应考虑到各条战线，单独拉出某条战线而凸显中共对这条战线的重视，似乎也算是学术研究中的一种“关门主义”。

况且，中共在这一时期的工作重点不可能是“文艺战线”，“关门主义”的重灾区也绝非“文艺战线”。说到底，张闻天检查文艺方面的“关门主义”问题，更像是中央对党的工作的一次常规检查和批评。

不得不说，张闻天对“关门主义”的态度更加明确一些，这是他和王明、博古等人较为微妙的区别。但是，张闻天作为领导人，他反对“关门主义”的口径和方式，还是与中共中央总体一致。这种既有微妙区别又总体一致的情况，在《文艺战线上的关门主义》一文中，也有其体现：

首先，文章在提出“反左”的同时，也提出“反右”，更强调“反右”。文章一上来就说“中国左翼文艺运动，所以一直到今天还没有发展的原因”，是由于“右倾消极与

---

① 中共中央党史研究室张闻天选集传记组编，张培森主编：《张闻天年谱》（上卷），中央党史出版社2010年版，第186页。

左倾空谈”两方面的问题。即使张闻天认为“使左翼文艺运动始终停留在狭窄的秘密范围内的最大障碍物，却是‘左’的关门主义”，却也没忘记赶快将“左”与“右”结合起来——“左翼文艺运动中，我们同样的看到了以‘左’倾空谈掩盖了实际工作中的机会主义的现象”。这种措辞上的注意，显然是为了贯彻中央路线精神。

其次，文章的批评对象主要指向左翼文艺组织的党团干部。张闻天认为中国左翼文艺运动实在令人失望①；而出现这种情况的原因，是“做领导工作同志的右倾消极和左倾空谈”。如张闻天尖锐地指出，“我们一些做领导工作的同志一天到晚讲着文艺的大众化，然而我们还没有看到在这一方面的真正努力”。很明显，这是在批评瞿秋白。

再次，也是最重要的，文章的主旨不是纠正左翼文艺上的“左”的倾向，而是试图通过此举建立“广泛的革命的统一战线”。张闻天在文中反对左翼阵营批判“自由人”、“第三种人”，并不意味着要直接收编“第三种人”和“第三种文学”，而是要改造和指引他们，“使他们在我们的具体指示之下”，也即在中共的具体指示之下。张闻天在文中批评“政治的留声机”观点，也不是为了增加左翼文艺的自由度，而是希望左翼文艺家们“去领导这些革命小资产阶级的文学家，为了争取自由而进行反帝国主义与反国民党的斗争”——这才是中心目的。至于张闻天批评简单粗放的文艺大众化，并不意味着拒绝大众化，而是希望在继续文艺大众化的同时，仍然发展非大众化的文艺。也就是说，只要能鼓舞读者理解或参与中共革命的作品，都应该鼓励，而不能“关门”——这还是从统一战线的角度说的。

所以，张闻天的文章谈及这么多方面，只为达到一个核心目的——“使中国目前的左翼文艺运动变为广大的群众运动”。这个“群众运动”，与此时中共中央所领导的工人运动、妇女运动等无甚差异，都是为了建立中共所领导的“广泛的革命的统一战线”。唯一的不同，可能在于文艺战线上的统战对象特殊——他们是作家，是“小资产阶级中最敏感之群”。

由上可见，无论从其内容来说，还是从其目的来说，张闻天此文都不是着力于“文艺自由论辩”，不是为了在文艺界纠“左”，而是有更为复杂的政治考量。不过，他还是较为突出地指明了文艺战线上最大的障碍物是“‘左’的关门主义”的问题。胡乔木在半个世纪后读到此文，仍然认为“当时能写出此文实非易事”②。

---

① 原话是“不论在介绍世界无产阶级的文艺上，尤其是介绍苏联无产阶级的文艺上，不论在无产阶级的文艺批评上，不论在开展群众的革命文艺运动上，更不必说在无产阶级文艺的创作上，我们都很少成绩”。

② 《1983年2月6日胡乔木致朱佳木信》，《胡乔木传》编写组编：《胡乔木书信集》（修订本），人民出版社2015年版，第413页。

那么，这样一篇既与中共中央文件精神高度相符，又体现了张闻天个人认识的重要文章，在当时的文艺界发挥了何等重要的作用呢？对这个问题，可谓言人人殊，大体有三类观点：

一类观点认为文章在当时作用巨大。程中原认为，“确实发挥了纠正‘左’倾错误的作用”，制止了对“第三种人”的批判，“歌特反对关门主义的策略思想对左翼文艺运动产生了积极的影响”，“文艺界逐步形成以左翼作家为核心的革命统一战线”①。

一类观点认为文章在当时毫无作用。由于当时几乎无人知道《文艺战线上的关门主义》是张闻天所作，因而没有产生实际的影响。这种观点非常普遍。《左联回忆录》近百篇左联盟员的回忆文章中，几乎未见对张闻天文章的记忆。胡乔木就认为这篇文章具有“历史意义”，可惜“当时并未发生影响”②。

一类观点认为文章已被左翼阵营看到并接受，但“张闻天的观点并没有获得‘左联’的广泛认同”。原因是文中的理论框架没有为“文艺自由论辩”提供适度的空间③。

以上观点相互龃龉，它们关联着同一个关键问题——《文艺战线上的关门主义》当时确实未被广大左翼阵营读到。但这是否意味着这篇文章没有发生作用？

——我们就以左联对胡秋原的批判来做探看。

虽然今天我们将胡秋原列为“自由人”，但在当时，他也被当作“第三种人”的重要一员。1932 年，左联对胡秋原展开了论争。论战如火如荼，有的文章更是粗暴异常，连鲁迅公开做出“辱骂和恐吓决不是战斗”的倡导都基本无济于事。

然而，1932 年底，左联突然缓和并中止了对胡秋原的激烈批判。左联党团派人与胡秋原见面，希望一同降低论战温度，并由陈望道示以调停之意。左联随后也不再强调胡秋原的“托派”等身份。鲁迅不仅做出了“辱骂和恐吓决不是战斗”的倡议，甚至托冯雪峰送给胡秋原一副普列汉诺夫的画像以装潢胡的著作，并表达了希望胡秋原回访的意思④。胡秋原收下了画像，但拒绝回访鲁迅。直到晚年，胡秋原都认为左联的一系列动

---

① 程中原：《张闻天论稿》，河海大学出版社 1990 年版，第 176 页；程中原：《党领导左翼文艺运动的重要史料——读歌特〈文艺战线上的关门主义〉》，《新文学史料》1982 年第 2 期。另，由中共中央党史研究室张闻天选集传记组编、张培森主编的《张闻天年谱》也认为，“在张闻天指导下，‘文艺自由论辩’趋于结束”（《张闻天年谱》上卷，中央党史出版社 2010 年版，第 187 页注释）。王锡荣认为张闻天文章发表后，“使左联的转变在党内得到了合法地位”（《潮起潮落——左联分期及其发展轨迹》，《现代中文学刊》2016 年第 1 期）。

② 1983 年 2 月 12 日胡乔木致张闻天编辑小组信，《胡乔木传》编写组编：《胡乔木书信集》（修订本），人民出版社 2015 年版，第 416 页。

③ 参见吴述桥：《张闻天〈文艺战线上的关门主义〉与“第三种人”》，《中国现代文学研究丛刊》2016 年第 5 期。

④ 古继堂：《胡秋原与中国现当代文学——台北访问胡秋原》，《新文学史料》1996 年第 4 期。

作是服软的表现，认为“自共产主义在中国运动以来，在理论辩论上失败而且自承错误，这是第一次”①。

其实，这是胡秋原的自以为是。左联并没有服软。事情的真相是：时任中共临时中央政治局常委、中宣部部长张闻天，向受其直接领导的文委党团书记、中宣部干事冯雪峰，秘密发出了缓和与中止论争的指示。由于胡秋原主要的政治背景和资源是国民党十九路军及其政治机关神州国光社②，中共中央希望通过胡秋原与十九路军建立统战关系③。

先来看冯雪峰的回忆。据《冯雪峰评传》作者陈早春先生对晚年冯雪峰的采访，左联之所以停止批判胡秋原，是奉张闻天指示，希望通过胡秋原来与十九路军将领建立联系。“张闻天早已指导党内对胡秋原做团结、争取工作了。……在与张闻天接触中，张闻天曾同他（引按冯雪峰）谈到十九路军问题，想通过胡秋原做十九路军的工作。……张闻天考虑到胡是文化人，所以想先从文化方面着手做工作。冯雪峰领会张闻天的意图，故派人与胡联系，做他的工作，争取他。”④

我们再看胡秋原的晚年回忆。论战末期，当左联表示想缓和的时候，胡秋原恰好看到诬他为汉奸的《汉奸的供状》。他说：“左联派人找我，说这不是‘组织’的意思。我表示不信，他说，中共当时宣传部长张闻天确曾下令停止攻击我。”⑤ 胡秋原此说符合事实与常理，左联和张闻天派去讲和的人就是冯雪峰。

再让我们回到历史现场加以印证。1933 年，冯雪峰掌管的“文总”刊物《世界文化》第 2 期设置了“关于文艺战线上的关门主义”栏目，以“科德”的笔名转载了《文

---

① 胡秋原：《关于一九三二年文艺自由论辩》，《文学艺术论集》（下），学术出版社 1979 年版，第 939-940 页。

② 具体可参见陈铭枢《陈铭枢回忆录》，中国文史出版社 2012 年版，第 140 页。

③ 可参看郭帅《十九路军与“自由人”论争》，《中国现代文学研究丛刊》2018 年第 2 期。

④ 程中原：《张闻天与新文学运动》，江苏文艺出版社 1987 年版，第 173-174 页。冯雪峰在另一次采访中，更为具体地说到左联批判胡秋原的始末：“胡秋原原来参加过 C. Y，是个政客，名义上信奉普列汉诺夫，实际上与一些人在组织社会民主党，还与一些托洛斯基混在一起，与我们作对。他不是作家，是搞社会科学研究社会文化问题的，忽而热衷谈文艺，我们是疑忌的。……后来，因他与陈铭枢有较深的关系，在十九路军将领面前能够说上话，我们想争取他做些统战工作，对他的态度有所改变，但这只是出于政治上的考虑，无关于文学。”（陈早春、万家骥：《冯雪峰评传》，人民文学出版社 2003 年版，第 123 页。）

⑤ 胡秋原：《关于一九三二年文艺自由论辩》，《文学艺术论集》（下），学术出版社 1979 年版，第 940 页。胡秋原在另一文章也说“这论战时共党下令左翼停战，并由张闻天派人对我传达此意才停止的”。见胡秋原：《文学艺术论集·前记》（上），学术出版社 1979 年版，第 3 页。胡秋原另回忆道，在一·二八事变期间，左联就已联系胡秋原，希冀经由陈铭枢的关系，解救被国民党逮捕的罢工工人，但遭到胡秋原的拒绝。见胡秋原：《由周扬到江青》，《文学艺术论集》（下），学术出版社 1979 年版，第 963 页。

艺战线上的关门主义》①。另有一篇，是冯雪峰根据张闻天文章所作的《“第三种人”的问题》。

翻检冯雪峰此前的文章，他从来没有提出过反“左”的问题。他在《“第三种人”的问题》中，发挥了张闻天文章中的第一部分，即更加具体地提出对待“第三种人”的问题。为此，冯雪峰点名批评了瞿秋白和周扬的文章，认为它们都有“现在没有第三种人，‘第三种人’就是反革命的见解”。冯雪峰此说的目的，因应着张闻天文章的主旨，是“使‘中立者’偏向我们，投入我们，使偏向敌人的以及在敌人里面的中立起来”，也即统一战线的问题。

冯雪峰指出左联工作中“我们的一贯的历史的关门主义的错误”，实在是振聋发聩。沿着中宣部长张闻天文章的精神，中宣部干事冯雪峰持续反省、检讨和批评左联的“关门主义”和“宗派主义”倾向，写出了《关于“第三种文学”的倾向与理论》等文章，形成了他在这一时期领导文艺工作的基本观点。

通过冯雪峰回忆、胡秋原回忆与当时文章的互训，可以确知，冯雪峰提出反对“关门主义”并尝试与胡秋原缓和，是冯雪峰秉承上级张闻天的指示，欲对胡秋原背后的十九路军进行统战工作的实际需要决定的。既然要通过胡秋原这个中介来与十九路军将领建立统一战线，那么，左联就必须停止批判胡秋原。当然，这并不是张闻天和冯雪峰反对“关门主义”的全部原因，但不能不说，这是一个重要因素，更是左联停止批判胡秋原的关键因素。也正是这个原因，瞿秋白和周扬等人才逐渐停止了对胡秋原的批判，冯雪峰才动员鲁迅给胡秋原送去了普列汉诺夫的画像，并动员鲁迅“从公意”，写出了符合“党的策略”（冯雪峰语）的《辱骂和恐吓决不是战斗》②。所以，左联停止对胡秋原的批判，如冯雪峰所说，“只是出于政治上的考虑，无关于文学”。而胡秋原坚持认为这是中共和左联在文艺理论争鸣上的屈服，反而有点滑稽。

通过这个秘密事件，我们可以进一步发现：张闻天的《文艺战线上的关门主义》虽然没有被广大左联盟员知晓，但与其保持单线联系的冯雪峰完全知悉这个文章，并依据这个文章的精神，指导了左联的实际工作，尤其为了建立统一战线而停止了对胡秋原等人的批判——在当时上海“白区”的情形下，中共上层的指示一般不会以文件形式公开

① 《世界文化》转载时，一些学者认为是冯雪峰与张闻天共同对这个转载文章作了一定的改动。如唐弢说：“我还以为，从《斗争》到《世界文化》文章的若干改动，也是他们两人（引按，张闻天和冯雪峰）共同商量过的。”唐弢：《在首届雪峰研究学术讨论会上的发言摘要》，包子衍、袁绍发、郭丽卿、王锡荣编：《冯雪峰纪念集》，人民文学出版社2003年版，第106页。

② 冯夏熊整理：《冯雪峰谈左联》，《新文学史料》1980年第1期。

传达，主要是通过“白区”工作的秘密方式来完成实际的任务①。冯雪峰的这个工作，将保持单线联系的上级张闻天的指示化作了十分隐秘的实际工作，使左联盟员们在不知不觉中贯彻了张闻天及中央的指示精神。不深入了解这种工作方式，就很难察觉这个过程。

这个事件也足以洞见《文艺战线上的关门主义》对左联的作用。张闻天文章的精神通过直接下级冯雪峰的秘密工作，贯彻了下去。所以，这个文章对左翼文艺的发展是有贡献的。这份贡献，主要依靠冯雪峰来体现。冯雪峰就是张闻天《文艺战线上的关门主义》与左联之间的作用中介。没有冯雪峰，张闻天的《文艺战线上的关门主义》在当时极难体现价值；没有《文艺战线上的关门主义》，冯雪峰极难提出纠“左”的观点。所以，将反对“文艺战线上的关门主义”归功于张闻天的文章是不准确的，归功于冯雪峰，同样是不准确的。

三、理解左翼文艺的宿命

说到这里，不可避免地会产生一个问题：既然《文艺战线上的关门主义》是如此重要的文献，既然冯雪峰完全知悉这个指示，为什么他不对左翼文艺阵营公开？这样岂不是能更有力地贯彻执行吗②？甚至有人认为冯雪峰雪藏了张闻天的《文艺战线上的关门主义》，贪张闻天纠“左”之功为己有。其实，这并不一定是臆测，而是一个实实在在的问题：中共中央既然在此期间反对各条战线上的“关门主义”，张闻天更是在一系列文章中反对“关门主义”，为什么他的《文艺战线上的关门主义》反而不能在左翼文艺阵营内公开？

笔者认为，还是要回到当时的实际历史情境之中，才能解答这个问题。这里至少有两个方面不容忽视。

一方面，这种情况是由“王明路线”所决定的。这个时期，虽然中共中央和张闻天较为明确地反对“左”的“关门主义”，但是，此时的中央和张闻天更加旗帜鲜明地反对右倾机会主义。中央的路线，不是反“左”，而是反“右”——反对右倾机会主义的

① 关于这一时期白区秘密工作方式，可参看刘少奇的两篇文章《关于白区的党与群众工作》与《论公开工作与秘密工作》，分见中共中央文献研究室、中央档案馆编《建党以来重要文献选编(1921—1949)》第十四册与第十六册，中央文献出版社 2011 年版。

② 对这个问题，最有力的质疑者为夏衍。他说：“‘歌特’的前一篇文章（引按，《文艺战线上的关门主义》）删改后又用‘科德’的笔名发表在《世界文化》上，而当时冯雪峰是《世界文化》的编委之一，在此，使我百思不得其解的是：为什么他不把这两篇重要文章的主张向‘文委’所属各联的党员传达？”夏衍：《懒寻旧梦录》，三联书店 1985 年版，第 212–213 页。

“立三路线”和瞿秋白的调和主义路线。但正如毛泽东所言，“王明发展了李立三的错误”，形成了一贯“左倾”的“王明路线”。“九·一八事变”之后，王明中央之所以反对“关门主义”，并不是要更改路线，而是在反对右倾的总路线之下，针对突然出现的反帝形势提出的临时性策略①。

于是在这个特殊时段内，为了使“中共更加布尔赛维克化”，必须始终高举反“右”的旗帜；为了应付高涨的反帝事态，又必须反对“关门主义”。既要反“右”，又要纠“左”，在反“右”的路线中纠“左”，在纠“左”中始终反“右”——这实在太考验党员们的政治智慧了。在此期间，中央文件也是这个思维，凡是提及反对“关门主义”，必然同时强调反对“右倾机会主义”。如胡乔木所说，张闻天此时的意识也为此所限，他在写《文艺战线上的关门主义》4 天前的政治局会议上谈及党内“左倾”问题，仍然不忘强调“当然党内的主要危险是右倾”②。他的一系列文章也不脱这个思维，即使《文艺战线上的关门主义》一文的题目非常警醒，但文章开头就提纲挈领地定下基调：

> 中国左翼文艺运动，所以一直到今天没有发展的原因，是由于我们在文化运动中一些做领导工作同志的右倾消极与左倾空谈。
>
> 无疑的，右倾机会主义在文艺运动中同样是目前的主要危险。

当时，左翼文艺确实存在反对“关门主义”的现实必要，但是，由领导人张闻天来引领这个实践，或者说，要十分正式地在左翼文艺阵营中反对“关门主义”，是非常危险的一个举动，稍微过度，则极有可能被认定为路线问题。当时，因为所谓“右倾”而受到惩处的党员干部，实难计数。冯雪峰，这个秘密执行张闻天纠“左”指示的“文委”党团书记，在 1957 年“反右”运动中，被追认为“右倾机会主义”错误③。党外的鲁迅，在冯雪峰的请求下，写了与《文艺战线上的关门主义》精神高度一致的《辱骂和恐吓决不是战斗》。然而，一些盟员非但不从，反而以公开信诬鲁迅是“戴白手套”的“右倾机会主义”。反“左”而动辄得“右倾”之咎，于冯、鲁二人可见其艰，更不要说一般的盟员了。

所以，对左翼文艺阵营的实况而言，《文艺战线上的关门主义》提出反对“关门主

---

① 真正从理论上对这一时期的关门主义进行反思的文章，是刘少奇写于 1936 年的《肃清关门主义与冒险主义》。

② 中共中央党史研究室张闻天选集传记组编，张培森主编：《张闻天年谱》（上卷），中央党史出版社 2010 年版，第 186 页。

③ 陈早春、万家骥：《冯雪峰评传》，人民文学出版社 2003 年版，第 123 页。

义”是必要的；鉴于当时的中共路线，通过秘密工作完成党的实际任务，更是必要的。这就是《文艺战线上的关门主义》在中共党内的空间。

不公开《文艺战线上的关门主义》的另一方面原因，是由左翼文化团体的本质所决定的，这也是最根本的原因。

拿“左联”——“中国左翼作家联盟”来说，先天的属性就是“左翼”，非“左翼”的作家和文学，没有资格进入这个联盟。左联，与自由大同盟、后来成立的“文协”等一般群众组织相比，最显著的不同，就是其明确的“左翼”色彩。“左翼”就是左联的标志，左联不仅实际行动要凸显“左翼”，思想意识也要凸显“左翼”，所生产的文学艺术更要凸显“左翼”。我们毫不陌生于鲁迅《对于左翼作家联盟的意见》的警示：“倘若不和实际的社会斗争接触，单关在玻璃窗内做文章，研究问题，那是无论怎样的激烈，‘左’，都是容易办到的；然而一碰到实际，便即刻要撞碎了。关在房子里，最容易高谈彻底的主义，然而也最容易‘右倾’。”① 此言极有预见性，后来许多左联盟员就逐渐“右倾”，主动脱离了左联，左联也不定期地清理阵营中疑似“右倾”的分子。

所以，让“左联”反“左”，是一个本体论意义上的悖论，在很大程度上，会从根本上质疑乃至动摇左联的属性。若要左联反对关门主义，很容易令人以为它将对非“左”的派别“开门”，这势必会淆乱左联“左”的纯洁性，更严重的是，可能会消解左联的特点，使之成为一个统战性质的、松散的作家集合体。所以，左联反“左”，是一个在理论上不可能成立的方案。当且仅当有一天，左联不再有存在的意义，左联才真正有可能、有必要去有力度地反对“左”的倾向，通过否定之否定，变成一种异质的，即“非左”的存在。当且仅当这个时刻，党对左联的“左”的问题的批判，才能够彻底有效。——这个时刻在1935年11月8日出现了，这就是左联的解散。萧三就在那封写给左联的著名的信中，表示了彻底清算左联“关门主义”错误的态度②。换句话说，让左联反对“关门主义”是不可能的，左联内部不存在反对“关门主义”的必要性。

所以，张闻天的《文艺战线上的关门主义》不能为左联停止“文艺自由论辩”提供理论框架，它无意于建立这种理论框架。甚至可以说，一切针对左联的纠“左”的理论框架，都与左联的理论基础和本质属性方枘圆凿。也正因为这样，张闻天等人不必提出

---

① 《对于左翼作家联盟的意见》，《鲁迅全集》第4卷，人民文学出版社2005年版，第238页。

② “中国文坛在此时本有组织广大反帝联合战线的可能，但是由于‘左倾’［联］向来所有的关门主义——宗派主义，未能广大地应用反帝反封建的联合战线，把这种不满组织起来，以致在各种论战当中，及以后的有利的情势之下未能计划地把进步的中间作家组织到我们的阵营里面来。”萧三：《给左联同志的信——关于建议解散“左联”》，陈冰夷、王政明编辑整理：《萧三诗文集》，北京图书馆出版社1996年版，第226-227页。

激烈的反“左”措施，即使写作《文艺战线上的关门主义》，也是左右调和，纠“左”反“右”并行：一方面要求与“第三种人”缓和，其根本是希冀“第三种人”听“我们”的指示；一方面反对“文艺是政治留声机”理论，其根本是希望所有文艺都能起到宣传鼓动效果；一方面反对拙劣的文艺大众化，其根本是无比热忱地期盼文艺大众化的热潮到来。这种纠“左”，其根本就是为了反“右”和更加“左翼”——实事求是地看，这才是《文艺战线上的关门主义》的理论框架。这个理论框架，与张闻天反帝统战的政治意识同符合契。冯雪峰也正是在这个理论框架之下，秘密执行了张闻天的指示。假如冯雪峰一开始将张闻天这个反“左”的文章公之于左联乃至整个左翼文化总同盟，不仅会引起一些盟员们不明就里的自我质疑，还可能会导致整个左翼阵营的动摇。这就是《文艺战线上的关门主义》在左翼文艺阵营内的空间。

于是在这一特殊时段内，既需要坚持左翼阵营“左”的本质，从而与中共中央一以贯之的反“右倾”路线相一致，又要为了临时的反帝统战工作而必须暂时做出一些反对“关门主义”的改变。中共理论家张闻天，当然明了反“左”的狭小空间，所以他才写下了表面尖锐纠“左”、实际符合反“右”路线的《文艺战线上的关门主义》，并在发表时使用了此前从未使用过的笔名“歌特”。张闻天的直接下属、中宣部干事、中国左翼文化总同盟的党团书记冯雪峰，当然明了此番情景，便没有公开《文艺战线上的关门主义》是张闻天的指示，而去秘密执行了这个文章所实际指示的政治任务。

所以，《文艺战线上的关门主义》不是纠正甚至克服左翼文艺“左”的问题的文献。它在理论设计上有意远兜远转，试图不触动左翼文艺的本质，从而避免使左翼文艺阵营陷入悖论性境地。而冯雪峰的秘密执行，规避了这场潜在的存在危机，维护了左翼文艺阵营在理论和实际上的正常发展。

（作者单位：西南大学文学院）

“霜庐”张爱玲“佚文”商榷

余存哲

张爱玲信奉“出名要趁早”，所以她在发表文学作品时，大都以“张爱玲”署名，借此达到“出名”的效果。也正因为她在20世纪40年代的上海文坛太过出名，抗战胜利后，为了躲避文坛的攻击，张爱玲不得不用笔名来发表作品。梁京、范思平、世民等笔名就已被学界证实为张爱玲的曾用笔名。新近有学者在张爱玲笔名研究上有了新发现。高丽、张瑞英发表在《中国现代文学研究丛刊》2017年第10期的《张爱玲与〈哀乐中年〉关系考》将“霜庐”视为张爱玲的笔名，并将《申报·自由谈》、《春秋》、《幸福》等报刊中署名“霜庐”的5篇散文、3篇译文视为张爱玲的佚文。随后，两位学者在《江西师范大学学报（哲学社会科学版）》2018年第2期上发表了《“霜庐”张爱玲及几篇佚文的考证》（下称《考证》），对上述观点做了进一步论证。这一发现让人眼前一亮。若“霜庐”确为张爱玲笔名且8篇佚文均为张爱玲所作，可谓是张爱玲笔名研究和佚文研究的重要发现。为了印证上述观点，笔者试图展开“重复性试验”以期得到相似的“实验结果”。然而借由相同的文学史料，笔者却得出了不同的结论——“霜庐”笔名顶多算是张爱玲的“半个”笔名，所谓的8篇佚文中有7篇并非张爱玲所作，另1篇为与人合作。

一

作家沈寂从20世纪40年代开始就活跃在上海文坛，他早期曾在《小说月报》、《万象》、《杂志》等文学期刊中发表过小说，还受聘编辑过《辛报》、《民众周刊》、《幸福》、《春秋》、《民主文艺》等报刊。因为这些经历，他结识了当时活跃在上海文坛的张爱玲、徐訏、吴江枫等人。为了尽可能地保留沈寂所掌握的史料，上海市文史研究馆在2015年策划出版了《沈寂口述历史》，韦泱根据沈寂的口述完成了《沈寂人物琐忆》一书。这些史料为我们了解民国时期的上海文坛提供了新的线索，《考证》一文对于张爱玲“霜庐”笔名的发现就源于此。

《考证》根据二手史料韦泱的《沈寂眼中的张爱玲——张爱玲辞世20周年祭》发现张爱玲曾以“霜庐”为笔名在《春秋》上发表了译自毛姆的小说《红》。说韦泱的文章是二手史料，并非贬损该文的史料价值，因为该文并非完全按照沈寂的口述写成，而是经过后期整理写成的。韦泱曾说：“笔者在给年逾九旬高龄的沈老先生撰写年表时，断断续续听他谈及张爱玲，前后有八年之久，像打捞历史的碎片，渐渐拼接出一段他与张爱玲不算太短的文缘轶事。”① 对于这段经过“打捞”、“拼接”的人物琐忆，研究者自然要保持审慎的态度。《考证》试图抱着怀疑的眼光看待韦文，但可惜的是，《考证》的一些怀疑和论证是有待商榷的。

透过韦文的叙述，不难得到以下11则关键信息：（1）沈寂曾在1948年同时编辑《春秋》和《幸福》两份杂志；（2）1948年收到了《杂志》主编吴江枫寄来的毛姆的短篇小说译稿《牌九司务》，署名“霜庐”，沈寂编入10月出版的《幸福》第22期；（3）1948年底，沈寂想革新《春秋》杂志，稿源匮乏；（4）1948年以张爱玲署名的作品大为减少，还时遭退稿，由于张爱玲靠稿费生活，所以沈寂借机邀请张爱玲翻译外国作品，译文发表时不能署真名；（5）张爱玲很快寄去了毛姆的翻译小说《红》，约4000字，未署名，且张爱玲特别说明因为当时她在创作剧本，所以没有全部完稿，因此向约稿人沈寂表示道歉；（6）张爱玲在寄去翻译小说《红》的同时，寄去了英国“企鹅版”毛姆小说原著；（7）沈寂根据原著翻译完了剩下的三分之一文字，文末写上了“本篇完”；（8）《红》被沈寂编入《春秋》1948年第6期“小说”栏目；（9）在内页《红》的题目处，沈寂请人配了题头画，中间留了空白，用何笔名，当时一时难定；（10）沈寂后将曾译过毛姆作品的吴江枫笔名“霜庐”代用在目录上，发稿时疏漏了在正文标题中写上此名；（11）吴江枫看到自己的笔名被借用后并不介意，之后继续用他的“霜庐”笔名，再寄所译毛姆的短篇《蚂蚁和蚱蜢》，沈寂将此刊于《幸福》1949年第2期。《考证》对其中的部分关键信息保持怀疑，兹录如下，以作分析：

> 笔者查阅相关资料，发现沈寂的叙述疑点颇多：首先，《蚂蚁和蚱蜢》是发表在《春秋》杂志，而非《幸福》；其次，《红》分为两期发表，分别是1948年10月

① 韦泱：《沈寂眼中的张爱玲——张爱玲辞世20周年祭》，《传记文学》2015年第11期。

10日的《春秋》第5期和12月1日的《春秋》第6期，而沈寂认为全篇发表在第6期；最后，从发表时间上来看，“霜庐”张爱玲的《红》在前，“霜庐”吴江枫的《牌九司务》在后（发表日期是1948年10月30日），那么，何来沈寂借吴江枫的笔名给张爱玲之说①？

《考证》的怀疑是有一定价值的，沈寂的一些记忆确实出现了偏差。根据《春秋》和《幸福》原刊，沈寂所叙述的《蚂蚁和蚱蜢》发表的刊物、《红》发表的期次确实有误。对于这两条史料信息，《考证》做出了正确的纠正，但《考证》的第三点怀疑在逻辑上却无法讲通。从发表时间上来看，“霜庐”张爱玲的《红》是从1948年10月10日在《春秋》杂志上连载的，“霜庐”吴江枫的《牌九司务》的发表日期是1948年10月30日，单单就这两条事实上的发表信息来看，“霜庐”张爱玲的文章的确先于“霜庐”吴江枫的文章，但这除了能够说明《红》的发表时间早于《牌九司务》的发表时间外，不能够说明其他任何问题，《考证》中“何来沈寂借吴江枫的笔名给张爱玲之说”的质疑是不符合逻辑的。论证“霜庐”的笔名归属问题、辨析张爱玲和吴江枫是否存在共用“霜庐”笔名的情况，还有很多关键问题没有得到解决。其中最关键的问题是，在沈寂的记忆之外，“霜庐”是否还发表过其他文献？如果存在，那么这些文献的发表时间、具体内容又是怎样的？是否有其他相关史料信息来佐证“霜庐”的身份？因为这些核心问题都还没有得到清晰的考辨，所以我们不能贸然得出结论。

当我们对已有的孤证史料持怀疑态度时，正确的做法一定是寻找更多的史料来尝试着揭开疑云。《考证》也确实试图去挖掘更多的史料，但该文忽视了较多重要史料，在相关表述上也言之略满。首先，《考证》遗漏了多篇署名“霜庐”的文章。作者声称“查阅了民国期刊中所有署名‘霜庐’的文章，意外地在《申报·自由谈》上发现了五篇署名‘霜庐’的散文”②，这里并未强调作者主要查阅了哪些期刊，不免让人误以为她们检索了绝大部分民国期刊中“所有”署名“霜庐”的文章，得出最后的结果——只在《申报》上发现了5篇“霜庐”散文。在后文的表述中，作者又强调，她们爬梳了“二十世纪四十年代的期刊报纸资料”，这一表述再次加深了前面的误会。经过笔者的检索，《考证》的作者似乎只在《申报》数据库中检索了以“霜庐”为署名的文献，并未详细

① 高丽、张瑞英：《“霜庐”张爱玲及几篇佚文的考证》，《江西师范大学学报（哲学社会科学版）》2018年第3期。

② 高丽、张瑞英：《“霜庐”张爱玲及几篇佚文的考证》，《江西师范大学学报（哲学社会科学版）》2018年第3期。

地对可能涉及“霜庐”的民国上海期刊报纸进行爬梳。事实上，除了在《申报》上发表过5篇散文、在《幸福》和《春秋》上发表过3篇译文外，“霜庐”还在《和平日报》与《金融日报》上发表过多篇译文、散文（见下表）。此“霜庐”到底是谁？这里先按下不表。需要强调的是，这些文献本应是解开“‘霜庐’疑云”的重要材料，《考证》却忽略了。当然，我们不能因为自己搜罗占有了相关史料就去苛责其他人缺漏史料，只是《考证》中有关史料搜集的表述有些言过其实，这是有待商榷的。在这些新见史料的基础上，重新讨论“霜庐”笔名的归属就有其必要性了。

题 名	署 名	报 刊	时 间
《卧而读之》	霜庐	《和平日报》	1947年1月5日
《逃（一）》	毛姆作，霜庐译	《金融日报》	1947年2月17日
《逃（二）》	毛姆作，霜庐译	《金融日报》	1947年2月18日
《论二三流》	霜庐	《金融日报》	1947年2月21日
《影评礼赞》	霜庐	《金融日报》	1947年3月3日
《论“我爱你”之害》	霜庐	《金融日报》	1947年3月9日
《现代人的悲哀》	霜庐	《金融日报》	1947年3月14日
《我是怎样知道春天来了的》	霜庐	《金融日报》	1947年3月15日
《诺》	毛姆作，霜庐译	《和平日报》	1947年3月16日
《诺（中）》	毛姆作，霜庐译	《和平日报》	1947年3月17日
《诺（续完）》	毛姆作，霜庐译	《和平日报》	1947年3月18日
《奇人奇事（上）》	W.S.毛姆作，霜庐译	《和平日报》	1947年3月24日
《奇人奇事（下）》	W.S.毛姆作，霜庐译	《和平日报》	1947年3月25日
《蚂蚁和蚱蜢》	W.S.毛姆作，霜庐译	《和平日报》	1947年3月27日

其次，《考证》忽视了本应是研究重点的吴江枫的相关史料。根据沈寂的记忆，张爱玲和吴江枫都用过“霜庐”的笔名，既然要质疑沈寂的记忆，辨析“霜庐”的笔名归属，那关涉吴江枫的史料文献自然也是分析的重点。纵观《考证》全文，该文确实“为慎重起见……再看吴江枫有无是‘霜庐’的可能”：

> 吴江枫在上海沦陷时期主编《杂志》，张爱玲的多部作品在此刊登，二人交流必然不少。但是，笔者遍寻当时的各种报刊资料，除了跟张爱玲有关的记载和他主持的几个座谈会，只看到三篇署名“吴江枫”的文章，分别是《金山寺影片美国轰动一时》《绝响歌坛二十年之〈雁门关〉琐谈》《谈旧本老戏：全部〈战浦关〉》，都跟戏曲有关，与“霜庐”的文章风格截然不同，笔者怀疑是当时“名票五虎将”

之一吴江枫所作。两位吴江枫有无关系，有什么关系，笔者遍查资料，一无所得，此谜有待研究者们进一步考察发现①。

《考证》全文关于吴江枫的表述，仅此一段，且绝大部分内容叙述的是与全文无关的戏曲名票吴江枫，而非《杂志》主编吴江枫。文中所述的“遍寻当时的各种报刊资料”、“遍查资料，一无所得”可能只是在个别数据库中检索的结果。事实上，《考证》没有翻看吴江枫主编的《杂志》，没有对吴江枫的笔名情况做出考究，更没有查找涉及吴江枫与张爱玲交往史实的历史材料。所以，《考证》判定“‘霜庐’不可能是吴江枫笔名”的结论是有待讨论的。实际上，关于吴江枫的相关情况，《抗战时期的上海文学》一书经过考证，早已有简单的说明：“在《杂志》作家群中……梅蔼即吴江枫，因战前即与袁殊相识，沦陷时期应邀参加《杂志》的编辑工作。《杂志》每期的‘每月风雨’专栏，对近期国内外政治、经济、文化及军事方面的重大事件和形势演变，予以简介述评。此栏文字多由梅蔼撰写，每述一事仅用三言两语，至多不过数十字，时常以‘春秋笔法’做客观叙述。”② 据此线索，笔者确实发现了集中发表在《杂志》、《文心》、《中行杂志》、《长风》等民国上海期刊上署名“梅蔼”的文章50余篇。另有与梅蔼（吴江枫）、哲非（吴诚之）等人合译的《新中国印象记》（上海群社出版社1939年版），杂文集《向阳集》（新中国报社出版社1943年版）、批评集《艺文小语》（新中国报社出版社1943年版）等也收录了“梅蔼”的文章③。除此之外，在笔者的能力范围内，能够搜罗到的署名“吴江枫”的民国文献也有36篇之多，虽然其中大量文献可以确证为“名票吴江枫”，但也有少数文章经过简单考证即可得知为“编辑吴江枫”。这些文献史料应当是支撑我们探讨“霜庐”笔名及佚文归属的关键所在，不容忽视。

尽可能地搜集史料是论证开始前的准备工作，倘若遗漏了大批关键史料而直接展开论证，不仅论证的过程会变得吃力、出现讹误的概率会变大，就连得出的结论也会匮乏说服力。《考证》在史料搜集方面有所缺漏，在行文叙述上也不够准确。因此，《考证》的结论亟待商榷，它提出的问题存在进一步讨论的空间和价值。

---

① 高丽、张瑞英：《“霜庐”张爱玲及几篇佚文的考证》，《江西师范大学学报（哲学社会科学版）》2018年第3期。

② 陈青生：《抗战时期的上海文学》，上海人民出版社1995年版，第264页。

③ 参见陈青生《抗战时期的上海文学》（上海人民出版社1995年版）、李相银《上海沦陷时期文学期刊研究》（上海三联书店2009年版）。袁殊、叶君宜、吴诚之、吴江枫等人都是《新中国报》的工作人员，《向阳集》和《艺文小语》中收录的吴江枫的文章多发表在《新中国报》的文艺副刊《学艺》、《杂志》等。囿于史料限制，吴江枫在《新中国报》的文艺副刊《学艺》的发表情况有待考证，但目前掌握的史料已足以概括吴江枫的文艺发表情况及个人基本情况。

二

《考证》不仅遗漏了许多关键史料，其定谳的方法和逻辑亦有思虑不周之处。现代文学的考证研究有众多方法，其中运用得最普遍的是归纳法和比较法。孙玉石、方锡德的《介绍新发现的鲁迅十一篇佚文》（下称《介绍》）可以说是运用归纳法和比较法展开考证研究的典范之一。从形式上来说，《考证》的论证过程与《介绍》的佚文考证过程十分相似。

首先，从整体上来看，两篇辑佚研究都试图使用归纳法展开分析，并且都拿出了三方面的证据。《介绍》在论证《自言自语》为鲁迅所作时，所提供的三方面证据是：（1）从笔名上来看，《自言自语》署名"神飞"，鲁迅明确地承认过"神飞"是其笔名之一；（2）从内容上来看，《自言自语》中的内容与鲁迅已发表的部分文献运用同一意象表达同一主题，拥有完全一致的故事情节，甚至部分语言都完全一致；（3）从人际关系上来看，《自言自语》发表在鲁迅的学生孙伏园编辑的报刊上，有史料事实表明，《自言自语》发表之时，孙伏园约请并催促鲁迅撰稿①。与此相似，《考证》也拿出了三方面的"证据"来进行归纳：（1）从笔名上看，作者怀疑沈寂记忆有误，从沈寂提及的两篇文献断定"霜庐"张爱玲在"霜庐"吴江枫之前；（2）从内容上看，作者直接选取"霜庐"的部分散文与张爱玲的相关散文对比，阐释文字与基本思想上的相似性；（3）从人际交往上来看，张爱玲与吴江枫往来已久，因为此时张爱玲已处于风口浪尖，吴江枫没有必要、也没有可能"借用"张爱玲的笔名"霜庐"。

虽然《介绍》和《考证》在形式上都拿出了三方面的证据来论证自己的结论，但两者在证据的具体处理上却是有差异的。《介绍》的每一条证据史料充分、逻辑严密，而《考证》的论证大都留下了一些逻辑漏洞。在笔名证据上，《考证》仅仅参考了沈寂提及的文献就敲定了笔名使用的先后，如此论证，即便得出了正确的结论也涉嫌"程序不当"。从内容证据上来看，张爱玲的散文与所发现的佚文在字面上并不契合。《考证》截取两者相似的文字，在阐释和解读下，将张爱玲的散文与所找的疑似佚文进行比附，有"强制阐释"和"穿凿附会"之嫌。从人际关系证据上来看，《考证》以前文的第一条证据作为条件，来解释吴江枫不可能使用"霜庐"，涉嫌"循环论证"。梁启超曾说过，"凡立一义，必凭证据。无证据而以臆度者，在所必摈"②。的确，归纳法要求论证过程

① 孙玉石、方锡德：《介绍新发现的鲁迅十一篇佚文》，《鲁迅研究》1980年第1期。

② 梁启超：《清代学术概论》，上海古籍出版社2005年版，第40页。

中的每一条证据都应当以事实证据为核心，只要其中一条证据是主观揣度或者难以证实的，那结论就难以成立。况且，《考证》的三条证据都存在不同程度的问题，其结论自然有待商榷。

其次，《介绍》和《考证》都在具体的归纳论证中使用了比较法，试图通过比较文本来证明文献的归属。《介绍》通过客观地对比《自言自语》与鲁迅后续作品在意象使用、主题表达、情节设定、人物塑造以及语言文字上的相同与差异关系，得出了《自言自语》为鲁迅佚文的结论。与此相似，《考证》也枚举了《风景爱》、《中年况味》与张爱玲散文在语言文字上的相似性，但它所阐释的相似性事实上并不相似。兹举几例，以作论证：

例一：

> 我是爱好“匀称”的人，既讨厌伪君子，亦痛恨真小人。……风景便是自然的“匀称”。人物亦然，可喜的人便是灵和肉的“匀称”。（霜庐《风景爱》）
>
> 极端病态与极端觉悟的人究竟不多……所以我的小说里，除了《金锁记》里的曹七巧，全是些不彻底的人物。（张爱玲《自己的文章》）
>
> “不彻底的人物”既不是伪君子，也不是真小人，属于“匀称”的人。（高丽、张瑞英《“霜庐”张爱玲及几篇佚文的考证》）

例二：

> 西人有“人生始于四十”之语，此言甚是。（霜庐《中年况味》）
>
> 中国人倒是说“四十而不惑”。西方人也说“生命在四十岁开始”。（张爱玲《四十而不惑》）
>
> “霜庐”与张爱玲对此有同样的认识并不意外，《中年况味》与《四十不惑》中极为相近的说法，以及对此特别的感触与强调，极有可能出自一人。（高丽、张瑞英《“霜庐”张爱玲及几篇佚文的考证》）

例一所举的《风景爱》中的字句与《自己的文章》中的字句在语言上并无相似之处，作者认为霜庐所说的“‘匀称’的人”与张爱玲所表述的“不彻底的人”相同，而事实上，这两者是有差异的。在霜庐看来，人的“匀称”有性别之分，“可喜的人便是灵和肉的‘匀称’，但在这里，男女性都有一点分别，男子之喜，‘匀称’着重前者，女子之喜，则往往以后者为重”①。而在张爱玲看来，“不彻底的人物”并无性别之分，他们“不是英雄，他们可是这时代的广大负荷者”②。除此之外，两文所谈的“人”不在同一层面。霜庐在散文中所谈的“人”，是指现实生活的人际交往中的“人”；而张爱玲所谈的“人物”，指的是“自己的文章”中的角色，也就是文学作品中塑造的人物形象。纵然现实中的人与小说中的人有贯通之处，此处拿来作比，亦显不妥。

例二所举的《中年况味》的字句与《四十而不惑》的字句看似都在感慨人生“四十岁”，且都化用了“Life begins at forty”的英语俚语，但两者其实存在较大的差异。首先，在英语俚语的翻译上，“霜庐”和张爱玲的翻译是不同的，前者翻译为“人生始于四十”，后者则翻译为“生命在四十岁开始”，倘若“霜庐”和张爱玲为同一人，那么面对同一个俚语，为什么前后翻译会不同？其次，从具体的言说语境来看，霜庐撰写《中年况味》表达的确实是自己步入中年后的感慨，而张爱玲撰写《四十而不惑》则是为祝福《皇冠》杂志四十周年所作，摘取其中的只言片语进行片面的阐释，似有不妥。

诸如示例的论证方式还有很多，不再赘述。事实上，即便“霜庐”的文章观点与张爱玲的一些观点相吻合，也不能成为“霜庐”即是张爱玲笔名的论据，因为这类证据难以避免作者的主观臆度。这在很大程度上会影响论据的可信度，更不用说“霜庐”的观点与张爱玲的观点并不吻合了。从材料的搜集、逻辑的推演、结论的生成三个重要步骤来看，《考证》都存在一定的瑕疵。为了彻底厘清“霜庐”笔名的史实，我们必须对其中的一些关键问题重新进行探讨。

三

前文主要着墨于从史料探寻、语言表达和分析方法上来对《考证》的论证过程和结论进行商榷，本部分则试图重新对“霜庐”笔名的疑云展开分析。让我们先回到“霜庐”出土的原点——沈寂关于张爱玲的相关回忆。除了前文提及的《沈寂眼中的张爱玲——张爱玲辞世20周年祭》，韦泱还在《文汇报》上发表了《听沈寂忆海上文坛旧事》（2015年7月31日），两文绝大部分内容相同，但在涉及张爱玲使用“霜庐”笔名的叙述上却有所差异。其中最大的不同之处在于，《文汇报》上的文章说张爱玲向沈寂寄稿时是自己署名“霜庐”，而此后发表在《传记文学》上的文章却改为张爱玲向沈寂寄稿时未署名，是沈寂利用编辑“特权”私自借用了吴江枫的“霜庐”笔名。文字改动虽不

① 霜庐：《风景爱》，《申报》1947年12月12日。
② 张爱玲：《自己的文章》，《流言》，皇冠出版公司1984年版，第21页。

多，意思却完全两样，这要求我们必须审慎地看待沈寂的回忆。为了尽可能地解开笔名迷津，笔者试图对以下几个问题进行探讨：

首先，从作者个人信息层面来看，根据现有的文献史料，能否简单地描摹出“霜庐”的关键特征？这些个人特征是更接近张爱玲，还是更接近吴江枫？

根据笔者所搜集的史料可知，“霜庐”自1947年1月5日起连续在《金融日报》、《和平日报》和《申报》上发文，3位“霜庐”为同一人的可能性极大。笔者查阅了多部中国现代作家笔名索引工具书，并未找到“霜庐”的蛛丝马迹，可见“霜庐”并不为人所知。同时，“霜庐”在《金融日报》和《和平日报》上都发表了毛姆的翻译小说。关键性的证据是，1947年3月27日发表在《和平日报》上的《蚂蚁和蚱蜢》与1949年2月发表在《春秋》上的《蚂蚁和蚱蜢》署名相同、内容相同，无可辩驳地确认了这些“霜庐”为同一人。

从性别和家庭上来看，因为“霜庐”在散文中常常以男性口吻来叙述自己的婚后生活，所以“霜庐”极可能是位已婚男性。现摘录如下，以作论证。《论“我爱你”之害》中以“我们男人”的立场去反驳狄更斯的女性视角，叙述者的性别已经显现。且“霜庐”在其他文本中也反复提及自己的“妻子”与“孩子”，其他人在指称他时也喊作“叔叔伯伯”，这些信息足以证明“霜庐”是一名育有孩子的已婚男性。倘若“霜庐”是张爱玲，那么对男权、父权文化充满鄙夷的她为何要虚构一个已婚男性、父亲视角来发表散文呢？这是无法解释的。因而从性别和家庭上来看，“霜庐”是张爱玲笔名的可能性不大。

> 可是上面这几句话我们男人便不同意，原来是狄更斯女士太为女人打算了。（霜庐《论“我爱你”之害》）
>
> 吃了午饭以后，妻子从街上回来，气冲冲地说……不多一回，孩子们放学回来了，满头大汗地，据他们母亲的诊断，是衣裳穿得太多，因为是春天来了。（霜庐《我是怎样知道春天来了的》）
>
> 逢到一二个可亲的少女，你满以为可以交朋友的，她们却已把你看成了上一辈，叔叔伯伯的喊叫了，你还有跟她们做朋友的勇气吗？（霜庐《中年况味》）

从年龄上来看，“霜庐”在《中年况味》中曾说：“像我们这样三十多岁的人……如果四十以前做的梦不太好，那末何妨从四十开始，再做一场呢？”这段表述的发表时间是1948年4月3日。也就是说，“霜庐”至少在1948年已经三十多岁，不到四十。据此推断，“霜庐”的诞辰应该是在1909—1918年间。张爱玲的生辰是1920年，1948年的张爱玲才28岁，显然与所述不符。因此，从“霜庐”的年龄上来判断，“霜庐”也并非张爱玲。

从职业和能力上来看，“霜庐”从事的职业可能与报刊有关，且拥有较为出色的英语阅读和翻译能力。“霜庐”曾在散文中反复提到涉及报业的有关信息：在《论现代人的悲哀》中，“霜庐”以一个报人的视角探讨报业；在《作品的厄运》中，“霜庐”以一个出版家的视角探讨中外报刊的编辑出版；在《一本好的刊物》中，“霜庐”更是直接谈论美国杂志的编辑和出版特点。这些信息，无不显示了“霜庐”对报刊行业的熟稔。除此之外，“霜庐”翻译了多篇英国作家毛姆的小说，广泛阅读过包括狄更斯、欧亨利、契科夫在内的外国作家作品，显示出“霜庐”拥有较为出色的英语水平。虽然张爱玲也对毛姆的小说爱不释手，她的英语读译水平也十分纯熟，但这并不能说明“霜庐”就是张爱玲。事实上，或许正因为“霜庐”和张爱玲有相似的英语水平，《春秋》编辑室才在《红》的编后记中有意混淆两者：“霜庐先生是翻译老手，行文婉约流利，无与伦比。”① “翻译老手”可能指向三个人：“霜庐”笔名的真正主人吴江枫，《红》的翻译者张爱玲和沈寂。张爱玲并未做过报刊编辑，张爱玲没有必要、也没有经验以一个编辑或者报人的视角去撰写散文。“霜庐”在散文中不自觉地流露出的“编辑视角”显然与张爱玲的实际情况不符。

从笔名的使用情况上来看，吴江枫曾以“霜叶”为笔名发表文章，这意味着他使用“霜庐”作为笔名的可能性远大于张爱玲。现代作家选取笔名的方式是多种多样的，从诗词中找寻与本名相关的词句就是方法之一。“吴江枫”的姓名与古典诗词中的很多名句相关，诸如“月落乌啼霜满天，江枫渔火对愁眠”、“枫霜芦雪净江烟，锦石游鳞清可怜”、“停车坐爱枫林晚，霜叶红于二月花”、“磨圆滩石几年浪，丹尽江枫昨夜霜”等诗词，无不展示着“吴江枫”与“霜”系笔名的对应关系。关键在于，吴江枫还曾使用过与“霜”字相关的笔名。祝淳翔、黄恽等学者就曾考证过活跃在上海文坛的“霜叶”即是吴江枫②。笔者更是在1946年第3期的《上海滩》周刊中发现了较为关键的证据，当期署名“文探”的《吴江枫东洋马屁豁边》一文明确地写道：“在敌伪时期上海销路最好的刊物是《杂志》。《杂志》创办人为文妖袁殊，总编辑是吴江枫……吴逆江枫除编《杂志》外，还编辑伪《新中国报》、《东方文化》，后来更协编《新闻报》，红极一时……化用了一个‘霜叶’的笔名在自己的刊物上散些小品。”③ 虽然这位上海“文坛的

---

① 编辑室：《编辑室后记》，《春秋》1948年第5期。

② 祝淳翔：《实斋之谜》，《东方早报》2014年8月17日。

③ 文探：《吴江枫东洋马屁豁边》，《上海滩》1946年第3期。

探子”对吴江枫的地下工作者身份并不了解，但他对吴江枫的基本情况的描述却与事实大致相符。笔者认为，吴江枫的笔名“霜庐”很可能是由“霜叶”演变而来的。

综上所述，通过对“霜庐”性别、家庭状况、年龄、职业和笔名等方面的分析，笔者推测“霜庐”极可能是位男性，出生时间应该是在1909—1918年之间，已婚且育有孩子，职业可能与报刊相关，是一位“编辑”的可能性较大，英文翻译能力较为出色，散文关注社会民生焦点和编辑出版界的相关情况。在这些特征信息中，除了翻译才能与张爱玲的实际情况相符外，其他特征均与张爱玲相左。虽然关于吴江枫的个人信息史料也十分有限①，但在性别、职业和翻译能力等方面，“霜庐”的特征信息与吴江枫的个人情况是高度匹配的；而从笔名的使用情况上来看，曾用“霜叶”作笔名的吴江枫相较于张爱玲，更可能以“霜庐”作为笔名。因此，可以初步判断，“霜庐”是吴江枫之笔名的可能性较大，极不可能是张爱玲的笔名。

其次，从发表情况上来看，沈寂所说的“曾译过毛姆作品的吴江枫笔名‘霜庐’”的情况是否可以得到史料佐证？“霜庐”有无可能是张爱玲？

根据沈寂的表述，在他编辑《春秋》和《幸福》期间，吴江枫前后两次寄去的毛姆翻译小说都署名“霜庐”，且沈寂知道吴江枫曾用“霜庐”笔名发表过毛姆小说的译文。“霜庐”在沈寂编辑的两份刊物上发表《红》、《牌九司务》、《蚂蚁和蚱蜢》之前，早已使用“霜庐”笔名发表过毛姆小说的译文。从前文笔者搜集整理的资料中可以看到，“霜庐”从1947年2月17日就开始发表毛姆的翻译小说了。这说明“霜庐”在向沈寂投稿前，确实翻译过毛姆的作品。因此，沈寂的这部分回忆（“霜庐”曾译过毛姆作品）是与事实相符的。

另外，结合史实来看，张爱玲翻译《蚂蚁和蚱蜢》的可能性不大。俞亢咏在《飙》1944年第2期上发表的《蚂蚁与蟋蟀》、“霜庐”在《和平日报》1947年3月27日上发表的《蚂蚁和蚱蜢》和“霜庐”在《春秋》1949年第2期上发表的《蚂蚁和蚱蜢》都是译自毛姆的小说*The Ant and the Grasshopper*。巧合的是，同样是在杂志《飙》上，张爱玲在1944年第1期创刊号上发表了素描作品《无国籍的女人》，她的弟弟张子静也同时发表了当期特稿《我的姐姐张爱玲》。需要说明的是，张爱玲的弟弟张子静参与了《飙》的创刊，虽然张爱玲认为《飙》是一份“不出名的刊物”，为《飙》写稿会“败坏自己的名誉”，但由于是弟弟约稿，张爱玲最终还是找了一张自己画的素描给张子静做杂志的

① 谢其章曾在《拨开迷雾说〈杂志〉（上）》一文中说：“吴江枫是杂志社的重要人物，却没有一点资料见诸报端。”详见《藏书家》（第11辑），齐鲁书社2006年版，第155页。

插图，在《飙》出刊后，张爱玲也及时地收到了样刊①。也就是说，张爱玲一定是知晓《飙》的，那她就有可能知晓 *The Ant and the Grasshopper* 已经被翻译过，所以她重新进行翻译的可能性不大。

最后，从人际关系上来看，沈寂从何处知晓吴江枫曾以“霜庐”的笔名发表过毛姆的翻译小说？沈寂有无可能在不征询吴江枫同意的情况下就“冒用”“霜庐”署名？张爱玲有无可能找吴江枫替自己投稿？张爱玲又有无可能在《金融日报》等 3 份报刊上发表散文？

第一，沈寂得知吴江枫使用“霜庐”作为笔名的途径有直接和间接两种方式。直接方式是沈寂与吴江枫互有稿件往来，沈寂以此得知吴江枫的笔名“霜庐”便是近水楼台。间接方式是沈寂亦可从好友徐訏处知晓吴江枫以“霜庐”的笔名发表过毛姆的翻译小说。《金融日报》1947 年 2 月 15 日在上海创刊，其文艺副刊《墨屑》在创刊时发表了“何夕”的《谈副刊》，其中明确写道：“徐訏兄主编金融日报的‘墨屑’，拉稿拉得很紧张”②；仅仅一个月后的 1947 年 3 月 15 日，《墨屑》副刊上就刊登了“徐訏启事”，宣布徐訏辞去了《墨屑》编务。巧合的是，“霜庐”在《墨屑》副刊上发表的散文和译文都集中在徐訏任主编的一个月内，也就是说，徐訏与“霜庐”应该相互熟识要好③。而更为巧合的是，徐訏与沈寂在 20 世纪 40 年代关系也十分要好，两人一起相处了 6 年之久。沈寂在他的《沈寂人物琐忆》中撰写了《百年人生风雨路——记徐訏》、《徐訏与葛福灿的婚姻悲剧》等文章，坦言“徐訏是我亦师亦友的前辈”，两人多次合作，相熟相知④。因此，沈寂得知吴江枫以笔名“霜庐”发表过毛姆的翻译小说是很有可能的。

第二，沈寂与吴江枫关系要好，所以沈寂极有可能在不知会吴江枫的情况下“借用”笔名。沈寂曾经说过，新中国报社在 1944 年 8 月 26 日举办“《传奇》集评茶话会”时，由于他年纪最小，且用“谷正櫆”的笔名为《杂志》写稿，导致现场“除了吴江枫外，（笔者注：其他人）都不知道我是‘沈寂’”。这次茶话会上，由于“批评”张爱玲，沈寂与张爱玲产生了误会。为了解开误会，沈寂请吴江枫陪同去给张爱玲致歉。离开时，沈、吴二人还探讨了张爱玲和胡兰成的秘密爱情⑤。由此可见，吴江枫与沈寂之间的关

---

① 张子静、季季：《盛名下的苍凉——胞弟眼中的张爱玲》，《文史博览》2012 年第 10 期。

② 何夕：《谈副刊》，《金融日报》1947 年 2 月 15 日。

③ 另有旁证可说明“霜庐”与徐訏交好。“霜庐”在《和平日报》上发文，有可能得到了徐訏的引荐，因为徐訏在《和平日报》上长期连载小说，而“霜庐”在徐訏连载小说前并未在《和平日报》上发表过文章。1947 年 5 月 15 日《和平日报》上刊载的《和平副刊从今起》一文所提及的副刊的基本作者，不仅包括了“霜庐”和徐訏，更将两人署名放在一起。

④ 沈寂：《沈寂人物琐忆》，上海社会科学院出版社 2017 年版，第 11-25 页。

⑤ 沈寂：《张爱玲的苦恋》，《世纪》1998 年第 1 期。

系不仅仅是编辑与作者的关系，更是比较亲密的朋友关系。因此，沈寂“借用”吴江枫的笔名“霜庐”是可以讲通的。

第三，张爱玲不可能在 1948 年找吴江枫替自己投稿。1944 年 12 月，张爱玲的话剧《倾城之恋》在新光大剧院首演，沈寂在得知消息后，“特地买了一个花篮，题上祝演出成功的贺词，当天购票观戏并献上花篮。第二天，吴江枫专门来电转达张爱玲对沈寂的谢意”①。分析张、沈、吴三人的这段交往，必须要结合此前的交际历史来看。4 个月前，张爱玲和沈寂在吴江枫的协调下刚刚化解矛盾，沈寂在张爱玲的话剧上演时献出花篮，实则是借机再一次向张爱玲致歉、示好。然而张爱玲对沈寂并不了解，因而才拜托吴江枫向沈寂表达谢意，这一致谢方式其实也表明了张爱玲虽然对沈寂在茶话会上的“批评”仍有不满，但看在沈寂认错和示好的良好态度上，选择了原谅。根据沈寂的叙述可以看出，张爱玲并没有主动向沈寂投过稿，张爱玲之所以向沈寂寄送翻译了 3 分之二的《红》，只是因为沈寂约了稿。

《考证》认为，既然张爱玲曾经委托吴江枫替自己向沈寂致谢，那也有可能拜托吴江枫替自己向沈寂投稿。单就这两件事情来看，《考证》的推测是有可能的；但综合张爱玲、沈寂、吴江枫三人的交往历史来看，《考证》的推测是不成立的。原因是沈寂和张爱玲两人的误会早就解释清楚了，张爱玲没有必要通过吴江枫去投稿。况且如果张爱玲真的重视沈寂所编辑的刊物，三番两次委托吴江枫向沈寂投稿，那当沈寂本人向张爱玲约稿时，张爱玲为何又只寄去了未翻译完的作品？再退一步说，假若《牌九司务》是张爱玲委托吴江枫向沈寂投的稿，那在沈寂主动约稿后，张爱玲大可将自己后续的译稿署名寄送沈寂，没有必要再次通过吴江枫代寄稿件。

第四，张爱玲不可能在《金融日报》等报刊上发表文章。前文已经说明，《金融日报》的文艺副刊《墨屑》在创刊的头一个月是由徐讦主编的。而徐讦对张爱玲的文学创作，其实是不满的。徐讦在回忆抗战结束后的上海文坛时曾说：“我于抗战胜利后回到上海时，很想看看敌伪时期占领区的文艺……有人介绍我两个在当时见红的女作家的作品，一个是张爱玲，一个是苏青。张爱玲有一本短篇小说集，一本散文集，小说所表现的人物范围极小，取材又限于狭窄的视野，主题又是大同小异，笔触上信口堆砌，拉杂拉扯处有时偶见才华，但低级幼稚要文笔处太多，散文集比小说稍完整，但也只是文字上一点俏皮，并无一个作家应该且必有的深沉的亡国之深痛与回荡内心的苦闷之表露；也无

① 韦泱：《沈寂眼中的张爱玲——张爱玲辞世 20 周年祭》，《传记文学》2015 年第 11 期。

散文家所必需的缜密的思考与哲理的修养。”① 这段叙述明确地表明，徐讦从 20 世纪 40 年代开始就不认可张爱玲的小说和散文创作。既然如此，张爱玲就不可能在徐讦主编的文艺副刊《墨屑》上不断发表文章，也就证明了《墨屑》中的“霜庐”绝非张爱玲。论及此处，“霜庐”笔名的疑云已经基本解开：沈寂向张爱玲约稿翻译小说，张爱玲当时正处于敏感时期，且正忙于创作剧本，因而寄去了未署名、未完成的毛姆翻译小说《红》，沈寂根据张爱玲附寄的原著译完了剩下的部分。因为沈寂知晓吴江枫曾以“霜庐”笔名发表毛姆的翻译小说，沈寂、吴江枫、张爱玲三人又相互熟识，所以沈寂直接借用吴江枫的“霜庐”笔名分两期在《春秋》上发表了《红》。因此，“霜庐”顶多算是张爱玲的半个笔名。说是“半个”笔名，原因有三：一是因为翻译小说《红》是由张爱玲和沈寂共同创作完成的，并非独作，张爱玲只有一半功劳；二是因为《红》最多算是张爱玲的翻译作品，而非原创作品；三是因为“霜庐”的笔名是吴江枫所起，且并非是张爱玲有意取之。从本文的考证来看，沈寂在关键史实的记忆上，应该是与历史基本相符的。

“‘霜庐’是张爱玲的笔名”、“署名‘霜庐’的散文《中年况味》是张爱玲的佚文”这样的可疑结论已经被作为论据运用在了《张爱玲与〈哀乐中年〉关系考》一文中。严格来说，《张爱玲与〈哀乐中年〉关系考》的结论能否成立，需要经过再次考辨推敲。虽然《“霜庐”张爱玲及几篇佚文的考证》提出了一个有价值的问题，但该文没有得出准确的结论。倘若不对其中的讹误进行纠正，那它极有可能会对后续的张爱玲佚文研究产生消极影响。希望本文的讨论能够理清“霜庐”笔名的基本史实，在张氏佚文与笔名研究上尽绵薄之力。

（作者单位：武汉工程大学外语学院）

---

① 徐讦：《谈小说的一些偏见——於梨花〈梦回青河〉序》，《徐讦文集（第十一卷·散文卷）》，生活·读书·新知三联书店 2012 年版，第 2-3 页。

茅盾佚文《“自由主义者”之一例》述论

许龙波

茅盾是我国著名的作家、文学评论家和社会活动家，为中国近现代文化事业的发展做出了杰出的贡献。笔者在阅读出版于新加坡的《风下》周刊时，发现茅盾曾在该刊发表多篇文章，其中《“自由主义者”之一例》一文系首次发表，而且未见登载于其他刊物。经过进一步查证，发现此文不仅在新、旧两版的《茅盾全集》① 中均未收入，而且在《茅盾年谱》、《茅盾大事年表》② 和《茅盾生平著译年表》、《茅盾著译书目》③ 等有关茅盾研究的资料中亦未见有所记载，属于茅盾的集外文。因涉及茅盾的文学创作、茅盾与南洋的文化交流、茅盾对国民党政权的认识等重要文学史和文化史问题，故而有必要对这篇佚文做相应的介绍和考察。

一

《“自由主义者”之一例》发表在1948年2月28日出版的第115期《风下》周刊上，署名“茅盾”，全文共3800余字。兹照录如下：

① 旧版为1984—2006年人民文学出版社陆续出版的40卷《茅盾全集》、两卷《茅盾全集·补遗》以及1卷资料索引。新版为2014年黄山书社出版的42卷《茅盾全集》。

② 查国华：《茅盾年谱》，长江文艺出版社1985年版。万树玉：《茅盾年谱》，浙江文艺出版社1986年版。唐金海、刘长鼎：《茅盾年谱》，山西高校联合出版社1996年版。《茅盾大事年表》，载余连祥：《逃墨馆主——茅盾传》，浙江人民出版社2006年版。

③ 查国华编《茅盾生平著译年表》和《茅盾著译书目》均收录于2014年出版的《茅盾全集》第42卷。

这里所讲的“一例”是我所见所闻的无数“例”中，最典型性的一个。当然，这无数例中的“自由主义者”都是要加括弧的；如果不怕噜苏（口旁）而加以注脚，应当是这样的几种方式：

“自封”的自拉自唱的自由主义者，

“我”既是“自由主义者”，因而“我”可以反对别人而别人则不可以反对“我”的自由主义者，

以“我”的自由主义为武器，从而对别人的自由加以干涉，或宣布别人一律是反自由，或除“我”以外别无真货的自由主义者，

黑白，丑美，是非，好恶……都应由“我”自由解释的自由主义者，对虎狼噬人则认为“肚子饿了，情有可原”，而对泥腿要求翻身则勃然大叫“过火”的自由主义者。

诸如此类，不胜枚举，总而言之，都是要加括弧的自由主义者。但我得声明：虽然当今之世，加括弧的自由主义者如此之多，而我仍然深信，不用加括弧的自由主义者亦复不少，在我见闻的范围内也可以举出一打以上的例子，对于不用加括弧的自由主义者，我当然是敬重的。

现在书归正传，且看这一个最典型的要加括弧的自由主义者。我所以要郑重地介绍他，无非因为他是上述各种带括弧的方式的总和，他是集大成的。

时间尚在抗战，地点是大后方的所谓“战时海军根据地”。

提起这“战时海军根据地”，不可不有几句说明。

感觉锐敏的读者看到这七个字又是带括弧的，不免要会心地一笑，或者更联想到战时在贵州万山丛中曾经隐蔽着一个堂堂的海军学校，因而以为此所谓“战时海军根据地”者，大概也躲在什么山坳子里；然而我不能不代为负责声明；“根据地”虽然确确实实在山坳子里，但也确确实实是背山面水的。这水也确确实实不是旱了个把月就会消灭的泥沼，而是浩浩荡荡的长江。再说，战时保藏在万山丛中的“海军学校”拥有舰艇是否仅属模型之类，因为未作实地调查，在下未便乱说，可是这所谓“根据地”却确实是有“海军”的。尽管有些要求过高的观察者认为三五条幸而免于炸沉而且逃上了峡江，在这里抛锚的船只，碍难称之为“海军”，然而“中立而又公正”的观察家依然承认：既得免于炸沉又得免于被俘，且公然逃脱而又经历千辛万苦，通过了天下有名险恶的峡江，这就是难能而可贵；至于常年抛锚，罪亦不在“舰只”，君不见江面仅宽如许，英雄奈无用武之地，而况抛锚至于七八年之久竟不闻锅炉朽烂而重劳修理，这难道不是值得夸耀的？最后，数量上，三只五只，固然好像少了一点，但“三五成群”，古有成语，既成了群，你不称之曰“海

军”那又称它什么呢？

这就是“战时海军根据地”之所以名正而言顺的各种理由。

不过，话也得说回来，因为仅仅只有“三五成群”的舰只而已，又因为此“三五成群”者派它们走私则水道不熟，派他们护航则又冥顽不灵，结果是惟有聊加保存以备将来博物馆之急需，所以舰内舰外，一切从简，以至这个“海军根据地”除了偶有一二水兵在街头买菜，外来的观察者是很难嗅到“海军”味的。外来观察者一眼就看到了的，却是“中央”与“地方”之分治。

因为这一个小地方也有“老镇”和“新市区”的区别。老镇是“民族形式”的，从街道，房屋，店铺的装璜，直到居于斯，歌哭于斯，老死于斯的市民生活方式。

“新市区”是洋化的。街不曰街，而名曰“路”；无数的路，长者里许，短者数丈，而皆拥有了全国沦陷各省各都市的尊称，不足则又冠之以“三民”“五权”“复兴”“建国”诸美名。房屋的建筑是所谓“抗战式”的——俨然洋房，说得诗意一点，就是法国风或者西班牙风的小别墅了。占有这些（几乎全部）所谓“抗战建筑”的，则是政府机关的“防空季节”的办事处，公教人员的眷属，第四五流的投机商人（下江佬）的外室；而当然，也不会缺少特种人物。

老镇有“如一”若干人，而“新市区”则赫然有一座公立医院。谁要是看了那建筑的外形而怀疑他是一座医院，那他这个人的眼界未免太高。

老镇的居民的身份证是由“县”发给的，“新市区”的居住者的身份证则是由“市”发给的。

老镇有镇长，一位本地袍界的大爷，他是统治者，——在他自己的范围内。“新市区”也有一位镇长，很不凑巧，他是一位“阿拉同乡”，出身不可深考，识字不多，面目可憎，但想来他一定有点小小手法。“中立而公正的观察者”也一定会替他叫屈，因为以他那样的长才俯就这样一个小事而实际权力赶不上老镇的那位同僚。他不能像那位“大爷”似的成为自己地面上的得心应手的统治者。“新市区”的内容太复杂了，对于那些特种人物他当然不能不买账，对于若干小有背景的公家人，他亦不能太随便，甚而至于打算小小敲诈一下那几个在此置有外室的第四五流的投机商人的时候，他也不得不用迂回曲折“不伤感情”的方法。因此，真正屈服于他治权之下，可以随他喜欢要怎样就怎样的，恐怕只有寥寥可数的那几家小铺子，饭馆，杂货店，成衣铺。当然也应该算进那些逢二四又来赶场的乡下佬。

本文要介绍的最有典型性的所谓“自由主义者”，他的“大本营”就在老镇与“新市区”之间，可是，既不属于老镇，也不属于“新市区”，俨然成为这山坳子里的第三种势力。根据“半官方”统计，老镇“大爷”统治下的人口，约千数百，“新市区”的“阿拉同乡”该管的总也有一千上下，那位“第三势力”的“自由主义者”拥有的“群众”则有七八百。这一种数字充分表示出“第三势力”的不可轻视。

这位“自由主义者”的大本营是一所私立中学。

照一般情形说，抗战时期在大后方办个把中学，简直是名利双收，一本万利。然而“中立而公正的观察者”一致认为这位“自由主义者校长”应作别论。

他仍然不为名。他是老牌的留学生，十多年来，以科学家姿态出现，不但名满乡邦，亦几几乎在全国的科学界中时或被人提到的了。

而且他当然亦不为利。这有事实证明：他当着校长的，不支薪，也不支车马费，简直是澈底义务。有些“破坏”他的人说，他以学校名义，向大人先生们募捐其数可观，更有些不曾见过世面的人指摘他每月为了筹募学校经费，而奔走省城与特别市，光是旅费和应酬，每月所化就等于该校全体教员两个月的薪俸，但是，明白实际情形的人就知道这些指摘不能成立。旅费和交际费数目虽然庞大，却是从募捐所得项下开支的，并不从学校拿钱；募捐所得虽复可观，却要支付旅费和交际费，时或不够，还得校长掏腰包垫上，因此，学校尽管沾不到捐款的光，而捐款之未落荷包，却也是铁一般的事实。

原谅校长之贤劳的人，每每说：这是校长的自由主义作风之一端。

既是自由主义者，当然主张“民主”，校长对学校经济情形，自来就很公开。会计是校长的内亲，收支账目，当然一清二白。校长确实从未用过学校一个小钱。学生缴的膳费全部用于学生的伙食去了，伙食太坏么？只要学生同意增加膳费，校长是极端赞成改好的。学生缴的学费全部用来支付教员的薪俸了，校长常常苦口婆心劝导学生多出些学费，以便提高教员的待遇。职员的薪俸差不多全部落空了，（学生固然也交了杂费，可是杂费得支应灯火茶水校役工薪伙食等等开销，所余有限，）因而职员们的待遇最差，幸而他们都是校长的亲信，托定了牺牲的精神来追随校长，在校长伟大人格感召之下，虽然清苦一点却从无怨言。

有一次的公开经济会上，若干“不近人情”的学生既要求改善伙食，又不肯增加膳费，于是校长有点生气了，他训斥这几个斤斤于口腹之欲的生徒，连颜子“一瓢饮，一箪食”，而“不减其乐”的故事也忘记了，不配做他的学生，同时却也“批评”自己的德性未孚，校内竟还有未受感化的学生。校长是博学而又善辩的，他从“夫子之道”又说到佛家言；他说，佛徒还不惜以身喂虎狼呢，食无肉又算得什么？同学们来校是为求学，为养成伟大人格，怎么天天嚷吃得不好呢！校长虽以科学起家，现在却是佛学的虔信者，每次训话，一定要宣扬佛学一番。

既是“自由主义者”，自然对于国民党政府是不满意的。校长训话最精彩的地方就是坚持思想自由，学术自由，“我学校可以不办，教育部或党部要干涉我办学的宗旨，我是不答应的!”这一番话，当然屡次博得学生们的热烈掌声。对于教员们，校长就说：“本校待遇赶不上别的学校，可是本校思想是自由的。”当自由思想和饿肚子发生了矛盾，教员们啧有繁言的时候，坚持自由思想的校长便只好牺牲那位自由思想的教员。校长之坚持自由思想，而鄙视待遇之改善，到了这样可惊的程度：每学期终了，除掉极少数追随校长有年的关系不平常的教员而外，其余几乎全换了新的，聘书只写半年，成为定例。而按照校长所订章程，聘期半年的教员只能拿四个半月薪水；有些“不够”自由思想的教员曾经做过统计，以为校长的坚持“自由思想”，对于教员的肚子虽有不利，而对于学校却是有利的：学校一年之内两次新聘百分之八十的教员，实际付给教员的薪水是九个月。差额的三个月薪水当然不是校长落了腰包，可是教员们之受损失却是不可否认的事实。

曾经有过不通时务的教员当他的面蝉联了两个学期，每学期都得一个新聘书，而薪水实得九个月的时候，找到会计员问这笔账怎样算的。会计员却不慌不忙给他看了校长手订的章程，并且说：“本校章程如此，合则留不合则去，这就是自由主义啦!”

抗战时期大后方的中学生有不少是为了逃避兵役而来的。他们对于一学期换一次教员实在并不关心；他们对于校长的“自由主义”作风，在某些方面，当然是拥护的。例如：学校不管学生在校外的行动，甚至也可以不“干涉”学生在校内的行动，只要学生不多“管”校方的事。特务和袍哥在校内打架，按照校长的“自由主义”，当然亦只好由他们去。最大的一次打架，两方面各有外面来的帮手，有刀有枪，参加人数一二百以上，惊动了老镇镇长，不得不以“大爷”身份出面调解，可是校方抱的还是“自由主义”!

说者谓“战时海军根据地”两大势力之间而能有这位校长的第三势力存在之余地，基本上还是靠他的“自由主义”①。

《风下》周刊是胡愈之在南洋华侨的支持下创办的一份以政论为主，包括文艺、书刊评介等内容的综合性期刊。该刊创刊于 1945 年 12 月，由新南洋出版社发行，1948 年因殖民地政府颁布“紧急法令”而被迫停刊，在两年半的时间里，一共出版了 132 期。

---

① 茅盾：《“自由主义者”之一例》，《风下》第 115 期，1948 年 2 月 28 日，第 10–11、13 页。

当时众多的文化界人士，如茅盾、郭沫若、陶行知、黄炎培、何其芳等纷纷为《风下》提供稿件。名家荟萃，保证了刊物的质量，《风下》逐渐成为一份极有影响的刊物。据胡愈之回忆，“办了一年，许多华侨刊物停办了，《风下》却坚持下来并得到了发展”①。茅盾的这篇文章是“本刊特约专稿”。茅盾严格遵守了“特稿专投”的原则，未向其他刊物投出该文；复因《风下》在新加坡出版，且主要在南洋地区发行，所以这篇文章长久以来未被学者注意到。

二

茅盾和胡愈之是浙江同乡，两人均出生于1896年，在青年时代就建立起深厚的友谊。1914年，刚满18岁的胡愈之投考商务印书馆，并顺利成为商务印书馆编译所的练习生。翌年，胡愈之成为《东方杂志》的编辑。1916年，茅盾从北京大学预科毕业后，经其表叔介绍，到商务印书馆编译所英文部工作，与胡愈之成为同事。茅盾和胡愈之都热衷于此时洪波涌起的新文化运动。胡愈之曾说：“那时《新青年》出版，报上一见广告就得马上去买，晚一点就买不到了。在买《新青年》时，常常可以碰到沈雁冰。那时一些报纸的副刊已用白话文了，我和沈雁冰都喜欢写白话文，写了文章就用笔名投到《时事新报》副刊《学灯》和《民国日报》副刊《觉悟》去登载。‘五四’时期我和沈雁冰是提倡白话文最力的两个人。”② 共同的文化追求，让两人成为亲密的朋友。1920年，茅盾、胡愈之和郑振铎等人发起成立文学研究会，积极推进新文学运动。两年后，茅盾与胡愈之等人还发起成立了“妇女问题研究会”。

1925年“五卅”惨案发生后，茅盾和胡愈之不仅亲自参加示威游行，还充分利用自身特长，揭露帝国主义国家的暴行。茅盾将自己的见闻写成《五月三十日的下午》、《暴风雨——五月三十一日》、《街角的一幕》等纪实性散文。胡愈之发起成立了上海教职工救国同志会，并到各学校、团体演讲。值得一提的是，当时上海的报馆大都设在公共租界内，“五卅”运动爆发后，租界当局严格管控报刊言论，以致上海报纸一时无法发声。为了打破租界当局的新闻封锁，将“五卅”惨案的真相公诸世人，上海学术团体对外联合会于当年6月3日创办了《公理日报》。新报的出版发行需要人手，茅盾、胡愈之便一同加入到该报的编辑中。叶圣陶的儿子叶至善曾说：“近几年我问父亲，他只记得《公

① 胡愈之：《我的回忆》，《胡愈之文集》（第6卷），生活·读书·新知三联书店1996年版，第395页。

② 胡愈之：《我的回忆》，《胡愈之文集》（第6卷），生活·读书·新知三联书店1996年版，第324–325页。

理日报》是商务印书馆编译所的一班朋友编的，郑振铎、沈雁冰、胡愈之诸先生出力最多，当时很受读者欢迎，甚至拥护。”①《公理日报》虽然只坚持了短短22天，但打击了帝国主义国家的嚣张气焰，教育了民众，促进了民族自觉，为中国人民争取民族独立做出了贡献。此外，胡愈之还在《东方杂志》第22卷上推出“五卅事件临时增刊”，“增刊”刊登了3万多字的《五卅事件纪事》。可以说，“五卅”时期并肩与帝国主义国家战斗的经历进一步升华了二人的友谊。

1931年，在了解到胡愈之有加入中国共产党的意向后，茅盾介绍胡愈之与时任中共临时中央政治局委员的张闻天会面。1932年10月，胡愈之出任《东方杂志》主编，向茅盾约稿。为支持好友的工作，在胡愈之任主编的5个月中，茅盾为《东方杂志》撰写了9篇文章，其中一篇刊登在日后多次被学术界提及的1933年新年特大号《梦想的中国》上。尤值一提的是，胡愈之在1921—1922年间曾热衷于评介文艺问题，1923年后就与文艺界渐渐疏远了。不过，有两次例外：一是1933年11月胡愈之写了《介绍〈子夜〉》刊登在《东方杂志》上；二是1934年茅盾主编《文学》杂志，胡愈之出任编委。不难看出，这两次“例外”均与茅盾相关，可见两人的关系非同一般。

抗战全面爆发后，茅盾和胡愈之又一同投身到抗敌御侮的洪流中。1937年8月5日，茅盾和胡愈之等人致电张伯苓，对遭受日机轰炸的南开大学表示慰问，“并望转至同人，盼为国努力，抗敌到底”②。1937年，鲁迅先生纪念委员会准备编辑出版《鲁迅全集》，胡愈之和胡仲持兄弟负责全集的出版发行工作。考虑到文化推广，胡愈之决定将书编印成普及本和精装纪念本，以便更多的人能读到鲁迅的作品。可印刷资金让人犯难，胡愈之想到了预约推销的办法，即先向有经济实力的读者推销《鲁迅全集》，让他们预交书款，待资金到位后，再行印刷。战时，大量国人携资转移到香港、武汉、广州等地，胡愈之于是亲赴香港推销。在香港，胡愈之邀请进步资本家、开明人士和国民党要员参加茶话会，在茶话会中向他们介绍《鲁迅全集》的情况。当时，在香港主编《文艺阵地》的茅盾积极协助胡愈之推销。上海《文艺》旬刊曾作如是报道：“五月十二日，他和巴金、胡愈之二氏，以鲁迅先生纪念委员会的名义，在粤招待文化界同人茶叙，商讨协助《鲁迅全集》出版之办法。”③ 在茅盾等人的帮助下，胡愈之在香港的推销工作取得了很好的效果，为《鲁迅全集》的出版募集了大量资金。1938年6月15日，《鲁迅全集》普

① 叶至善：《五卅运动中的〈公理日报〉》，《出版史料》1982年第2期，第23页。

② 茅盾等致张伯苓电（1937年8月5日），梁吉生、张兰普编：《张伯苓私档全宗》（中），中国档案出版社2009年版，第1035页。

③ 《茅盾、巴金、胡愈之在粤协助发行》，《文艺》第1卷第1期，1938年6月5日。收录于北京鲁迅博物馆鲁迅研究室编：《鲁迅研究资料》（15），天津人民出版社1986年版，第73页。

及本出版；8 月 1 日，精装版问世。

抗战后期，社会上谣传胡愈之在南洋因病逝世，茅盾在得知这个消息后悲痛地写下了《悼念胡愈之兄》。他说："愈之兄的噩耗，来的如此突兀，我不愿信，但又不能不信；好多天内，我总觉得像在做梦，有点昏昏然！"① 胡愈之夫妇回到新加坡后，创办了《风下》周刊，沈兹九特地致信茅盾告知近况，并向茅盾约稿。面对老友的要求，茅盾欣然应允，并向胡愈之表达自己的喜悦之情道："一年前谣传兄等不幸消息，友朋震惊悲痛之情见于文字；去秋始知兄等无恙，则狂喜之余又恐仍是谣传。但最近则见兹九嫂来信，悲喜之情，于焉确定为大喜，人望所归，有若此也。"② 茅盾的一悲一喜，分明是真情流露。

在近代中国急剧的变动中，茅盾和胡愈之形成了朋友加同志的情谊。茅盾为《风下》撰写文章亦为情理之中的事。从 1946 年到 1948 年，茅盾一共在《风下》上发表了 18 篇文章。当时，胡愈之等人依托新南洋出版社和《风下》周刊，办了"青年自学辅导社"。辅导社选取高质量时事评论文章和文艺作品进行点评，然后刊登在《风下》的"自学辅导读本"栏目中，以供南洋华侨青年自学。胡愈之选取了茅盾的《黄昏》和《白杨礼赞》作为青年学习的范本。所以，茅盾总共有 20 篇文章刊载于《风下》周刊。

三

茅盾在《"自由主义者"之一例》的开篇就说"自由主义"是要加括弧的，即是说文章要谈的并非是真正的自由主义。紧接着，茅盾将"自由主义者"分成了两类：第一类，自称"自由主义"，可实际上站在"自由主义"的对立面，以"自由主义"之名排斥异己、行专制之实的人；第二类，站在权力阶层立场的"自由主义"者，处处维护权力阶层的利益，对底层民众缺乏应有的关怀，用茅盾的话说就是"对虎狼噬人则认为'肚子饿了，情有可原'，而对泥腿要求翻身则勃然大叫'过火'的自由主义者"。

接下来，茅盾交代了事情发生的时间和地点——在抗战大后方的"海军根据地"，一所位于峡江流域的山坳里的私立学校。经查，中国的河流中并无峡江，只有以峡江命名的江西省峡江县，可见这篇文章并非写实，而是根据一些素材创作的。文中的主要人物是私立学校的校长，一个以"自由主义者"自居，实际上却打压自由言论、克扣教职工工资的人。

① 茅盾：《悼念胡愈之兄》，《茅盾全集》（第 12 卷），黄山书社 2014 年版，第 251 页。
② 茅盾《致胡愈之》，《茅盾全集》（第 37 卷），黄山书社 2014 年版，第 275 页。

粗看起来，文章是批判校长的“自由主义”作风和“民主”行径；细究其实，茅盾是另有所指。在笔者看来，茅盾笔下校长的原型就是蒋介石，文中草绳灰线，暗藏了诸多信息。

其一，校长。蒋介石曾任黄埔军校的校长，黄埔系的毕业生多以“校长”称呼蒋介石，以示自己是嫡系。蒋介石也乐于接受这个称呼，因为可以利用“一日为师终生为父”的传统文化理念，培植自己的亲信势力。抗战爆发后，蒋介石还曾兼任迁移至重庆的国立中央大学校长。

其二，文中三次提到“中立而公正”的观察者（家）。根据上下文不难看出，这些观察者得出的结论明显有悖于事实，与“中立而公正”的定位——不啻天渊。茅盾在此是讽刺蒋介石，因为“中立而公正”首尾两字组合起来恰是蒋介石的名——“中正”。

其三，“阿拉同乡”。“阿拉”是浙江宁波方言，意思是“我们”。清末民国，大量宁波人到上海谋生，“阿拉”于是也成为上海方言中的一种表述。茅盾是浙江人，对于省内各地的方言是熟悉的，在他的小说中就出现了大量浙江方言①。“阿拉同乡”的意思是“我们同乡”。文中“新市区”镇长是“阿拉同乡”，那到底是谁的同乡？而蒋介石是宁波奉化人。茅盾所指就很明显了。这个“阿拉同乡”，“出身不可深考，识字不多，面目可憎，但想来他一定有点小小手法”。在此，茅盾是暗指国民党官员的无能以及国民党官场中的“运作”风气。

除了文字表述上的证据以外，从校长的习惯和作为，亦可见其为蒋介石的化身。

首先，校长笃信佛学，每次训话，都要宣扬佛学。蒋介石在他的遗嘱中说道：“自余束发以来，即追随总理革命，无时不以耶稣基督与总理信徒自居。”② 事实上，蒋介石并非“束发”时就信奉基督教，他成为基督徒是在 1928 年以后。不过，蒋介石信教后以基督信徒自居，大体符合事实。在他的多次演说中，更是频频言及“上帝”。在当时国人的眼里，蒋介石就是一个不折不扣的基督徒，茅盾是知晓这一点的，只不过把基督换成了佛学。

其次，校长与学校的经济关系。这个指向更为明确。“会计是校长内亲”，国民党政府的财政大权长期由孔祥熙和宋子文把持，孔祥熙是蒋介石的大姐夫，宋子文是蒋介石的小舅子，是名副其实的“内亲”。在孔、宋二人执掌财政大权的时期，国民党政府在经济上虽然有所改革，也在一定程度上促进了国民经济的发展，但经济发展的成果大部被统治阶级鲸吞，孔、宋二人“近水楼台先得月”，根本谈不上“一清二白”。“校长确

---

① 钟桂松：《茅盾小说中江浙方言俗语的运用》，《浙江学刊》1985 年第 2 期。

② 吕芳上主编：《蒋中正先生年谱长编》（第 12 卷），台湾“国史馆”、中正纪念堂、中正文教基金会 2015 年版，第 805 页。

实从未用过学校一个小钱”更是对蒋介石的莫大讽刺。蒋介石确实未曾支取薪水，但他的所有花费无一不是来源于国民。学费征收需要依据规则，按年度或学期定额收取。文中提到校长“劝学生多缴学费”，不就是暗示当时国民党政权频繁加税吗？跟随校长的职员就是指国民党政权的仆从。茅盾说：“职员们的待遇最差，幸而他们都是校长的亲信，托定了牺牲的精神来追随校长，在校长伟大人格感召之下，虽然清苦一点却从无怨言。”在国民党政权统治下，获益最多的就是这批人，他们是与“牺牲精神”、“清苦”相对立的人，茅盾的意思不言自明。

再次，校长在训话中，屡屡声言“坚持思想自由，学术自由”，可是“当自由思想和饿肚子发生了矛盾，教员们啧有繁言的时候，坚持自由思想的校长便只好牺牲那位自由思想的教员”。蒋介石在训话中多次言及“自由、民主”，要爱护民主人士，可实际上则言行不一，对于不同政见缺乏包容。1946 年 2 月 10 日，重庆各界民主人士为庆祝政协成功闭幕，在较场口广场开庆祝大会。可是，当群众团体陆续入场后，国民党特务竟然毒打李公朴、郭沫若、马寅初等文化界进步人士。更有甚者，这年 7 月 11 日和 15 日，国民党特务在昆明暗杀了民主人士李公朴和闻一多。茅盾得悉李公朴和闻一多被害的噩耗后，悲愤地写下了《四天之内》，声讨国民党的暴行。在文中，茅盾说：“四天之内，中国的反动分子暗杀了两位民主战士，这种血腥的恐怖手段当然是企图威吓民主人士。可是这也告诉了中国乃至全世界的人民：反动派最后的希望唯有依仗暴力，而且是‘掩耳盗铃’的暗杀。”①《四天之内》完稿后，茅盾把文章同投给了《华商报》和《风下》周刊。在《“自由主义者”之一例》中，茅盾敛住了《四天之内》的锋芒，用“只好牺牲”的字眼来痛斥蒋介石政权暗杀民主人民的残暴行为。

最后，茅盾提到，校长不管学生在校内外的活动，甚至放任特务和袍哥在校内打架。这其实是影射蒋介石置民众于不顾，悍然发动内战的行径，“特务”和“袍哥”则指横行在中国的外国势力。

《“自由主义者”之一例》是一篇讽喻散文。茅盾采用暗喻的方式，将时间放在抗战期间，通过讽刺小人物“校长”来批判崇信“自由主义”的蒋介石。文中虽未直接言蒋，却处处有蒋。在茅盾的笔下，奉行“自由主义”的“校长”是决难长久的。不宁唯是，校方有时甚至需要“老镇镇长”来调节矛盾。这里的“老镇镇长”是与“新市区镇长”并存的社会管理力量，即是说，在国民党政权的统治下，存在着诸多难以控制的旧式力量。可见，国民党政权没有稳固的统治基础，时刻面临崩解之危。事实上，在茅盾这篇文章发表一年后，国民党就在“三大战役”中惨败了。

① 茅盾：《四天之内》，《风下》第 36 期，1946 年 8 月 10 日，第 168 页。

在这一期的《编后记》中，胡愈之这样说道，《“自由主义者”之一例》“是本刊特约茅盾先生撰写专稿的第一篇，以后陆续还有。为了适合本刊读者的水准起见，我们已去信请茅盾先生写得更明快一点”①。可见，胡愈之意识到当时南洋华侨的文化水平不高，在理解茅盾作品上存在难度。胡愈之的认识是符合事实的。茅盾在文中将时空和人物都虚拟化了，读者需要充分了解国内局势以及蒋介石个人的情况，再结合茅盾的春秋笔法，方可理解文中深意。非如此，便难以把握文章的主旨。总的来看，这篇文章为我们提供了丰富的历史文化信息，自有其独特的价值，从中我们可以窥见当时知识分子对国民党政权的看法以及他们为启迪民众所做的努力。

四

1948 年 3 月，《风下》刊登了茅盾的《吉霍诺夫访问记》②。在《编后记》中，胡愈之指出：“茅盾先生寄来了第二篇特约专稿，这就是本期发表的《吉霍诺夫访问记》，茅盾先生来信说，不久他还有第三、第四……篇寄来。”③ 可惜在短短的 3 个月后，《风下》就宣告停刊，南洋读者没能等来后续的茅盾“专稿”。《“自由主义者”之一例》一文体现了茅盾对于现实政治的思考。他以书写“自由主义者”的方式表达了对国民党政权的不满与唾弃。这对于学界研究茅盾的文学创作以及了解第二次国共内战时期知识分子的政治心态具有重要的意义。

（作者单位：北京师范大学历史学院中国近代文化史研究所）

① 《编后记》，《风下》第 115 期，1948 年 2 月 28 日，第 12 页。
② 这篇文章后来收入 1948 年开明书店出版的《苏联见闻录》。
③ 《编后记》，《风下》第 117 期，1948 年 3 月 13 日，第 6 页。

“苦撑待变”思想发表期的重要传播文本①

——胡适佚文《英美法苏与中国抗战》

杨 博

1935 年，胡适在致王世杰的信中对中国抗日战争进行了全面思考，提出了“苦撑待变”的思想，认为中国的抗战必须“单独作几年绝大牺牲的苦战，才可以有国际参加与援助。这是破釜沉舟的故智，除此之外，别无他法可以促进那不易发动的世界二次大战”②。“苦撑待变”思想是胡适思想的一个重要问题，它不仅涉及胡适自身对抗日战争走向的认识，也涉及胡适履职国民政府驻美大使后，该思想与中国抗战的关系等问题。余英时在《重寻胡适历程：胡适生平与思想再认识》中认为，“苦撑待变”思想 1935 年就已在胡适心中逐渐形成③。国内学者刘庆楚在《试评胡适抗战思想的演变》中、胡慧君在《抗日战争时期的胡适：其战争观的变化及在美国的演讲活动》中都指出了胡适从“低调俱乐部”到“苦撑待变”的思想演变。

因此，笔者在前人研究基础上，将胡适的“苦撑待变”思想分为形成期、发表期、外交政策期。形成期（1931 年 9 月 18 日至 1937 年 7 月 7 日），即从东北沦陷至全面抗战爆发，胡适在与朋友的通信中对中日之间的冲突进行探讨，逐渐形成了“苦撑待变”的思想。发表期（1937 年 7 月 7 日至 1938 年 9 月 17 日），即在约一年时间内，胡适受蒋介石委托，在欧美开展国民外交，并多次就“苦撑待变”思想进行演讲，演讲内容在国内

---

① 本文系 2016 年国家社科基金重点项目“西北抗战大后方文献资料整理研究”（16AZD037）、2019 年国家社科基金重大项目“抗战时期西北国际通道资料整理及研究”（19ZDA218）的阶段性成果。

② 胡明主编：《胡适精品集 12》，光明日报出版社 1998 年版，第 364 页。

③ 余英时：《重寻胡适历程》，广西师范大学出版社 2004 年版，第 50 页。

外报刊及公众之中传播。这一期因仅有约一年时间，学界有所忽视①。外交政策期（1938 年 9 月 18 日至 1942 年 8 月 15），即胡适就任驻美大使期间，胡适的“苦撑待变”思想进入国民政府决策层面，成为国民政府所奉行的外交政策。这三个阶段从 1931 年至 1942 年胡适卸任驻美大使，也是胡适作为知识分子思考抗日战争到履职大使的历史。

因学界对胡适“苦撑待变”思想的形成期与外交政策期多有论述，本文则集中关注“苦撑待变”思想的发表期，即 1937 年 7 月 7 日至 1938 年 9 月 17 日约一年时间的演讲，并就相关问题予以讨论。

一、胡适 1938 年 8 月 21 日演讲的内容

笔者在 1938 年 9 月 5 日、6 日的《文汇报》上发现了一则题为《英美法苏与中国抗战：胡适最近在伦敦之演讲》的报道。

英美法苏与中国抗战：胡适最近在伦敦之演讲

胡适之先生出国已经一年，国内似乎有许久没有听见他的议论。这里记的一则演说辞，是他今年八月二十一日在伦敦中华协会对于中国侨胞公开演讲的。因为胡先生说话也和他做文章一样，条理层次，都很清楚，所以听起来颇为顺耳，而笔记起来也并不吃力。同时因为胡先生太忙，所以此稿并未经他看过。若其中尚有误记之处。其责由记者负之。

陈思附识。

主席要我来演讲，我问主席要我讲什么？他说“随便”，“随便”是顶难做的题目，不知从何说起！后来接到中华协会的通知，说要我讲时局问题，我又问讲时局的那一方面，主席又回答说是“随便”。我现在也就随便讲两点：一是对于抗战一周年结论的观察，二是我从美国来，也讲一点关于美国与抗战有关系的事。在七月七号抗战一周年纪念，我在密其根大学中国学生会讲演。密其根大学的中国学生的数目，在美国各大学占第一位，一共有一百六十五人，而且全是由中国本部来的，（比如加利福尼亚等处大学内就有许多华侨学生）。我在那次讲演只说了三句结论。概括言之：（一）是我们抗战的力量，超过我们的预算；（二）是我们敌人能力的薄

① 对于胡适“苦撑待变”思想发表期这一阶段的研究，仅有《抗日战争时期国民政府公共外交研究——以胡适使美演讲为中心》（菅先锋）、《浅析 1931—1938 胡适的对日主张》（莫镇湖）这两篇硕士论文有所涉及。

弱及其弱点暴露之快，也超过我们的预算；（三）是一年来在打仗中所得国际上的帮助，也超过我们的预算，至少是超出我的预算之外。

第一点用不得着我发挥，我还记得很清楚，去年八月六日，我同一般教育界的领袖去会蒋介石先生，我们问他“究竟打算怎样?”那时平津已失，沪战未起。“究竟能打多久?”蒋先生亲口回答说：“打六个月准保无问题”；我们又问蒋太太：“到底飞机有多少?”她说：“战斗机□百架，轰炸机□百架，加上练习机能作轻炸用者总共不过□百□十架。”我那时想□百□十架不要打到四个月就会打完了；同年八月，我见着英国的财政专家李滋罗士的代表蕾尔拔齐，我问他中国的财政可以打好久？他说：“不必着急，六个月定无问题。”现在一连超过了我们原来的预算，已打了十三个月，快到十四个月。

第二点是我们的敌人的弱点暴露之快及他能力的薄弱，也超过我们的预算之外。日本人最初说打中国顶多六个礼拜就完事，过后又说顶多不过三个月，现在已经打了十三个月了。日本的陆军大臣坂垣就任后发表两次谈话，第一次说此后也许打十年，第二次就说也许打十年到二十年。这几句话比他们开战时的骄傲的态度，已完全不同了。德顾问福根霍森回德后发表谈话，说中日战争可支持到五十年，若中国能支持五年，日本必退无疑。坂垣和矶谷为九一八事变之制造者，坂垣又是关东军的参谋总长，矶谷和坂垣为北方两路的统帅，他一定知道他们自己的实力，他也说出此话，也可见作贼心虚了。前不久苏俄与日本争边疆的冲突，也是苏俄看准日本的弱点不敢有什么大举动才下手的，你看日本对于苏俄态度是怎样的和气谦恭。他原来以为可以用少数兵力来对付中国，以为“割鸡焉用牛刀”，现在几乎连驻在满洲的军队也调尽了，他再将朝鲜和台湾的调上以补缺，从前断未想到的一件所谓“地方事件”，会变成用全国的力量来干的，这点也不必细说。

第三点关于国际的帮助。也许诸位不相信，至少是超出的我的预算。中国人有些存过分的乐观，希望以为中日一打，俄国、英国、美国必定出来帮助；但我们看来倒也不一定，因为俄、英、美各有其困难处。但在这一年来，至少得到各国的不少帮助。这些帮助，也许不能满足诸位热心者的希望，在我看来，已是超过我个人预算之外，因为我初对此事颇为悲观，在这一年中，只苏俄就帮助□百架飞机，无数的轻重坦克车，重炮，简直等于赊账；其他各国还要现钱交易或用物品交换；法国、俄国、捷克及欧洲其他各国的军火也是由□国船运输进来。至于英国，财政上从一九三五年改革币制起，若不得他的帮助，怕这次改革还做不到，若不是有这次的币制改革，恐怕战时财政更难支持，即没有借款，从一九三五年十一月到现在，帮助不能说不大。中国新的币制是不兑现的纸币，全国银子收为国有，现在世界各国谁也不要银子，完全靠美国来维持银价，美国若不收买银子，百万也许变成五十万，也许跌到二十万，美国银子市价是四毛美金一两。但他用四毛五分来买中国银子一两，等于白送五分。世界各国的援助，仅仅举这几个例，至少已超出我的预算了。也许有人要问：美国单是买银子也许是不够的！究竟美国的态度怎样？简单的回答是美国有他固定的政策，至少他的领袖是有的，最近两三天国务卿赫尔的演说，即礼拜四罗斯福总统在加拿大的演说，虽不一定是对东方而发，但他叫欧洲独裁者注意，对远东亦包涵在内；消极的是反对国际无政府，无秩序捣乱，积极的是要维持国际秩序。有一个美国人 Hurhert Herring，在今年五月号的 Haper 杂志发表一篇文章，题目是“总统先生，你往何处去？”他是一个和平主义者，深怕美国打仗，其结论与我所用之材料一样，结论还是：要美国用武力维持和平。它的具体的办法为罗斯福七月五日在支加哥的演说，他说国际的无政府状态有传染性，要教他们隔离起来，要维持国际无秩序状态，只有封锁侵略者，用一种经济或军事力量来对封锁侵略者。有人说罗斯福的这一次大炮并未放响，舆论并未完全赞成，他也就不得不打退堂鼓，这一种说法，我以为是错的。我们只要看美国从去年十月到今年八月，这十一个月中，它的外交政策及海军政策，均在作准备工作。要隔绝病症，必须有医院与医生，美国就是这十一个月当中布置隔绝病症的医生与病院。为中国自己着想，要希望英国安定欧洲的政策及早成功，它然后有余力来过问远东的问题，英美海军也在作种种合作的准备，在八月十一日苏日宣布双方停战讲和的时候，在这同一天，太平洋上有两个小岛，英美原来各争为己有的，到了这一天，忽然华盛顿与伦敦同时宣布此两岛作为英美两国海军公用之地，也就不争了。若要问他们合作起来什么时候才动手呢，这就很难说了，起初我也以为很快，凡是中国人都是希望他越快越好，但用不到着急，美国参加欧战还等到第三年呢，一九一四年八月欧战开始，一九一七年四月美国宣布加入协约国，七月美兵渡海，八九月才参加战争。他和英国的关系、和法、比的关系，英美才真是同文同种呢！中国与英美，既不同文（在言语学上是截然两个“系统”）又不同种，以英美等关系之切，犹须等到三年之久，我们又有什么权利来希望别人立刻跳进火炕呢！

我是去年九月二十六到了美国的，到了以后，不到十天，就听见罗斯福的演说，万不料美国总统走到这么远，俄国人知道这一个大国的元首发表的政策也是先有准备的，但也决不轻举，因美国内部也和欧洲内部一样有他自己的困难。假如我国真的危险到了极点的时候，至少俄国和美国是不能坐视的，我国若被征服，对于俄国立国原则（主义），历史习惯，经济利益等等均不相容。我们这次抗战可以说，是为世界作战，至少是为民主国家作战。所以俄国见汉口危急时，就在边疆来那么一下。但我们自己要先咬牙苦撑，不要先打算盘，苦撑一年，二年三年，甚至于坂垣所说的十年。几年内忽然来了一个帮助，就好像穷人一旦得到爱尔兰的大香槟马票，岂不痛快，但先当求在于为己，咬牙苦干，比如一个家庭，制造预算的时候，是不能将马票计算在内的，但不幸而家破人亡，即使得了马票也是无用。若是阿比西尼亚能打上一年，就比它打上六个月得人帮助的机会要多些，所以我们先要自己在家庭中苦吃苦干。我是哲学家，所以也会算命。马票也许终有中彩的一天！（完）

由按语中得知，胡适的演讲时间为“八月二十一日”，地点为伦敦中华协会。在联经版《胡适日记全集》中发现一条与之相应的线索：

1938年8月21日，到China Institute为中国学生演说。当场捐款，得五十二镑①。

“China Institute”即为“中华协会”，两者时间与地点分毫不差。翻查安徽出版社《胡适全集》，此文未被收录，当属胡适佚文。

因为这次伦敦演讲分为两部分内容，“一是对于抗战一周年结论的观察”，二是“关于美国与抗战有关系的事”，所以造成了《胡适之先生年谱长编初稿》（以下简称《年谱》）的两处错误。《年谱》记载：“八月下旬，应伦敦‘中华协会’讲演，题为《抗战一周年的观感》。（胡不归《胡适之先生传》，页一〇四。）”② 此处《年谱》径引胡不归《胡适之先生传》内容，与胡适伦敦演讲第一部分“抗战一周年结论的观察”相差不多，当为《胡适之先生传》的简略，但因《胡适之先生传》未附《抗战一周年的观感》的内容，《年谱》故也未提供。随后，《年谱》此条下又记载胡适所发英文文章《What America Do in Far East Situation?》的中译本《美国的态度究竟怎样》，附注为“《血路》三十一期，二十七年九月二十四日重庆出版”③。将《美国的态度究竟怎样》的内容与胡适伦敦演讲内容对比，《美国的态度究竟怎样》与胡适伦敦演讲第二部分内容大体一致，即“关于美国与抗战有关系的事”。而且，此文胡适是用中文所讲，与《What America

① 曹伯言整理：《胡适日记全集》（第7卷），台湾联经出版公司2004年版，第591页。

② 胡颂平：《胡适之先生年谱长编初稿》，台湾联经出版公司1984年版，第1642页。

③《年谱》：“先生的What America Do in Far East Situation？一文，本月发表于Ameriasia，Vol. 2，No. 6（August 1938），pp. 106-107.（［西文著作目录］九〇号）。在这篇演讲中有一节《论美国的态度究竟怎样》，有译文。”对照《文汇报》与《血路》的文章，发现《血路》上的《美国的态度究竟怎样》为《文汇报》所登《英美法苏与中国抗战：胡适最近在伦敦之演讲》的第二部分，并非《年谱》所说的“英文翻译稿”。

Do in Far East Situation?》无涉。可见，《年谱》误将胡适的伦敦8月21日的一次演讲分为了《抗战一周年的观感》、《美国的态度究竟怎样》两篇文章。

《年谱》为何会误将胡适的一次演讲分成两篇文章，这种错误又由何产生？不仅如此，笔者在随后的研究中发现胡适此次演讲被分割成了4个版本。因此，我们有必要全面梳理这4个版本，对胡适演讲的刊登及转载情况加以梳理。

二、胡适1938年8月21日演讲的4个版本

胡适演讲的第1个版本即为1938年9月5日、6日刊发在《文汇报》上的文章，以《英美法苏与中国抗战：胡适最近在伦敦之演讲》为题，发表时间最早且内容最全，是随后不同版本的母本。

胡适演讲的第2个版本被刊登在1938年9月12日上海《少年时事读本》创刊号第1期上，名为《一年来抗战的成绩超出了我们的预算——胡适之先生在伦敦中华协会对中国侨胞的公开演讲》。从内容来看，《少年时事读本》将《文汇报》的胡适演讲第一部分“对于抗战一周年结论的观察”单独列出，并自拟题目。其内容如下：

一年来抗战的成绩超出了我们的预算

——胡适之先生在伦敦中华协会对中国侨胞的公开演讲

在七月七号抗战一周年纪念（的时候），我在（美国）密其根大学中国学生会讲演。我在那次讲演的结论，（可以用三句话概括起来）。（一）是我们抗战的力量，超过我们的预算；（二）是我们敌人能力的薄弱及其弱点暴露之快，也超过我们的预算；（三）是一年来在打仗中所得国际上的帮助，也超过我们的预算，至少是超出我的预算之外。

第一点用不着我发挥，我还记得很清楚，去年八月六日，我同一般教育界的领袖去会蒋介石先生，我们问他“究竟打算怎样?”那时平津已失，沪战未起。“究竟能打多久?”蒋先生亲口回答说：“打六个月准保无问题”；我们又问蒋太太：“到底飞机有多少?”她说：“战斗机百架，轰炸机百架，加上练习机能作轻炸用者总共不过百十架。”我那时想百十架不要打到四个月就会打完了；同年八月，我见着英国的财政专家李滋罗士的代表蕾尔拔齐，我问他中国的财政可以打好久？他说：“不必着急，六个月定无问题。”现在一连超过了我们原来的预算，已打了十三个月，快到十四个月。

第二点是我们的敌人的弱点暴露之快及他能力的薄弱，也超过我们的预算之外。日本人最初说打中国顶多六个礼拜就完事，过后又说顶多不过三个月，现在已经打了十三个月了。日本的陆军大臣坂垣就任后发表两次谈话，第一次说此后也许打十年，第二次就说也许打十年到二十年。这几句话比他们开战时的骄傲的态度，已完全不同了。德顾问福根霍森回德后发表谈话，说中日战争可支持到五十年，若中国能支持五年，日本必退无疑。坂垣和矶谷为九一八事变之制造者，坂垣又是关东军的参谋总长，矶谷和坂垣为北方两路的统帅，他一定知道他们自己的实力，他也说出此话，也可见作贼心虚了。前不久苏俄与日本争边疆的冲突，也是苏俄看准日本的弱点不敢有什么大举动才下手的，你看日本对于苏俄态度是怎样的和气谦恭。他原来以为可以用少数兵力来对付中国，以为“割鸡焉用牛刀”，现在几乎连驻在满洲的军队也调尽了，他再将朝鲜和台湾的调上以补缺，从前断未想到的一件所谓“地方事件”，会变成用全国的力量来干的，这点也不必细说。

第三点关于国际的帮助。也许诸位不相信，至少是超出我的预算。中国人有些存过分的乐观，希望以为中日一打，俄国、英国、美国必定出来帮助；但我们看来倒也不一定，因为俄、英、美各有其困难处。但在这一年来，至少得到各国的不少帮助。这些帮助，也许不能满足诸位热心者的希望，在我看来，已是超过我个人预算之外，因为我初对此事颇为悲观，在这一年中，只苏俄就帮助百架飞机，无数的轻重坦克车，重炮，简直等于赊账；其他各国还要现钱交易或用物品交换；法国、俄国、捷克及欧洲其他各国的军火也是由×国船运输进来。至于英国，财政上从一九三五年改革币制起，若不得他的帮助，怕这次改革还做不到，若不是有这次的币制改革，恐怕战时财政更难支持，即没有借款，从一九三五年十一月到现在，帮助不能说不大。中国新的币制是不兑现的纸币，全国银子收为国有，现在世界各国谁也不要银子，完全靠美国来维持银价，美国若不收买银子，百万也许变成五十万，也许跌到二十万，美国银子市价是四毛美金一两。但他用四毛五分来买中国银子一两，等于白送五分。世界各国的援助，仅仅举这几个例，至少已超出我的预算了。

（我们如果能够咬紧牙齿），苦撑一年，二年三年，甚至于坂垣所说的十年！中途也许会突然杀出个程咬金，忽然来了一个帮助，就好像穷人一旦得到爱尔兰的大香槟马票，岂不痛快！（但是我们不要先打算盘），还需求之于己，咬牙苦干，比如一个家庭，制造预算的时候，是不能将马票计算在内的。（因为）不幸而家破人亡，即使得了马票也是无用。若是阿比西尼亚能打上一年，就比它打上六个月得人帮助的机会要多些，所以我们先要自己在家庭中苦吃苦干。我是哲学家，所以也会算命。

马票也许终有中彩的一天！

（注：括号中为《少年时事读本》新加内容，为《文汇报》原文中所无）

从两个版本的内容比较来看，《少年时事读本》① 版主要删去了胡适前面的寒暄，直接进入主题。此外，《少年时事读本》以胡适的第一部分为文章标题，即“一年来抗战的成绩超出了我们的预算”，删去了胡适演讲中关于美国的第二部分。

胡适演讲的第3个版本即刊登在《年谱》所记载的《血路》杂志1938年9月24日第31期上。《血路》将胡适演讲的第二部分“关于美国与抗战有关系的事”改名为《美国的态度究竟怎样》，内容如下：

美国的态度究竟怎样

胡适

这是胡适之先生最近在伦敦讲演稿中的一节，专论美国对于中国抗战的态度以及将来可能的演变。想读者看了，都会觉得高兴。胡先生被任为中国驻美大使，我们预祝他对美外交的成功。

编者

美国的态度怎样？

简单的回答是美国有他固定的政策，至少他的领袖是有的，最近两三天国务卿赫尔的演说，及礼拜四罗斯福总统在加拿大的演说，虽不一定是对东方而发，但他叫欧洲独裁者注意，对远东亦包涵在内；消极的是反对国际无政府，无秩序捣乱，积极的是要维持国际秩序。有一个美国人发表一篇文章，题目是“总统先生，你往何处去？”他是一个和平主义者，深怕美国打仗，其结论与我所用之材料一样，结果还是要美国用武力维持和平。它的具体的办法为罗斯福七月五日在支加哥的演说，他说国际的无政府状态有传染性，要教他们隔离起来，要维持国际无秩序状态，只有封锁侵略者，用一种经济或军事力量来封锁侵略者。有人说罗斯福的这一次大炮

① 《少年时事读本》首版刊名下方印有“供给补充教材，辅助少年自学”的标语，表明刊物意图在青少年的规范教育和学校教育之外提供可用于补充的课外阅读。该刊主要刊登新近中外新闻，涉及国内政坛风云、中日战争战事动态和世界反法西斯战争的主要进展，详细讨论中日战争双方的战略部署和战争态度，分析双方在战争中的胜负态势，并将当周文章汇成“一周时事提要”。同时，该刊还设有“时论选读”栏目，侧重刊登时事政论，强调全国青少年应坚定抗战信心，坚信抗战必胜。胡适的演讲即被节选在此栏目下。

并未放响，舆论并未完全赞成，他也就不得不打退堂鼓，这一种说法，我以为是错的。我们只要看美国从去年十月到今年八月，这十一个月中，它的外交政策及海军政策，均在作准备工作。要隔绝病症，必须有医院与医生，美国就是这十一个月当中布置隔绝病症的医生与病院。为中国自己着想，要希望英国安定欧洲的政策及早成功，它然后有余力来过问远东的问题，英美海军也在作种种合作的准备，在八月十一日苏日宣布双方停战讲和的时候，在这同一天，太平洋上有两个小岛，英美原来各争为已有的，到了这一天，忽然华盛顿与伦敦同时宣布此两岛作为英美两国海军公用之地，也就不争了。若要问他们合作起来什么时候才动手呢，这就很难说了，起初我也以为很快，凡是中国人都是希望他越快越好，但用不到着急，美国参加欧战还等到第三年呢，一九一四年八月欧战开始，一九一七年四月美国宣布加入协约国，七月美兵渡海，八九月才参加战争。他和英国的关系、和法、比的关系，英美才真是同文同种呢！中国与英美，既不同文（在言语学上是截然两个“系统”）又不同种，以英美等关系之切，犹须等到三年之久，我们又有什么权利来希望别人立刻跳进火炕呢！

我是去年九月二十六到了美国的，到了以后，不到十天，就听见罗斯福的演说，万不料美国总统走到这么远，俄国人知道这一个大国的元首发表的政策也是先有准备的，但也决不轻举，因美国内部也和欧洲内部一样有他自己的困难。假如我国真的危险到了极点的时候，至少俄国和美国是不能坐视的，我国若被征服，对于俄国立国原则（主义），历史习惯，经济利益等等均不相容。我们这次抗战可以说，是为世界作战，至少是为民主国家作战。所以俄国见汉口危急时，就在边疆来那么一下。

文章前的“编者按”明确指出这篇文章是“胡适之先生最近在伦敦讲演稿中的一节”。此外，在《血路》① 的前言《编者与读者》中，编者明确指出“胡适先生的这篇文章，是转载文汇报的。但限于篇幅，只能登载一部分”②。但这两条重要线索为《年

① 《血路》于1938年1月15日在汉口创刊，周刊，逢星期六出版，陶百川担任社长，王龙章为编辑人，杨坚为发行人，通讯处为武昌候补街二十四号。编委先后有杨家麟、王龙章、黄旭初、陶愚川、张仲明、陶祖潜。同年8月27日，从第27期开始迁渝出版。该刊在创刊号中提及三大政策：拥护中央；集中力量；持久抗战。该刊在抗战初期提出了持久抗战的战略观点，主张组织武装民众，集中国内各种抗战力量，团结一致，抵御外侮；分析了美国、日本及欧洲各战场的国际局势；另外还刊有一些译文、战时政治经济问题笔谈等。该刊经常邀请国共两党人士和学者，就抗战、党派、民主政治等人们关心的重要问题举行笔谈会，发表不同看法。

② 《编者与读者》，《血路》1938年第31期，第1页。

谱》所忽略，并以为此文章为胡适英文文章《What America Do in Far East Situation?》的中译本。

至此，则真相大白。胡适1938年在伦敦中华协会的演讲是一篇文章，虽被《胡适年谱长编》记载，但以《抗战一周年的观感》、《美国的态度究竟怎样》为题被割裂为两篇文章，并且仅收录《美国的态度究竟怎样》，未收录《抗战一周年的观感》，造成对胡适作品认知上的混乱。而且这个错误也直接影响了安徽教育出版社《胡适全集》的出版，《胡适全集》第22卷中也只收录了《美国的态度究竟怎样》（注明出自《血路》），而没有将此两篇合成一篇，因此，应向学界澄清。

胡适这篇演讲传播甚广，笔者还发现了第4个版本。此版本为浙江省抗日自卫委员会战时教育文化事业委员会征编组于1938年10月所编的《抗战一周年》一书，共349页。胡适这篇以《抗战一周年的观察》为题目，仅删去了记者陈思的附识和开场白中胡适有关“随便讲两点”的部分，以符合《抗战一周年》一书的严肃主题。《抗战一周年》收蒋介石、汪精卫（时未叛变）、李宗仁、胡适、张治中、马寅初、宋美龄、老舍、陈诚等人的文章32篇，介绍抗战一年来各方面的情况。胡适的文章作为知识界的代表，文章虽然列在书籍目录的第十篇，但排名仅列在李宗仁之后，从中可窥胡适的地位与影响。

胡适1938年8月21日在伦敦的演讲引起广泛关注，并被不同报刊和书籍转载及收录，一方面是因为胡适是文化界的代表人物，随后又担任了国民政府驻美国大使，另一方面是因为演讲内容本身通俗易懂，具有很强的传播力。

胡适的一篇演讲出现4个版本的直接原因是民国出版业相对发达。胡适的演讲首先在上海《文汇报》刊登，随后在上海、重庆、浙江三地被不同刊物和机构转载，说明了民国“黄金十年”出版业的繁荣状况。但除了《血路》杂志加有转载说明之外，其他两家均未进行说明，也可见民国时期版权法律意识的淡薄。此外，胡适这篇演讲的两部分内容虽有联系，但又可独立成篇，留有二次编辑的机会，因此其他报刊的编辑各显其能，将胡适的一篇演讲加以演化。

三、胡适伦敦演讲的注疏

胡适1938年8月21日演讲的语言虽然通俗易懂，但因演讲内容涉及时代背景和国际关系，有必要做进一步说明，以加深对胡适演讲内容的理解。

据胡适自己所述，《英美法苏与中国抗战：胡适最近在伦敦之演讲》的演讲内容共有三点：“总括言之：（一）是我们抗战的力量，超过我们的预算；（二）是我们敌人能力的薄弱及其弱点暴露之快，也超过我们的预算；（三）是一年来在打仗中所得国际上的帮助，也超过我们的预算，至少是超出我的预算之外。”①

首先来看第一点，即中国的国力，包括军事与经济能力，均超过胡适的预算。

胡适以自己询问最高领导人蒋介石为例。“究竟能打多久?”蒋先生亲口回答说：“打六个月准保无问题。”② 胡适遂又询问宋美龄，得到中国飞机架数的具体数字。出于保密原因，文中均用“□”符号代替。但胡适对此表示担心，认为4个月后飞机可能消耗殆尽。随后，胡适又以英国财政专家李滋罗士的代表蕾尔拔齐的回答作为论据。蕾尔拔齐说：“不必着急，六个月定无问题。”③ 胡适表示，现在抗战已经超过了我们原来的预算，“已打了十三个月，快到十四个月”④。胡适用军事统帅和经济学家的回答来证明自己的论点，又用现实的时间来证明，无疑具有很强的说服力，增强了中国人民的抗日信心。

第二点是日本能力的薄弱及其弱点的暴露。日本已深陷中国战场。“七·七”卢沟桥事变后，日本内阁公布《向华北派兵声明》，日本陆相杉山元预计1个月结束对中国的作战。随后，日本陆军制定了3个月灭亡中国的军事计划。但由于中国军队在上海“八·一三”淞沪会战英勇抵抗，致敌伤亡4万余人，时间长达3个月，使日军企图在3个月内灭亡中国的计划破产。因此，胡适反证“日本人最初说打中国顶多六个礼拜就完事，过后又说顶多不过三个月，现在已经打了十三个月了”⑤。并且，胡适从日本当权者的发言者中敏感地意识到日本的薄弱点和态度的变化。“日本的陆军大臣坂垣就任后发表两次谈话，第一次说此后也许打十年，第二次就说也许打十年到二十年。这几句话比他们开战时的骄傲的态度，已完全不同了。”⑥ 因此，胡适得出“做贼心虚”的结论。此外，胡适还引证德国顾问福根霍森回德后的谈话以增强中国的抗战信心，“若中国能支持五年，日本必退无疑”。胡适的观察的另一点是日本的全国总动员，中国牵制了日本几乎全部的陆军兵力。“他原来以为可以用少数兵力来对付中国，以为‘割鸡焉用牛刀’，现在几乎连驻在满洲的军队也调尽了，他再将朝鲜和台湾的调上以补缺，从前断未想到的一件所谓‘地方事件’，会变成用全国的力量来干的，这点也不必细说。”⑦ 研究表明，至1937年底，日本陆军将24个师团中的21个师团逐步调入中国，占其师团总数的87.5%。中国的抗战牵制了日军大部分陆军主力，也暴露了日本未能迅速解决中国这一所谓“地方事件”而逐次增兵的情况，暴露了日本兵力不足的弱点。

---

① 胡适：《英美法苏与中国抗战：胡适最近在伦敦之演讲》，《文汇报》1938年9月5日。
② 胡适：《英美法苏与中国抗战：胡适最近在伦敦之演讲》，《文汇报》1938年9月5日。
③ 胡适：《英美法苏与中国抗战：胡适最近在伦敦之演讲》，《文汇报》1938年9月5日。
④ 胡适：《英美法苏与中国抗战：胡适最近在伦敦之演讲》，《文汇报》1938年9月5日。
⑤ 胡适：《英美法苏与中国抗战：胡适最近在伦敦之演讲》，《文汇报》1938年9月5日。
⑥ 胡适：《英美法苏与中国抗战：胡适最近在伦敦之演讲》，《文汇报》1938年9月5日。
⑦ 胡适：《英美法苏与中国抗战：胡适最近在伦敦之演讲》，《文汇报》1938年9月5日。

第三点是国际间的援助。据胡适的介绍，分别是苏联的军事援助、英国对中国币制改革的援助、美国对国民政府的纸币币制运行的援助。

苏联的军事物资援助。“只苏俄就帮助□百架飞机，无数的轻重坦克车，重炮，简直等于赊账；其他各国还要现钱交易或用物品交换；法国、俄国、捷克及欧洲其他各国的军火也是由□国船运输进来。”① 从历史材料来看，1937 年 8 月 21 日，苏联与国民政府签订了《中苏互不侵犯条约》，并向国民政府提供多笔贷款。1937 年至 1941 年间，国民政府利用苏联的贷款，先后向苏联购买飞机 1235 架，大炮 1.5 万门，机枪 1.8 万挺，子弹 1.8 亿发，炮弹 200 余万发及大量其他物资②。苏联提供的物资有力地支持了中国的抗战，而且由于情况紧急，在签订条约前，苏联根据中国的要求，直接提供了物资，因此胡适说苏联给予的支援“简直等于赊账”③。

英国对中国币制改革的援助。“至于英国，财政上从一九三五年改革币制起，若不得他的帮助，怕这次改革还做不到，若不是有这次的币制改革，恐怕战时财政更难支持，即没有借款，从一九三五年十一月到现在，帮助不能说不大。”④ 胡适文中所指，是 1935 年国民政府所进行的币制改革。因为国际社会银价上涨，导致大量白银及银圆出口及走私，国民政府计划发行法币，以纸币代替原有银圆货币。在发行纸币前，需将所有白银国有化，这一点需要外国驻华银行的配合。国民政府要求各国在华银行，一是停止支付现银，二是将各行所存的白银与中国政府银行兑换法币。1935 年 11 月 4 日，英国代表贾德于发布了英国国王敕令《1935 年禁付现银规例》，基本上采用了国民政府币制改革的法令条文。中国的币制改革得到了英国的部分支持，其他国家在华银行也纷纷跟进，使得中国币制改革得以继续⑤。

美国对法币（纸币）体系的支持。“中国新的币制是不兑现的纸币，全国银子收为国有，现在世界各国谁也不要银子，完全靠美国来维持银价，美国若不收买银子，百万也许变成五十万，也许跌到二十万，美国银子市价是四毛美金一两。但他用四毛五分来买中国银子一两，等于白送五分。”⑥ 胡适肯定的是，美国用美元从中国购买白银，以这

---

① 胡适：《英美法苏与中国抗战：胡适最近在伦敦之演讲》，《文汇报》1938 年 9 月 5 日。

② 武月星、杨苦荷编：《中国现代史资料选辑》第 5 册（上），中国人民大学出版社 1989 年版，第 635-636 页。

③ 第一次贷款时，因战争关系，双方没有谈条件、写文书、办理签字手续，只要中国开出抗战急需的物资，苏联就马上照办，打破了国际上贷款合同的先例。参见张宪文等著：《中华民国史》第 3 卷，南京大学出版社 2006 版，第 58 页。

④ 胡适：《英美法苏与中国抗战：胡适最近在伦敦之演讲》，《文汇报》1938 年 9 月 5 日。

⑤ 吴景平：《英国和 1935 年中国币制的改革》，《国民政府时期的大国外交》，上海人民出版社 2012 年版，第 12 页。

⑥ 胡适：《英美法苏与中国抗战：胡适最近在伦敦之演讲》，《文汇报》1938 年 9 月 6 日。

种方式向中国提供外汇储蓄，用来稳定法币汇价。胡适所说的“白送五分”是以贴息的形式来购买白银。

英、美两国的支持在客观上帮助国民政府顺利进行了币制改革。但我们也应该看到，英国的支持是企图将法币纳入英镑货币体系中，美国的贴息购买是阻止法币与英镑建立契约性、依附性联系①。美、英两国介入国民政府的币制改革，也是出于对远东局势的考虑，因为中国的存在将有力牵制日本。而大国之间的援助基于本国的利益所在，这也是国际间交往的基础。因此，胡适也没有期待美、英、苏联给予额外的援助，而是强调“先要自己在家庭中苦吃苦干”、“咬牙苦撑”。胡适在1938年7月30日给傅斯年的信中说：“国力至此，除苦撑待变一途，别无他法。”② 因此，“苦撑待变”这一点成为胡适担任驻美大使时的主导外交思想，也是对中国处于美、英大国远东利益中地位的清醒认识。胡适既不是盲目乐观，也不是抗战“悲观主义者”，而是彰显了独立判断与自强不息的中国知识分子风骨③。

胡适演讲的最后一部分是对美国对华政策走向大势的判断。胡适首先介绍了美国对华采取“中立”的外交态势，不介入中国和日本的战争，这也是美国自第一次世界大战以来一直采取的“孤立主义”外交政策。但是，胡适基于世界两个阵营的考虑，坚信中国抗战必然得到美国的支持。“我国若被征服，对于俄、美立国原则（主义）、历史习惯、经济利益等等均不相容。我们这次可以说是为世界作战，至少是为民主国家作战。但我们自己要先咬牙苦撑，不要先打算盘。”④ 胡适的判断展现了开阔的国际视野，将世界分为民主国家阵营和法西斯阵营，将中国的抗战放在全世界民主力量抗击法西斯主义的国际战略格局中考虑，认清了中国抗战得道多助的有利形势。因此，这一部分对美国的分析备受重视，单独被节选出来并以《美国的态度究竟怎样》为标题，发表在国内1938年第31期的《血路》杂志上。

纵观胡适在抗战一周年的演讲，浅显易懂，对敌我双方都有具体而细微的观察，论据充分，具有很强的说服力，并以4个不同版本在国内广泛传播，起到了坚定中国军民抗战意志的作用。更重要的是，胡适对中国的国力和所处的国际环境有着清醒的认识，将中国的抗战放在全世界民主力量抗击法西斯主义的国际战略格局中考虑。胡适的演讲展示了作为优秀中国知识分子的视野与风骨、理性与睿智。

---

① 吴景平：《美国和1935年中国币制的改革》，《国民政府时期的大国外交》，上海人民出版社2012年版，第121页。

② 胡适：《英美法苏与中国抗战：胡适最近在伦敦之演讲》，《文汇报》1938年9月6日。

③ 胡适“苦撑待变”思想最早起源于1935年，可参见余英时：《重寻胡适历程》，广西师范大学出版社2004年版，第50页；齐锡生：《从舞台边缘走向中央：美国在中国抗战初期外交视野中的转变（1937～1941）》，社会科学文献出版社2018年版。

④ 胡适：《英美法苏与中国抗战：胡适最近在伦敦之演讲》，《文汇报》1938年9月6日。

四、胡适伦敦演讲与“苦撑待变”思想脉络

胡适1938年8月21日在伦敦中华协会的演讲对于胡适自身和国家都具有重要的意义。对于此篇演讲的审视，需要放在胡适“苦撑待变”思想的脉络中去思考。

如前文所述，形成期是指1931年9月18日至1937年7月7日，即从东北沦陷至全面抗战爆发，胡适在与朋友的通信中对中日之间的冲突进行探讨，逐渐形成了“苦撑待变”的思想。据余英时研究，“苦撑待变”思想于1935年就已经在胡适心中逐渐形成①。余英时认为，胡适提出了对太平洋大战的假设，“但这个假设的前提是中国必须下定决心，单独作几年‘绝大牺牲’的苦战”。胡适的原文是：

> 但我们必须要准备三四年的苦战。我们必须咬定牙根，认定在这三年之中我们不能期望他国加入战争。我们只能期望在我们打得稀烂而敌人也打得疲于奔命的时候，才可以有国际参加与援助。这是破釜沉舟的故智，除此之外，别无他法可以促进那不易发动的世界二次大战②。

1935年，胡适就估计到了中日抗战及未来第二次世界大战的走势。因此，我们不得不佩服胡适目光独具。而作为知识分子和公众人物的胡适，在此思想形成后，也面临一个传播的问题。因此，胡适在1937年7月7日至1938年9月17日的约一年时间内，多次围绕“苦撑待变”这一主题进行公开演讲。

在胡适“苦撑待变”思想的发表期（1937年7月7日至1938年9月17日），据笔者所见，胡适一共发表了4次演讲。在1937年9月26日旅美华侨统一义捐救国总会、1937年12月9日华盛顿女记者俱乐部、1938年7月7日美国密其根大学中国学生会、8月21伦敦中华协会，胡适的演讲都表达了“苦撑待变”这一思想③。

就这4次演讲的内容演变来看，胡适经历了从对抗战略有怀疑到坚定不移的过程。胡适于1937年9月15日离开香港，9月26日到达美国旧金山，在旅美华侨统一义捐救国总会中发表了演讲《中国抗战的前途》：“自己可以有力量支撑下去，这一点最重要。不管日本能打多久，不管国际能否帮助中国。只要中国能持久。那时，日本内部便会发

---

① 余英时：《重寻胡适历程》，广西师范大学出版社2004年版，第50页。

② 胡明主编：《胡适精品集12》，光明日报出版社1998年版，第364页。

③ 胡明主编：《胡适精品集12》，光明日报出版社1998年版，第364页。

生问题。国际也缓缓会起变化，最后的胜利是属于我们的！"① 胡适清楚地表述了"苦撑待变"思想。时值1937年10月，正是日军发动"七·七"卢沟桥事变3个月之后，即"三个月灭亡中国"计划破产的重要时间节点，中国抗战进入持久抗战阶段。在此次演讲中，胡适对中国的抗战实力与能"苦撑"多久尚略有怀疑，因此在演讲中用了疑问句——"中国究竟能够打多久？"他以此警醒民众，虽然粉碎了日军"三个月灭亡中国的神话"，但仍需谨慎，并通过对国际国内形势的分析来回答华侨和自己的疑问。因此，9月26日胡适于美国旧金山发表的演讲《中国抗战的前途》，应该是"苦撑待变"思想的第一次正式发表。

随着中国抗战局势的发展与胡适的思考，胡适对中国抗战"苦撑待变"持坚定不移的态度。在1937年12月9日华盛顿女记者俱乐部的演讲中，胡适对"中国究竟能够打多久"进行了正面阐释。随后的美国密其根大学中国学生会、伦敦中华协会的演讲内容都与之一脉相承。所不同的是，在伦敦中华协会的演讲加入了美国对中国局势的讨论。

在1938年8月21日发表伦敦演讲后不久，胡适于9月17日履职中华民国驻美大使。1938年10月20日，胡适在致蒋介石的信件中正式使用了"苦撑待变"这个观念。美国学者齐锡生在《从舞台边缘走向中央：美国在中国抗战初期外交视野中的转变（1937～1941）》中也认为，"1938年10月20日，胡适在致蒋介石的信件中更进一步地正式使用了这个观念"②。需要指出的是，齐锡生在其著作中关于胡适"苦撑待变"思想的陈述有两处错误。其一，齐锡生认为"胡适的'苦撑待变'并非凭空设想，而是得到美方官员的信息而衍生的理念"。他不仅将胡适"苦撑待变"思想的产生延迟到1937年12月26日，而且认为胡适的思想受到美国官员的启示③。但是，根据余英时的研究，"苦撑待变"思想1935年就已经在胡适心中逐渐形成④，齐锡生的结论显然有误。其二，齐锡生还认为，"胡适在一次演讲（纽约，1938年12月4日）中首度公开推出这个观念"⑤。根据笔者的研究，胡适1937年9月26日到达美国旧金山后，在旅美华侨统一义捐救国总会发表的演讲中首次公开推出这个观念，比齐锡生认定的时间早了一年零两个月。齐锡生在研究胡适的"苦撑待变"思想时过多使用《年谱》作为资料，而非逐年逐月地考

① 胡适：《中国抗战的前途》，1938年12月6日《集美周刊》第22卷第11期。此为王建丰所发现的胡适佚文，参见《胡适研究通讯》2015年第2期。

② 齐锡生：《从舞台边缘走向中央：美国在中国抗战初期外交视野中的转变（1937～1941）》，社会科学文献出版社2018年版，第145页。

③ 齐锡生：《从舞台边缘走向中央：美国在中国抗战初期外交视野中的转变（1937～1941）》，社会科学文献出版社2018年版，第145页。

④ 余英时：《重寻胡适历程》，广西师范大学出版社2004版，第50页。

⑤ 齐锡生：《从舞台边缘走向中央：美国在中国抗战初期外交视野中的转变（1937～1941）》，社会科学文献出版社2018年版，第145页。

证资料，因而导致了错误。

在研究胡适“苦撑待变”思想脉络时，应该根据第一手资料进行逐年逐月的对比，才能得出比较扎实的结论；并且应该在更长时间段内对胡适的“苦撑待变”思想进行研究，才能凸显不同时期胡适“苦撑待变”思想的特点。

结 论

胡适在1931年中日发生冲突后就积极思考中日关系，其“苦撑待变”思想经历了形成期、发表期、外交政策期的演变。将胡适的“苦撑待变”思想放在其思想发展过程中来看，则不难凸显胡适“苦撑待变”思想的意义与前后不同阶段的特点。其他学者在《试评胡适抗战思想的演变》等论著中也认为胡适多次表达了“苦撑待变”的思想，但均未在长达11年（1931至1942年）的时间内划分其形成期、发表期、外交政策期这三个阶段①。

胡适1938年8月21日在伦敦中华协会的演讲的重要性值得重视。它不仅是体现胡适思想的一篇重要佚文，也是该思想进入外交政策层面的最后一次演讲。随后，胡适以此为基础，将“苦撑待变”思想于同年10月20日提交给蒋介石。“苦撑待变”思想也演化为当时中华民国外交政策的一部分。胡适就任驻美大使后，一直坚持“苦撑待变”这一外交思想，并在美国的多次演讲中重复这一思想，如1939年8月10日的抗战第三年纪念演讲《中国抗战的展望》②。

因此，《英美法苏与中国抗战：胡适最近在伦敦之演讲》是胡适“苦撑待变”思想发表期的重要传播文本。本文的贡献不仅在于发现了胡适这篇佚文并梳理了4个版本之间的关系，而且前后联系胡适“苦撑待变”思想发表期的数篇演讲内容，完善了胡适研究中“苦撑待变”思想发表期的思想环节，纠正了《年谱》所造成的错误及学界因此而产生的错误认识，进一步深化了胡适“苦撑待变”思想研究。胡适“苦撑待变”思想发表期的演讲显示了胡适一贯的理性风格，清醒而又坚定。

（作者单位：陕西师范大学文学院、长安大学）

① 刘庆楚：《试评胡适抗战思想的演变》，《南京社会科学》1993年第4期，第84页。另见胡慧君：《抗日战争时期的胡适：其战争观的变化及在美国的演讲活动》，浙江大学出版社2013年版，第86页。

② 《中国抗战的展望》是在《英美法苏与中国抗战：胡适最近在伦敦之演讲》的基础上进行了补充完善，思路及体例一致，只是补充了1939年美国支持中国的一些具体实例。

“要谈出一种兴味来”①
——《时代》画报连载散文研究

温江斌

《时代》是20世纪30年代上海重要的综合性画报，自1929年10月创刊至1937年5月终刊，共计118期，存世8年之久，具有较高的文艺史料价值。《时代》画报由上海时代图书公司出版，邵洵美是其重要投资人。《时代》虽为时尚流行杂志，文学却是它的重要内容，“集合”了不少当时文坛的著名作家，刊登了丰富的小说、漫画以及不少诗歌、戏剧等艺术作品。其中，散文更是形成了颇具特色的连载系列，成为《时代》画报的重要文学现象。这些连载散文系列从内容上主要分为市井琐谈、旅行游记和文化随笔三大类，在娓娓而谈中放松心情，点透现代社会的世态百相，形成了多种话语形态。倘若将这些连载散文置于20世纪30年代上海现代都市背景中，置于海派散文创作方式的研究层面，似乎能够获得30年代散文现代化的某些新面影。

一

早在创刊后不久，《时代》就设立了连载散文专栏，自1930年第6期至第10期，连续5期以“丁家桥”为题形成系列随笔，首开连载散文“市井琐谈”的先河。“丁家桥”系列详细描写了南京丁家桥的风土人情，同时对南京的许多社会现象进行了记述，“兹所纪者，非丁家桥一隅之街谈巷语，亦非中央党部墙内之党国大事，乃全京之所闻所

① 本文系国家社科基金重大项目“中国现代文学图像文献整理与研究”（16ZDA188）、江西省2021年度社科规划课题“1930年代上海画报文学史料整理与研究（21WX21）”的阶段研究成果之一。

见”①。因此，这个连载系列将南京的诸多风土人情与社会现象相互融合，娓娓道来。如“南京拐子”、“蒙古大辫”、“冰淇淋”、“通济门游泳池”、“妇女晚报”、“水果店伙计揩油”、“钱骡子”、“中央委员之收入”、“早稻熟一月”等，均是一方面对南京地方的民俗民情予以叙写和描述，另一方面又在点滴的知识叙述中展现林林总总的社会世相，语言于朴实中闪现哲理，颇有微言大义的“春秋笔法”。

自1933年第4卷起，《时代》几乎同时开设了两个“市井琐谈”连载散文，一是光宜的“苏州话”系列，另一个是了平的“北平的杂碎”系列。光宜的“苏州话”系列以苏州古城为言说对象，于5期的连载篇什中将随意有趣的“苏州的零零碎碎的事”和“日常见闻，习以为常的事实”，将“人文苏州”、“怪诞无稽的仙人洞”均涉笔成趣地慢慢道来，展现了苏州地道的风土人情和民俗民情。作者希冀“这苏州——美妙的古城”“至少会使你留下一个深刻的影像”②。这些散文大都于细微处娓娓述来，谈苏州的过年风情、听会书的特色、街头相骂的场景、茶馆与茶食的风味等，展现出浓郁的市井特色。如讲“茶博士”是一位“要有坚厚的鸡眼”、“要有超人的记忆力”的人，他还要有“五筋吓六筋”的喉咙——“喂！唔！雨前一壶！再来个哉！红茶两壶！从楼上唱到楼下，或者从后堂唱到前堂，在在要有能喊高声的喉咙”③。作者以鲜明的口语形象地写出了苏州朴实的市民生活气息，读来颇有情味。再如关于“好吃的苏州人”，作者首先写“只要你有钱去开的话，包你‘生意兴隆’。因为苏州人最大的嗜好，并不是‘色’，也同样不是‘赌’和‘穿’，而却是那‘吃’字”，然后开始介绍苏州城的糖食店、菜馆、糖果店，最后又把这种“吃”的文化演绎为“实在讲起来，‘吃’比较别样的确是实惠些，所谓：‘着威风，吃受用，赌对冲，嫖全空’，什么都是假的，唯有：‘吃在肚里’方才是真的”④。这些散文于缓缓的叙述中将许多典故、谚语及知识顺手捎来，如“吴侬软语”引用了“海上花列传”的内容，“街头相骂”引用了“霓裳续谱”上的“数岔（骂鸡）”一段，“伟大的悲剧”则从明朝5位义士的故事说起，让这些谈饮食、谈生活的随笔显出雅趣来。

了平的“北平的杂碎”系列关注的是北平的市井风情。作家以一种幽默的情趣行文，读来颇为有趣。如写北平“四大坤旦”之一的李桂云，先叙写她有饱满的青春、准正美艳的鼻梁、纤纤如玉的双手、醉人颤动的腰际臀部，然后笔锋一转地调侃道：“她的小腿不免嫌肥了一点，倒还不难看，一双脚一定洁白柔嫩无比，但那丝袜未见得天天洗

① 书米：《丁家桥》，《时代》1930年第6期。
② 光宜：《苏州话》，《时代》1933年第4卷第5期。
③ 光宜：《苏州话》，《时代》1933年第4卷第7期。
④ 光宜：《苏州话》，《时代》1933年第4卷第7期。

换，然而世上就有爱闻那味儿癖的人。"① 实际上，作家在描摹北京捧角的现象时，对这种过度行为予以了讥刺。在介绍北平的"地道货"——"蜜饯和炒肝"时，作者的一支笔更是妙趣横生。金丝蜜枣、杏脯、桃脯、苹果脯是北平有名的蜜饯，它们"色鲜泽润"，"果香四溢，甜度适口"，然而，"蜜饯这类东西放置久了，色必失其鲜，泽必失其润，甜涩无香。那表面光泽唯一补救的方法就是大喷其糖水，恢复其光辉，这都是店伙亲口喷水的日常工作。我们若果花了钱买来，固然尝不到蜜饯的美味，还要吃些肮脏的吐沫"②。作家将想象与描写相结合，形象地描绘出北平地摊买卖的场景，让人读来如在目前，又能对街头商贩的营商手段莞尔一笑。此外，"天桥"、"奇货南迁"、"苏州胡同"等，也在娓娓叙述中暗含幽默。因此，共连载 6 期的"北平的杂碎"系列以一种市井趣味观察北平，口语化的叙述中显示出诸多生活趣味，灵动的旁枝逸出让人心情愉悦。

除了关于南京、北平、苏州的"市井琐谈"外，《时代》画报的连载散文自然对上海这座现代城市有着直接的描摹。如从 1930 年第 3 期到第 5 期，黄震遐"都市生活片段"就抓住这座城市的日常所见，写得生动形象。"都市生活片段"从谈上海的跳舞写出人们的空虚无聊，从白相写出都市人的欺诈，从化妆写出人们的虚伪等，将林林总总的上海面相展示出来。章克标是写作上海都市的高手，他谈女人、论摩登、述机械……总能把握到这个都市的核心。不过他没有沉迷于城市的五光十色，而是在流动的城市表象下写出了这个都市的真实面貌。《摩登》这篇随笔即解读了什么是"摩登"，摩登"是一种超过了伟大渺小或兴旺苦难以外的存在，是现时代的时代精神的表现和发扬"；而且摩登是高速度的，"高速度才是摩登的。譬如说，第一次见面恋爱接吻，第二次见面结婚，第三次见面是在法庭上请求离婚了，那才是摩登的男女的关系"③。《机械时代》叙述了机械时代里人们的生活和工作"千篇一律"，而实际上一个个浓妆艳抹的"摩登女郎"几乎没有任何个性④。《水蜜桃》则从水蜜桃因虫蛀而鲜艳联想到都市美女的诞生，"桃是虫蛀了才好看起来，不是好看了，虫才去蛀的"，"世上许多美貌的人的怎样的诞生，真使我怕去想"⑤。这在某种意义上是对都市美女过于装饰而失却自然之美的讥讽。章克标的这些散文写作虽未以明确的主题进行系列连载，但大体统一在描写、叙述以及评述上海都市"摩登"的内涵中，应是《时代》连载散文的"摩登"系列。

这些系列闲适随笔主要以市民性为根基，注重反映市民生活，关注身边琐事，举凡

① 了平：《北平的杂碎》，《时代》1933 年第 4 卷第 5 期。
② 了平：《北平的杂碎》，《时代》1933 年第 4 卷第 6 期。
③ 章克标：《摩登》，《时代》1932 年第 2 卷第 7 期。
④ 章克标：《机械时代》，《时代》1933 年第 3 卷第 9 期。
⑤ 章克标：《水蜜桃》，《时代》1932 年第 2 卷第 11 期。

生老病死、茶余饭后、婚姻家庭、衣食住行都津津乐道，烟酒、钱财、吃睡、快乐、眼泪、失眠、婚姻等话题都是作家笔下纵谈之物，这正对应了都市休闲娱乐、注重实际的生活情味。这些琐谈讲的只是平平常常的世态百相，写的却是生活实感，应和着都市人们期望放松的生活节奏，是名副其实的“散文”。这些散文创作向通俗趣味、闲适实用的路向挺进，成为工商语境刺激下20世纪30年代现代散文转型的一个面影。

二

《时代》的游记散文很多，“世界都会猎奇”、“苏联访问记”、“游日印象”、“马来速写”都是连载时间较长的游记系列。“世界都会猎奇”系列是张若谷“两年漫游欧陆的印象”，作者从“雾之国伦敦”到“巴黎欢乐乡”、从“斧钺下的罗马”到“小巴黎白露塞”、从“维也纳新横颜”到“蒙德卡罗赌城”，在“几个大都会中，猎寻新奇的东西”①。然而作家并没有着力去写这些都市的文化遗迹和景点景观，反而有意展示这些都市普通市民及底层人们的生活生存方式，如《雾之国伦敦》的“饥饿的步行者”、《巴黎欢乐乡》的“放浪杂剧场”、《蒙德卡罗赌城》的“轮盘赌”、《小巴黎白露塞》的“咖啡店一夜”等②。戈公振的“苏联访问记”系列、张光宇的“游日印象”系列、郑光汉的“马来速写”等则分别展示了作者游历苏联、日本、马来西亚的经历和场景，精彩地呈现出国外诸多新气象和新事物。这些游记以详细的笔致具象地展现出“生活在别处”的人与事、情与景，写出了国外都市的“速写”，提供了一个观察外邦的视野。这些游记为了追求客观的记述，文字相对较长。作者于有意的“奇事”叙述中显示出某种知识的趣味。

“旅蒙生活札记”系列是张仪与沈逸千“几度往西北旅行考察”“所得珍奇材料及其观察结果”③。这些旅蒙生活为都市人描绘了种种自然风物和简单自由的生活形态，“蔚蓝的苍天，连一点云片也没有，白热的沙漠，连一只人影也找不见，我们在土屋中，喝奶子，吞糠糠，撕羊肉，拥大羊袄，睡狗皮套外”④。草原上的人们十分醇厚，牧女婀巴的热情、伙计的热诚、云王的慷慨让人记忆犹新。当然，这片土地更是“大众化的避暑地方”。这里有迥异于都市的夏季，“金黄翠绿的野草，五色芬芳的闲花，都从冰雪里昂出了头，在柔和的阳光里成长起来，慢慢地它们长遍了山头又长遍了田野；成千累万的

① 张若谷：《雾之国伦敦——世界都会猎奇记之一》，《时代》1935年第7卷第7期。
② 张若谷这些连载游记从1935年第7卷第7期至1935年第7卷第12期，共连载6期。
③ 张仪：《牧女婀巴——旅蒙生活札记之一》，《时代》1935年第7卷第10期。
④ 张仪：《牧女婀巴——旅蒙生活札记之一》，《时代》1935年第7卷第10期。

百灵鸟，她们寄生在此间，寄花而下，掠草而上，翱翔飞舞，不解日暮岁寒，海枯石烂”①。“旅蒙生活札记”系列虽是长篇，文字却较为干净整洁，读来颇有雅趣。如写众人一路跋山涉水前往王府，作者以简洁的笔调写来，“又十里，过山下坪，复过九龙口，水由北而南，隔河水草丰茂，放牧者牛羊遍野，有马一群，计百数十匹，闻车声纷纷逃奔，比车过其前，它们反尾后追逐跟上二三里，然后停止，又前进见冰河一道广二丈，两岸坚冻，中流急湍，车遂不得渡，幸河水不深，底多沙石，尚堪压受汽车重量……”②这种场景写得生动形象，读来有一种美的享受，同时也可从字里行间感受到游人对时局的隐忧。如果说“世界都会猎奇”等域外游记是20世纪30年代的人们希冀通过游历欧美而获取新知识、拓宽国人视野的话，那么“旅蒙生活札记”则明显受到20世纪30年代“开发西北”政治气候的影响。随着日本侵华脚步的加速，中华民族陷入了日益加深的民族危机之中，在内忧外患的情况下一大批行旅者奔赴西北考察。特别是在范长江《中国的西北角》的影响之下，更是产生了一批关于西北的考察游记。

自1934年开始，《时代》登载了郁达夫《烂柯纪梦》、叶原《春江半日》、李青崖《记莫干山的三景》、周天放《杭徽路印象》、石万里《庐山纪游》等散文游记，形成了“东南游记”连载系列。其中，郁达夫的《烂柯纪梦》叙述了衢州柯山的名胜古迹，以“斧柯烂尽”的传说引入游记，将柯山的优美传说、动人故事与秀丽古朴的风景结合起来叙述，显得韵味悠长、情趣盎然③。叶原的《春江半日》记叙了作者与郁达夫、郑曼陀、郁风、圭元、永年等的富春江之游，写出了知识分子畅游山色的欢愉。“汽车行驶在高冈上，向外一望，起伏的群山，蜿蜒的江水，以及对江的平畴千顷，实在使久居在城市里的人，胸襟为之一宽。”④ 李青崖的《记莫干山的三景》记叙了莫干山的云海、剑池与白龙潭的瀑布，感喟“自然力量的奇伟，真叫我们只好作无语的形容”⑤。周天放的《杭徽路印象》则以杭徽公路为游玩背景，细致地记叙了沿途的风景，如昱岭关、盘谷、太白楼、冤妇冢等，故事和景色粘连，话语颇为精致动人⑥。

值得注意的是，王余杞的“漫游散记”每篇文字不多，但文学艺术性颇高。作者漫游之处大都为国内的著名景点，如“鬼斧神工”的夔门、幽静肃穆的望江楼和薛涛井、“富丽堂皇”的大连，所到之处均写出了湖山的美景。如《西湖：“漫游散记”之九》写出了西湖之美，别有一种悠然自得的风味：“喝半斤老花雕，吃一尾西湖鱼，都是最合适

① 张仪：《沙漠地的夏天——旅蒙生活札记之四》，《时代》1935年第8卷第4期。
② 张仪：《茂民安旗根王府》，《时代》1935年第7卷第12期。
③ 郁达夫：《烂柯纪梦》，《时代》1934年第5卷第7期。
④ 叶原：《春江半日》，《时代》1935年第8卷第9期。
⑤ 李青崖：《记莫干山的三景》，《时代》1935年第8卷第10期。
⑥ 周天放：《杭徽路印象》，《时代》1934年第6卷第9期。

不过的事”；“西湖向有三雪之名，所谓‘柳雪’、‘芦雪’、‘冬雪’的便是：春天，柳絮飞舞，点点如雪花，一种繁荣，中人欲醉；秋天，芦花头白，一望如雪，西风起处，清爽宜人；冬天，断桥残雪，从来就很著名，而今桥虽不断，但纵览湖山，一片皎洁，小孤梅花，也足留恋。那些时候，‘一半勾留为此湖’的深意，才真真地可以体验出来了”①。这种美景着实很美好，但风景往往只是作者笔下点缀之物，他总在游玩中有所感怀。如《三峡：“漫游散记”之六》描写了三峡的胜景，写出绵延不断的山峰和各具姿态的山形这一段美景之后，就转到对外商入侵的担忧和人世的感悟——“一声汽笛，山谷皆鸣，船身一转，别开一个境界。驶到尽头处，呜！——又是一声，船身再转，别一境界又出现在眼前。风物的变化无穷，其诱致人的力量也愈大；人们到此，十九都暂时被山水所陶镕，殊如自嫌渺小，以及富贵如浮云，飘然有归隐之意之类离开现实的梦想，便不禁会蓦地兜上心来”②。从1934年第5卷第9期至第6卷第12期，“漫游散记”连载10期，给读者带来了一次次小小的远行和无限的心灵遐思。

无论是域外游记还是西北考察、国内漫游，这些游记散文大都集中在1934年到1935年间。这正是都市旅行兴起之时，人们纷纷渴望摆脱城市，探询域外未知之地，满足自己的人生体验。对于读者来说，这些游记能让他们感受到异域的风情。还要注意的是，其时旅游往往与摄影分不开，因此，这些连载游记作品常常在一篇游记中以几个版页置放十余幅甚至几十幅相关的“风景摄影”，形成了以图为主、以文为辅的“摄影游记”文本。这些风景照片“大小参差”，采用各种组合方式，拼接成视觉的风景，成为阅读的主要内容；而读者在阅读他们的作品时，仿佛亲临其境。某种意义上，这种图文配合的刊载方式体现出物质主义消费时代的感官式欲望与消费性快感。

三

一般而言，大部分海派散文都回避了“上疆场”的特殊话题，然而《时代》连载散文并不是一味的饮食男女、趣味琐谈，它在谈天说地间对时代、社会发生的问题做出回应，形成了议论式的文化随笔。《时代》曾经说：“我们不想仅仅在中国热闹的出版场中派着一个闲角色，‘时代’的使命，应当是至高无上的安慰品！”③ 其中，邵洵美、张若谷是这方面的重要作家。

自1930年第2卷第1期邵洵美接手《时代》画报之后，他常常参与撰稿，发表了许

① 王余杞：《西湖：“漫游散记”之九》，《时代》1934年第6卷第11期。
② 王余杞：《西湖：“漫游散记”之六》《时代》1934年第6卷第8期。
③ 编者：《致读者》，《时代》1929年第2期。

多散文。其中，既有零散性的《花厅夫人》、《失眠随笔》、《人生的意义》、《与青年谈钱》等①散文，也有“自己的笔记”、“时代讲话”等连载系列。总体而言，这些连载散文于谈天说地中将当下生活、文艺、时政等各种内容纳入笔下，显示出作者广博的知识与深刻的社会思考。从1935年第4期开始至第16期，邵洵美的“时代讲话”散文连载了13期，常常于诸多日常生活感受中闪烁着思想的光芒。《杨树浦的声音》写都市上海，作家撇开现代上海的展示，却描摹上海“并非一定是现代光彩照人的”另一面：“上海是一个最复杂的地方；从二十二层的华厦，一直到栉比林立的草棚子，都在此地存在着。她的确可以代表这一个时代的中国，是一种垃圾桶式的文明：独轮的小车与重翼的飞机，各自占着相当的位置。这是一种过渡时代的现象。”② 而且，他对生活也有敏锐的眼光和深刻的认识，如《第五条街》认为“钱的本身是没有罪恶的”，“有钱决不是罪恶，爱钱也不是一种羞耻”，并进而认为“写文章本身并不是件罪恶，也要看在谁的手里，钱会变成毒物，是因为他做了奸人的利器。其实那一样东西，所遇匪人，不会造孽”③。《文化的护法》是作家继《文化的班底》之后进一步谈文化的大众化，希望社会能形成读小说、看戏剧的“一种空气、一种氛围”：“我总觉得文学艺术，须先得到普遍的认识，再从而作高深的研究；否则文学家、艺术家，不论你怎样地大众化，他始终是另一世界中的动物。”④ 其他如《晒书的感想》、《出门的七件事》、《老长辈的责问》、《女人运动与男子运动》等⑤都是对生活、文艺等时代现象的随处“谈话”。这些随笔在琐屑的日常世相中将文化联系起来，从更高的视角观察这些事物，取得文化批评的意味。这些文化随笔形成了一定的结构。这种结构就是从一个事情和一个现象入手，然后演绎，最后给予主题深化。如《感想的权威》则是从妻子在“文艺笔记”上代写了“一个人在世界上一年年活着，不过是增加着一年年的感想”这段话说起，然后转到对人生的感想，但作者的最终目的是引向对当前时政的评说，认为我们需要的是“立刻背城一战，不幸而败，虽败犹荣”⑥。这种一波三折的三段式变化方式，颇能引起读者的阅读兴趣和快感。

张若谷是《时代》的另一位重要散文连载主将，他的散文大都是围绕时代产生问题而进行评述的“时代问题”随笔。《我们是时代的主人》认为，尽管我们进入了20世

---

① 这些散文分别刊登在1933年第4卷第7期、1933年第4卷第6期、1931年第2卷第2期、1932年第2卷第11期。

② 邵洵美：《杨树浦的声音》，《时代》1935年第8卷第4期。

③ 邵洵美：《第五条街》，《时代》1935年第8卷第5期。

④ 邵洵美：《文化的护法》，《时代》1935年第8卷第11期。

⑤ 以上文章分别刊发在《时代》的1935年第8卷第6期、1935年第8卷第7期、1936年第9卷第4期、1935年第8卷第10期。

⑥ 邵洵美：《感想的权威》，《时代》1936年第9卷第3期。

纪，但“还没有履行时代人物应尽的义务”，期望每个人都行动起来，“背起时代的使命”①。《时代男人所要求的女性》则引用日本岛武郎等3位作家的箴言，希冀时代标准的女性“要有一颗赤热的心，要有活泼的表情，要有健美的体格，要有锻炼的精神”②。《求婚之道》则批评了那些“蠢干”、“蛮干”的求婚，认为在今天这样的时代要创造机会，转变为“聪明”、“得体”和“随机应变”③。《论中国女人》虽是翻译之作，但通篇以他个人的笔法对“信守几千年旧礼教与旧制度”的“中国旧式女子”给予了同情与批评④。还值得注意的是，《时代》于1931年专门设立了“名人谈话”系列，这是编者对名人进行采访、访谈后整理的带有议论性的随笔。这些随笔大体以名人的生活、经历和理想为叙写对象，显示了文化批判的指向。如《见蒋百器先生》是对世风日下的忧虑，批判了“以为能做坏事是一种光荣”的不良心理；《见蔡孑民先生的半点钟》则倡导艺术大众化、美育大众化；《胡适之先生访问记》则在展示胡适“慷慨兴奋”形象的同时，指出当时文化建设的必要与紧迫；《见储民宜先生十五分钟》则对当前工商业依然依靠传统“金字招牌”而忧虑，期望“以后不要靠那老牌子来和人家竞争，要努力猛进的发现和改良我们的工业”。此外，《张学良印象》、《与陆小曼女士十分钟谈话》、《见王小籁先生的一点钟》等都是相关的系列文化随笔⑤。

这些时评短论多与时事新闻相关，具有某种“新闻性”，多围绕当时上海乃至中国诸多文化及社会现象进行记录与评述，以挑剔或超越的眼光对社会“评头论足”，站在文化的高处审视与批判都会及民族的痼疾，推动自由的抗争和思想的启迪。随着国际政治军事形势的变化，《时代》的文化随笔连载逐渐转变为固定的时事评论栏目，如从1935年第8卷第4期开始邀请时评家王健开设“国际风景线”栏目，将读者引向对现实政治时事的关注和分析，具有强烈的时政意味。

四

从以上整理来看，在《时代》的三大类连载散文中，市井琐谈系列津津乐道于社会风情、市民生活，给予人们以日常情趣，带给读者会心一笑；旅行游记带领读者畅游山水风物，刺激着读者的视觉需要，也满足了某种“亲身”体验；文化随笔则在谈天说地

---

① 张若谷：《我们是时代的主人》，《时代》1932年第2卷第7期。

② 张若谷：《时代男人所要求的女性》，《时代》1931年第2卷第6期。

③ 张若谷：《求婚之道》，《时代》1932年第3卷第1期。

④ 张若谷：《论中国女人》，《时代》1930年第2卷第1期。

⑤ 以上文章分别刊发在《时代》的1931年第2卷第4期、1931年第2卷第4期、1930年第2卷第1期、1931年第2卷第2期、1931年第2卷第2期、1931年第2卷第4期、1931年第2卷第5期。

之间释放着人们“评头论足”的心理。它们互动合作，构成了《时代》画报连载散文的主色调，满足了读者们的多样心态和阅读需求。整体而言，这些连载散文在谈天说地、娓娓叙谈中使读者放松心情，点评着现代社会的世俗世相，以灵动的笔调展现了自由、活泛及时尚的审美个性，形成了“杂散文”的形态。一般而言，这些连载散文可分为三种形式：一类是篇幅较长的散文，为节省刊物版面，避免给读者带来阅读疲劳，在报刊上分期刊载，如黄震遐“都市生活片段”、光宜“苏州话”系列、了平“北平的杂碎”系列等；一类是作家结合生活中的所感所触而随写随发的系列散文，如章克标“摩登”系列、张若谷“时代”系列等；第三类是作家开设的专栏散文，如王余杞“漫游散记”和邵洵美“自己的笔记”、“时代讲话”等。

关于什么是连载散文，《时代》并没有做出明确的解释。不过，一位连载散文作者曾在解释自己的连载散文写作时说：

> 随了笔要写什么就写什么，很高兴，很随便，正像厨川白树在他的《出了象牙之塔》内所说的一样：如果是冬天，便坐在暖炉旁安乐椅上，倘在夏天，则披浴衣、啜苦茗，随便谈谈，和好友任心闲话，将这些话照样移在纸上……兴亡所至，也说些以不至于头痛为度的道理罢。也有冷嘲，也有警句罢。既有（Humor）语妙，也有（Pathos）感愤，所谈的题目，天下国家的大事不待言，还有市井的琐事，书籍的批评，相识者的消息，以及自己过去的追怀，想到什么就纵谈什么，而托于即兴之笔。……它仅不过像我们几个很自己（Bosom）的朋友，在暖炉旁边，坐在沙发上，嚼嚼瓜子，很舒适的随便的谈谈日常见闻，——假使你万一不高兴起来，也可以抱着膝打打瞌睡，并不见得有伤大雅。要谈出一种兴味来，使我们感到生活上一种趣味……①

这段话比较形象地呈现了连载散文的写作内容和写作姿态，日常见闻、市井琐事、过去追怀、国家大事等都是这些连载散文的书写内容；而在“暖炉旁边”、“坐在沙发上”、“嚼嚼瓜子”、甚至“抱膝瞌睡”等随意、任性的谈论方式，则是它们的写作姿态。因此《时代》画报的连载散文大多不是正襟危坐的，而多少有些迎合市民的奇趣阅读需求，有的以半冷半热的口吻调笑人生与社会，有的在漫谈中追求时尚与流行色，常常不重视写作技巧和结构的严谨。但无论怎样，它们是“要谈出一种兴味来”。这种“兴味”就是在闲谈、漫谈、琐谈、杂谈及访谈的各种“谈话”中写出对生活、人生的某些看法

① 光宜：《苏州话》，《时代》1933年第4卷第5期。

以及对社会的批判。为此，连载散文既是闲适的，又是富有意味的。在新文学重新分化组合的20世纪30年代，文学创作和艺术流派颇为多元，其中在散文领域，就有以《论语》同人为代表的幽默闲适派、集中在《太白》诸刊周围的左翼作家，二者曾为各自的艺术理念展开过激烈的思想交锋和艺术竞争。实事求是地说，《时代》画报作为非文学期刊，并没有卷入其对立竞争；但在面向大众化的创作中，这些散文作家多少有意将《论语》同人与《太白》作家迥然不同的两种创作态度加以调和，即在闲适的谈话中有所指向，增强散文写作的现实意义；同时，在体现写作的时代性时亦增添休闲的语调，使散文的面目变得更为可亲。因此，这些连载散文具有“妙语”、“琐事”的休闲与“感愤”、“批评”的战斗的双重属性，超脱了其时散文写作非此即彼的历史意义。

如果结合其时的文艺思潮看，这些“要谈出一种兴味来”的连载散文具有邵洵美所提倡的某种文学“沙龙”的意味。沙龙即“文艺客厅”，盛行于19世纪的欧洲。它是一个开放的社交圈子，主人定期或在固定会客日与宾客聚会，有新朋也有旧友，人们在那里畅谈文学、艺术、哲学或政治问题，而且沙龙的常客能够保证话题的持续性，因此也是自由的思想交流场所。20世纪30年代初期，上海一批文人极力倡导文学沙龙。不过，与徐志摩、梁实秋所倡导的那种“精英式”、“贵族式”的文艺“沙龙”相比，邵洵美则倾心于“普罗化”的文艺“沙龙”。他希冀通过这种方式使思想得以自由产生，并能得到广泛的传播：

> 布置一个极舒适的客厅，每夜邀些文学家来诵读，音乐家来奏演，艺术家来试技，形迹不拘，谈吐自由，渐渐大家感到该处的空气兴奋，便每夜不速而来。当时有许多文人艺士都从这里得到了被社会认识的机会①。

从连载散文的刊载实际来看，《时代》通过散文的连载聚集并展现了各类作家，如海派文人邵洵美、张若谷、章克标、黄嘉谟、林微音，左翼作家陈了平、王余杞，右翼作家黄震遐、傅彦长等。他们以“连载”方式对某一个主题侃侃而谈，于各种“谈话”间为现代散文的创作、发表提供了重要的动力，并创造了新的园地。而这些连载散文的连载形式和畅谈姿态完全与在“舒适的客厅”里“形迹不拘、谈吐自由”的“普罗化”的文学沙龙具有某些相通的意味，至少发挥了其中的某些功能。小说连载在晚清报刊中是非常流行的，然而散文的连载却并不多见。或许，《时代》画报的散文连载开创了随笔散文的连续刊登风气，无意间催促现代散文产生了新变。

① 邵洵美：《文化的护法》，《时代》1935年第8卷第11期。

从普遍性上说，连载散文首先是散文，连载只是其创作或发表的一种特殊形式。连载散文充分体现出了“连”的优势：从纵向看，同一个主题的连续刊登，使得内容相对集中，表达更为深入和丰富，有效地拓展了散文的表现容量，展示出广阔的社会面；从横向看，连载散文常常采用几个主题同时刊登的并置方式，使得娱乐话题、知识介绍、文化批评等各种内容此起彼伏、互动合作，形成了或轻松或严肃等不同话语的碰撞与交流，富有情趣。连载散文的另一个特点就是它对多种题材的轻松驾驭，每个作家对自己熟悉的素材进行充分的发挥，使得诸多的新鲜素材能够成功应用到作品当中。同时，随着连载散文的连载，作家的人文情怀和理想不断地自觉注入，散文审美品格也得以进一步塑造和提升。还要注意的是，其中不少连载散文具有可分可合、疏密相间、似断实联的特点，以致结构相对散漫。整体而言，连载散文的“连载”使得散文的表现领域得到扩大、交流意识得以强化、文体形式更加开放、审美功能更加完善，形成了20世纪30年代一类新型都市散文体式。

连载散文颇能反映20世纪30年代期刊与散文间既刺激又约束的互动关系。一方面，散文的连载加强了《时代》的吸引力。对于读者来说，阅读某篇散文后，期待与之相关的下一篇出现，起到刺激阅读的作用。同时，期刊亦形成了相对固定的读者群，期刊的经济效益当然就增强了。另一方面，这些散文在期刊上连载显然会更多地被期刊所影响，如连载的设置实际上构筑起了与市民读者对话的平台，市民读者的价值观念对作家的创作起到了反作用；又如连载散文在“连载”意义上能够烘托新闻的及时性和连续性，许多文化随笔也就会更多地靠近期刊的要求，题材因此更具有即时性、当下性的特点。毫无疑问，《时代》画报的连载散文明显受到商业的刺激，但又充分蕴含了邵洵美传播文化的办刊理想，成为海派散文现代化历程中的一个特殊“风景”。晚清民初以来，随着现代报刊等大众传媒的发展，我国的散文发展亦呈现出繁荣的局面，许多学者对此进行了诸多研究，取得了不菲的成果；然而连载散文这一文类却在不经意间被文学史忽视了。实际上，这种栖息于大众传播媒介之上的特殊文学形式，至今对我国散文的写作与传播还产生着重要的影响。

（作者单位：江西财经大学人文学院、博士后流动站）

遂愿的“诗意”婚姻

——伊文·金《离婚》英译本研究①

王文强　沈兴涛

1948年，由美国译者伊文·金翻译、改编的老舍长篇小说《离婚》在美国出版。为迎合目的语读者的阅读期待，译者对原著做了大刀阔斧的改编。这不仅导致小说的主要人物在美国发生了“变形”，而且由此使译本与原著主题产生了极大的偏离。因此，这个译本遭到了老舍的极力抵制。由于该译本在国内外较为难得等原因，当前学界对其缺乏深入的研究。鉴于此，本文依托一手资料，希望能揭开这个译本的“真实面貌”，从而为老舍作品在海外的传播研究做出些许贡献。研究这一桩中国翻译史上的著名公案，有助于了解影响中国文学域外传播的诸多因素，从中我们可以总结经验教训，这对中国文学“走出去”具有一定的现实意义。

一、引言

老舍是中国现代文学史上的著名作家，在他的文学生涯中，创作了众多脍炙人口的作品。与《骆驼祥子》这些堪称经典的作品相比，老舍的长篇小说《离婚》长期以来并

① 本文所用的《离婚》为1933年上海良友图书印刷公司版本；而英译本则为1948年“金发行股份有限公司”（King publication incorporated）发行的*Divorce*。关于《离婚》及其英译本的引文皆出于此，英译本引文均由笔者自译，随文标明页码，不再一一注出。伊文·金的《离婚》译本、引言、扉页由廖燕老师、美国亚利桑那大学图书馆特藏馆老师提供，深表谢意。同济大学高彬博士、兰州大学何敏老师、吉林大学王峰老师曾为本文提出宝贵的修改意见，在此一并致谢。

没有得到国内文学评论界“足够的重视”①。这部作品描写了在旧政府机构任职的一群小职员悲欢离合的婚姻生活，最早由上海良友图书印刷公司于1933年发行。老舍认为《离婚》“比《猫城》强得多，紧炼处非《二马》等所及”②，并将《离婚》视作自己的“最佳作品”③。美国汉学家西里尔·白之（Cyril Birch）也将这部作品称为“老舍第一部也是最后一部成功的幽默作品”④。进入21世纪以来，有关老舍作品在海外的译介研究取得了丰硕的成果。然而，较之《四世同堂》、《骆驼祥子》、《茶馆》、《猫城记》等作品的英译研究，有关美国译者伊文·金（Evan King）《离婚》英译本的研究则是“门前冷落鞍马稀”。我们认为，这种现象主要是由该译本的流通局限性造成的。目前，伊文·金译本在国内难寻踪迹，国外馆藏也极其缺乏。根据笔者在“联机计算机图书馆中心”（Online Computer Library Center）查询到的结果，当前仅有的一本伊文·金《离婚》译本被美国亚利桑那大学图书馆特藏馆（University of Arizona，University Libraries：Special Collections）收藏。因此，国内外学者对该译本的研究甚少。舒悦女士（老舍的孙女）是最早对该译本展开研究的学者。她认为译者的大删大砍完全改变了原著的主题，而且译者在译本中添加的色情描写也拉低了《离婚》的格调⑤。与舒悦对该译本完全否定的态度不同，钱念孙则从文化冲突对文学翻译的影响入手，较为正面地评价了伊文·金的《离婚》译本。钱念孙通过援引林纾、苏曼殊、伍光建、傅东华这些译家删改原著的例子，意在证明译本的“变形、走样，是翻译中的家常便饭”⑥。此后在相当长的时间内，学界对这个译本的研究近乎阙如。2013年，李越在其专著《老舍作品英译研究》中首次以列表的形式更为详细地列出了译者的改译内容。这不仅对该译本的研究做出了积极的贡献，而且为其他研究者更为深入地了解伊文·金的《离婚》译本铺平了道路。遗憾的是，作者对这个译本的探讨只有3页左右的篇幅，对长达444页的译本来说略显单薄。总体来说，以上诸人对伊文·金译本的研究值得肯定，为老舍作品的海外传播研究做出了巨大的贡献，但是他们研究中的一些具体细节仍需继续深入和挖掘。阅读这部译作，我们发现，为了实现改编的目的，除却上述学者所提到的“大删大砍”以外，伊文·金还对原著做了大量的增译，以至于这部译作达到444页之多，这在篇幅上要远远超

① 舒悦：《评老舍小说〈离婚〉的伊文·金译本》，《中国翻译》1986年第5期。

② 孔另境：《现代作家书简》，上海生活书店1936版，第14页。

③ 吴晓玲：《话说那年》，中国友谊出版公司1998版，第21页。

④ Birch，Cyril：“Lao She：The Humourist in his Humour”，*The China Quarterly*1961年第8期。

⑤ 舒悦：《评老舍小说〈离婚〉的伊文·金译本》，《中国翻译》1986年第5期。

⑥ 钱念孙：《从〈离婚〉的英译本看文化冲突对文学翻译的影响》，《阜阳师范学院学报（社会科学版）》1989年第Z1期。

过郭静秋的《离婚》译本①。我们认为，译者对原著的删减与增译是不可分割的有机整体，他的改编策略不仅使原著的主要人物在形象上发生了重大的转变，而且这些转变反过来也让译作的主题同原著产生了根本性的偏离。

二、翻译缘由：伊文·金与《离婚》的英译

伊文·金曾任美国驻华外交官，原名为罗伯特·斯宾塞·沃德（Robert Spencer Ward），伊文·金是其笔名。他在华工作共 19 年，被认为是少见的语言天才，“说起中国话来，和中国人没有分别；此外，他也是极少数了解东方人思维的美国人之一”②。除却老舍的《骆驼祥子》和《离婚》这两部译作以外，他翻译的萧军小说《八月的乡村》（*Village in August*）由纽约史密斯与杜瑞尔出版社（Smith & Durrell）于 1942 年发行，是“第一部被翻译成英文的中国现代长篇小说”③，其意义不言而喻。除了上述几部译作，作为外交官的伊文·金还写过两部研究国际关系的专著——《日本人占领下的香港：日军占领手段的个案研究》（*Hong Kong under Japanese occupation：a case study in the enemy's techniques of control*，1943）和《亚洲人的亚洲？日军占领手段研究》（*Asia for the Asiatics？The Techniques of Japanese Occupation*，1945）。这两部政治著作“在出版后的短短两年内就出现了二十多篇政治书评”④。可以说，这为伊文·金“权威中国通”的身份增加了足够的政治与文化资本。

在其翻译的《八月的乡村》大获成功后⑤，伊文·金在未经老舍同意的情况下，于 1945 年将他的《骆驼祥子》译为英语出版，题名 Rickshaw Boy（《洋车夫》）。该译本

---

① 郭静秋的《离婚》译本计 306 页，伊文·金的译本在篇幅上“多了百分之六十多，即翻译同一部《离婚》，伊文·金所用的字数竟是郭译的 1.6 倍多”。参见钱念孙：《从〈离婚〉的英译本看文化冲突对文学翻译的影响》，《阜阳师范学院学报（社会科学版）》1989 年第 Z1 期，第 87 页。

② Bartlett，George：“Robert Spencer Ward Knows Orientals As Few Americans”，*Tampa Bay Times* 1955 年 12 月 4 日。

③ C. T，Hsia：*A History of Modern Chinese Fiction*，Yale University Press，1961，p. 273.

④ 许敏：《中国现代小说在英语世界的译介研究（1940—1949）》，华东师范大学 2018 年博士论文，第 135 页。

⑤ 在其英译本登陆美国后，美国各大报刊均对该书给予了积极评价，其中《纽约时报》（*New York Times*）在一个月内更是两次发表书评。不仅如此，《八月的乡村》于 1942 年出版后，至 1945 年重印达 5 次之多。具体可参见：吕黎《求同去异之旅——萧军长篇小说〈八月的乡村〉的英译》，载《解放军外国语学院学报》2011 年第 5 期，第 84 页；许敏《中国现代小说在英语世界的译介研究（1940—1949）——基于惯习、场域、资本的视角》，华东师范大学 2018 年博士论文，第 129 页。

“销量超百万，是中国现代文学译作的奇迹，至今无人企及”①。尽管老舍对译者擅自“把悲剧的下场改为大团圆”② 的做法并不满意，但也承认伊文·金“译笔不错”③。因此，当伊文·金愿意“老将出马”④，去翻译老舍的《离婚》时，老舍“点了头”。这一点在1947年9月出版的《离婚》“新序”中有明确的说明：

> 到美国之后，出版英译《骆驼祥子》的书店主人，问我还有什么著作，值得翻译，我笑而不答。年近五十，我还没有学会为自己大吹大擂。后来，他得到一部《老张的哲学》的译稿，征取我的意见。我摇了头；译稿退回。后来，有人向书店推荐《离婚》，而且《骆驼祥子》的译者愿意“老将出马”。我点了头。现在，他正在华盛顿做这个工作。几时能译完，出书；出书后有无销路，我都不知道⑤。

实际上，早在1946年12月4日，天津《大公报》就向读者披露了《离婚》将要被译成英语的消息：“老舍仍在纽约。游美似乎不如理想快乐，且大有负债危险。最近有人打算译他的《离婚》为英文，老舍已致电沪上友人索原本。”⑥

通过这两段材料，我们可以看到《离婚》在老舍心中占据着很高的地位；同时，也能了解到此时老舍对伊文·金的信任之情，因此主动要求朋友将《离婚》“原本”寄往美国。需要指出的是，这里的“原本”是指由上海良友图书印刷公司于1933年出版的《离婚》。1933年夏天，老舍在酷暑中完成了自己的第8部小说——《离婚》，之后该小说被列入“良友文学丛书”第8种出版。此后的1946年，老舍与赵家璧创立“晨光出版公司”，《离婚》又被收入“晨光文学丛书”，于1947年9月出版。考虑到二者的出版时间，我们可以推断伊文·金《离婚》译本所用的底本为1933年“良友版”《离婚》。

① 李越：《老舍作品英译研究》，知识产权出版社2013年版，第144页。
② 老舍：《骆驼祥子》，晨光出版公司1950年版，序言。
③ 老舍：《骆驼祥子》，晨光出版公司1950年版，序言。
④ 老舍：《离婚》，晨光出版公司1947年版，第2页。
⑤ 老舍：《离婚》，晨光出版公司1947年版，第2页。
⑥ 参见《艺文往来》，《大公报》1946年12月4日。

图1　伊文·金《离婚》译本书衣

图2　伊文·金《离婚》译本扉页

图3　1933年“良友版”《离婚》封面

三、从“离婚未遂”到“圆满结婚”
——伊文·金对《离婚》主题的改写

从伊文·金着手翻译《离婚》开始，仅仅不到一年的时间，老舍和译者便翻脸成为仇家。1948 年 3 月 29 日，赛珍珠在写给戴维·劳埃德（David Lloyd）的信件中这样写道：“使舒先生十分不安的是，他发现伊文·金的《离婚》译文在许多重要方面大大偏离了原著，结尾则和原著完全不同……当他发现伊文·金又故技重演时，他感到无法容忍这件事，并且拒绝承认伊文·金的工作。”① 此后，老舍一面邀请郭静秋（Helen Kuo）重新翻译《离婚》；一面搜集材料与译者对簿公堂。最终，经过法院裁决，雷内尔和希区柯克出版社（Reynal & Hitchcock）放弃原先与伊文·金所订的《离婚》英译本契约，郭静秋的《离婚》译本则改名为《老李对爱情的追求》（*The Quest of Love for Lao Lee*），由该出版社发行；伊文·金的译本“只能在自己的书店里发行其译本，不能在其他地方出售”②。在这种情况下，伊文·金于 1948 年在佛罗里达州成立“金发行股份有限公司”（King publication incorporated），以 Divorce 的名称出版了自己的译本。那么，译者是通过何种手段使译本的结尾完全不同于原著的？在论证这个问题之前，有必要将《离婚》的创作背景、故事梗概介绍一番。

《离婚》的故事情节并不复杂，主要人物包括老李、李太太、张大哥夫妇、小赵、丁二爷、马少奶奶，其他几位次要人物均是老李的同事——喜欢练拳的吴太极、北平俗语搜集者孙先生、“苦闷的象征”邱先生。除却夫唱妇随式的张大哥夫妇，小说中的其他家庭都想过或者闹过离婚。然而在经历过一系列的喧闹后，最终结果却都是不了了之。老李是小说的主人公，他一方面对腐败的衙门深恶痛绝，然而却无力改变现状，只能用敷衍的态度对待自己的工作；另一方面，他对自己的婚姻现状也非常不满，却始终下不了离婚的决心；他将邻居马少奶奶视作“诗意”的化身，却不敢大胆追求。在这部小说中，老舍以冷峻的笔锋剖析了带有封建色彩的老派北京市民心理，批判了因循守旧的庸人哲学。“北平城封建保守的市民文化，是长篇小说《离婚》注视和针砭的对象。对民族精神疾患的揭示，在这部作品中，来得比老舍之前的作品更集中也更生动。如此全神贯注地表现和批判北平城的市民文化，在老舍来说实乃前所未有。”③ 此外，《离婚》也

① 舒悦：《老舍英文书信集》，香港勤+缘出版社 1993 年版，第 135 页。

② 舒悦：《老舍英文书信集》，香港勤+缘出版社 1993 年版，第 35 页。

③ 关纪新：《老舍评传》，重庆出版社 2003 年版，第 183 页。

在很大程度上反映了当时的社会现实。1930 年，中华民国政府公布了有关婚姻家庭的法规“民法亲属编”，于 1931 年 5 月 5 日开始施行。这个法律一方面宣扬男女平等、自由结婚、一夫一妻等内容；另一方面，却公然声称“娶妾并非婚姻，自无所谓重婚”。因此，“小说可说是对这条自相矛盾的法律的闹剧式诠释，也是对社会伪善的文学嘲弄”①。

在译者所作的序言中，伊文·金将《离婚》比喻成“美妙的歌声”，自己沉溺其中难以自拔，并且“一反常态”地对老舍大加赞扬②：“该小说作者的笔名可译为‘老舍’（Venerable Lodge），他是现代中国小说家中最为声名显赫的人物之一，因此本书在翻译时产生的错误与作者并无关系，这些错误完全由本人承担。”③ 紧接着，译者给出了改编原著的原因：“汉字具有表意文字的特征，蕴含着丰富的意象。这让译者很难在译文中传递出这部趣味十足、内涵丰富的原著风味。唯一的解决办法就是通过改写的手段，让读者在译文中能大体领略到原著包含的活力和意蕴。”④ 为了达到让英语读者领略原著魅力的目的，伊文·金列出了译文与原著三点不同的地方：首先，译文增添了原著所缺少的历史场景；其次，译文刻意凸显了老李与小赵的矛盾，而他们的冲突在原著中并不那么明显；最后，原著中并不存在性描写的段落，而译文中之所以添加这些成分，译者认为这是由原著“离婚”这一主题决定的⑤。除却译者所提及的三点，译本与原著仍然存在极大的差异，即伊文·金对原著的删减、增译几乎贯穿了整部小说。需要指出的是，译者的改动幅度呈现出不平衡的特点。在某些章节，伊文·金对原著的改动幅度较小。先以译者对原著的删减为例。在原著第 7 章第 3 节中，老舍引出了张大哥的“心病”——儿子张天真。他出门在外时打扮得时髦帅气，然而在家时却邋遢至极。为了让读者获得最直观的感受，作者特意以张大哥街坊邻居王二嫂为例子，以此凸显二者的相似之处。“王二嫂的被子能整片往下掉泥，锅盖上清理得下来一斤肥料，可是一出门，脸擦得像个银娃娃，衣裳像些嫩莲花瓣儿。”⑥ 译者认为这对故事情节的发展影响不大，因此直接将这一情节删掉。除却这一部分，译者完整地翻译了本章的其余部分。为实现“改编”的目的，译者在删减原著段落章节的同时，还对原著做了大量的增译。比如，在译文的第

---

① 王德威：《写实主义小说的虚构：茅盾，老舍，沈从文》，复旦大学出版社 2011 年版，第 150 页。

② 在赛珍珠 1948 年 3 月 29 日写给劳埃德的信中，她曾经提过，老舍十分不满伊文·金对原著的改译，并拒绝认可他的译稿。“伊文·金先生变得极为粗暴，他告诉舒先生，他有权获得全部版权收入。照他看来，要不是他在翻译过程中进一步完善了原作，舒先生的著作根本一文不值。他还通过律师，恫吓过舒先生。”（舒悦：《老舍英文书信集》，香港勤+缘出版社 1993 年版，第 135 页。）

③ King，Evan：*Divorce*，King Publications Incorporated，1948，p. VI.

④ King，Evan：*Divorce*，King Publications Incorporated，1948，p. VI.

⑤ King，Evan：*Divorce*，King Publications Incorporated，1948，p. VI-VII.

⑥ 老舍：《离婚》，良友图书印刷公司 1933 年版，第 107-108 页。

13章第3节，张天真被当作共产党抓进了监狱，除老李积极想办法营救外，张大哥的同事生怕惹祸上身，在办公室内对“张”这一姓氏闭口不谈。考虑到目的语读者对汉字的特点了解有限，伊文·金特意增译16行，解释作为姓氏的“张”与量词“张”的区别①。

而在某些章节，伊文·金对原著的改动甚至可以用大刀阔斧来形容。这在他对原著第8章、第10章、第11章、第16章、第19章、第20章的改动上表现得尤为明显。译者的增译和删改不仅使原著的主要人物在形象上发生了重大的转变，而且这些转变反过来也让原著的主题产生了根本性的偏离。也就是说，通过具体的增添、删改这些翻译策略，伊文·金的译本使原著的老李、李太太、马少奶奶、丁二爷等主要人物的形象在美国产生了“变异”；并且通过添加原著中并不存在的历史背景和人物，使小说中的人物“恰到好处”地融入译本这个全新的环境中，这在主人公老李身上表现得最为明显。译本中的老李逐渐觉醒，迈出了对抗黑暗现实的一步，不仅摆脱了自己深恶痛绝的“臭衙门”，最终也与心中的“诗意”——马少奶奶有情人终成眷属。此外，译者的改编让丁二爷与对他心仪已久的李太太也走到了一起。因此，伊文·金译本的结局与原著完全不同，然而译者在序言中却只字未提。

四、从懦弱苦闷到勇敢无畏
——伊文·金译本中老李的心路历程

在原著中，老李是作者着力刻画的主人公。他受过高等教育，有着知识分子的清高与狷介。他不仅瞧不起整日无所事事的同事，而且对工作的衙门也嗤之以鼻。但为了生活，他又只能无可奈何地混迹其中，自己也成为他所鄙夷的对象。此外，在经历过西方婚恋观的洗礼后，老李对自己的婚姻家庭感到异常苦闷。他与李太太的婚姻由乡下父母包办，因而他们并没有感情基础和共同语言。此时，他的邻居马少奶奶走入了他的视线。马少奶奶的丈夫离家出走且有了外遇，马少奶奶只能与婆婆相伴。老李把她当作心中“诗意”的化身，整日魂牵梦绕，供奉在心中。在小说的最后部分，马少奶奶的丈夫带着一个女人回到了家中，这给老李带来了希望。然而，在经过一番争吵后，老李的“诗意”最终在现实面前妥协，马先生夫妇重归于好。老李再也不对人生的理想报以希望，心灰意冷的他最终带着妻子回到了乡下。而在伊文·金的译本中，译者通过具体的删减和增译，有意凸显了老李反对黑暗社会的责任感和勇于追求“诗意”——马少奶奶的爱

① King, Evan: *Divorce*, King Publications Incorporated, 1948, p.308.

情观。马少奶奶因此对他钦佩有加，也十分乐意嫁给老李。现分开详述：

（一）删减无助、矛盾的哈姆“李”特

由于自身性格和时代的限制，原著中的老李不会与毫无共同语言的妻子离婚，更不可能与马少奶奶结婚。伊文·金只有将原著中展现老李内心活动的章节删掉，才能为在译本中继续“改造”老李的性格奠定基础。原因在于，只有“改变”性格后的老李才能和妻子离婚，与心爱的马少奶奶走到一起。

为了在译本中“重塑”老李，译者删掉了原著中描写老李矛盾、懦弱、自责、彷徨的段落章节。这主要表现在以下几个方面：第一，在原著第 9 章第 3 节中，面对妻子与其他几位太太组成的意在制服丈夫们的“联盟”，老李感到了婚姻的无聊，然而他却对此无能为力。“老李恨自己没胆气抛弃这块污臭的地方！……家庭是一汪臭水，世界是片沙漠；什么也不说，认命！”① 第二，原著第 10 章第 5 节主要讲述了老李在护国寺庙会上偶遇马少奶奶后的遭遇，后者将李太太借桑骂槐大骂她的事情告知了老李。之后，马少奶奶头也不回地离开，将老李的好梦打得粉碎。老李为自己无力改变现状而感到痛苦，“臭科员，老李——他叫着自己——你这辈子只是个臭科员……你只在人们的怜悯中活着，挣点薪水……老李想上城外，跳了冰窟窿；可是身不由己的走回家去”②。第三，张大哥的儿子张天真被当成共产党而进了监狱，老李挺身而出，向恶棍小赵寻求帮助。然而他却被奸险阴毒、诡计多端的小赵玩弄于股掌之中，对此老李却无计可施。此时，之前一直被众人当作“废物”的丁二爷将自己计划杀死小赵的想法对老李和盘托出，老李为自己感到惭愧。老舍在原著第 16 章第 4 节用整节的篇幅细致地描绘了老李的心理。“自己远不如丁二爷，自己才是带着口气的活废物。什么也不敢得罪，连小赵都不敢得罪，只为那个破家，三天没和太太说话！他越看不起自己，越觉得不认识自己，‘到底会干些什么？’他问自己。什么也不会。”③ 第四，原著第 16 章第 5 节的主要内容如下：老李感到婚姻与工作的乏味与无聊，因而不去上班，带着孩子漫无目的地闲逛，他又为无力营救张天真而深感苦恼，“到底小赵是怎么回事？为什么不去提着小赵的耳朵，把实话揍出来？饭桶，糟蛋，老李！”④ 第五，在原著 20 章第 5 节中，马少奶奶的丈夫回到了家里，在经过一番争吵后，他们很快和好如初，老李的“诗意”终告幻灭。“老李的希望完了，世界只剩了一团黑气，没有半点光亮。他不能继续住在这里，这个院子与那个

---

① 老舍：《离婚》，良友图书印刷公司 1933 年版，第 140–141 页。
② 老舍：《离婚》，良友图书印刷公司 1933 年版，第 164–165 页。
③ 老舍：《离婚》，良友图书印刷公司 1933 年版，第 258 页。
④ 老舍：《离婚》，良友图书印刷公司 1933 年版，第 264 页。

怪物衙门一样的无聊，没意义。”① 心灰意冷的他从衙门辞职，带着丁二爷和全家回到了乡下。而在伊文·金的译本中，上述展现老李内心活动的章节段落在译本中踪迹全无。

（二）刻意凸显老李的社会责任心以及为爱痴狂的老李形象

除却上文提到的对老李性格的删减措施，伊文·金还借助改写、增译的手段重塑老李的性格。这主要表现在以下几个方面：在译本第8章第2节共增译约3页，讲述老李与马少奶奶初次相遇便暗生情愫。老李大胆地向马少奶奶表露自己的爱意——“你愿意做我的妻子吗?”② 紧接着在该章的第2节，译者用2页的篇幅增添了老李的心理描写：老李考虑与马少奶奶一起私奔，但是想到自己的孩子和父母，他放弃了这个念头，“他们不能离开北平。只有一种方法才能解决一切问题：离婚，离婚!”③ 此后在译文的第9章第2节，译者再次对原著增译：老李拿吴太太、邱太太、张大嫂、妻子与马少奶奶作对比。在老李看来，“她们这些人与马少奶奶不可同日而语，马少奶奶犹如他梦中的诗意，而现实中他却被吴太太们这些现实生活中的噩梦所折磨”④。在本章的第3节，伊文·金又一次用大约3页的篇幅渲染老李的相思之情。窗外狂风大作，老李夜不能寐。看到熟睡的妻子，他思念起马少奶奶。“她是那样纯洁美丽，是值得所爱的理想。”⑤ 随着与马少奶奶的交往，老李年轻时的梦想被爱情的力量所唤醒。在译本的第16章第4节，马少奶奶收到了在南方从事革命的丈夫的信，告知她两个重要消息：一是他已与同他一起离开北平的革命同志结婚，并将一封与马少奶奶的离婚声明附带其中；二是与日本人勾结的南方军队（Southern Troops）即将掌控北平，到时政治将日益黑暗。译者通过添加一段老李的内心独白，向读者昭示老李的最终心理转变过程——“难道他要袖手旁观吗？难道他真的要像丁二爷一样做个苟延残喘的人吗？不！他要重拾年轻时的梦想，他要勇敢地挑战这个腐败的政府……让这滔滔的洪水来得更汹涌些吧!”⑥ 此外，伊文·金为了展现译本中老李直面恶棍小赵的勇气，除了删减他无计可施的心理描写，还特意在译本中增添了老李英雄气概的桥段——“实际上，他曾无数次想过要宰了他”⑦。

为了实现“改造”老李的目的，伊文·金甚至在译本中糅入了被称作“民国四大报纸”之一的《益世报》及其知名编辑罗隆基的介绍。我们认为，这对译本中老李形象的重塑有着至关重要的作用。在罗隆基主笔时期，《益世报》持守自由主义倾向，发表了

① 老舍：《离婚》，良友图书印刷公司1933年版，第331页。
② King，Evan：*Divorce*，King Publications Incorporated，1948，p. 176.
③ King，Evan：*Divorce*，King Publications Incorporated，1948，p. 178.
④ King，Evan：*Divorce*，King Publications Incorporated，1948，p. 209.
⑤ King，Evan：*Divorce*，King Publications Incorporated，1948，p. 216.
⑥ King，Evan：*Divorce*，King Publications Incorporated，1948，p. 376.
⑦ King，Evan：*Divorce*，King Publications Incorporated 1948，p. 373.

大量反对国民政府黑暗统治的社论。国民政府为此对之恨之入骨，于1933年派遣特务对其进行暗杀，“子弹将他乘坐的汽车打出了许多弹孔”，所幸的是，“他平卧在车中座位前面的空隙间，因而侥幸得免”①。对于老李来说，“这份报纸对他而言意义重大”②，原因是这份宣传“人权”、“进步”、“希望”的报纸“让他内心感到舒服，而且他的生活不至于太过沉闷”③。经过马少奶奶与老李同事邱先生的牵线搭桥，思想犀利、文笔卓越的老李与罗隆基在译本的第19章相见，后者建议老李采取循序渐进的措施，“先保留着衙门职务，同时学习报纸评论的方法，等到用笔名赢得一定的知名度后，再彻底离开衙门”④。在译文的最后部分，老李已经成为“《益世报》的副主编”⑤。经过译者的改编，老李在很大程度上代表着自由、正义，是努力与黑暗社会做斗争的象征。他不仅赢得了马少奶奶的芳心，而且成为《益世报》的编辑，成为勇敢声讨黑暗社会的代言人。

五、丁二爷、李太太、马少奶奶在《离婚》英译本中的“变形记”

要想在译本中实现“大团圆”的结局，仅仅“改造”老李是不够的。因此，伊文·金同样对丁二爷、李太太、马少奶奶以及原著的相关情节进行了改编，这就为丁二爷与李太太、老李与马少奶奶在译本中的最终结合埋下了伏笔。

在原著中，李太太是一个既值得同情又应该受到谴责的人物。她一方面纯朴节俭，操持所有家务，却没有从丈夫那里得到一点感情上的满足；另一方面，在老李把她从乡下接到北平后，她的市侩个性展露无遗。尽管如此，她的全部思想意识还是以老李为中心，内心中从未越雷池半步。然而，这个以丈夫为天的形象在译本中被彻底扭转。在译本第10章第2节中，译者增译了一段描写李太太内心活动的段落：她对老李的丈夫角色极度不满，心里渴望能和好心肠的丁二爷结婚，但由于对丁二爷的过往经历全不知情，故而打消了这个念头。“遗憾的是，丁二爷缺少赚钱的本事：他毫无支撑一个家庭的根基，那么家里哪有钱去买日常所需的粮食和衣物，更不用说等到过年时还要买更多的东西呢。这个问题一直萦绕在她脑海：如果嫁给他，以后的生活来源在哪里啊？”⑥ 在原著中，丁二爷在众人眼中是个不折不扣的“废物”。年轻时他也曾有过婚姻，结果不受妻子待见，最后妻子带着他们的孩子一走了之。他心里窝火，只能整日借酒消愁，张大哥

---

① King, Evan: *Divorce*, King Publications Incorporated, 1948, p. 168.
② King, Evan: *Divorce*, King Publications Incorporated, 1948, p. 169.
③ King, Evan: *Divorce*, King Publications Incorporated, 1948, p. 167.
④ King, Evan: *Divorce*, King Publications Incorporated, 1948, p. 410.
⑤ King, Evan: *Divorce*, King Publications Incorporated, 1948, p. 436.
⑥ King, Evan: *Divorce*, King Publications Incorporated, 1948, p. 231.

出于好意将他收留，此后他便在张大哥家过了20年寄人篱下的可怜生活。为了能够“帮助”二者解决婚后的后顾之忧，伊文·金在译文的第16章第3节对丁二爷的过往经历进行了“改造”——“我从前也在衙门做过科员，那时候，我也曾风度翩翩，写得一手连学者都会嫉妒的好字”①。这着实让之前鄙视他的老李大吃一惊。在译文的最后部分，“丁二爷接替了老李之前在衙门的科员职位”②，这也就从根源上解决了二者结婚后生活来源的问题。

而就马少奶奶来说，原著中她是“自由恋爱”的实践者。她与马先生日久生情，义无反顾地嫁给了他。然而，随性的马先生很快又爱上了一位音乐教师，抛弃了马少奶奶，与情人一道去了江南闹革命。在马先生回到北平后，他们很快抛却前嫌，和好如初。前文已经提到，在译本中马先生将离婚声明寄给了马少奶奶，这就为马少奶奶与老李的结合扫清了障碍。而另一方面，译本中的马少奶奶在租房时通过张大哥对她邻居老李的评价，早已对作为学者的老李芳心暗许。在译文的最后一章，老李向信奉“宁拆七座庙，不破一桩婚”的张大哥表露了自己的内心想法——“您在无意间做了我和马少奶奶的媒人。通过您向马少奶奶对我的描述，在她遇到我之前，就已经爱上了我”③。在译本的结尾，老李希望张大哥能主持他与马少奶奶、李太太与丁二爷的婚礼，经过一番思考后，张大哥最终答应了老李的请求。

六、结语

钱锺书在《林纾的翻译》一文中曾如此评论林纾这类喜欢替原著作者“捉刀改笔”的译者：“一个能写作或自信能写作的人从事文学翻译，难保不像林纾那样的手痒，他根据自己的写作标准，要充当原作者的‘诤友’，自以为有点铁成金或以石攻玉的义务和权利，把翻译变成借体寄生的、东鳞西爪的写作。”④ 很明显，伊文·金正是属于林纾类型的译者。作为一位有着明确读者意识的译者，他翻译的《骆驼祥子》之所以大受读者好评，除了原著本身的艺术魅力之外，也与译者迎合美国读者心理、将《骆驼祥子》的悲剧结尾改为“大团圆”⑤ 结局有很大的关系。“该修改使原本悲剧的小说结局逆转为好

① King，Evan：*Divorce*，King Publications Incorporated，1948，p. 237.

② King，Evan：*Divorce*，King Publications Incorporated，1948，p. 436.

③ King，Evan：*Divorce*，King Publications Incorporated，1948，p. 443.

④ 钱钟书：《林纾的翻译》，商务印书馆1981年版，第28页。

⑤ 伊文·金将原著悲剧性的结尾改为祥子从“白房子”中救出了小福子，实现了“大团圆”结局。“夏夜凉风习习，他怀中的小福子轻轻地颤动了一下，接着慢慢地向祥子依偎。她还活着，他也活着，现在他们自由了。”参见King，Evan. *Rickshaw Boy*，Renal& Hitchcock，1945，p. 384.

莱坞式的美满团圆，简直让人意想不到。也正是有了这样的‘妙笔’改动，才迎合了当时美国读者的阅读期待和出版商的商业需求。”① 译本很快就被“每月一书俱乐部”（Book-of-the-Month Club）列为“八月之选”（The Book-of-the Month Club Selection For August）的首选推荐，并受到美国主流媒体的广泛赞誉。我们认为，伊文·金对《骆驼祥子》的成功改编在很大程度上影响甚至激发了他对《离婚》大刀阔斧的改编策略，也就是说，译者对《离婚》“大团圆”式的改写仍与读者的阅读期待有着紧密的关系。对此，曾旅居美国3年之久的老舍有着切身的体会：“作者须按照编辑的心意去修改原稿：要改得紧凑简短，以免读者念着不耐烦，美国人忙呀；要改得趣味更低级一些②，以迎合一般人的心理；要把悲剧的结局改为大团圆，因为美国的读众爱念笑话与喜剧……”③而这些“改写”的要素在伊文·金的译本中可谓表现得淋漓尽致。为了维护自己作品的名誉，老舍与郭静秋合作，忠实地将“离婚不成”的原著译为英语出版后，结果却“销路不佳”④。我们认为，这很可能与美国的婚恋风俗与原著中所展现的中国婚俗大相径庭有关。在这点上，韦努蒂的话尤其值得我们深思：“译文的生存是建立在译文本身与特定文化环境及社会环境的关系之上的，在这种特定的文化环境和社会环境之下，译文才能得以产生并为人们所阅读。”⑤ 遗憾的是，伊文·金的大肆改译与原著实在差异太大，可以说超越了老舍所能容忍的底线，因而遭到了极力抵制，这导致伊文·金的译本只能在自己开的书店发行；而郭静秋的《离婚》译本在美国也没有打开销路，因此老舍深爱的《离婚》并没有像《骆驼祥子》一样在海外掀起“老舍热”的热潮。

（作者单位：安徽科技学院外国语学院讲师；江西师范大学外国语学院讲师）

---

① 金洁、吴平：《〈骆驼祥子〉英译本在英美国家的读者接受与传播分析》，《燕山大学学报（哲学社会科学版）》2016年第4期。

② 需要指出的是，伊文·金在译本中共添加了5段原文并不存在的“性描写”。在某些部分，译者的尺度之大，足以让读者咂舌。如在译文的第19章第1节，译者“不厌其烦”地描写了老李与马少奶奶的床笫之欢。参见King，Evan. *Rickshaw Boy*，Rental & Hitchcock，1945，p. 411. 吊诡的是，在老舍首肯的郭静秋《离婚》译本中，译者同样凭空增添了4段李太太裸体勾引老李的内容。参见Kuo，Helen. *The Quest for Love of Lao Lee*，Renal& Hitchcock，1948，pp. 259–260. 由于该译本由老舍与郭静秋合作翻译，因此这种“趣味更低级一些”的增译很可能就来自老舍本人的干预。

③ 老舍：《美国的精神食粮》，《北京文艺》1951年第1卷第6期。

④ 老舍：《离婚》，晨光出版公司1953年版，第1页。

⑤ Venuti，Lawrence：*The Translation's Invisibility*：*A History of Translation*，上海外语教育出版社2004年版，第19页。

学衡派诗人群体的酝酿、形成与凝聚①

王 彪

从“文化学衡”下沉到“文学学衡”是目前学衡派研究的一个新趋势。作为其思想文化理念的重要承载体，学衡同人创作并翻译过诗词、散文、小说、戏剧等众多体裁丰富的文学作品。这其中诗人身份最为突出，并有显著的流派属性。学衡派诗人群体的酝酿、形成与凝聚是传统诗派现代转型的一个缩影，也是现代诗坛新、旧诗之争的一个侧面。承续晚清诗脉的学衡诗人在白璧德新人文主义感召与胡适革新文学论争的美国体验中得以蜕变苏生，归国后在大学、报刊、书局等话语阵地建构与社团、雅集、师生等机制组织基础上得以汇集成形，又通过王国维、吴芳吉两位诗人之死的集体追悼阐发，最终凝聚成一个现代旧诗流派。学衡诗人群体形象演变的勾勒与形成机制的探索对于“文学学衡”的深入理解及中国现代文学社团流派研究都是有益的补充。

一、晚清诗脉与美国体验

现代学人钱基博先生曾言，诗词“迄于清季，词融今古，理通欧亚，集旧文学之大成而要其归，蜕新文学之化机而开其先”②。诚然，白话新诗与旧体诗词都肇端于晚清诗坛，但又在此处分野。在新文学研究者那里，新诗的生成虽与晚清有诸多关联，但“其差别是那样深刻，简直令人难以置信它们产生于同一民族”③，以至于任何从古今维度为

---

① 本文系国家社会科学基金重大项目“多卷本《中国现当代旧体诗词编年史》编纂与研究及数据库建设”（18ZDA263）的阶段性成果。

② 钱基博：《现代中国文学史》，上海书店出版社 2007 年版，第 10 页。

③ ［捷］普实克：《从中国的文学革命看传统的东方文学与欧洲现代文学的冲突》，贾植芳主编：《中国现代文学的主潮》，复旦大学出版社 1990 年版，第 145 页。

“五四溯源的努力都反而更凸显出五四作为一个新的文学时期开端的意义”①。旧体诗词则不然，它直接承续清季诗词血脉而走向改良创旧的路子。学衡诗人胡先骕特别指出：“晚清末季，诗学甚为发达，大家名家辈出。民国四十年来作旧诗之诗人半系晚清遗老，半系后起之秀，但后者之宗派蕲向，实与清末之老辈诗人相同，故欲论近四十年之旧诗，非上溯晚清不可。”② 的确，学衡从文化观念到诗学主张，从整体诗词宗派蕲向到具体意象、典故、语言，从流派组织建构到话语阵地开拓，都无不受惠于晚清诗坛中的同光体诗派、诗界革命派、南社等诗派。

同光体以陈三立、陈衍、郑孝胥、沈曾植为领袖，学诗由宋及唐，追求学人之诗与诗人之诗的融合。它对学衡的影响有三。首先，学衡派中坚胡先骕、陈寅恪、邵祖平、王易等皆由同光体赣派蜕变而来。这些同光体后起之秀因籍贯、家学、师承及个人趣味等因素皆沾溉江西余绪，张同光体之帜。不过，他们或游学海外，或不拘于唐宋转益多师，视野即开而堂庑益大，故能承旧派余绪而扬学衡新波。其次，同光体“合学人诗人之诗为一体”③ 的诗学理念也为学衡派所扬弃转化。胡先骕的“为诗者不但为诗人而兼为硕学之耆宿”④ 与邵祖平对“风人之诗”与“诗家之诗”的辨析，都是同光体诗学在现代语境下的新演绎。最后，以赣派为主的同光耆旧在杂志创办、社团雅集上也给学衡以支持和提携。据统计，《学衡》诗录中同光体诗人占三分之一，而所载诗词则占二分之一强。这虽可见“学衡杂志的‘文苑’成了‘江西诗派’之绝响”⑤，亦说明同光体诗人在杂志艰难维系中的倾力支持。

相较于同光体，诗界革命派与南社则显露出传统诗词主动求新求变的一面。诗界革命派由政治而艺术，以维新之力改良诗艺，欲在传统范式中注入新质，开辟新境；南社则是由艺术而政治，借革新诗艺鼓吹革命，唐音新词里澎湃着民族、国家的时代精神。诗界革命派的重要意义不仅是作为白话新诗的前奏，更在于为传统诗词的存续指明了出路。如果旧体诗词能够在特定“情感圈”⑥ 有力地传情达意，又能在现代语境中做到诗意与诗艺的翻新，那它就具实用与艺术的双重价值而有存续之理由。作为诗界革命派的后继，学衡所受的影响有三。一是宗派蕲向的承续。诗界革命派追宗盛唐，风格依旧，

① 刘纳：《嬗变——辛亥革命时期至五四时期的中国文学》（修订本），中国人民大学出版社 2010 年版，第 356 页。

② 胡先骕：《胡先骕诗文集》，黄山书社 2013 年版，第 632 页。

③ 陈衍：《陈衍诗论合集》，福建人民出版社 1999 年版，第 879 页。

④ 胡先骕：《胡先骕诗文集》，黄山书社 2013 年版，第 337 页。

⑤ 沈卫威：《作为文化保守主义批评家的胡先骕》，《江西社会科学》2005 年第 3 期。

⑥ 刘纳：《旧形式的诱惑——郭沫若抗战时期的旧体诗》，《中国现代文学研究丛刊》1991 年第 3 期。

思理趋新，虽不免生硬浮泛，却生气淋漓、别辟生面。吴宓不仅自身受该派影响，也对其播散发扬出力甚多，传之于吴碧柳、王越等人。二是对诗界革命理论的认同、充实与新拓。从吴宓《余生随笔》、《空轩诗话》对梁启超理论的瓣香与充实，到吴芳吉、卢前“民国诗”的设想与践行，学衡诗人继承、丰富、创化诗界革命理论的努力与成绩是有目共睹的。三是诗界革命派对《学衡》的支持。诗界革命派不仅是《学衡》的重要撰稿群体，梁启超、陈伯澜等还出资捐助杂志，为《学衡》的续办与中华书局费力斡旋。

南社是“在提倡民族气节，鼓吹反清革命，研究文学的旗帜下聚拢到一起的文学团体”①。作为彼时中国文学界的中心，南社吸引了众多青年诗人加入，这其中就包含胡先骕、任鸿隽、梅光迪、萧公权等学衡中坚诗人。胡、任、梅三人是 1914 年 7 月在美留学期间经杨杏佛介绍加入的，萧公权则是 1915 年就学于上海青年会中学时受老师叶楚伧青睐而入社。此外，南社与学衡的关系还集中在两点。一是胡先骕引发的南社内部“唐宋之争”加速了其解体，部分诗人诗作流入《学衡》。南社 1923 年解体后，社内诗人黄节、林庚白、叶玉森、姚鹓雏、杨铨、吴梅、诸宗元、邵瑞彭、朱锡梁等开始在学衡系刊物刊载诗作。二是学衡选择性继承南社所激活的遗民意识。晚清以来，宋明遗民精神在南社诸子不遗余力的挖掘、钩沉下得以重新张扬。鲁迅曾说：“清朝初年的文字狱，到清朝末年才被从新提起。最起劲的是‘南社’里的有几个人，为被害者辑印遗集。”② 除了文献辑佚，对遗民的凭吊吟咏亦是南社诗人发扬潜幽的重要方式。相较于南社偏重遗民的政治身份与民族属性，学衡则倾心于借遗民的文化身份来承续传统人文命脉。学衡同人通过从宋明遗民郑所南、顾亭林到近代梁济、王国维，再延及现代陈寅恪、吴宓等，塑造了一条流动的人文血脉。这种以文化遗民姿态行文艺复兴之实的理想，也成为其诗词的苍凉底色与文化烙印。

晚清诗坛是传统与现代的一个含混集束。它既给予学衡传统土壤与背景支援，也闪现了吉光片羽的新趋势。但学衡是如何从相关又相左、守旧又趋新的近代诗词流派中蜕变、分化，进而凝聚为一个现代意义上的旧体诗词流派，需要我们进一步追问。这种蜕变与凝聚可从内在诗人群体经验的开拓与外在文学场景的嬗变两个方面去说。大略相近的留美经验及对白璧德新人文主义的选择，使学衡诗人在诗学与创作上获得新质并走向蜕变；而国外到国内新文化运动的风靡及其对旧文坛的取代，让对“文学革命”有不同理解的学衡诗人们抱团发声。这些都与学衡诗人肄业清华及留学美国的体验分不开。从 1911 年梅光迪留美到 1921 年吴宓归国，是学衡诗人美国体验的重要时期。这一时期又以

① 孙之梅：《南社研究》，人民文学出版社 2003 年版，第 1 页。
② 鲁迅：《且介亭杂文》，人民文学出版社 1973 年版，第 31 页。

1917年夏胡适归国、吴宓等留美为界，分为前、后两个阶段。前一阶段，国内以清华天人学会成立为中心，国外则围绕梅光迪等与胡适关于文学革命的讨论展开；后一阶段，国外是新人文主义感召下学衡诗人的凝聚，国内则是胡先骕、吴芳吉等对新文化运动的反应。

学衡派中有留美经历的诗人，除陈寅恪、胡先骕、任鸿隽是自费或官费，其他都是通过庚款赴美的。庚款留美生中，梅光迪通过第三批留美招考直接赴美，而吴宓、汤用彤、刘永济、刘朴、楼光来则是通过“清华的窄门”① 才放洋留美。因为要直接对接美国大学的学习生活，清华不仅对英语、体育、礼仪等格外重视，在师资组成、课程设置、课外演讲、阅读书目、课程考试上也特别注意古今参照、中西兼容。这种东西互照的跨文化氛围使青年学子更易跳脱中西对立或中体西用的旧观念，培养出超越东方、西方的“世界文化眼光”。吴宓、汤用彤等在学习切磋中，逐渐领悟诗词文章、学说道理皆中西一例，“非适合世界现势，不足促国民之进步；尽弃旧物，又失其国性之凭依”②。于是，诸人不仅尝试办《观摩月报》、《观摩新报》等，以切磋诗文、小说，还于1915年冬发起天人学会，以“发挥国有文明，沟通东西事理，以熔铸风格、改进道德、引导社会”③作为人生志业。学会主要成员有吴宓、黄华、汤用彤、吴芳吉、吕谷凡、周君南、童季龄、向哲濬、曾昭抡、冯友兰、汪敬熙、刘泗英等30余人。他们折衷新旧、沟通中西的宗旨亦表现在改良创旧的诗词观中，尤以吴宓《余生随笔》中“诗意与理贵新，而格律韵藻须旧”④ 为代表。但这群报国心切的青年人此时对诗词的情感却是矛盾的。他们一面在中西诗文的广泛阅读中陶冶怀抱、砥砺心志，有着从事诗词创作与研究的强烈兴趣，一面又因诗词为游戏自娱之小道，所以“不得不竭力抵制这种诱惑，正告自己必须从事实用之学”⑤。

准留学生们在清华酝酿杂志、成立天人学会的同时，新大陆上的留学生也因“诗国革命”进行着持久的论争。先于吴宓等留美的胡适（1910）、梅光迪（1911）、任鸿隽（1911）、胡先骕（1912）、杨杏佛（1912）、唐钺（1914）在体验学习美国科学实业及思想文化之余，通过私人日常交游与信札往来，中国科学社、留美学生会等社团组织以及《留美学生季报》等刊物建构了一个讨论“文学革命”的言说空间。学界多站在新文学立场，将梅、任视为胡适文学革命观形成的反面助推力。这种脸谱化勾勒肇始于胡适

① ［美］史黛西·比勒：《中国留美学生史》，张艳译，三联书店2010年版，第95–96页。
② 吴宓：《吴宓日记》（第1册），三联书店1998年版，第404页。
③ 吴宓：《吴宓日记》（第1册），三联书店1998年版，第410页。
④ 吴宓：《吴宓诗话》，商务印书馆2005年版，第32页。
⑤ 周轶群：《吴宓与世界文学》，吴宓：《世界文学史大纲》，商务印书馆2020年版，第5页。

《逼上梁山》的叙事策略："梅、任诸君都赞成'文学革命'，他们都'诚见今日文学有不可不改革之处'。但他们赞成的文学革命，只是一种空荡荡的目的，没有具体的计划，也没有下手的途径。等到我提出了一个具体的方案（用白话做一切文学的工具），他们又都不赞成了。"① 实际上，胡适的说辞是不公正且不合事实的。暂不说胡适提出的"具体方案"是与诸友互动的结果，梅、任也并不是为反对而反对的反对派，他们对旧诗革新有着切实的主张。

胡适1915年9月在《依韵和叔永戏赠诗》中提出"诗国革命何自始？要须作诗如作文"后，梅光迪便表达了不同意见。梅氏在与胡适的通信中，一是从语言角度指出"诗之文字（Poetic diction）"与"文之文字（Prose diction）"截然两途，仅移文之文字、文法入诗而不从诗歌语言内部作改良是饮鸩止渴之举；二是从内容上提出"吾国近时诗界所须革命者，在诗家为古人奴婢，无古人学术怀抱"②（所谓"无学术怀抱"即无学问志向，随后任鸿隽即提出"绩学"救之）；三是从中外资源上提出借镜英、法18世纪浪漫主义诗歌运动及中国民间文学资源。之后围绕任鸿隽《泛湖即事》诗案所引发的讨论中，任鸿隽与梅光迪都不赞成胡适生硬地划分诗中"死活文字"。他们认为文字无死活之分，惟有当与不当之别，能传当下情景者即今日之语，即为恰当。梅光迪在讨论中又从诗词语言上提出"文学革命四法"③。此外，梅光迪还从中外诗歌创作与发展的实际出发，提出"取法古人之精神而加以个人独有之长"④ 的"摹仿—创造"说。由此，梅、任关于"文学革命"的八条办法基本成形。这些观念此后得到学衡诗人们的基本认同，成为其诗词改良创造的一致观念。然而归国后的胡适却"暴得大名"，其倡导的新文化运动在年轻人那里得到热烈回应，欲取旧文坛而代之。这时还在美国的梅光迪无疑会感到焦虑与挫败。时不我待的梅光迪开始以哈佛大学为中心，"招兵买马，到处搜求人才，联合同志，拟回国对胡适作一全盘之大战"⑤。

梅光迪积极联合同志，是以胡适"新文化运动"为靶向，以白璧德新人文主义为旗帜的。梅氏于1914年转学哈佛，专攻文学，开始接触白璧德，之后很快将儒学的"正心诚意"、"道德文明"与新人文主义比附融合。梅氏在与胡适论辩文学革命时，即以新人

① 欧阳哲生编：《胡适文集》（第1册），北京大学出版社2013年版，第141页。

② 中华梅氏文化研究会：《梅光迪文存》，华中师范大学出版社2011年版，第536页。

③ 中华梅氏文化研究会：《梅光迪文存》，华中师范大学出版社2011年版，第545页。梅氏"文学革命四法"即"一曰摈去通用陈言腐语。二曰复用古字以增加字数。三曰添入新名词，如科学、法政诸新名字，为旧文学中所无者。四曰选择白话中之有来源、有意义、有美术之价值者之一部分，以加入文学，然须慎之又慎"。

④ 中华梅氏文化研究会：《梅光迪文存》，华中师范大学出版社2011年版，第548页。

⑤ 吴宓：《吴宓自编年谱》，三联书店1995年版，第177页。

文主义为其理论根底："弟对于人生观言'人学主义'（Humanism），故对于文学则言 Classicism（姑译之为'古文派'可乎）。"① 所谓的"人学主义"即新人文主义，而"古文派"即文学上的新古典主义。白璧德的新人文主义注重与传统的联系，就个人而言强调理性节制情感，就文化而言意欲建构融合多元的世界主义理想。这必然对志在折衷新旧、沟通中西的天人诸君有强烈的吸引力。而且，白璧德新人文主义中，文学尤其是古典文学占着突出的地位②。新人文主义既有赖于古典文学的积淀与熏染而酝酿形成，又"借端于文学"③ 得以发挥作用。这就解决了吴宓等人在实业与人文间抉择的内在矛盾。所以，吴宓、汤用彤、张歆海、楼光来、陈寅恪等相继留美后，在梅光迪的热情鼓动下，或师事或面谒，大都膺服新人文主义。他们一面学习、切磋、领悟新人文主义学说，一面用中国传统士人交游、诗词赠答的生活方式，回应白璧德东西儒者应协力同行的殷切期待。一个有共同文化、文学追求的诗歌群体在哈佛白璧德门下初具雏形。

二、大学 · 报刊 · 书局

晚清以来，特别是 1905 年废除科举、兴办新式学堂以后，中国传统的"士"逐渐向现代知识分子蜕变。伴随着身份的转变，其生存方式、自我追求及言说途径与载体都有着微妙地变化。这其中，大学、报刊、书局对于过渡时代的知识分子有着至关重要的作用。大学是知识分子得以安身立命并进行思想文化传播、传承的重要场域；报刊则是传播思想文化、制造言论、干预社会最直接的方式；书局则是整合社会资源，作幕后策划与推动的重要支点，所有书籍、报刊的出版都依赖于书局。三者之间互相依存、制衡、渗透，共同构成一个动态平衡的文化文学场域。白话新诗的风靡，便是依托北京大学、中国公学等学校，《新青年》、《新潮》、《少年中国》等杂志以及商务印书馆、亚东书局、北新书局等书局而逐渐形成声势、风靡全国的。作为"反对派"的学衡诗人群体，若想在新文化已然成势的情形下站稳脚跟，必然要在上述三个方面建构自己的阵地。

1920 年 2 月，梅光迪归国后先任教于南开大学，旋于同年 7 月在刘伯明招邀下，任南京高等师范学校英文系教授。梅光迪到校后，便"决以此校为聚集同志知友，发展理想事业之地"④。相较北京、上海，南京因其文化、文学的传统底蕴而成为拒斥新潮的堡

---

① 眉睫：《梅光迪年谱》，海豚出版社 2017 年版，第 105-106 页。

② 参见［美］白璧德：《文学与美国的大学》，张沛、张源译，北京大学出版社 2011 年版，第 71-73 页。

③ 吴宓：《吴宓诗话》，商务印书馆 2005 年版，第 188 页。

④ 吴宓：《吴宓自编年谱》，三联书店 1995 年版，第 214 页。

垒。而南京高等师范学校作为陈三立、李瑞清、江谦接续执掌的高等学府，不仅汇集了柳诒徵、王伯沆、萧纯棉、胡先骕、杨杏佛等一大批宋诗派教授，学生们也基本上对白话新诗免疫，热衷于旧体诗词习作。因此，无论是文化、文学氛围还是师承人脉，南京都为学衡派的聚集提供了必要的背景和支持。在梅光迪的努力下，吴宓、汤用彤、楼光来、李思纯相继任教于此，并开设了中国第一个西洋文学系，“研究赏析西方文学理论和经典著作”①。这使“民国思想学术新格局下的‘学分南北’”② 的局面得以呈现，并昭显出融贯东西的“东南学风”。吴宓在1921年5月24日致白璧德的信中谈及梅光迪的用意：“梅君的策略是我们能在中国的高等教育机构站稳脚跟，而并非在北京大学。他强烈地反对我们中的任何人去北京大学，或受北大影响控制的北京其他大学。”③

不过，梅光迪人格中“狷者”④ 的成分更多，虽有主张且富于理想，但着手创作及实施的毅力却有所欠缺。因《学衡》发声微弱，西洋文学系又因在内部斗争中失利而被撤去，梅光迪便逐渐撒手不管，并于1924年底赴哈佛任教。继续推进学衡派在高校布局的重任就落到既富理想热情又不怕牺牲的“苦行僧”吴宓身上。此后，同人汇集东北大学、西北大学、清华大学等高校，吴宓都在其中起着穿针引线的作用。从吴宓1928年的一则日记——“兹后对于诸友生之职业出处等，悉听各人自由，待事境之自然变化。宓不再筹谋计划，亦不再发纵指示”⑤，可窥见他是如何尽心尽力为诸友职业出力筹谋的。除梅光迪、吴宓外，柳诒徵、刘永济、胡先骕、王易等人也多热心为同人在高校任职筹划。正是在诸人的积极筹划与尽力谋荐下，学衡同人在国内高校逐渐站稳了脚跟。诸人得以安身立命、汇集发声，并通过办刊授业、诗词往来形成一个群体，造成一种声势。

依托大学，学衡同人创办了《学衡》、《湘君》、《文哲学报》、《大公报·文学副刊》、《国风》等一系列刊物。诗词的创作、批评与译介是这些杂志最为重视的部分之一。刊物是社团的喉舌，它的宗旨在某种程度上也代表了这个诗词群体的理想追求。通过梳理杂志的弁言、宗旨、简章等，我们将其反映的诗歌观归为三点。一是在语言措辞上，无论文言、白话，务求“雅正明洁”⑥。学衡派对白话并非简单反对，而是主张经过美术之锻炼趋于雅音。这在梅光迪留美期间已见端倪。二是在新、旧诗体上不拘一格，

---

① ［美］叶文心：《民国时期大学校园文化》，冯夏根等译，中国人民大学出版社2012年版，第8页。

② 沈卫威：《“学衡派”谱系：历史与叙事》，南京大学出版社2015年版，第213页。

③ 吴学昭编：《吴宓书信集》，三联书店2011年版，第13页。

④ 参见眉睫：《梅光迪年谱初稿》，海豚出版社2017年版，第167、290页；胡先骕：《梅庵忆语》，《子曰》1934年第4期；吴宓：《吴宓自编年谱》，三联书店1995年版，第235页。

⑤ 吴宓：《吴宓日记》（第4册），三联书店1998年版，第13页。

⑥ 湘君社：《湘君简章》，《湘君》1923年第3期。

惟美是归。这些刊物大都承认白话新诗的存在，但不必以摧毁古典诗词“优美之形质”①为代价。三是在内容上注重趣味，陶写情思，以表达中西古今之“真善美”② 为归宿。当然，学衡系每个杂志宗旨的具体侧重、趣味风格及开放程度都有所差异，这种内部张力也使其能够在相对宽裕的文学空间平衡文言与白话、新与旧、中与外。

宗旨是刊物悬置的最高标准，也是其理想自我的“言说”；而栏目设置及所刊载的具体诗词则关系到现实策略，是刊物真实自我的“实践”。在“言说”与“实践”的缝隙里，折射出一个刊物在自我追求、市场需求与竞争对手等因素平衡下的真实生存境遇。《学衡》中刊载诗词的主要是“文苑”栏目下“诗录一”、“诗录二”、“词录”、“译诗”等几个小栏目。从具体刊载来看，“诗录”一分为二，主要是考虑诗人宗唐、宗宋的取向不同；79 期刊物未刊载 1 首白话新诗或新体译诗。相较《学衡》的持守，《湘君》较为活泛，且地域属性明显。它主要在“诗歌”、“词曲”、“译丛”、“湖南歌谣”等栏目刊载古近律体、古风歌行、词曲、民谣等多体裁诗歌，且刊载过数首新诗。学衡系刊物与新文学结缘最深的当数《文学副刊》。该杂志共 314 期，虽只刊载过《狮子（悼志摩）》（胡适）、《我悄悄的在窗下徘徊》（荪荃）等几首新诗，但在编辑赵万里、浦江清、张荫麟的建议下“改介绍批评之专刊，为各体具备之杂货店，增入新文学及语体文及新式标点（并增入新诗、小说之创造作品）”③，并引入朱自清为编辑之一。这种对新文学的容纳与现代标点的掺入，客观上实现了对新旧“毫无畛域之见，偏袒之私”的宗旨，但也侵蚀掉了学衡诗词脆弱的坚守。杂志最终为沈从文的《文艺副刊》所替代，成为新文学阵地。

杂志的存续取决于通过书局所联系的市场。由书局代表的现代出版业在中国现代文化—文学的塑造与发展中起着至关重要的作用，是各种力量博弈的场域。一些有雄厚实力与社会影响力的书局如商务印书馆、中华书局，不仅刊印古籍、策划丛书、选编教科书，还创办杂志、图书馆、学校，直接参与策划重大的热点事件，影响文化—文学发展的趋势与潮流，“把世界知识、国际时局、科学问题、民族位置等等传播到民众尤其是年轻学子中间”④。身处其中的新文化运动派与学衡派为了维系自身话语的影响力，不得不与书局保持密切联系。有时为了不受制于人，双方还设法创办自己的出版社，如新文学阵营主持的北新书局、新月书店、开明书店等与学衡派主导的钟山书局。

1919 年，经历“民六危机”的中华书局在陆费逵的主持下，“决定在编辑所另辟一

① 吴宓：《杂志简章》，《学衡》1922 年 3 月 1 日第 3 期。

② 吴宓：《本副刊之宗旨及体例》，《大公报·文学副刊》1928 年 1 月 2 日第 1 期。

③ 吴宓：《吴宓日记》（第 4 册），三联书店 1998 年版，第 197 页。

④ 复旦大学历史系等编：《中华书局与中国近现代文化》，上海人民出版社 2013 年版，第 2 页。

个‘新书部’，准备有系统、有计划地翻译出版外国书籍”①。这个由左舜生具体负责的“新书部”召唤了沟通中西、创造新文化的想象空间，成功吸引了马君武、刘伯明、常乃惪、耿济之等众多学者。经刘伯明牵线，梅光迪与左舜生接洽后，很快约定“拟由我等编撰杂志名曰《学衡》，月出一期，由中华书局印刷发行”②。《学衡》每期对西方思想、文化、文学的译介约占三分之一，将其视为中华书局“新书部”在刊物上的重要布局亦不为过。然而对自负盈亏的民营书局来说，市场才是检验其文化理想的依据，市场也决定了其出版计划的推进或舍弃。《学衡》销路不好、市场反应冷淡是基本事实。因此，即使同人不断筹钱补贴出版，中华书局1924年便有意停办《学衡》。吴宓、柳诒徵虽托胡子靖、范静生、柳芷亭等居中说项而免于停刊，但持续的亏损让《学衡》始终未摆脱停刊危机。1926年底，中华再次致函吴宓，“谓《学衡》五年来销数平均只数百份，赔累不堪，故而停办云云”③。吴宓再托梁启超说项，并以增加每期补贴、改月刊为双月刊、限制每期页码总数等换得续办资格，但刊物在出版79期后，还是于1933年7月停刊。

早在1928年，南京学衡社员也在为《学衡》谋出路。他们曾设想与同事汪东、黄侃主持的《华国月刊》合作。黄侃日记1928年5月28日有载：“至萧叔䌹处晤学衡社人，伯弢先生亦在。综其所议大抵谋与《华国》合并，续印《学衡》，请汪旭初为经理三事而已。”④ 但《华国》宗旨为“甄明学术，发扬国光”，虽与学衡“昌明国粹”同志，但与“融化新知”异途，最终合作未果。尔后，他们一面因杂志、书籍刊行受制于人而集资创办钟山书局，一面又因《学衡》“名声已坏”而建议改名《国风》续办。因吴宓的反对，《国风》未等《学衡》停办便于1932年9月创刊。《国风》社长是柳诒徵，编辑为张其昀、缪凤林、倪尚达，撰稿者除学衡旧友外还有中央大学学生。刊物的宗旨、体例、栏目等皆与《学衡》一脉相承，但出版印刷则由钟山书局承担。南京学衡同人试图通过钟山书局摆脱资本控制，扩大文化市场的版图与话语权的努力是有效的。钟山书局确保了《国风》的正常刊行，也使吴宓等筹划已久的“学衡社丛书”得以陆续出版。通过以上对大学、杂志、书局的策划与争夺，学衡派诗人为自身建构了相对稳定的生存与言说空间。他们的诗学观念、诗词创作得以大量刊载，诗论与诗集也得以结集出版。这对稳定学衡诗人群体、壮大群体声势有着至关重要的作用。

---

① 复旦大学历史系等编：《中华书局与中国近现代文化》，上海人民出版社2013年版，第168页。

② 眉睫：《梅光迪年谱初稿》，海豚出版社2017年版，第124页。

③ 吴宓：《吴宓日记》（第3册），三联书店1998年版，第258–259页。

④ 黄侃：《黄侃日记》（上册），中华书局2007年版，第296页。

三、社团·雅集·师生

阵地的开拓是学衡诗人得以聚集的基础，而通过组织诗词社团、交游雅集及师生承续则能增强群体内部的向心力，培养群体的新生力量。学衡这些带有传统习气的现代组织机制中，社团、雅集、师生往往是三位一体的。他们以学校、课堂为依托，组织同人及学生结社，课余每逢花朝、重阳、消寒则师生一起郊游雅集、唱和联句，借此联络诗人并作为辅助教学的诗词创作实践。学衡前期的社团雅集主要有三：以学衡社为中心，柳诒徵、王伯沆、胡先骕、吴宓、邵祖平、景昌极、徐震堮、胡士莹、陆维钊等南高师—东南大学师友在南京的郊游唱和活动；以上巳社、潜社为中心，黄侃、吴梅、汪东等带领东南大学—中央大学学生赵万里、卢前、冯国瑞等开诗词曲论课，课余组织郊游、雅集进行创作实践；以湘君社为中心，刘永济、吴芳吉、刘朴组织湖南诗坛耆旧与明德中学师生开展红叶会与端午社集，并多有郊游采风之行。

1922 年前后，学衡诗人齐聚南京，相与擘画志业、教学相长、诗词唱和，极一时之盛。柳诒徵在《白门行》诗中追忆道：

> 一时才俊如云集，大学分科号升级。梅（光迪）吴（宓）文艺振金声，缪（凤林）景（昌极）风标森玉立。谈天博士竺法兰（竺可桢），杨云（杨铨）清辩如翻澜。张（其昀）陈（训慈）矻矻钩史籍，胡（先骕）邵（潭秋）眇眇张诗坛。……弦诵擘摩复多暇，青溪画舫春无价。徐墓桃花烂早赮（太平门外徐中山王墓侧桃花最盛），北湖菱唱绵清夜①。

所谓“徐墓桃花烂早赮，北湖菱唱绵清夜”，正是柳诒徵、王伯沆、萧纯棉、邵祖平、胡先骕、吴宓等人在课余郊游唱和的真实写照。扫叶楼、灵谷寺、徐墓桃花、摄山、焦山、滁州等南京附近的胜迹是诸人与学生常去游玩吟赋的地方。正是这种频繁的交游唱和，不仅联络了老派诗人，也使南京的学衡诗人形成了情感与观念共融的诗人群体。1924 年学衡诗人星散后，到了东北大学的吴宓还有诗感念南京诸友：“江南忽忆同心侣，不觉魂销对绮筵。”（《八月十一日夕偕缪景高三君小河沿凝香榭茗坐听曲》）

随着东南大学先后改制为第四中山大学（1927）、中央大学（1928），学校规模扩大、教师增加，也逐渐显示出对新、旧更为包容的校风。新文学家宗白华、闻一多、徐

---

① 沈卫威：《“学衡派”编年文事》，南京大学出版社 2015 年版，第 115-116 页。

志摩相继执教于此，星散的学衡同人也先后回归。胡先骕（1925）、梅光迪（1927）、汤用彤（1927）、王易（1927）、汪辟疆（1927）、柳诒徵（1927）、楼光来（1928）、张其昀（1928）、黄侃（1928）、缪凤林（1928）、景昌极（1931年）等先后归来或受聘，加上一直任教于此的王伯沆、吴梅等，校园里的梅庵又成为学衡派诗人聚集之地，也是国学名家荟萃之所。这些师友及学生不仅课堂上说文谈艺，课余还经常休禊雅集、组社办刊，常有诗酒往还、唱酬联句之乐。这种师生结社、宴集、泛游、作诗等习气显示了当时南京“崇尚古典主义的冰山一角”①。其中，黄侃主持的上巳诗社与吴梅主持的潜社影响较大。黄侃对《学衡》持同情态度，也是《学衡》的撰稿人。《学衡》甫一问世，黄侃就说：“梅君光迪有二文讥弹今世新学狂人，多中肯綮……并世得何幸得有此人乎！”②他任教南京后，不仅受邀参与学衡社务讨论，还与王易、汪东、汪辟疆、王伯沆、胡小石等学衡诗人打牌游乐，诗词往还。上巳诗社正是在这种朋友联谊、唱和娱乐的传统习气中形成的，也正是因为这种随意性，诗社“只有五六集就消歇了”③。

上巳诗社多同侪往还，而吴梅主持的潜社则是师生互动。潜社者，潜心修养，不标榜，不逃课，每月集会两次，赋词畅饮，“大致从甲子（1924）持续到丁丑（1937），中间有停歇，后来又重续”④。它的发起及活动与吴梅的词曲教学糅合无间。吴梅曾言：“潜社者，余自甲子、乙丑间偕东南大学诸生结社习词也。”⑤ 吴梅结合传统结社雅集，在现代大学体制中所开创的诗词教学范式是特别值得我们注意的。他一面在课堂讲授词学通论、曲论曲律等理论，一面通过组织潜社课余的出游课艺等创作实践，潜移默化地从文化涵养、人格特质、理论素养与词曲创作等方面为传统文化延续血脉。这为古典诗词坚守了阵地，也为学衡诗人输送了大批新生力量。吴梅的学生卢前、赵万里、徐震堮、冯国瑞等都成为学衡新生代诗人的中坚力量。

南京之外，学衡诗人以长沙明德中学为中心的雅集唱和亦属于风雅盛事。吴芳吉、刘永济组织明德中学师生成立红叶会，并以此为基础遍邀湘乡诗人曾广钧、刘鹏年、刘树梅、易宗周、胡元倓、徐绍周、李剑农等成立湘君诗社。红叶会自1921年至1924年于重阳在岳麓山下举行雅集，联诗唱和；湘君社则从1922年至1924于端午在明德中学举行社集，诗酒祭屈原。这些雅集所作诗词多刊登于《湘君》、《明德旬刊》、《学衡》。吴芳吉等人的结社雅集一方面是对以屈原为代表的楚地文化、文学的承续与发扬，一方

① 张勇：《文学南京——论二十世纪二三十年代南京文学生态》，中国社会科学出版社2013年版，第110页。

② 黄侃：《黄侃日记》（上册），中华书局2007年版，第122-123页。

③ 尹奇岭：《民国南京旧体诗人雅集与结社研究》，中国社会科学出版社2011年版，第137页。

④ 尹奇岭：《民国南京旧体诗人雅集与结社研究》，中国社会科学出版社2011年版，第111页。

⑤ 吴梅：《吴梅全集·日记卷》（上），河北教育出版社2002年版，第28页。

面则是凝聚同志、联络耆旧、培养后学的重要途径。借此，吴芳吉、刘永济在长沙老派诗人群体中争取到了更多资金及稿源支持，也为学衡派培养出胡征、周光午、陈鼎芬、童锡祥等青年诗人。

四、两个诗人之死

学衡诗人群体这一时期的再凝聚还与两个诗人——王国维（1927）、吴芳吉（1931）的去世有密切关系。对于群体而言，主要人物的去世是有生力量的极大损耗，甚至会直接影响群体的兴衰聚散，但如果解读与处理得当，诗人之死所彰显出的强烈感召力与精神文化内涵反而会成为凝聚成员的黏合剂。诗人王国维、吴芳吉之死，正是在后者意义上成为整个学衡派诗人再出发的纪念碑。经过吴宓、陈寅恪等人诗词、悼文的一再解读，王国维成为文化神州所系之人，是脱心志于俗梏的殉难者，是以死宣告现代学术独立自由的精神丰碑。王国维虽不属于严格意义上的学衡派，但这种精神对同样是学人的学衡诗人而言，无疑是一面鼓舞人心的旗帜。吴芳吉逝世后，学衡同人或自发撰挽联、诗文，或资助其遗孀遗子的生活、教育，或自觉在《大公报·文学副刊》、《国风》、《学衡》、《明德旬刊》、《津涛》等刊物上组织纪念专稿，或收集遗稿、整理遗著以待刊刻。一方面，这种种追悼行为显示出学衡派强烈的群体互助意识与深厚情感；另一方面，这些自发与自觉的活动既展现了诗人的群体力量，也是对吴芳吉诗学与创作成绩的肯定与发扬。

王国维之死是中国学界乃至整个社会的一大公案，其影响直抵当下。时人站在不同的立场、视角，从王氏短短的遗嘱、丰富的生活与多面的成就对他的死有着种种的猜测与诠释。这其中又以“书籍可托陈、吴二先生处理”① 的陈寅恪、吴宓之解读最具代表性。有学者从“托书”中解读出文化托命的象征意味。无论王国维有无此意，陈、吴的确是以此自命的。换言之，二人有意借“托书”行为与对王国维之死的解读来支援或重塑个体人生旨趣与群体文化理念。当然，学衡其他诗人如黄节、浦江清、赵万里、缪钺、萧公权等也借助挽诗、挽联、落花诗和作等对二人的解读表示认可与声援，显示出群体的一致倾向。

“王国维所享有的‘文化神州’名分实具双重性：它既指道统意义上的纲纪‘文化神州’，亦指学统意义上的学术‘文化神州’。”② 这道统与学统的双重文化神州被吴宓与陈寅恪分别领受并加以发挥。具体而言，吴宓重道统而抑学统，意图通过神州文化中

---

① 吴宓：《王国维在颐和园投河自尽之详情》，《顺天时报》1927年6月6日。

② 夏中义：《百年旧诗人文血脉》，上海文艺出版社2017年版，第108页。

的“礼教道德”精神这一主线，将顾亭林、梁济、王国维等人统合起来，给自己的道德理想建立一条谱系学脉络；陈寅恪重学统而弃道统，通过“殉文化”之说将王国维提升到文化理念的高度，并由之抽象出中国现代学人独立自由的宣言。这种“道统—学统”解读是对王国维精神遗产的多重剖析，成为凝聚学衡派的一个重要支撑点。白璧德的新人文主义给学衡同人指明了“合中西古典为一家”的方向，并从心灵内部做了“理性节制情感”的规约。而从王国维那里，学衡找到了文化神州从传统到现代的转换途径，并最终确立了两个典范——王国维、陈寅恪，即吴宓所谓“文化神州何所系，观堂而后信公贤”（《寄答陈寅恪兄诗三首》）。换言之，通过白璧德初步集结起来的学衡派，以对王国维之死的解读为契机，精神上得到再次的苏生与凝聚。借此，学衡的文化理想落到了实处，此中抽象并践行的“独立之精神、自由之思想”在此后漫漫长夜中给中国学界以莫大的指引与慰藉。

1932 年 5 月 9 日，学衡诗人吴芳吉逝世于四川江津中学。吴芳吉是天才横溢、辟旧开新的白屋诗人，是修身淑世、任重躬行的真正儒者，其风度、气象、性情于其诗文、言行皆可想见。学衡诗人通过撰写挽联、挽诗、悼文，组织刊物纪念专号，搜编、刊行遗著等行为，对诗人之死表达了沉重哀悼。其实不惟学衡同人，郭沫若、李劼人、顾颉刚、唐君毅、任中敏、冯玉祥、于右任、黄炎培等各界人士，均对其诗歌成就与人格光辉给予了积极的肯定。围绕白屋诗人之死的种种行为既是学衡诗人群体形象、理念的一次集中展现，又是社会各界对以吴芳吉为代表的学衡诗学观念及创作成就的确认与肯定。

在川的友人刘朴、邓绍勤、邓成均与弟子周光午不仅陪吴芳吉走完了生命的最后一程，也是其后事的主要料理人。安葬吴芳吉后，学衡诸友不仅倾力资助其遗孀、子女的生计与教育，还尽心搜罗、整理、校订吴氏遗稿，集成《吴白屋先生遗书》（六册二十卷，长沙段文益堂），流芳于世。周光午等人在川为诗人张罗后事时，远在北京、南京、长沙的学衡诗人也在组织纪念活动。吴宓主持的《大公报·文学副刊》自第 229 期起接连 7 期刊载悼挽诗文及诗人遗稿；《学衡》终刊第 79 期还专门刊登其遗像并配刘永济挽诗《哭碧柳》；柳诒徵主持的《国风》第 4 号专门刊登含 7 篇吴芳吉传记、挽诗的《江津文献》；《明德旬刊》自 7 卷 1 期始多次刊载挽诗，并于 1935 年诗人诞辰 40 周年组织《吴芳吉专号》等等。在这些刊物作挽诗、传记的学衡诗人计有吴宓、缪钺、刘朴、刘永济、吴家盛、柳诒徵、周光午、周咏雩、吕光锡、刘泗英、刘咸炘、赵启雍、卢前等。通过这一系列的追悼与纪念，学衡诗人在不同地域显示了同声相应的群体力量，也增强了群体内部的向心力。

其实，通过碑文、诗词、传记等对吴芳吉的追悼与评价，也是学衡同人重塑吴芳吉形象、阐明学衡诗学理念的过程。其中，刘朴所撰的诗人墓前碑文及石刻就颇具象征意味。按刘朴的设计，吴芳吉墓“碑文用中英文两种文字刻成：‘白屋诗人之墓’‘Here Lies the Poet of White Cottage’。墓侧巨石有‘旧坛新醴’石刻”①。碑文的设计首先强调吴芳吉的诗人身份，用中、英文刻成则显示其诗歌融合中西传统，而“旧坛新醴”则表明诗人在传统诗词的现代转换过程中的过渡地位与重要价值。这样，吴芳吉就成为践行学衡派会通中西、折衷新旧理念的诗人典范。这种典范形象也在吴宓、刘朴、卢前、刘咸炘为其所作的传记、评传、别传中被反复确认。吴芳吉“能镕和新诗旧诗之意境材料方法于一炉”② 的白屋体诗歌还为柳诒徵所效仿，《哀吴碧柳》便是以白屋体诗悼白屋诗人的致敬之作。学衡诗人为吴芳吉所树立的典范诗人形象也为当时的新旧文人、学者所共许。任中敏就称赞吴芳吉为人文合一、果行育德的“真正文人”③；黄炎培则认为《婉容词》等白屋体新诗“是东西文化合流之证”④；顾颉刚读吴芳吉遗稿后感慨其“天才横溢，若假以年，当可在文坛树一巨帜”⑤ 等等。所有这些不仅仅是对吴芳吉个人的嘉奖，也是对学衡诗人在古今中西视野中致力于传统诗词创造转换的社会认可。

综上所述，承续晚清诗脉的学衡诗人留美时受白璧德新人文主义感召并在与胡适的论争中得以蜕变苏生，归国后在大学、报刊、书局等话语阵地建构与社团、雅集、师生三位一体的机制组织基础上得以汇集成形，后又通过对王国维、吴芳吉两位诗人之死的集体追悼与阐释，最终凝聚成一个有理念、有阵地、有组织、有实绩的现代旧体诗词流派。学衡派诗人群体的蜕变与凝聚是传统诗派现代转型的一个缩影，也是新、旧诗论争的一个侧面。对其历时轮廓的勾勒与形成机制的探索，有助于我们以更为立体的眼光去理解“文学学衡”，认识新、旧诗“历时性出现与共时性存在”⑥ 的真正内涵。当然，本文只是对前期学衡诗派的研究，我们还将继续关注学衡诗人群体在战争时期与中华人民共和国成立后的流散与零落，勾勒出更为完整的学衡流派史。

（作者单位：河南大学文学院）

① 王峰：《吴芳吉年谱》，中国社会科学出版社 2016 年版，第 279 页。
② 吴宓：《吴宓诗话》，商务印书馆 2005 年版，第 159 页。
③ 任中敏：《〈白屋嘉言〉序》，《国风》1935 年 8 月 6 日第 7 卷 1 期。
④ 黄炎培：《黄炎培日记》（第 6 卷），华文出版社 2008 年版，第 279 页。
⑤ 顾颉刚：《顾颉刚日记》（第 4 卷），台湾联经出版公司 2007 年版，第 551 页。
⑥ 李遇春：《中国文学传统的复兴》，商务印书馆 2016 年版，第 381 页。

新型词学社团的建立与词学的现代转型

——以正声诗词社考论为中心①

孙启洲

作为现代文学制度的重要支架，文学社团成为现代文人群体最重要的组织形式之一。此前的现代文学社团研究，范围主要限定于新文学社团，而忽略了现代旧体文学社团。理性地反观现代文学的场域，不难想象，彼时文学生态的形成势必有现代旧体文学社团的参与，其文人群体共同的文学主张和文学活动，同样是当时文学潮流乃至社会政治、文化境况的表征。由是观之，对于现代旧体文学社团的研究，理应纳入整个现代文学社团的研究视域之中②。一方面，此类研究将现代旧体诗词社团置于现代文学发展史中予以观照，得以重新衡估其在现代文学史上的价值，考量古典文学学科研究在新时期所发生的现代性转向；另一方面，亦可深入文学现场，探寻现代文学场域中文人群体生存的细节和复杂样态，打破仅视新文学社团为现代文学社团研究对象的固定研究思路，扩展现代文学研究的新视域。

在现代文学发展史阶段，旧体文学社团又可大致分为两类。一类是完全承袭传统文人结社的方式，通过文人雅集来切磋诗词技艺、交朋会友，即指有共同兴趣的文人之间，以相对固定的时间酬唱宴饮、相约创作以遣情志的一种文学活动。另外一类，热衷于旧体诗词创作和研究的现代学人，借鉴新文学社团的运行模式和组织结构，尝试建立不同

① 本文系国家社会科学基金青年项目“抗战大后方经济生活与文学书写研究”（20CZW040）、中央高校基本科研业务费项目“文学制度视域下中国词学的现代转型研究”（SK2021025）的研究成果。

② 陈思和从“现代”作为时间概念的角度出发，认为像南社这种承袭传统文人结社形式的文学社团，也应被置于现代文学视野之内。参见《中国现代文学社团史研究书系·总序》，黄乃江：《东南坛坫第一家：菽庄吟社研究》，武汉出版社 2011 年版，第 2 页。

于古典文人结社式的群体聚集方式，形成新的文学知识生产空间。新型社团并非与传统结社全然不同。传统结社向新型社团转变的痕迹历历可见，二者在现代文学的场域中并存并生。于现代词学研究而言，组织形式相对传统的词社，已然得到学界颇多关注①，然而对于新型的现代词学社团却鲜有专论。虽然两种词人群体的集会样态，都为参与者提供了私人情感，甚至政治观点表达的公共空间，但后者对于统一文学观的凸显，和以报纸、期刊等现代出版物为运作载体的方式，更体现了其作为现代文学组织形态的特征。

正声诗词社，则是以新文学社团的运行模式为参照的现代旧体诗词社团。虽然它并非纯粹的词社，但因其创办者沈祖棻向以词人和词学家名世，且所办刊物发表了较多词学理论文章和词人词作，故而本文以正声诗词社考论为中心，以沈祖棻参与的社团活动为线索，尝试通过个案研究描画从传统词社到现代社团的转变轨迹，展示现代词学社团作为现代文人组织形式而对词学知识生产的体制性意义，凸显词学研究的现代转型，以及在抗战文学不断深入的大背景下，现代词学对于抗战文学的响应和知识分子群体介入社会现实的努力。

一、金陵词人结社的传统与正声诗词社的初创

据正声诗词社的成员刘彦邦回忆，社团成立于1942年冬②，最初由“时任系学会正副会长的四年级生邹枫枰、邱祖武和三年级成绩突出的卢兆显三人承头成立诗词社，吸收《词选》班尖子杨国权、池锡胤（国专生）和崔致学（农艺系）等三人为首批社员”③，其社员均为当时沈祖棻执教金陵大学时的在校生。社团聘请本系沈祖棻、程千帆、高文、刘道龢4位教师以及在省城中教书的陈志宪，为社团的指导老师。由于陈志宪参加社团集会活动较少，所以正声诗词社初期几可视为金陵大学师生所组织的旧体诗词社团。由此，我们首先简要梳理以沈祖棻等为代表的金陵词人的结社传统，尽可能地还原彼时的文学生态和学术氛围，便可对正声诗词社的出场有更为清晰的认识。

---

① 诸如杨柏岭的《春音词社考略》、尹奇岭的《梅社考》，以及华东师范大学朱惠国教授指导的系列词社研究论文，如焦艳的《午社研究》、李艺莉的《瓯社研究》和马强的《沤社研究》等，均属此类研究成果。

② 刘邦彦在修订于1988年的一篇文章《抗日战争中的正声诗词社》中，曾说“一九四三年，金大学生五人在他俩（著者按：指沈祖棻和程千帆二人）的提示下，组成了正声诗词社”。而此后2005年为纪念沈祖棻诞辰而作的《师恩未报意如何》一文中，刘邦彦将社团的成立时间重新确定在1942年冬。笔者以为当以后者为准。

③ ［美］刘彦邦：《师恩未报意如何》，海盐县政协文教卫体与文史委员会编：《沈祖棻研究文论集》，2008年，第32页。

早在沈祖棻尚未进入中央大学之前，当时的词学教授吴梅已与学生雅集结社，组织以东南大学师生为主的“潜社”，寓潜心学术之意。卢前、唐圭璋、王季思等均为社中一员，此后入学较晚的沈祖棻亦加入词社。之所以成立潜社，意在词选课程之外，增加学生“练习机会和写作兴趣”①。师生宴饮同聚，老师出题，师生共填，随写随改。相对于研究性质的词学课程，课外的词社则以填词唱和为主。师生之间推杯换盏，奏曲唱词，完全不同于课堂程式化的教学模式。词社成员所填之词，汇编为《潜社词刊》。潜社代表着当时传统词社的组织方式在现代的延续。只不过此时，学缘关系，而非血缘或地缘关系，成为维系社团运行最重要的基础。

除了依靠词学教授的引导外，乐于填词的学生也化被动为主动，自行组建词社，互相鼓励习词。尤其是当时中央大学的女学生所办的梅社，可谓别具一格。作为梅社的发起人之一，尉素秋对此亦津津乐道：“民国二十一年（1932）秋天，我和高班次的四位女同学组织了一个词社，第一次集会于梅庵六朝松下，订名为‘梅社’。其中以王嘉懿班次最高，曾昭燏学识最渊博，龙芷芬最娴静优雅，沈祖棻才华最富，我的班次最低。彼此切磋琢磨，视为益友。后来杭淑娟、徐品玉、张丕环、章伯璠、胡元渡等相继入社，可谓极一时之盛。”② 她们各自以能显示自己特点的词牌名为笔名，也以《红楼梦》大观园中的女性角色自拟，每两周一聚，轮流主持集会。主持者负责指定集会地点、确定题目，其余社员依此填词，抄录后交由吴梅审改。此类学生词社，正彰显了当时东南大学—中央大学时期，师生文学生活的真实样态，特别是在新文学风头正劲之时，依旧“坚守中国文人诗赋词曲生活的传统”。因此，有学者将此现象称为“文学的古典主义的复活”③。

如果说早期潜社和梅社都还旨在师生间探讨填词之法，抑或是充实学生课余生活，那么“以振朱氏宗风于不坠”④ 的如社，则更突出了承继词统之志，表现了当时文人在国家遭遇危难之际的复杂心态，是词人之间相互倾诉私人情感和家国情怀的文学公共空间。此时，外敌入侵日亟，其名“取《诗经》‘天保九如’之意”，“如社借用此意，亦表国泰民安之殷望”⑤。之前师生间的研习填词和娱乐遣怀，自觉地转为对于时政的关切

---

① 王季思：《忆潜社》，王卫民编：《吴梅和他的世界》，河北教育出版社2002年版，第72页。

② 尉素秋：《〈秋声集〉校后记》，海盐县政协文教卫体与文史委员会编：《沈祖棻研究文论集》，2008年，第81页。

③ 沈卫威：《民国中央大学师生的文学生活》，《名作欣赏》2015年第1期。

④ 吴白匋：《金陵词坛盛会——记南京“如社”词社始末》，《吴白匋诗词集》，南京大学出版社2000年版，第171页。按：此处所言朱氏，即晚清四大词人之一的朱祖谋。

⑤ 李桂芹：《如社与民国金陵词学》，《社会科学研究》2013年第6期。

和对家国情愫的寄托。如社的宗旨也体现着此中真义，欲“继承晚清四家遗教，不作小慧侧艳之词，为求内容雅正，风度和美，构思著笔则坚守朱、况所启示之‘重、拙、大’三字”①。可见，其词学观沿晚清四大家词学而来，实可谓常州词派余脉在现代的延续。加之国势日渐衰颓、日军全面侵华在即的现实危机感，故社中词人群体多写咏物起兴、寄慨遥深之作。沈祖棻虽未在如社社员之列，但观其所填《高阳台·访媚香楼遗址》一词，即知她亦曾参与如社词人集会②。而此后身兼词学教师和现代词人双重身份的沈祖棻，也将文人集会的雅趣和忧生忧世的情怀一并传承了下去。

彼时已从金陵大学毕业的程千帆和沈祖棻，随校迁至成都，并于1942年秋共同执教于金陵大学中文系。他们也将此前耳濡目染的词学传统，接续至教学活动中。正声诗词社的创立，即由此背景而来。与近20年前成立的潜社相似，正声诗词社也是学校词选课程之外，由师生为练习填词之法而共同发起的社团组织。“正声”之名，源自李白《古风》“大雅久不作，正声何微茫”。其所寄之意却已在学习填词之外，而是直接继承了如社宗旨，追求文学的“雅正”之声。抗战进入最艰苦的时期，兵戈零乱，人心疲惫，颓靡之音弥漫，需要“正声”振而起之，去表现国势境况，激起民志，为家国奔走呼号，肩负起现代知识分子应有的使命感。这种殷殷期许，有在乱世力挽狂澜之势，又何止斤斤于逞才斗艺。

随着沈祖棻和程千帆在华西协和大学、四川大学和武汉大学等校任教，正声诗词社逐渐吸收三校学生入社。金陵大学的刘邦彦、陈荣纬、萧定梁，四川大学的宋元谊，华西协和大学的王文才、刘国武，四川大学的王淡芳、周世英，武汉大学的高眉生等相继加入正声诗词社，使其影响力得以不断扩散。此外，作为师生合创的社团，导师的参与度同样决定了其能否持续，以及社团的发展方向。社团的五位导师——沈祖棻、程千帆、高文、刘道龢和陈志宪，常以酒楼聚会为契机，定期组织填词唱和的集会，或“徒兴家国之悲”，或“怀被发坐衽之虑”③。

正声诗词社的成立，一方面是文人结社传统的延续，除了组织形式的相似，更重要的是在词派谱系上的自觉传承；另一方面，当时抗战大后方的词人交际以及高等院校词学课程的开设，也是正声诗词社得以运转的客观环境和现实基础。与此同时，作为由高

① 吴白匋：《金陵词坛盛会——记南京“如社”词社始末》，《吴白匋诗词集》，南京大学出版社2000年版，第175页。

② 据吴白匋《金陵词坛盛会——记南京“如社”词社始末》记载，如社集会曾以《高阳台》一调，限“访媚香楼遗址”为题填词。

③ ［美］刘彦邦：《记藕波词社的一次作诗会》，《世纪》1999年第4期。

校师生组织的现代词学社团，正声诗词社也是对高校词学研究和教育的一种补充形式。新型词学社团成为高校词学研究的延伸，词学教员及其学生通过组织社团，在课堂之外仍互相研讨词学问题，甚至形成大致统一的词学主张，造就了相当浓厚的学术研究氛围。身为教员的现代词学家，通过这种现代词学社团，将固有的词学传统和一己之词学观传递给后辈新秀，激发青年学生对于词学研究的热情，使词学得以在代际之间传承延续。当然，就其运行方式来说，师生雅集、切磋填词之法，自是沿袭潜社以来的传统，而集全社成员之力创刊办报则最能体现其新型社团的特征。

二、师生雅集、创刊办报与编辑丛书：现代词学社团的雏形

以旧体文学创作和研究为主的正声诗词社，在社团集会方式上也有传统词社遗风，于师生宴饮、觥筹交错的过程中，联词对句，彼此唱和，讨论诗词学问题，实为现代词社的过渡形态。刘彦邦对此亦有详尽的描述：

> 正声社从成立起即每月开会一次，导师和社员多能准时参加。每次请一位导师命题给社员习作，于下次会中交请评议，用以达到使社员多练笔和相互切磋的目的。开会地点多在既有茶喝、吃饭也较好的公共场所。常去的地方是少城公园、新南门外的江上村，有时也去望江楼或武侯祠。新社员入社，一般是开会之日由推荐导师带来与老社员相见，留下通讯处即成正式社员。开会不拘形式，人人皆可畅所欲言，但当导师讲话，社员们总会先静听，后质疑。导师之间有时对诗或词有所辩论，我们在一旁听了真感如坐春风，深受启发①。

正声诗词社的组织特点，就是导师指导下的师生结社方式。对于导师而言，通过这种聚会形式，既可以指导选修词课的学生利用课余时间相互交流，多加练习，也可以借此发表自己的学术观点，激发学生对于诗词学研究的兴趣。同时，在现代教育体制之外，增加师生之间互动的机会，无形中起到了维系师生情感的作用，是对课程教学另一种层面的促进。

但这种师生结社的组织方式同样存在诸多不确定的“隐患”，尤其是在战时动荡的环境中，教育活动不断受到干扰，出于基本生存的需要，教师的流动相对频繁。加之教

---

① ［美］刘彦邦：《师恩未报意如何》，海盐县政协文教卫体与文史委员会编：《沈祖棻研究文论集》，2008 年，第 33-34 页。

育规程的限制、学生课业压力的增大，会直接导致其参与度的降低，而毕业生的离校，更是此类社团不稳定的因素所在。因此，当首批社员相继毕业离校后，就需要不断地补充新社员以维持社团的正常活动。抗战胜利后，1945 年秋至 1946 年秋，作为导师的程千帆去武汉大学任教，高文随金陵大学回南京复校，沈祖棻和刘道龢也相继东归。导师离开后便无人指导词社的具体活动，社员或忙于生计、工作，或忙于毕业事宜，也无心再聚，最终，从 1942 年冬至 1946 年秋持续近 4 年的正声诗词社宣告解散。虽然 1947 年秋，留在成都的社员试图恢复词社活动，仍难以为继。

如果说师生雅集的社团活动方式，尚存古人之风，那么，创刊办报则完全彰显了其现代社团的特质。正声诗词社成立一年后，预备出版《正声》诗词月刊，公开向社会发售，而其发行所就设在程千帆和沈祖棻租赁的寓所内。但因印刷月刊所需的费用均由社员自己出资，社员又多为学生，生活本就拮据，加之战争时期经济体系的崩坏，货币贬值，物价飞涨，所以《正声》虽在 1944 年的 1 月、2 月以月刊形式发行，每期印数为 500 份，但也仅维持两期。之后，《正声》3、4 期合刊在 11 月编完，便不得不停刊。直至 1947 年，留在成都的社员再次集会，由萧定梁和刘彦邦编校《正声》新一期，正声诗词社至此已基本不再举行社团活动。当时报刊的创办和发行已经逐渐市场化，没有专业编辑团队和流动资金的持续支持，自然难有较大的影响，甚至面临生存困境。所以，延续近 4 年的正声诗词社，迫于现实境况的压力，实际编印期刊仅有 5 期。

就编辑体例而言，《正声》与《词学季刊》有颇多相似之处，主要由论著或文录、诗录、词录、附录等 4 个栏目组成。其中，“论著”或“文录”刊登社员的诗词学论文，每期仅刊一篇，有杨国权的《论近人研治诗词之弊》、高文的《略论诗之源流》和周世英的《有宋词风探原及诸家之一种估价》共 3 篇文章。“诗录”或“词录”，总共发表旧体诗约 15 家 70 首、词约 25 家 129 首。除辑选词社社员所作诗词外，还选录了诸如沈尹默、汪东、庞俊、刘永济等名家之作。“附录”多为诗词联选钞，也有宋元谊《四史载文比观》这类学生习作的专业论文。《正声》还刊发了卢兆显为唐圭璋《南唐二主词汇笺》所撰的书评，及其和词学大家夏承焘讨论李后主词的两封信函。这些都是卢氏在准备毕业论文《李后主研究》过程中的研究成果，亦可见《正声》对于后辈学人的扶持，意在鼓励学生致力于词学研究。另外，汪东的《唐宋词选识语》也被登载在《正声》第 3、4 期合刊中，选录其对唐宋各名家词的简短评语，兼备词话性质。

在《正声》诗词月刊停刊之后，正声社成员又另辟“新文苑”，以《西南新闻》为阵地，办《正声》副刊，继续依托报刊发表诗词作品和学术论文。据当事编辑李定一回忆，“《正声》的第一次在《西南新闻》副刊出版时间，是一九四五年六月份的第二周的星期三，以后按月出两期。出版日期是每月的第二和第四个星期三这一日。这个出版，一直维持到一九四六年的六月”①。在自行创办社团期刊，因缺乏资金支持和稳定的编辑团队而难以为继的情况下，正声诗词社采取与当时新文学社团同样的策略，寻求以市场为导向的报纸作为依托，借助其副刊阵地，继续扩大在社会上的影响范围。因此，他们宁愿无偿为报馆供稿，而《西南新闻》也乐得以此增加销量。

但实际情况与李定一所言有出入，《正声》副刊的创刊时间应为1946年4月24日，在《西南新闻》第三版占了半个版面的空间，由时任华西协和大学中文系主任的闻宥题写刊名，程千帆撰创刊词。《正声》刊名下注明“每逢星期三出版”，也就意味着其最初是以周刊的形式发行的，只是此后因种种原因造成出版周期和版面不固定，截止到1947年1月15日，《西南新闻》第四版刊出最后一期《正声》，总共编发《正声》副刊33期。副刊的栏目设置与《正声》月刊基本相同，分论著、诗录、词录和曲录4项，每期末尾有更正说明，主要是对上一期所发内容的勘误。这就说明正声诗词社在沈祖棻等指导老师离蓉东归之后，仍坚持了一段时间的办报活动。《正声》副刊共发表词学论文10篇。其中，沈祖棻的《说词之名义》和杨国权的《略论词之句法》、《略论词之句法（续）》、《略论词之句法（续完）》4篇文章，可归为对词体本身的研究。关于词人批评的文章，则有高眉生的《欧晏词略论》和《姜白石词略论》两篇。除此之外，曾缄的《沙河感逝词序》则属词籍序跋选录，而《盟玉馆论词杂俎》实为高文所撰的一组词话。

《正声》副刊作为《正声》诗词月刊的延续，一方面维系了社团的发展，为社团成员继续提供文学表达的空间，另一方面，借助当时公开发行且颇具影响力的报纸，也使社团的声音获得了更大的传播空间。李定一主编的《宇宙》副刊，也曾选登正声社成员的词学著述，如高眉生的《小晏词略论》就发表在其1947年1月29日的第四十二期上。但随着编辑李定一从《西南新闻》离职，加之社团成员不再活跃，《正声》副刊最终随之停刊。

1944年7月，正声诗词社为了送别即将毕业的社员，出版了“正声诗词社丛书第一种”——《风雨同声集》。书名为沈祖棻所取，封面和扉页分别由庞俊和高文题签，沈祖棻为之选词并作序。此集共选录杨国权《苾馨词》30首、池锡胤《镂香词》31首、崔致学《寻梦词》31首和卢兆显《风雨楼词》36首。该书既是对社员之间相互切磋词艺的纪念，也可视为对其学词成果的集中展示。章士钊还曾专门题诗一首予以勉励：“大

① 李定一：《我为〈正声〉说几句》，海盐沈祖棻诗词研究会重印《正声诗刊四种》，2009年，第179-180页。

邦盈数合氤氲，门下门生尽有文。新得芙蓉开别派，同声风雨已堪闻。”① 虽然正声诗词社仅仅出版一种此类丛书，但对当时的学生社员而言，无疑是一种激励。

在文学社团的研究者看来，“传统的文会以文人雅集或诗文荟集为基本运行方式，现代文学社团则以现代传播媒介为基本运作载体。……以出版物为中心，以出版物为价值载体的运作模式是现代文学社团区别于传统文会的外在的也是最为显在的重要特性”②。所以，正声诗词社所编印的《正声》月刊，以及后来借《西南新闻》报办《正声》副刊，都是其不同于传统词社之处。在此之前，龙榆生于1933年创刊的《词学季刊》，是现代最早的专业词学期刊。《国粹学报》、《小说月报》或《青鹤》之类的报刊，亦曾刊发旧体词作和词学论文，但其作者均不是以社团为中心的作者群体，稿源相对分散，仅作为作者表达的载体存在。而《正声》诗词月刊和《正声》副刊，乃至所编丛书《风雨同声集》，以正声诗词社为依托，类似于同人刊物，稿源相对集中，社团成员因具备统一的词学观而使其词学论述、词作风格和表现方式更为相近。他们以集体的声音，宣扬明确的词学主张，乃至扩及对于整个文学价值观的理解。同时，社团刊物并非像汇刊词集般留作纪念，或是仅限于群体内部传阅，而是向社会公开发行，表达集体共有的情绪和政治态度，以此凸显文学集团的力量，希冀有改变某种文学生态，甚至介入现实的效用。

三、古典诗词的旧瓶与家国悲欢的新酒

正如上文所言，正声诗词社与传统词社的区别，还在于其所具有的相对统一的词学观，乃至文学观，代表了整个社团集体的文学价值认同。而共同的词学观，也相应地促进了词人创作意义指向的相近。杨国权所作的《正声》诗词月刊的发刊词《论近人研治诗词之弊》、沈祖棻的《〈风雨同声集〉序》和程千帆所作的《正声》副刊《创刊辞》，是把握正声诗词社文学观的3篇重要文献。

杨国权的《论近人研治诗词之弊》和程千帆的《创刊辞》，分别作为《正声》诗词月刊和《正声》副刊的发刊词，二者的主要观点具有内在的一致性，是分析正声诗词社文学旨趣的首要切入点。前者为旧体诗词张目，其核心论点就是文学体制无新旧之分，“且以时代趋势，必当有新体之产生，文言白话，原无严界，期于描写真切，表达真纯，

① 章士钊：《论近代诗家绝句》，海盐沈祖棻诗词研究会重印《正声诗刊四种》，2009年，第89页。

② 朱寿桐：《中国现代社团文学史》，人民文学出版社2004年版，第35页。

即为尽其能事”①。在杨国权看来，旧体诗词仍能有效地表现时代精神和社会境况，既能表达现代人的情感，亦能描写新生事物，正所谓旧瓶也可装新酒。而此时的新酒则是“东夷肆虐，神州陆沉”时，可歌可泣之事。既然坚持用旧瓶，他自然对曾今可等人发起的“词的解放运动”不以为然，不满他们对于旧体诗词格律的破坏。除此之外，针对郑振铎、胡云翼等人提出的旧体诗词只须欣赏而不必再作的主张，他力倡知与能并重，强调个人创作经历对于诗词鉴赏的重要意义，从而否定创作与研究的截然两分。此文完全可视为对20世纪30年代关于词体解放之争的回应②。

其实，这也是与程千帆有师生之谊的杨国权，对其师文学教育观念的认同。程千帆在1942年发表的《论今日大学中文系教学之弊》中，对于当时的中文教学存在的两大问题予以申说，其中第二个问题就是重考据而轻词章。程千帆认为“考据重知，而词章重能。以重知之考据方法而从事重能之词章教学，则学者势无法受前文之沾溉。考据贵实证，而词章贵领悟。以贵实证之考据方法而从事贵领悟之词章教学，则学者势无法赏前文之神妙”③。所以，他在为《正声》副刊所撰的《创刊辞》中，勉励正声社同人要“知能并重”，“于研究文学，写作与欣赏并重，以免能言不能作，眼高手生之弊也”④。他与弟子杨国权所论相近之处，还在于破除学界关于古今文学之争的偏见，而提出“识穷通”。换言之，即文学一代有一代之所胜，不可以古非今，亦不可持今而伐古，要看到穷而后知变通的文学演进规律。于时人而言，在于“平心静气，识别穷通，以期上承四千年圣贤之遗业，以求开创未来之新时代……”此番论述，与杨国权相比，少了些针锋相对的火气。程千帆认为，对于古典文学，仍需要继承，同时更重要的则是创造未来新时代的文学。对于年轻时就加入新诗社并创作新诗的程千帆来说，新文学无疑是现时代的产物，但他仍在古典诗词的领地笔耕不辍。在他看来，旧体文学同样是有效表现时代精神的文体形式，古今文体之间不应限于新旧高下之别，而在于流露情感的真挚，及其对于文学时代性的昭示。

而这种文学时代性，在沈祖棻的《〈风雨同声集〉序》中被明确地凸显出来。依沈祖棻之言，“在昔南宋群贤，覯逢多故，陆沉天醉之悲，一寄诸词，斯道以之益尊。今

---

① 杨国权：《论近人研治诗词之弊》，海盐沈祖棻诗词研究会重印《正声诗刊四种》，2009年，第55页。

② 关于“词的解放运动”中的诸家论争之说，可参考拙作《现代文学家的词体变革之争及其文学史意义——以“词的解放运动”为中心》一文，发表于《现代中国文化与文学》第25辑，巴蜀书社2018年版。

③ 程会昌：《论今日大学中文系教学之弊》，《国文月刊》1942年第16期。

④ 程会昌：《正声·创刊辞》，《西南新闻》1946年4月24日第3版。

者，岛夷乱华，舟覆栋倾，函夏衣冠，沦胥是惘，是戋戋者，乌足以攀跻曩哲。然其缅怀家园，兴于微言，感激相召，亦庶几万一合乎温柔敦厚之教，世之君子傥有取焉，而不以徒工藻绘相嘲让邪?"① 此段论述与前文所引杨国权之说，如出一辙。由此可见，标雅正沉郁之旨，抒家国悲欢之情，已然成为正声社的主导词学观。这种讲求比兴寄托的词学观，受汪东和吴梅的直接影响，亦可由晚清四大家上溯至常州词派。连沈氏自己都坦言，要依张惠言“意内而言外”之说，以男女之情寄寓家国之志。因此，与如社颇有渊源的正声诗词社，亦是常州词派余脉的延伸，不过，世事变迁，政权更迭，文学的时代性决定了其主题的差异。曾经所要寄托的振兴王朝之士大夫情怀，在现代社会已转换为知识分子对民族国家的责任和对现代战争的控诉，以及对当政者的讽刺和对社会不良风气的揭露，表达他们在战争年代流离失所的飘零与身世之悲。

如上三人之文，大致形成了正声诗词社相对统一的词学观。其社员将这种词学观，贯注于他们填词的过程之中，作为创作的基本原则和表现主题。在《正声》月刊第一卷第一期的“词录”中，崔致学的两首《临江仙》就挥洒着“英雄泪”。取其第一首为例：

羌笛谁家吹别怨，云边归雁寥寥。长河碧血涌寒潮。千山悲落日，四野遍荒蒿。欲扫匈奴无战马，可怜多少英豪。忍吞壮泪待明朝。巴陵秋又晚，风雨夜萧萧②。

词的上阕以景为主，羌笛、云、雁、长河、寒潮、千山、落日和荒蒿，共同构成秋日萧瑟的场景，画面感极强；悠扬笛声中的“别怨”溢出画面之外，久久回荡在四野的苍穹，触动着听者敏感的心弦。别怨、寥寥、悲、荒等消极的字眼和词汇，串联起上阕情感的基调。下阕前三句，词作者直接抒情，立志驱逐外敌的英雄豪情万丈，却苦无门路，心中的悲痛与无奈都化作“壮泪”，只能隐忍等待。末句再次以景句结，在巴陵萧萧的秋雨声中，将作者的愁绪与悲情越拉越长，寂寞与孤独越陷越深。全词情与景交互渗透，写景处有愁情，写情处声泪震天，刻画出一个悲情英雄的形象。由此不难联想到，作者以词中英雄自比，希望可凭自己的力量，力挽倾颓的国势，将日寇赶出国门之外，而如今只能寄寓西南一隅，在秋风冷雨中独自低吟落泪。国家的危难与个人遭遇的落寞，

① 沈祖棻：《〈风雨同声集〉序》，海盐沈祖棻诗词研究会重印《正声诗刊四种》，2009年，第90页。

② 崔致学：《临江仙》（羌笛谁家吹别怨），海盐沈祖棻诗词研究会重印《正声诗刊四种》，2009年，第66页。

同时构成作者情感的蓄积；杀敌的豪情壮志与无奈的愁绪，形成全词最为突出的情感张力。

正声诗词社的词作除了以抗战卫国的悲壮、迁徙流离的思乡以及个人身世遭际的倾诉为主题外，还有讽刺政治、社会时事的现实关怀之作。沈祖棻《虞美人·成都秋词》（五首），或是通过对比战场前线的困苦与大后方的歌舞升平，达讽刺之意，抒愤懑之情，或是摹写投机市场得利者的神态，再或是表达对美军在成都奢靡生活的不满。以其中第五首为例：

东庠西序诸年少，飞毂穿驰道。广场比赛约同来，试看此回姿势谁最佳？

酒楼歌榭消长夜，休日还多暇。文书针线尽休工，只恨鲜卑学语未能工①。

关于这首小令，程千帆曾作长笺云："当时成都有西人主办之教会大学五所，其四所在华西坝。学生习于西俗，虽在国难深重之际，诸女生犹每年进行姿势比赛，最优者为姿势皇后。至于荒嬉学业，崇拜欧美，以能操外语为荣者，滔滔皆是，故词云尔。北齐时，有士大夫教子学鲜卑语以服事公卿，见颜氏家训教子篇。"② 此段笺注详尽地说明了这首词的创作背景和典故出处。当时民国政府正处内外交困的危局，前线将士仍在艰苦卓绝地坚持，后方物价飞涨，民怨载道，而作为国家和民族希望的青年学生，却只顾流连在"酒楼歌榭"，忘记了国耻与国难。"只恨"二字，讽刺意味最浓。

与投枪匕首般的现代杂文不同，以比兴之法填词，遥寄深慨之意，只能收词微而旨隐之效。这除了与作者师承和创作习惯有直接关系外，同时也限于词本身的文体特质，以及作者所处时代政治环境的压力。词体产生之初，并不求比兴寄托，只是当士大夫文人着意填词时，将其政治抱负寓于其中，逐渐形成以比兴寄托填词的传统，并内化为词体的美感特质。叶嘉莹曾以"弱德之美"概括这种词体美感，即"在强大之外势压力下，所表现的不得不采取约束和收敛的属于隐曲之姿态的一种美"③。尤其是在政治形势敏感、言论高压的时期，这种填词之法反倒使词人得以发泄心中郁结之情，而又免受政治上的牵累和迫害。从这个层面亦不难理解，正声诗词社坚持以比兴寄托抒发幽微难言

① 沈祖棻：《虞美人》（东庠西序诸年少），程千帆笺、张春晓编：《沈祖棻全集·涉江诗词集》，河北教育出版社2001年版，第74页。

② 沈祖棻著，程千帆笺，张春晓编：《沈祖棻全集·涉江诗词集》，河北教育出版社2001年版，第75页。

③ 叶嘉莹：《清词丛论》，河北教育出版社2000年版，第59-60页。

的情感，或许不失为一种适时的文学表达策略。

四、结语

正声诗词社的创立，展现了在现代词学发展过程中，传统词社向现代新型社团的转变，词人群体组织形式发生着悄然的变化。这同时也是一种词学知识生产体制的现代建构方式。正声诗词社，既有传统词社的文人雅集，也有借期刊、报纸为宣传和发表阵地的现代社团属性，是介于传统文人结社和新文学社团的中间形态。一方面，在新文学声势正劲的背景下，现代词人和词学家群体，通过组织社团，获得某种身份甚至文学价值观的认同，共同抵御新文学的冲击，将词学传统延续至现代，推动着词学的现代转型；另一方面，在战争环境中，志同道合的文人结成社团，相互扶持，以此砥砺前行。除此之外，正声诗词社依靠期刊、报纸等现代媒体，形成全新的词学知识生产空间，激发学生社员的学词兴趣，不断发表新的词作，同时也促使他们从事更为深入和专业的词学研究，并在更广阔的领域和更快的时间内得以传播。而词学社团内部成员之间的论争，也带动着词学相关知识和词学研究方法的更新。他们对于国家政治和社会时事，发出社团集体的声音，试图以此改变当时的文学生态并对社会有所警示，这都彰显着现代知识分子的责任感，以及现代社团在文学发展和社会建设中所具有的现实意义。即使正声诗词社的影响，不及那些已经声名鹊起的新文学社团，但对于当时大后方的抗战文坛，无疑也是一种有力的支持。

这亦可从某种侧面回应，现代文学社团的研究，不能也不应仅以文体属性就忽略对现代旧体文学社团的观照。与此同时，正声诗词社也在努力为旧体文学正名，不断地确证旧体诗词对于现代人情感和现代新生事物表达的有效性，使之可在现代文学史上继续占有一席之地。正声社同人填词以沉郁雅正为旨归，有相对统一的词学观，所以正在发生的战争、民众颠沛流离的苦楚，以及个人的遭际与无奈，都成为其词中的主题。其词作呈现出文人战时心态的丰富复杂性，无疑可视为抗战文学的重要组构部分；同时，作为现代知识分子精神史的载体，也理应被纳入现代文学史的研究范畴，与新文学一并成为现代文学的重要拼图①。

（作者单位：西安交通大学人文社会科学学院）

① 可参考李怡《关于旧体诗词进入中国现当代文学史的几点思考》，《大西南文学论坛》2018 年第 3 辑。

被都市情调涵化的乡村与革命

——重评刘呐鸥小说集《都市风景线》

谷晓曦

1927年11月10日，刘呐鸥在寄给戴望舒的一封信中，表达了自己对于都市生活的体验：

> 电车太噪闹了，本来苍青色的天空，被工厂的炭烟布得黑濛濛了，云雀的声音也听不见了。缪塞们，拿着断弦的琴，不知道飞到那儿去了。那么现代生活里没有美吗？那里，有的，不过形式换了罢，我们没有Romance，没有古城里吹着号角的声音，可是我们却有thrill，carnal intoxication，这就是我说的近代主义，至于thrill和carnal intoxication，就是战栗和肉的沉醉①。

刘呐鸥的信很容易让人联想到19世纪法国诗人波德莱尔类似的美学主张。波德莱尔在《现代生活的画家》中认为，“美”是由两重成分构成的，一重是由古典诗人和艺术家所构建的普遍的、永恒的美，另一重是“相对的，暂时的，可以说它是时代、风尚、道德、情欲”②。因此，波德莱尔将画家居伊视为现代生活的英雄，因为居伊并没有将目光转向过去和古代，而是牢牢盯住当下的生活。虽然刘呐欧的上海体验比波德莱尔的巴黎体验晚了半个世纪，但两人都沉溺于大城市的风光，并在文学实践上开创了崭新的模式。

最能代表刘呐鸥这种审美追求的当是他唯一的小说集《都市风景线》。这部1930年

① 孔另镜编：《现代作家书简》，花城出版社1982年版，第266–267页。
② ［法］波德莱尔：《波德莱尔美学论文选》，郭宏安译，人民文学出版社1987年版，第475页。

出版的短篇小说集收录了刘氏创作的8篇小说，而其中3篇早在1928年已经发表。从文学继承的角度来看，这本小说集在很大程度上奠定了20世纪30年代海派作家的都市写作风格。杜衡认为，在此之前，中国是有都市而没有描写都市的文学，或是描写了都市而没有采取适合这种描写的手法，然而，刘呐欧虽然开了一个端，但他的作品却存在着"非中国"和"非现实"的毛病，稍晚于他的穆时英的创作"在质量上和数量上都超过了他"①。

迄今为止，学界对刘呐鸥的关注似乎还在延续着杜衡的思路，将刘呐鸥的小说视作穆时英的一个重要的影响之源。虽然20世纪90年代中后期以来，海外研究界始以电影学、传播学、后殖民主义、女性主义等文化视角分析刘呐鸥小说中独特的"摩登女郎"的内涵和外延，然而就穆、刘的小说文本而言，由于行文风格的相似，后者的锋芒常常被前者遮蔽。

在质疑这个观点的基础上，本文试图解除刘呐鸥与穆时英的绑定关系，将《都市风景线》置于文学史这个开放而动态的整体系统中，探讨以下两个问题。其一，共时的看，在"新感觉派"这样一个具有现代主义风格的文学团体中，刘呐鸥小说除去"奠基、开创"这一"同"的作用之外是否已经不存在"异"？即刘呐鸥的小说创作在何种意义上区别于另外两位"新感觉派"成员？其二，立足于上海这座城市，上接清末民初沪地的洋场小说，下启40年代以张爱玲为代表的"新洋场"传奇小说，在这样的历时体系之内，《都市风景线》为海派小说提供了怎样的审美质素？这种质素在海派小说中有着怎样的超越性且又如何被后来者所改写？

一、模糊的城乡之界：从最后的乡村到变异的乡村

对于古代中国而言，城市虽然有着悠久的历史，但大多只是作为封建专制统治的中心而存在。虽然在某些特定的朝代，城市的经济呈繁荣之势，但总体而言，古人对城市文化的想象力是非常贫瘠的。近代以来，西方列强以坚船利炮叩开了中国的大门，上海作为第一批被迫开放的通商口岸与租界地被人从传统古国的土壤中突然切割，十里洋场纸醉金迷，而刀口的边缘却血肉模糊。伴随着资本主义经济在上海的畸形发展，"资产阶级在它已经取得了统治的地方把一切封建的、宗法的和田园般的关系都破坏了"②。敏感

① 杜衡：《关于穆时英的创作》，《现代出版界》1933年第9期。

② ［德］马克思、恩格斯：《共产党宣言》，中共中央马克思恩格斯列宁斯大林著作编译局译，人民出版社1949年版，第30页。

的上海文人已经意识到，“天人合一”这一中国古典景观业已消失，现代中国人面对的是一个日益动荡和破碎的世界。

清末狭邪小说《海上花列传》的现代意识不仅在于第一次将镜头对准了现代大都会，还在于它率先采用了乡下人进城这一视角——来自乡村的赵氏兄妹的“海上历险”暗示了“农村的式微和都市的吸引力”①。都市的繁华与它诱人堕落的罪恶力量是一体之两面，来自乡间贫穷人家的赵氏兄妹在都市的诱惑面前很快走向伦理道德的全面堕落。如果说，在韩邦庆的笔下这种讽刺意味还不够显著，那么，民初以来的社会派小说如《上海春秋》、《歇浦潮》、《人间地狱》、《人海潮》则无不表达出对上海这座城市道德堕落的恶感。然而，细究文本就会发现，叙述者并不是把上海之恶看作中国固有之物，而是强调上海之特异于中国的“飞地”状态，其实质是将都会上海与乡土中国作了空间意义的分离。因此，虽然“天人分离”，叙述者仍然向往乡村，并将其视作与城市相对立的纯洁之地，欲通过弘扬属于传统农村的旧道德来拯救礼崩乐坏的城市。换句话说，这些叙述者并没有失去那本质意义的中心——代表古典传统的乡村。

以朱瘦菊的《歇浦潮》为例，整部小说展现了民国初年沪地洋场的社会形态。小说中每个人物，上至官绅学界，下至戏子妓女，在金钱社会的侵染下，借所谓“文明自由”的名号，施展卑鄙伎俩，人人皆是虚伪龌龊之辈，然而叙述者仍塑造了一位从镇江乡下到上海谋生的“淡妆素服，风韵天成”的孀妇“邵氏”。邵氏勤勉孝顺，靠做女红侍奉老姑，虽然也曾在金钱的诱惑下短暂失足，却终究醒悟，于泥淖中抽身而出。最后，叙述者让她栖身于郊外的一个寺庙，过着清净恬淡的生活。邵氏是一面镜子，她身上已过时的旧道德折射出都会人性的丑恶，她和她的归宿地共同构成叙述者想要守护的净土。从传统乡村来到都市的“纯洁的个人”被“现代都市”所伤害侵蚀，最终逃离了“现代都市”，又回到乡村，并皈依了宗教。

最能够代表这种“非都市而颂乡野”主题的作品，当属网蛛生1927年出版的小说《人海潮》。小说前10回叙述苏州城外40里的安乐村的日常生活，充溢着田园牧歌的情调；10回以后，主人公从安乐村来到上海，小说的笔调陡然变得尖刻，种种都市黑幕与乡村的纯洁形成鲜明对比。有学者以历时的眼光指出，“小说中这种都市与乡村的较量可以说是近代城市化进程中最恒久的一种较量”②。

民国初年，这一类型的小说有着强大的生命力，它们成为后来新文学作家批判现代都市的先驱。由于现代都市最初是作为一个异己性的他者而被意识到的，因此，对都市

① 范伯群：《中国现代通俗文学史》，北京大学出版社2007年版，第14-15页。

② 吴智斌：《都市风貌与海派气质》，上海文化出版社2012年版，第85页。

生活的不信任感和由此产生的焦虑可以说是个体对于他置身的世界的本能反应。问题在于，作为一种叙事，塑造与“乡村桃花源”相对立的、被拒斥的都市，其实也是一种新的都市形象和社会发生关系的方式，一种通过反向认同自身和外部连接起来的行为。换句话说，即使是被妖魔化的都市也是都市的一种确认方式，被否定的都市总算让都市进入了人们的视野。只是，这样的书写方式常常陷入自我重复之中。

伴随着上海经济的畸形繁荣，都市现代性的入侵正在改变人们日常生活中最熟悉和最带个人色彩的领域。“初期海派”的代表作家叶灵凤的创作逐渐脱出了城乡二元对立的陈套，他的一些小说营造了忧郁唯美的都市氛围。然而，叶氏那种新旧交替的“骚杂”笔调，使得“这种都市中的忧郁情节实际上是对乡村性失落的一种补偿”①。刘呐鸥小说最重要的意义在于率先打破了之前文化批判的惰性，《都市风景线》中几乎每一篇故事都以都市为背景，文人想象中的“乡村”在刘氏笔下消失了。这8个短篇创设了各式各样的、仅属于现代都市的、充满诱惑力的物质景观——电影院、赛狗场、夜总会、咖啡馆、进口汽车等。质言之，刘呐鸥笔下的都会形态体现了对以往作品书写模式的第一重翻转——都市从被斜视的他者转变为被凝视的审美对象。

以上的论述是否能够简要地说明，刘呐鸥拒斥传统的乡村，拥抱都市文明？以《风景》为例，这篇短篇小说在小说集中扮演了一个异类角色。作为集子里唯一一篇情节展开以乡村为背景的小说，它于1928年9月发表于《无轨列车》第2期。历时地看，它的主题可以与上文提到的民初社会派小说形成某种对话的关系。学界对其的评论一直存在不同的声音。有学者将《风景》当作一篇反都市的小说，认为“《风景》体现了作家的另外一种追求，即从都会生活中逃离出去，回归乡村”②。还有学者将其主题与都市人的乡土情结联系在一起，认为“因为现代都市对人的挤压愈厉害，人们对充满乡村田园牧歌情调的自然就愈向往”③。的确，表面看来，这篇小说的题材很接近现代派文学中常见的一种类型——现代都市男女为逃离都市的重压跳下火车，来到充溢田园牧歌情调的乡村，走入身体暂时的狂欢，释放了被都市文明压抑的“力比多”。然而，亦有学者敏锐地觉察到叙述者意图的不确定之处，认为“对于这对都市男女的描写以及对于这种价值的欣赏很难完全看作是一种旨在揭露的‘讽示’”④。

面对评论界这些不一样的声音，通过重读文本，我认为，小说的思想意识与语言形

① 吴福辉：《老中国土地上的新兴神话》，《文学评论》1994年第1期。
② 刘保昌：《乡土的都会》，《江汉论坛》2000年第12期。
③ 周明鹃：《乡土情结：现代都会主义小说走不出的围城》，《人文杂志》1999年第5期。
④ 李今：《海派小说与现代都市文化》，北京大学出版社2019年版，第100页。

式之间存在断裂。《风景》中一些看似可靠的心理和言行，实际上并不可靠。这种不可靠的证据首先体现在小说的开头。这篇小说的很多细节借鉴了日本新感觉派小说的代表作《色情文化》，然而，在挪用的同时，又试图与之对话。以下分别是两篇小说的开头：

人是坐在速度的上面的。原野飞过了，小河飞过了，茅舍，石桥，柳树，一切的风景都只在眼膜中占了片刻的存在就消灭了①。

山动了，原野动了，森林动了，屋子动了，电杆动了，一切的风景动了。经过这令人厌恶的经验，我们村里的新文明史开始了②。

贯穿《色情文化》始终的情绪是叙述者对都市工业文明侵袭乡村的恐惧和厌恶感。而在《风景》的开头，叙述者对于现代工业文明有着相对“客观”的态度。这种故意混淆叙述者和男主人公视角的“客观”态度，在一定程度上超出了那种“礼赞乡村，批判城市”的预设立场，有利于展开更为复杂的书写。

刚开始，坐在火车上的男主人公燃青“像服了一帖健康的汤药一样，把前夜的种种放荡的记忆和一切从都会里带来的不洁的印象抛出脑筋外面，觉得苏生了一样的爽快”。“不洁”一词表现出燃青对都市的厌恶感。此刻，他坐在火车上很愉悦地欣赏窗外的乡村风景：“拿着小竹竿的牧牛童”和“李树下的鸡群”。这时候，“短发露膝”的摩登女郎散发着“巴西咖啡”的香气在燃青所在的火车车厢出现了，她坐在主人公对面，燃青立刻将目光转向她并与之调情，感慨她是“近代都会的所产”。在这里，燃青被她吸引，恰恰是由于她身上被都市所赋予的摩登魅力。燃青在女人的诱导下，中途下车，二人漫步于乡间小道。乡村风景在他眼前展开，“杂草里成对的两只白羊，举着怪异的眼睛来望这两个不意的访客”。文本在此处揭示，都市男女出现在乡村显得非常突兀，他们与乡村的景致格格不入。乡村路上，燃青的眼中始终回荡着女人的“高跟鞋”、“吊带袜”和“肉纱衣”等都市人工制品，甚至女人的肉体也要在这种人工制品的衬托下才会显得性感——“吊带袜红红地啮噬着雪白的大腿”。可以说，小说一开始所写的燃青内心对都市的厌恶和对乡村景致的欣赏可能是一种不可靠的话语。而且，在这一系列的表述中，女主人公的言行也显得不那么可靠。她看似认为“一切都会都是不健全的”，她拒绝呆

---

① 刘呐鸥：《风景》，《都市风景线》，水沫书店 1930 年版，第 21 页。

② ［日］片刚铁兵：《色情文化》，刘呐鸥译，贾植芳编：《刘呐鸥小说全编》，学林出版 1997 年版，第 126 页。着重号为笔者所加。

在人工的旅馆房间而是携着男主人公漫步于乡野。然而，在这个过程中，她所有的“魅惑伎俩”都是都市赋予她的。她放荡的根源并不是抽象的类似女性解放等思想，而直接源于都市的声色刺激。二人最终的目的是让“地上的疏草”化为“青色的床巾”。这个比喻有着某种寓言的性质，通常的比喻都是由人工到自然，而此处却从自然（乡野）到人工（床巾）。

通过以上的分析，可以看出，由于男女主人公的言行与心理显得不可靠，这种不可靠导致乡村风景的内涵也不断变化。最初，男主人公眼中具有浪漫田园风情的李树与鸡群只是他一厢情愿的审美对象，从白羊突兀地注视都市中人到疏草也化为象征情欲的床巾，这恰恰是一则“反田园”的寓言。都市男女逃离都市来到乡村，却在乡村重建了都市情调。进一步言之，乡村已经被都市所“征用”，成为了“都市时间”中的一个特殊点。小说中的乡村早已不是前现代语境中人与自然和谐交融的“桃花源”——具有人伦秩序和礼法道德，也不是“五四”新文学中需要启蒙的对象，它成为了都市的衍生物，是都市男女寻找刺激的新场所。可以说，《风景》构成了对以往海派小说的第二重翻转，即都市与乡村的二元对立被刘呐鸥改写为都市对乡村的一元涵化。必须强调的是，这第二重翻转事实上也是由第一重翻转所派生出来的。沈从文在《论“海派”》一文中过于强调新旧海派的共通性，显然没有注意到这种“颠倒”的时代意义。

当都市男女眼中的乡村风景已变异为都市商品的点缀物，它存在的目的是唤起比纯粹都市体验更刺激的性冲动。这样一种审美趣味惊人地回应了波德莱尔。波氏在《赞化妆》中毫不掩饰地表达了自己对都市人工制品如首饰、时装、化妆品的热爱，他认为这些商品具有一种现代性的美，而哲学家们对过去的“自然单纯”之美——接近古典意义上的乡村——的推崇只是一种关于道德的错误观念，甚至，这种人工美应该被看作“是自然的一种崇高的歪曲，或被看作是改良自然的一种不断的、持续的尝试”①。

可以说，《风景》文本内部的悖论和分裂暗示着作者对城乡关系的再思考，是对于此前文学作品中单纯的“城乡二元化”倾向的经过掩饰的思想反抗。然而，同时代的穆时英在这个层面上却与刘呐鸥拉开了距离。穆氏的都会主义小说仍然残留着旧的农业文明意识，他只是模糊了批判都会的尺度。换言之，穆时英笔下的乡村仍然有着与都市截然不同的生存环境，二者还是呈现或隐或显的抗衡立场。《被当作消遣品的男子》的情节和刘呐鸥的小说非常相似，小说也塑造了一位名叫蓉子的摩登尤物。然而，叙述者设置了两个空间——郊区和上海。在上海的“巴黎”舞场跳舞的蓉子颠倒众生，虚荣而又

① ［法］波德莱尔：《波德莱尔美学论文选》，郭宏安译，人民文学出版社1987年版，第506页。

虚伪。然而，只要一回到郊区的田野，“她在软草上躺着，在暮春的风里唱着，在长着麦的田野里孩子似的跑着”①，整个人又变得诚实而淳朴。《黑牡丹》中那位被生活压扁了的疲惫的舞娘最终逃离了都市，一个契机使她在乡村过上了静谧的生活。至此，她不愿再回到以前灯红酒绿的生活②。

与穆时英不同，施蛰存的几篇风格怪诞的小说对乡村的书写却存在内在悖论。《魔道》和《夜叉》都是写城里人到乡村短暂居住。叙述者借用中国古典文学的意境，重构了传统乡村的诗情画意，主人公却在这种诗意中着了魔。文本暗示我们，施蛰存笔下的主人公和刘呐鸥笔下的主人公一样，将乡村当作另外一个色情的场所来寻觅刺激，都市与乡村的界限变得模糊不清。

总的来说，《都市风景线》为都市的书写提供了新的审美角度和道德尺度，并一度扩充了都市的边界。然而，结合当时的社会政治背景，可以说，刘呐鸥是以自己想看到的方式看到了所看的对象，以自己不愿看的方式忽略了那些不可见之物。这种对于“乡土中国”的选择性遗忘，导致他的乡村叙述充溢着一种西化的色彩。诚然，刘呐鸥是通过模仿法国表现主义作家保尔·穆杭和日本新感觉派小说来建构现代中国的都市形象，生造的异域情调使得其笔下的都市面目并不完全契合当时的情境。但是，这种看似缺乏独创力的移植，在客观上却避免了东西方文化的庸俗化杂糅，保留了后起者自我内化的时间，为20世纪40年代张爱玲小说里弄堂与摩天楼的融合创造了条件。

二、缓解和消解：都市主体的焦虑体验与自我认同

通过上文的分析，我们可以看到，刘呐鸥小说如何在展示都会物质景观的同时，以文本内部的悖谬叙述把传统的乡村改造为都市的衍生地。然而，这并不能将其小说的主导情绪简单定位为对都市生活的单向度的肯定。据此，有学者通过细读，敏锐地意识到“虽然城市可能被拟人化为某种恐怖的庞然大物，但作者在描述作为都市体验新模式的这一庞然大物时所透露出的兴奋感，恰好又抵消了其中隐含的批判意图”③。然而，问题在

---

① 穆时英：《公墓》，现代书局1933年版，第11页。

② 当然，从整体上而言，《黑牡丹》这个文本中建构的出世人格隐隐有着矛盾之处。如果将分析的重点放在郊区的隐居者圣伍都市化的日常生活方面，笔者认为，叙述者对城市和乡村的书写可能在不自觉地回应着《风景》。然而，《风景》的反田园立场更为彻底，乡村白羊“突兀地”注视都市人这个细节可以当作来自乡村他者的“客体凝视”，隐含的作者知道这一对都市男女不可能也不愿意真正进入乡村。

③ ［美］史书美：《现代的诱惑——书写半殖民地中国的现代主义》，何恬译，江苏人民出版社2007年版，第324页。

于，小说中的这种“轻”也是整个海派文学的特点。在此基础上，我想通过论述回答之前提出的问题，即如果从“异”的层面切入，如何区分？换句话说，同样是书写现代人在都市中的迷恋与迷失，刘呐鸥的叙述在何种意义上区别于穆时英和施蛰存，以及40年代的张爱玲？让我们重返文本，将“批判力度的轻与重”复杂化，重审刘呐鸥笔下的人与城。

西美尔在《大都会与精神生活》中认为，都会性格的心理基础包含在强烈刺激的紧张之中，现代生活的物质繁华不断诱惑着都市中的人们。然而，都市的劳动分工又使个人越来越孤立麻木，因为这种分工导致个人只能专注于某一方面。所以，都市成为一个非人格化的场域，一面煽动欲望，一面磨灭欲望。那么，如何书写现代人面对都市所产生的困惑和压力呢？在我看来，《都市风景线》的独特之处在于，在展示这种主体焦虑的同时又调和了这种焦虑。

首先，这种“调和”表现在叙述者仅仅是“触及”这种焦虑，无意于做哲理层面的开掘。小说虽多处将都市中行色匆匆的人们描述为从“摩天大楼”、“电梯”以及“汽车”里“吞吐”出来，然而人如何被机械所吞噬？人制造了机器如何又让它变成了戕害自己的力量？叙述者本可以往深处再开掘，却将其当成一种审美现象而止步于此。《游戏》里失落的男主人公跟不上都市的脚步，在他的面前，“都市的一切已经死掉了，我的眼前有的只是一片大沙漠，像太古一样地沉默”。这种对于城市生活的“荒原”体验很容易通向现代主义的虚无，然而，叙述者只让他的主人公在此情绪中短暂停留，很快就被都市的声色刺激再次吸引。《方程式》里的主人公变成了只知道计算的机器，这是都市快节奏的生存方式使然，但叙述者只顾展示这种“飞驰”的生活状态，殊少思辨的成分。《残留》里刚刚丧夫的少妇在都市里游荡，迫不及待地寻求下一段感情来抵抗生命的孤独，然而这种被都市煽动的欲望仅仅被叙述者定格在一个最卑下的层次，叙述者不愿意在一个更深广的层面上质询人性。可以说，刘呐鸥透过都市繁华的表象，瞥见了现代人面临的深渊，但是，他不愿意往里凝视，轻巧地略过。

在这个层面上，穆时英的都会主义小说对主体焦虑的开掘更具哲理意味。《白金的女体神像》里，男医生对女病人的性幻想充溢着精神分析的色彩，文本聚焦于现代人的欲望转移机制。《骆驼·尼采主义者与女人》中的男主人公是一位尼采主义者，他认为现代生活形态犹如负重的骆驼，然而这种重负却在都市的物质享乐和色情面前毫无抵抗力。男主人公最后的喟叹体现了弗洛伊德主义对尼采主义的解构。而施蛰存则进一步将这种哲理性引向纵深。不同于刘呐鸥和穆时英对都市外在氛围的渲染，施蛰存更重视都市人物的内在自我。从《花梦》到《在巴黎大戏院》，再到《梅雨之夕》，小说的主人公在都市的色情诱惑面前，主体内部矛盾重重，构成了相互对话和争吵的话语主体。

其次，这种“调和”还体现在《都市风景线》的叙述者常常设置喜剧情节来缓解这种焦虑。学界普遍认为，刘呐鸥笔下被追逐的摩登女郎缺少现实性内涵，她是现代都市的速度、色情、商业化和异国情调的人格化。因此，叙述者要么讽刺男主人公跟不上摩登女郎的脚步一如他把握不住都市的脉搏，要么戳穿男主人公对“东方女性”一厢情愿的幻梦。问题在于，在接受层面，这种讽刺往往伴随着强烈的喜剧效果。《两个时间不感症者》的女主人公同时引诱两位男子又迅速地抛弃了他们而同第三个男子离开，两位“情敌”耗费了大量时间、金钱陪着女主人公吃喝玩乐，最终却竹篮打水一场空。《热情之骨》中，法国男人比尔陶醉在自我建构的东方女性“菊子夫人”的温柔贤惠中，他以为凭着自己的付出，赢得了她的爱情，然而在淡黄的月光中，在橙花的香风里，她“樱桃一破”，说：“给我五百元好么？”比尔终于意识到身下的这片土地事实上被自己所误读，这个东方桃源早已充斥着许多轮船和工厂。

通过以上的分析可以看到，文本中设置的讽刺情节造成的喜剧效果客观上起着一种“调和”的作用，缓解了叙述主体甚至读者因无法把握现代都市所带来的焦虑感。这种“缓解”在《流》中进一步演变成一种“消解”。《流》在刘呐鸥的小说创作中占据了一个特殊的位置。刘呐鸥显然想在这个短篇中有所超越：他的书写不再仅仅执着于都市风景的表象，开始触及其背后的劳资纠纷。这篇小说1928年发表于《无轨列车》，从主题上来说，非常接近其时刚刚兴起的“革命+恋爱”的叙述类型。男主人公镜秋是一位进步青年，大学毕业后担任纺织厂的工程师，并被工厂主秘密选定为乘龙快婿。他时常游荡于都市的街头，既在电影院中享受都市物质文明，又同情受资本家压迫的工人；既爱恋在厂长家当家庭教师的革命女青年晓瑛，又对资本家的小姐和姨太太留情。小说的结局是，工厂闹风潮，镜秋看见晓瑛“在一群正在厂内示威的女工们的前头，手里拿着面小红旗，高声叫唤着”，于是，他迅速跟随她的脚步，内心发出“我不是活着要被人家使用的，我是为要工作生出来的呢”的“劳工神圣”式的呼喊。针对这个短篇，有学者敏感地意识到“主人公观看都市风景之余，随意流露出来的激愤给人毫无根基，也不可信的感觉”①。我认为，与其说这篇小说体现了“摩登”生造“革命”，不如说是“摩登”消解了“革命”。

这种“消解”在小说的开头部分就已经露出端倪，却常常被研究者忽略。小说的开头，男主人公在电影院看电影，叙述者透过他的视角描写银幕上的画面：

> 这回是两只螳螂相斗之图。打了败仗的雄的螳螂昏醉在地，但很满足地一直等

① 张屏瑾：《摩登·革命——都市经验与先锋美学》，同济大学出版社2011年版，第200页。

着雌的来把他渐渐吞下去。谁说雌的是弱者呢？忽然 cloes-up 来了。蓬乱的黄金绢丝，死去而活着的眼睛，裂开的石榴，行空的足。又是 long-shot，激情泛滥了。筋肉的吸引，反抗，骨节鸣动的声音……眼都花了。

在镜秋的注视下，电影里的雄螳螂很满足地被雌螳螂吞噬，散发着“受虐”的快感。电影结束后回到厂长家，镜秋见到了一直以来为之“颠狂欲倒”的革命女青年晓瑛。他眼中的晓瑛也散发着雄浑强劲的美：

她可以说是一个近代的男性化的女子。肌肤是浅黑的，发育了的四肢像是母兽一样的粗大而有弹力。当然断了发，但是不曾见她搽过司丹康。黑白分明的眸子不时从那额角的散乱着的短发阴下射着人们。

很明显，雌螳螂的形态与晓瑛的外貌有着共通性，可以相互置换。如果我们进行一个转喻性质的类比的话，雌螳螂与雄螳螂的交配模式就相当于镜秋与晓瑛的情爱角逐，镜秋注定会如雄螳螂一般沉醉在“受虐的快感”中。这种两相对应，是叙述者有意设置的情节模式，预示着征服镜秋的不是他自以为是的革命话语，而是被革命话语装点的摩登女郎。晓瑛仍然可以归到刘呐鸥小说中经常出现的“摩登女郎”的序列之中。叙述者虽然剥离了“摩登女郎”身体上的人工制品，赋予她一定的革命意识，但其本质还是读者熟悉的现代都市尤物——她强悍性感又不可捉摸，诱惑和操控着男主人公。镜秋最终决定抛开对自己尚有情谊的资本家小姐和姨太太，选择追随忙于革命工作而“哪里有功夫爱你”的晓瑛。如何理解镜秋的选择呢？文本暗示的仍是以都市经验为基础的现代爱情体验，即对镜秋这位都市游荡者而言，“根本就不需要，也无法满足的欲望，成了现代性最隐秘最核心的动力学原则”①。摩登女郎对他若即若离、欲擒故纵的引诱恰恰构成魅力之源，让他愿意如雄螳螂一般献祭。当“革命意识”的“新兴”与“都市摩登”的“尖端”混杂在一起时，镜秋走向革命的同时也悖离了革命——将残酷的阶级压迫纠结在个人的性幻想层面，这本身就是对革命的歪曲。换句话说，面对现代都市存在的阶级剥削，刘呐鸥仍然试图以摩登男女的爱情游戏来消解它的严酷。因此，从阅读效果上来讲，被都市情调涵化的革命只会让人觉得矫情和幼稚。只是由于叙述方式过于随意而缺乏讽刺的力度，文本的喜剧色彩有所减弱。这可能缘于刘呐鸥在写作能力上的局限。他曾在日记里感叹：“我很觉得自己讲故事的能力小，也许是讲福建话的单语少，每每不能

① 段从学：《雨巷：古典的感伤，还是现代性的游荡》，《山西大学学报》2014 年第 3 期。

够想出适当的话来表现心里所想的。”①

不同于刘呐鸥的“调和”式立场，穆时英的立场更为“激烈”。首先，穆时英在多篇小说中都采用阶级的视角来剖析上海这座城市的动荡不安。其次，穆氏在处理人与城的关系时已经开始接近“异化”这一现代主义的重要议题。《夜总会的五个人》里的市长秘书缪宗旦没有任何征兆就失去了自己赖以生存的工作，体现了社会制度对人的异化。这种现代生活中的“无常”让人联想到卡夫卡的《审判》。“金子大王”胡均益破产后的自杀在一定程度上也体现了金钱拜物教对人性的摧残。《上海的狐步舞》里夫妻之间的相互背叛，继母和继子乱伦，也属于人伦关系的异化。《CRAVEN“A”》对女性身体的隐喻式书写也体现了上海在殖民主义统治下的异化。

质言之，穆时英小说的主人公同样沉迷于都市的物质繁华，但那隐含的作者却可以窥见这灿烂的物象背后潜在的等级秩序。并且，穆氏代表作《上海的狐步舞》的结尾处响起的工厂汽笛声暗含着叙述者想要重建一个新秩序的理想。而刘呐鸥显然更注重确立现代都市的物质表象，并致力于建构主体对都市生活的认同感。

或许，这两种倾向接近先锋派和唯美派的差异。“唯美主义者在生活实践与作品内容之间造成距离。唯美主义者所指的、并加以否定的生活实践是资产阶级日常手段—目的理性。现在，先锋主义者的目的不是将艺术结合进此实践之中。相反，他们赞同唯美主义者对世界及其手段—目的理性的反对态度。与唯美主义者不同之处在于，他们试图在艺术的基础上组织一种新的生活实践。”② 其时日益殖民化的上海虽不能算作纯然的资产阶级社会，然而小说集《都市风景线》却充溢着这种唯美主义的色彩。

20世纪40年代的海派作家张爱玲热爱都市生活，热衷于书写人生安稳的一面，拒绝以阶级的眼光透视上海这座城市。她的创作承袭了刘呐鸥的“调和”式立场，但她对唯美派有着自己的思考。她认为“唯美派的缺点不在于它的美，而在于它的美没有底子”③。这种底子应当是指刘呐鸥缺乏的“中国性”，张爱玲将之视为“人类在一切时代之中生活过的记忆”④。因此，张爱玲的都市书写在空间范围上超出了十里洋场的范畴，覆盖了传统的弄堂和古旧的公馆。并且，她还在都市情调之中注入悠悠的历史感。无论是香港还是上海，都市的夜空中悬挂着亘古未变的月亮，纷繁的都市意象之间会突兀地屹立着一面陈旧斑驳的灰墙，都市男女的情爱故事里始终回荡着苍凉的胡琴声。

---

① 刘呐鸥：《刘呐鸥全集——日记集》，彭晓妍、黄英哲编译，台南县文化局，2001年，第244页。

② ［德］彼得·比格尔：《先锋派理论》，高建平译，商务印书馆2002年版，第121页。

③ 张爱玲：《自己的文章》，《张爱玲散文全编》，浙江文艺出版社1992年版，第116页。

④ 张爱玲：《自己的文章》，《张爱玲散文全编》，浙江文艺出版社1992年版，第116页。

三、余论

通过上文的论述，如果我们稍加提炼便不难发现，无论是书写乡村还是都市，《都市风景线》都只是在建构都市主体的意义上自我循环，甚至连革命运动也笼罩着都市情调。于海派文学而言，同样是书写都市现代性的焦虑感，刘呐鸥显然更侧重展现都市中人如何克服这种焦虑，从而使现代都市变为可理解和可接受的场所。这一过程就是通常所说的认同过程。然而，刘呐鸥为何会选择另一种书写方式？仅仅以外来文化的影响和作家的个人经历来解释是不够的。

刘呐鸥对崇尚天才和艺术的创造社的作品有所偏爱。他曾在日记中表达了对郁达夫的小说《过去》的欣赏，并称郁达夫为“饶富有诗人质的小说家”①。他客观评价张资平的小说，认为虽然“处处表现不稳巧的地方”②，却将“中国人的性欲写得很畅快”③。刘呐鸥对“为人生”的文学研究会的评价偏低。很明显，被刘呐鸥欣赏的文学作品更注重内在的趣味和情感的节制，文本主体与外在生存空间少有剧烈的冲突感，但他对张资平之流所炮制的浮泛而滥情的作品也是不认同的。

在这个意义上，张爱玲承袭了刘呐鸥。众所周知，张爱玲对“五四”的启蒙方式和后果是有所质疑的，她并不注重人生飞扬的一面，她笔下也都是一些不彻底的人物。在《封锁》的第二版里，张爱玲对小说最后两段的删节掐断了吕宗桢对吴翠远可能尚存的最后一丝情谊，让这段电车上的邂逅终于成为一段都市男女之间有言无情的言情。这个自封锁始又至封锁终的结局显然更具现代性，更契合上海这座城市暧昧而多变的气质。当警报解除，电车恢复前行的步伐，宗桢回到原来的座位，他在翠远的心中已经死去了。翠远在电车上顿悟道：“封锁其间的一切，等于没有发生。整个的上海打了个盹，做了个不近情理的梦。”④ 就像在《风景》中，在郊区短暂欢爱的男女还是会回到火车上，回到各自生活的轨道。因为，城市的电车司机不会因为“两条蠕蠕的车轨”而发疯，而奔驰在郊区的火车也会一直承载着时代和人们轰然前行，切断曾经存在的时间与空间。

（作者单位：西南交通大学人文学院）

① 刘呐鸥：《刘呐鸥全集——日记集》，彭晓妍、黄英哲编译，台南县文化局，2001 年，第 304 页。

② 刘呐鸥：《刘呐鸥全集——日记集》，彭晓妍、黄英哲编译，台南县文化局，2001 年，第 316 页。

③ 刘呐鸥：《刘呐鸥全集——日记集》，彭晓妍、黄英哲编译，台南县文化局，2001 年，第 316 页。

④ 张爱玲：《封锁》，《天地》1943 年第 2 期。

“诗人人格”的创造与分裂
——以《少年中国》为中心的考察

牛 菡

1920年，《少年中国》诗学研究号刊载了田汉译盐釜学士《歌德诗中所表现的思想》一文，副标题为“此译呈‘白华’兄的研究桌上”①。文章分为三部分，分别介绍了歌德以泛神论为核心的世界观、人生观与艺术观。文中涉及世界观与人生观、动与静（“活动主义”与“静寂主义”）、艺术家与自然等20世纪20年代初诗学讨论的重要问题，意在阐明歌德作为“抒情”诗人的人格示范性及“诗人的宇宙观以Pantheism为最适宜”②。文章结尾处的“译者敬告”，揭示了“诗人人格”问题发生的场域：“译者译此文的动机，是因为去年十月过沪时，与挚友宗白华兄曾谈及歌德研究事。白华称已拟作《歌德的世界观及人生观》。译者亦谓回东后，亦当于歌德有所介绍。今年新友郭沫若兄与白华书札往还，又及此事。”③《少年中国》本期的“会员通讯”栏刊载郭沫若致宗白华信件两封，郭沫若对宗白华“多与自然和哲理接近，以泰成完满高尚的‘诗人人格’”的建议深以为然，并推孔子与歌德为“人中的至人”④。“诗人人格”的讨论“信号”在《少年中国》同人网络⑤中被增强，被放大。《少年中国》诗学研究号的推出以

---

① 田汉：《歌德诗中所表现的思想》，《少年中国》1920年第1卷第9期。

② 宗白华：《宗白华全集》（第一卷），安徽教育出版社1994年版，第215页。

③ 田汉：《歌德诗中所表现的思想》，《少年中国》1920年第1卷第9期。

④ 宗白华：《宗白华全集》（第一卷），安徽教育出版社1994年版，第222页。

⑤ 一方面，少年中国学会有严格的会员制度，会员之间勤于通信，互相砥砺；另一方面，少年中国学会会员还有着其他社会身份，如宗白华担任《少年中国》编辑的同时还是《时事新报·学灯》的编辑，这也让他能介绍少年中国学会会员田汉和新诗作者郭沫若认识。正是通过同人关系的传递，“诗人人格”的讨论才能既发散又聚集，进而形成明确的主张。

及它一贯对新诗、理论文章的发表译介，为讨论提供了园地。《少年中国》创刊号上，刊载了田汉的《平民诗人惠特曼的百年祭》。田汉认为“我们少年中国勃兴的时候，少年中国的解放文学自由诗亦同时勃兴，溯源探本，也是受了惠特曼的影响”①。由“诗人人格”到中国“少年”乃至“少年中国”，“诗人人格”不再是单纯的诗学问题，还承载了社会政治因素。聚焦20世纪20年代初的“诗人人格”讨论，“诗人人格”为何为《少年中国》同人所重视、如何涵养“诗人人格”、“诗人人格”在作品中的体现是问题的内核，问题发生的场域则是《少年中国》。“人的扩张”彰显了“少年中国”创造与诗人创造的同构性，但创造的过程中不可避免地发生了某种“偏至”，诗歌中的“我”、劳动、自然呈现出特殊的样态。由社会到个人，由“诗人人格”到白话新诗，《少年中国》同人以“诗人人格”为中心的诗学主张同少年中国学会一样蕴藏着分裂的危机。王光祈、恽代英等人一再强调少年中国学会做的是“预备的功夫”②，在20年代初为时人所注目的“诗人人格”讨论，或许也是一种“预备的功夫”。

一、人的扩张

王光祈在《“少年中国”之创造》中提到，为了适应环境适时“进化”，“少年中国”的少年们应过以下三种生活——“（一）创造的生活（二）社会的生活（三）科学的生活”③。“创造”和“进化”，是“少年中国”讨论的关键词。如何“创造”？以王光祈为代表的《少年中国》同人普遍认同“人”的问题是建设“少年中国”的核心问题，以人的精神改造推动社会的进化，以教育实业推动社会变革，是他们的前期共识。与此同时，以感情的自然流露为美，推崇诗人的天才，也成为这一时期诗学理论的核心。自然被视作诗人与社会连接的中介物。柏格森“生之哲学”筑基于自然科学而强调直觉，为这一时期的诗学讨论提供了哲学基础。

（一）“少年”诗人

“大凡做一件事，关于人的问题极为重要，得人则万事皆可推行，不得人则一事不能办理。”④ 在这个基础上，王光祈否定了确定某一“主义”的必要性：“现在中国人的思想行为，无论在什么主义之下都不能生存。要想中国人有适应各种主义的能力，非先有

① 田汉：《平民诗人惠特曼的百年祭》，《少年中国》1919年第1卷第1期。
② 恽代英：《怎样创造少年中国?》，《少年中国》1920年第2卷第1、3期。
③ 王光祈：《“少年中国”之创造》，《少年中国》1919年第1卷第2期。
④ 王光祈：《少年中国学会之精神及其进行计画》，《少年中国》1919年第1卷第6期。

一番预备工夫不可。”① 由少年而至中国，人的扩张是“少年中国”建设的内在逻辑。以“少年”为起点，以世界大同为终章，王光祈、恽代英等人对“少年中国”的创想体现出一种世界视野：“就人类义务说，今天全世界正开始了他的大改造事业，进步些的各民族，都在这旗帜的下面做功；我们亦不应该不努力担任我们应担任的一部分”②，“使中国这个地方——人民的风俗制度、学术生活等等——适合于世界人类进化的潮流，而且配得上为大同世界的一部分”③。“人—中国—世界”、“精神改造—社会发展”成为少年中国学会之“人的扩张”的内在逻辑。新村主义、无政府主义、社会主义纷至沓来，学会会员于个人与社会、精神与物质的接榫处着力，提出了不同的建设方案。宗白华在小组讨论中，发表了《我的创造少年中国的办法》一文，主张“脱离了旧社会的范围，另向山林高旷的地方，组织一个真自由真平等的团体”，“然后发大悲心，再去援救旧社会，使他们也享同等的幸福”④。在宗白华的设想中，“少年中国”的建设者拥有一种超然入世的人格：“无可而无不可，无为而无不为，绝非遁世，趋于寂灭，亦非热中，堕于激进，时时救众生而以为未尝救众生”，“其思想之高尚，精神之坚强，宗旨之正大，行为之稳健，实可为今后世界少年，永以为人生行为之标准者也”⑤。超然如何入世？其间隐隐有断裂的危机。正如与《我的创造少年中国的办法》同期的讨论文章中，畜牧、选种等农村生活的细节一经提及，便已成为宏阔未来的背景。

以个人之渺小面对中国未来之远大，“自我扩张”与“自我改造”成为《少年中国》同人精神世界的一体两面。郑伯奇发表于《少年中国》二卷一期的会员通讯文章，正是“五四”学生一代人格“进化”的缩影。郑伯奇将自己思想的动摇分为三期：第一期是打破偶像、自我解放的时代；第二期被“人生之谜”擒住了，开始借助进化论思考人类生殖的意义，进而意识到除生殖外，“人是能意识的动物，并且能创造这世界”⑥，由“个体的我”扩大到“社会的我”，进而扩大到“宇宙的我”，人类的自我扩大以“爱”为依托；第三期是为求灵肉和谐一致，“自我完成”、“自我改造”⑦ 应作为自我扩大的“补助工夫”而存在，个人主义与集体主义由此在个体想象中实现了统一。

但不论郑伯奇如何强调“改造”，“改造”之前的“自我”才是改造问题的真正重心。与《少年中国》同人“人的扩张”的社会改造计划一致，宗白华、康白情、田汉等

① 王光祈：《少年中国学会之精神及其进行计画》，《少年中国》1919 年第 1 卷第 6 期。
② 恽代英：《怎样创造少年中国?》，《少年中国》1920 年第 2 卷第 1、3 期。
③ 王光祈：《“少年中国”之创造》，《少年中国》1919 年第 1 卷第 2 期。
④ 宗白华：《我的创造少年中国的办法》，《少年中国》1919 年第 1 卷第 2 期。
⑤ 宗白华：《说人生观》，《少年中国》1919 年第 1 卷第 1 期。
⑥ 《郑伯奇致黄仲苏》，《少年中国》1920 年第 2 卷第 1 期。
⑦ 《郑伯奇致黄仲苏》，《少年中国》1920 年第 2 卷第 1 期。

人也将“诗人人格”视为新诗创作的先决条件加以强调。“人之不成，诗于何有?”① 在诗体解放浪潮的推动下，“自然”② 与诗人主体一道，成为这一时期诗学建设的关键词。郭沫若在致宗白华的信中，集中提出了自己的诗学主张：“（诗）以‘自然流露’的为上乘，若是出以‘矫揉造作’，只不过是些园艺盆栽，只好供诸富贵人赏玩了。天然界的现象，大而如寥无人迹的森林，细而如路旁道畔的花草，动而如巨海宏诗，寂而如山泉清露，怒而如重电交加，喜而如星月皎洁，莫一件不是自然流露出来的东西”，“新体诗的生命便在这里”③。由此，郭沫若趋向“诗的一元论”，认为“诗的创造是要创造‘人’”④。正是从“人”的创造出发，郭沫若激赏歌德的主情主义，认为歌德“对于宇宙万汇，不是用理智去分析，去宰割，他是用他的心情去综合，去创造”⑤，人格的圆满和诗的生命息息相关。田汉更是直接宣称“人格就是诗”：“有歌德的人格才能做歌德（Goethe）的诗，有威侣恩（Verlaine）的人格才能做威侣恩的诗，有惠特费（Whitman）的人格才能做惠特曼的诗。要之，诗人先不可不完成自己，此外的一切，一切的技巧，都是末而又末的东西。做诗人的修养，就是做人的修养。”⑥ 由直觉出发，“诗人人格”向宇宙扩张。

宗白华在《中国青年的奋斗生活与创造生活》一文中，主张中国青年应在自然界和社会中活动，自然成为连接个人与社会的桥梁。当“少年”和诗人同时面对心与外物的难题，如何让自然充分发挥桥梁的作用，使个人的扩张，“直觉”的诗的创造不至于跌入直觉主义，是《少年中国》诗人群体成为“少年”诗人、锻造“诗人人格”所要解决的理论难题。在这一时期，郭沫若在致宗白华的信中谈及柏格森和歌德的联系：“《创化论》我早已读完了。我看柏格森的思想，很有些是从歌德脱胎来的。凡为艺术家的人，我看最容易倾向到他那‘生之哲学’方面去。”⑦ 柏格森哲学思想具有的某种二重性，使其为直觉的诗人向宇宙的扩张提供了“物质”基础，也因此为追求完满人格的“艺术家”们所借重。

---

① 宗白华：《宗白华全集》（第一卷），安徽教育出版社 1994 年版，第 239 页。

② 这里的“自然”有三重含义：一是涵养“诗人人格”、与社会活动同样重要的自然活动；二是认为新诗非能“做”，而是从心内宇宙“自然”流出；三是为诗人直觉映射、转化之后的心像自然。在宗白华等人的设想里，于山林高旷的自然中活动进而影响社会，是为建设“少年中国”所做的预备功夫。自然由此成为“少年”和“诗人人格”联系的中介，参与到“人的扩张”中。

③ 宗白华：《宗白华全集》（第一卷），安徽教育出版社 1994 年版，第 237 页。

④ 宗白华：《宗白华全集》（第一卷），安徽教育出版社 1994 年版，第 239 页。

⑤ 郭沫若：《〈少年维特之烦恼〉序引》，《创造季刊》1922 年第 1 期。

⑥ 田汉：《诗人与劳动问题》，《少年中国》1920 年第 1 卷第 8、9 期。

⑦ 宗白华：《宗白华全集》（第一卷），安徽教育出版社 1994 年版，第 243 页。

（二）柏格森“生之哲学”的二重性

1919年9月15日，宗白华发表《致〈少年中国〉编辑诸君书》，此文引起了陈独秀的批评。宗白华随即发表《答陈独秀先生》，回应前辈的种种质疑。二人的分歧之一，是“直觉”概念的使用。宗白华希望中国青年在切实的学理研究之前，切勿直接鼓吹新名词，做“直觉的新学问”①。陈独秀则不满宗白华这种“似是而非”的议论，反问“大科家Bergson底直觉哲学，是否毫无价值?”② 宗白华在回应文章中称，自己信中所用的“直觉”二字，指的是“个人的直觉见解，没有经过归纳的经验”，是一种“非科学式的思想法则”；而柏格森的“直觉主义”指的是“直接的体验自心心象的‘绵延（Duration）’，以窥测大宇宙全体的创造进化”③，有其特殊的意义。宗白华和陈独秀的论争，侧面证明了柏格森哲学中“直觉”的特殊性——兼具心理学与生物学的双重意义。1919年11月12日，宗白华在《时事新报·学灯》上发表《读柏格森“创化论”杂感》一文，详细论述了他对柏格森哲学的看法，认为柏格森的“创化论”既“注意直觉”，又“深含着一种伟大入世的精神，创造进化的意志，最适宜做我们中国青年的宇宙观”④。

方珣发表于《少年中国》一卷七期的《柏格森“生之哲学”》一文，阐释了柏格森如何沟通“直觉”和“入世”：“物质是支持与实现生命的资料”，“智慧就是工具的工具”，“我们有了智慧，就晓得事物相互的关系”，但智慧的“工作”同“活动影戏”一样，“一切外物的形相映在智慧的照片上。只不过是静的、有空间性的、事物之状态的展览而已”⑤。要洞察变动不居的生命，还需要“直觉”的力量。在物质、智慧、直觉的共同作用下，生命得以向宇宙“绵延”。宗白华在《新人生观问题的我见》一文中，将艺术作品的生成比作“生命创造的过程”，其中“仿佛是由一种有机的构造的生命的原动力，贯注到物质中间，使他进成一个有系统的有组织的合理想的生物”⑥。其中的原动力便是“直觉”。

在为“直觉”正名之后，诗人们需要为“无限”扩张的个人寻找“有限”的界石。这里涉及的，是对柏格森哲学中“绵延”概念的理解：“如果生命是无限制的，那么生命只是一种纯粹的创造活动和绝对自由，因而，只有创造没有进化。如果生命只是创造，那么它就不需要与物质牵连在一起。但是，由于自身的有限性，它应该从物质所不能达

① 宗白华：《致〈少年中国〉编辑诸君书》，《少年中国》1919年第1卷第3期。

② 陈独秀：《告上海新文化运动的诸同志》，《时事新报·学灯》1920年1月1日。

③ 宗白华：《答陈独秀先生》，《时事新报·学灯》1920年1月3日。

④ 宗白华：《读柏格森“创化论”杂感》，《时事新报·学灯》1919年11月12日。

⑤ 方珣：《柏格森“生之哲学”》，《少年中国》1920年第1卷第7期。

⑥ 宗白华：《新人生观问题的我见》，《时事新报·学灯》1920年4月19日。

到的高处落下，借助于物质去重新创造。这样，创造与进化并不矛盾。它们是生命冲力的两个方面或两个方向”①，而同情②是绵延的钥匙，它借助物质的冲力，将我们引入生命深处。在《艺术生活——艺术生活与同情》一文中，宗白华认为“机械的人生”之所以“能进化、能活动、能创造”，是因为它有“同情”。同情是社会进化的工具，人们“对于人类社会的同情，还可以扩充张大到普遍的自然中去”③。在谈到对新诗人人格的要求时，康白情着重强调同情与“接触”的联系道：“感情里最重要的元素是同情；而其最，最重要的，更是对于人间底同情。同情是物理上底共鸣作用，是要互相接触才能生的。而同情底深浅，又和互相接触底次数成正比例。”④ 人生种种，都在同情所绵延出的诗人宇宙中注入创造的力量，使之不断进化。

郭沫若在《〈少年维特之烦恼〉序引》中，将歌德的泛神论认识总结为动的哲学：“忘我之方，歌德不求之于静，而求之于动。以狮子搏兔之力，以全身全灵以谋刹那之充实，自我之扩张，以全部精神以倾倒于一切!”⑤ 这种动的哲学虽然以泛神论为基础，却更偏向于柏格森“生之哲学”绵延创化的内核。1932 年，宗白华终于完成了田汉 1920 年在《歌德诗中所表现的思想》“译者敬告”中预告过的《歌德之人生启示》。他对歌德的世界观与人生观做了新的考察，认为歌德“在哲学上固然受斯宾诺查泛神论的影响；但斯宾诺查所给予他的仍是偏于生活上道德上的受用”，“歌德从自己的活跃生命所体验的，动的创造的宇宙人生，则与斯宾诺查倾向机械论与几何学的宇宙观迥然不同”⑥。歌德生命的扩张存在积极与消极两部分，维特的悲剧就在于“热情的泛滥使他不能控制世界，控制自己，而毁灭了自己”⑦，因此，宗白华得出结论——“生命片面的努力伸张反要使生命受阻碍，所以生命同时要求秩序，形式，定律，轨道”⑧。物质与直觉、阻碍与

① 赵伟：《时间与创造：柏格森哲学中的创造概念研究》，复旦大学 2011 年博士论文。

② 柏格森本人对“同情”的解释是“本能即同情。这种同情若能扩大其对象，并且反映其自身，那它就会将理解生命运作过程的钥匙交给我们，这就如同发达的、经过训练的智力将我们引向了材料那样。这是因为（无论我们怎样重复也不过分），智力与本能被对准了两个对立的方向，智力指向无生命材料，而本能则指向生命。依靠科学（智力的工作就是科学），智力将越来越完整地向我们揭开物理运作的秘密；而智力则为我们将生命翻译成无生命的术语，并且只能如此，智力在生命周围活动，从生命外部采取尽可能多的视点，将生命拉向自己，而不是进入生命内部。然而，直觉（intuition）将我们引向了生命的最深处”。［法］柏格森：《创造进化论》，肖聿译，华夏出版社 1999 年版，第 150 页。

③ 宗白华：《艺术生活——艺术生活与同情》，《少年中国》1921 年第 2 卷第 7 期。

④ 康白情：《新诗底我见》，《少年中国》1920 年第 1 卷第 9 期。

⑤ 郭沫若：《〈少年维特之烦恼〉序引》，《创造季刊》1922 年第 1 期。

⑥ 宗白华：《宗白华全集》（第二卷），安徽教育出版社 1994 年版，第 7 页。

⑦ 宗白华：《宗白华全集》（第二卷），安徽教育出版社 1994 年版，第 27 页。

⑧ 宗白华：《宗白华全集》（第二卷），安徽教育出版社 1994 年版，第 9 页。

创造一体同构，柏格森的“生之哲学”为以人的扩张为出发点的“诗人人格”的创造提供了理论基础，但与此同时，直觉对物质的战胜、宇宙在克服阻碍之后的绵延，也为“诗人人格”创造方案的偏至埋下了注脚。柏格森以糖在水中融化解释绵延，但观察者“我”的眼睛是否真的见证了物质的绵延，还是只是用直觉创造了一个糖在水中融化的宇宙？类似的疑问，也可以抛给在动与静的平衡中创造“诗人人格”的《少年中国》同人们。

二、“创造”的偏至

恽代英在《怎样创造少年中国?》一文中，强调少年中国学会现在所做的是“预备的功夫”，但正因读书是做事的预备，“什么才是紧要的知识”成为欲创造“少年中国”的青年应时时自省的问题。做事成为悬在读书头顶的利剑，少年中国学会也在主义的呼喊声中走向分裂①。宗白华等人给出的“诗人人格”培养方案，涵盖了自然活动与社会活动、读书与做事，却以人的扩张为诗学理论的出发点，在矛盾丛生的同时，不可避免地走向“创造”的偏至。

（一）动与静

如果说寄生生活是一种静的生活，奋斗与创造就是动的生活。在创造的生活内部，“自然境界中宁息身心，储蓄能力，得点静的修养”②，才能与黑暗的社会现实搏斗而不至于堕落。郭沫若在致宗白华的信中忏悔过往，也表示“今后不专做读书的工夫”，“要多做做人的工夫”，“要把从前静的生活，改成动的生活”③。由此可见，在“诗人人格”的创造中，动与静作为一对指向读书与做事、个体扩张与现实接触的辩证关系，时时存在。

康白情与魏时珍、余家菊在《少年中国》上就“社交”问题展开争论，其焦点在于对动与静关系的不同理解。在魏时珍看来，“白情式”的社交是一种学问而非修养，社交之外，静的修养不可或缺，而且比“社交”益处更多：“吾辈读书，一日洗漱毕，即上课堂，一日交际以后，始克听讲。今取二者而比较之，孰为其有得？孰为其人味？又试取二者而慎审之，前者何以多得？后者何以寡味？以精力之不同，遂得参悟之参

---

① 关于少年中国学会的分裂，详情请参见吴小龙《少年中国学会研究》，三联书店出版社 2006 年版。

② 宗白华：《中国青年的奋斗生活与创造生活》，《少年中国》1919 年第 1 卷第 5 期。

③ 宗白华：《宗白华全集》（第一卷），安徽教育出版社 1994 年版，第 299 页。

异。”① 如果说魏时珍是从自我实现来反驳康白情的“社交”说，余家菊就是从社会服务的角度对其提出异议。余家菊认为康白情“似乎只留意了社交，忘却了服务”，“真的学问，要从行为中产生”，社交得来的知识来自见闻，“究竟不自得自行为的有用”②。因此，提倡“动的修养”应该致力于“做事”而非社交。康白情复信余家菊，对自己所提倡的“社交”性质做了界定：“以社会去达修养的目的”，“缘‘做事’而有”才是“社交”③。但在回复魏时珍的信里，康白情解释所谓“修养”④，“都要包学行两事说”，“于学问上和行为上，惺惺的做工夫，完成自己的人格，以求自我之实现，就是修养”⑤。修养和社交概念的二歧性，使康白情处在了动与静的夹缝中。

在宗白华看来，动与静的修养分别得自社会与自然，是新诗人人格完满之必须。自然与社会的组合、二分法，在宗白华、康白情、郭沫若等人笔下反复出现，几乎成为这一时期健全“诗人人格”的“金科玉律”。但在此之外，宗白华强调的是艺术人生的“创造”：“我们要持纯粹的唯美主义，在一切丑的现象中看出他的美来，在一切无秩序的现象中看出他的秩序来，以减少我们厌恶烦恼的心思，排遣我们烦闷无聊的生活。”⑥这种排遣烦闷的相对“消极”的办法，会将自然与现实全都转化为诗人的艺术冲动，进而凭借物质表现为艺术品。如果说康白情对“社交”问题的讨论还存在于物质/“做事”一级的动与静关系上，宗白华则将问题更多地内化为诗人宇宙的创造。

与宗白华相似的还有提倡新罗曼主义⑦的田汉。他认为相较于旧罗曼主义“反动的动”，新罗曼主义体现了一种“静的动”：“原始的罗曼主义重直觉，重主观，重情绪，有类女性”，“新罗曼主义者所取由肉的世界窥破灵的世界，由刹那顷看出永劫”，它

---

① 《魏时珍致康白情》，《少年中国》1919年第1卷第5期。

② 《余家菊致康白情》，《少年中国》1919年第1卷第6期。

③ 《康白情致余家菊》，《少年中国》1919年第1卷第6期。

④ 康白情在解释“修养”的含义时，运用了柏格森“动”的“绵延”的概念：“在意识的状态之中，经营气质之变化，就是修养。所以前一个刹那间的修养，是后一个刹那间的实现的豫备；后一个刹那间的修养，又是再后一个刹那间的实现的豫备。而在这经过之中，前一个刹那间的实现，可算是后一个刹那间的豫备。就是说，实现的经过，都可以算是修养，只是须看他是否在意识的状态之中罢了，如睡，我们不能当他做修养，因为他是无意识的生活条件。假使我们要以意志调节他，使他没有梦，以求生活的经济，那他也就可以算是修养了。”（《少年中国》1919年第1卷第5期）

⑤ 《康白情致魏时珍》，《少年中国》1919年第1卷第5期。

⑥ 宗白华：《青年烦闷的解救法》，《解放与改造》1920年第2卷第6期。

⑦ 这封信的开头，田汉叙述了泛神论、罗曼主义与艺术家的因缘：“白华他近来于‘歌德与泛神教’、‘泛神教与诗人’的研究，很有兴味。我曾译‘歌德诗中的思想’一文供给他的研究材料，想不日可和他的论文一块儿发表。你晓得的，泛神论与文艺家的因缘是由罗曼主义的文风结的。这种思想本非常华妙，非常活泼，所以到今日新罗曼主义的时代，泛神论的价值，越发真起来高起来。”（田汉：《新罗曼主义及其他——复黄日葵兄一封长信》，《少年中国》1920年第1卷第12期。）由此可见诗人们思想源流的驳杂和社交网络所带来的知识的流动性。

"'求真理'的着眼点，不在天国，而在地上，不在梦乡，而在现实"①。从新罗曼主义的"现实"出发，田汉提倡一种"脑明心静的读书法"，认为唯有此才能"把古人的旧经验"做解释"宇宙之谜"的"新气力"②，于生的苦难中自救，孜孜以求新生活。读书何以整肃现实，化解生之烦闷？从康白情到宗白华再到田汉，动与静的辩证愈加坍塌到艺术创造内部。因此，当田汉试图以新罗曼主义的"现实"去解救"意弱思清多情失恋"③ 的青年黄仲苏时，"现实"在自然/空想所涵育的诗人人格面前碰了壁。

（二）"自然界"和空想

《少年中国》一卷九期"诗学研究号"会员通讯栏刊载了田汉致黄仲苏、左舜生的信两封及黄仲苏的回信。黄仲苏致信田汉，言自己心绪恶劣，想求安慰又"被智识欲望驱使得苦"，田汉总结为"看不了现实（Reality）的丑态，想托庇于艺术之宫（Palace of Art）"，却又发现"艺术也未必可恃"④。随后，田汉引黄日葵信，否定了艺术之外"自然界"和"空想"这两条解救烦闷的途径。田汉认为要想达到理想生活，首先要"Understand"现实生活，接着"便依自然的法则征服自然归人类的胜利一样，也依现实的生活的法则征服现实生活归思想的胜利！必是才能有灵肉调和物心一如之妙"⑤。在结尾处，他引用 A. E. 的"A New World"一诗，话题复归新罗曼主义"现实"法则对青年人生观的启示。同期刊载的田汉致左舜生的信，可视为致黄仲苏的信的副文本。田汉将人类生活分为三种："衣食住的肉体生活"；"知识学问的头脑生活"；"宗教伦理的精神生活"。"物质的生活应该像水一般的平流，精神的生活应该像松一般的直上"⑥，否则便会引起青年的堕落。田汉强调物质生活和精神生活的和谐共生，但还是将"创造"的权利给了无形的知识。

黄仲苏在回信里感谢田汉批评的美意，决意不做环境的牺牲品，怀抱一种向上的精神与现实搏斗，以争人格。此外，黄仲苏为自己寻了艺术之宫和丑陋现实之外的第三种去处——"自然世界"和"精神世界"之间的"人道之世界"⑦。还未推倒"爱"的偶像的黄仲苏，对田汉关于"自然界"和空想的议论"不以为然"。黄仲苏在自然和心之间，加了一层"空想"。这空想既可以表现为综合的观察，即用哲学、生物学的眼光去"推理"落花，也可以表现为参悟自然。虽然黄仲苏没有在信里说明如何"推理"自然

---

① 田汉：《新罗曼主义及其他——复黄日葵兄一封长信》，《少年中国》1920 年第 1 卷第 12 期。
② 田汉：《新罗曼主义及其他——复黄日葵兄一封长信》，《少年中国》1920 年第 1 卷第 12 期。
③ 《田汉致黄仲苏》，《少年中国》1920 年第 1 卷第 9 期。
④ 《田汉致黄仲苏》，《少年中国》1920 年第 1 卷第 9 期。
⑤ 《田汉致黄仲苏》，《少年中国》1920 年第 1 卷第 9 期。
⑥ 《田汉致左舜生》，《少年中国》1920 年第 1 卷第 9 期。
⑦ 《黄仲苏致田汉》，《少年中国》1920 年第 1 卷第 9 期。

的“真趣”和“美意”，其文学化的描述还是能将收信人带入中国古代诗词审美的空境中去。夜间披衣“赏玩夜境”这一举动本身，就包含着一种阶级趣味。宗白华在谈到叔本华的妇女观时，认为妇女“多空想，而意志力薄弱，不能整理空想，利用空想，去创造精神上的著作”，“天才之所以为天才，就是能整理空想，创造成一个大思想，大文章”，空想是艺术创造的必备品，“所谓艺术生活者，就是现实生活以外一个空想的同情的创造的生活而已”①。在《怎样使我们生活丰富?》一文中，宗白华讲述了自己遇到铁匠的经历。他在黄昏时来到一家铁匠门前，铁匠敲击铁块的姿势使他想到荷兰画家的画稿，转而又想到人生问题，“心想人生最健全最真实的快乐，就是一个有定的工作”，从中获得劳动的乐趣。随后宗白华的思绪从人生问题转到社会问题，“又联想到生物学中的生存竞争说，又想到叔本华的生存意志的人生观与宇宙观”，片刻之间俯仰万物。当门外的宗白华以观察者的身份凝视门内的铁匠时，“心”成了“多方面的折光的镜子”②，但正因如此，“动”的劳动被内化为悬置的风景，和荷兰画家静止的画作重合起来。宗白华在《新诗略谈》中说：“新诗人的养成，是由‘新诗人人格’的创造，新艺术的练习；写出健全的、活泼的、代表人性、人民性的新诗。”③ 在自然与社会的二分法中，宗白华们呼唤的“诗人人格”似乎有所偏至而难以“健全”。目光移到新诗本体，“人民性”又体现在何处呢?

三、诗人与劳动者

1920年，《少年中国》“诗学研究号”相继刊出了田汉的《诗人与劳动问题》、康白情的《新诗底我见》。约为同一时期的《星期评论》“劳动纪念号”上，社会立场更为鲜明的沈玄庐发表了《诗与劳动》。康白情、沈玄庐将平民的诗与贵族的诗加以区分，田汉则将诗人直接置于劳动者阶层中展开讨论。“诗人与劳动”究竟是“情感”问题、阶级问题，还是表现问题？屋内的“我”望向窗外，一切都有了答案。

（一）代言的权利

康白情在《新诗底我见》④ 中写道：“‘平民的诗’是理想，是主义；而‘诗是贵族的’，却是事实，是真理。”原因之一在于“艺术冲动底起，必得当人生底静观底时候”，大多数人“正役心于人生底奋斗，必不能作诗”。原因之二在于“审美观念底起，也必

① 宗白华：《叔本华之论妇女》，《少年中国》1919年第1卷第4期。
② 宗白华：《怎样使我们生活丰富?》，《解放与改造》1920年第2卷第14期。
③ 宗白华：《新诗略谈》，《少年中国》1920年第1卷第8期。
④ 康白情：《新诗底我见》，《少年中国》1920年第1卷第9期。

得当人生底静观底时候”，大多数人无暇“作艺术底鉴赏”。如若和西湖渔家谈湖光潋滟、山色空蒙，对方一定应答含糊。原因之三在于社会进化的同时诗也在进化，大多数人和少数人的文化差距始终存在。知识的平等无法保证，诗歌的所有权也只能在贵族。康白情强调的是，诗歌是余裕的产物，劳动奴役身心，游戏则触发美的感受。为诗的余裕寻找社会政治原因，则可以发现阶级差异和知识所有权垄断的问题。费孝通在《论“知识阶级”》一文中区分了“自然知识”和“规范知识”：“自然知识是农圃百工所赖以为生的知识，用普通的话来说，是利用自然来生产的知识。规范知识是劳心者治人的工具，统治别人的可以‘食于人’。”① 诗无疑也属于广义的“规范知识”，将西湖渔家和眼前吟咏湖光山色的客人区隔开来。康白情在承认“诗是贵族的”这一事实的基础上，鼓励诗人们书写劳动者的生活，做劳动者的“好朋友”，“和些好朋友，走到花园里，去找诗的生活”②。

沈玄庐的看法和康白情截然相反。他认为“不但诗不专是贵族的，而且纯粹的贵族，可以说他没有诗”③，因为贵族缺乏诗的情感。袁枚“安得红罗千万匹，漫天匝地绣鸳鸯”不可说不富贵，情感却是贫乏的。沈玄庐感叹一般平民识字太少，识字且能写诗表达感情的就更少。但流传下来的诗还是写平民的居多，因为写“富贵”的诗除用“字眼纷饰古典堆砌”外，没有“深刻的情感可以引起读者底兴味”④。沈玄还对新诗革命发表看法道：“（白话诗）与其说诗底革命，不如说光复发挥情感底自由。”⑤ 仅在文章开头，沈玄庐的论述对象就发生了两次转变：一次是从贵族写的诗/平民写的诗变为写“富贵”的诗/写平民的诗；另一次是从诗的情感跳跃到诗的形式。接着，沈玄庐对劳动者眼中的自然做了艺术化处理，并把“美”的普遍实现置放到“未来”：对劳动者来讲，宇宙山川无一样“不在那里劳动，即没有一样不可以入诗”⑥，离开劳动就没有社会情感，也就没有诗；之所以人类社会还没有把一切劳动变为艺术，是因为不平等的社会制度的存在，“今后我们不但不愿意有贵族的诗，而且不愿意再有作诗的贵族，而且不愿意人世间再有阶级制度底下作不平鸣的诗”⑦。在沈玄庐看来，识字和作诗之间没有必然联系，决定诗歌存在的是劳动情感。

---

① 费孝通：《论“知识阶级”》，许纪霖编：《20世纪中国知识分子史论》，新星出版社2005年版，第101页。

② 康白情：《新诗底我见》，《少年中国》1920年第1卷第9期。

③ 沈玄庐：《诗与劳动》，《星期评论》1920年第48期。

④ 沈玄庐：《诗与劳动》，《星期评论》1920年第48期。

⑤ 沈玄庐：《诗与劳动》，《星期评论》1920年第48期。

⑥ 沈玄庐：《诗与劳动》，《星期评论》1920年第48期。

⑦ 沈玄庐：《诗与劳动》，《星期评论》1920年第48期。

是做劳动阶层的代言人，还是直接否定贵族的诗，将诗歌产生的原因归于劳动？康白情和沈玄庐对这个问题看似南辕北辙的答案，实则多有暗合。譬如他们都看到了诗歌创作背后的社会阶级因素，只不过康白情强调“知识”积累的力量，沈玄庐把诗的本质解释为劳动情感；他们都对问题进行了置换，康白情将“诗歌是贵族的”置换为和劳动者“做朋友”，沈玄庐将劳动诗歌的实现置换为不平等制度的取消。在康白情和沈玄庐那里，“诗与劳动”还是一个前景式的问题，但在田汉的《诗人与劳动问题》① 一文中，它却呈现出现在进行时的面貌。因为田汉不再纠结于诗人与劳动者的区别，认为诗人自然而然地没入劳动者的浪涛中。

田汉先是定义了“劳动”“是一种‘为在外目的苦痛的行为’”，“在外目的自然是力钱，因劳动而生的苦痛即为力钱的交换品”。他接着举出劳动的四种分类法，即从性质、范围、品质、雇佣上区别。但田汉并没有着重在精神劳动和肉体劳动层面区别诗人与劳动者，而是解释称“以肉体劳动者也多全心倾注一事，精神劳动者也有不甚劳心的人”。真正引起田汉注意的是以范围和雇佣关系为劳动分类。从范围来看，“劳动者终日勤动于他人规矩绳墨之中，不能自己实现其自己的创意”。田汉“认定做诗与做工同属一种神圣的劳动，而同以表现自己的全生命”，拟古主义使诗歌机械化，资本主义使人类机械化，它们同受外物的束缚；从雇佣关系来看，资产阶级“以劳动者的血汗肥其私囊，奢侈淫乐无所底止，酿成物价腾贵，使劳动者益不能自遂其生”。“失业的、不遇的头脑劳动者”也和劳力劳动者一样值得世人的同情。田汉最后得出诗人是“两重的劳动家”②的结论：“一重是做人的劳动。为保持他的生存和健康不能不取物质的供给。所以他不能不从事物质的生产！一重是做诗人劳动。大自然既命诗人为他的笛子，大自然的笛子一吹，他便不能不把这不能不叫的叫了出来，便给宇宙的众生许多精神的粮食啊!”这样一来，虽然最后不免回到“鼓与呼”的逻辑（写作以劳动者为表现对象的诗），诗人还是获得了一部分的自由，那就是由同情的观察者变为自己的代言人。但是，当问题倒置时，在以劳动者为表现对象的诗中，诗人这部分的自由是帮助他们成为更好的共情者，还是

---

① 田汉：《诗人与劳动问题》，《少年中国》1920 年第 1 卷第 8、9 期。

② 田汉这一表述无疑受到了少年中国学会及新村运动的影响。参见王光祈《少年中国学会之精神及其进行计画》：“我们理想的社会，是无阶级的，智识阶级同时便是劳动阶级，劳动阶级同时便是资产阶级。但是在现代社会制度之下，这三种阶级还是有的，我们学会的主张既不是一个幻想的‘乌托邦’，当然要从现代社会下手改造，我们以为应该要从这三种阶级里寻出有觉悟的人，使他们三个阶级的人，互相接近，以实现我们的理想社会”，“我们加入劳动阶级，并不是利用劳动者，作我们的傀儡，如现在的政党政客加入劳动运动一样。我们自身便是劳动者，便是劳动阶级的一份子。我们现在虽是学生，但是学生名词不能永久存在，我们将来出学校后，从事工作，便是劳动者了。”（《少年中国》1919 年第 1 卷第 6 期）

无限扩张直至湮没了劳动本身?

（二）“我”的窗外

1920年，《少年中国》一卷九期刊载了易漱瑜《雪的三部曲》①，作者从“室中”望出去，看见小雀叽叽喳喳，孩子撑着雨伞走来走去，“白砂糖似的东西”裹挟一切，“好像没有比今天还有趣似的”。接着，室内的“我”外出走在“路上”，雪花吹拂也不觉得冷，迎面看到两个工人：“头也好，脚也好，任他雪花飞着，寒风吹着；/只口里你一句，我一声，/好像是说，‘谁啊谁啊，谁知道我们的苦楚啊?’/同路一个坐马车的，/很高兴的望着两旁，/又好像是说，‘我今日一回家，园子里又添了许多的景致了!’”最后，作者又回到了室内，向“窗外”的雪花说话：“说你像银子么？你又很德谟克拉西的。/到处都劳你布满了。/说你像棉花么？有人还穿着单衣。/说你像面粉么？有人还吃不饱青菜。/雪啊！难道你只能为他们装饰园亭么?”诗后附了田汉和康白情的简短评论。田汉认为这首诗的好处在于女诗人的“同情之深，观照之细”，“二三节之写贫富阶级问题，简直可以入Nesbrt的Callads and Lyriks of Socialism的诗集中”②。康白情则更注意音韵和谐和散文化，建议易漱瑜为之谱曲。其实这首白话新诗最引人注目处，在于空间转换与镜像关系。以路遇工人为中轴线，“室中”和“窗外”的景色互为镜像，从室内走出的“我”和坐在马车上的人互为镜像。诗歌的节标题设置为“室中”、“路上”、“窗外”，只有第二节出现了走在路上的“我”，其他两节的抒情主体都隐在幕后，借助和雪，也就是“你”的对话确认自身。“室中”、“窗外”，能指一致，所指却完全不同，它们之间隔着一个路上的“我”。因此，在“室中”看雪，只觉得“有趣”，“窗外”的雪则多了“德谟克拉西”风味。跳跃的、断裂的世界里，窗外的雪、坐马车的人、劳动者是步行者“我”的心内宇宙，还是“室中”的我的现实镜像？劳动似乎只是形式化的断片，散落在工人“好像是说”却被“我”听到的呢喃里。

目光移到田汉笔下与劳动者同构的室内写作者“我”。与易漱瑜不同的是，现在是《梅雨》季节，“群莺乱飞，杂花生树回”，“我却看见他抽过新条，落过黄叶，/又一枝枝带着雪花，送给我的围炉新句”③。保持着“望”的姿势，“我”独坐小小书斋，兴起了“自我解剖”的欲望。大段以“说我”、“我有时”开头的判断句后，“《意大利建国史》的电影”、“《好战将军》影戏”和“德国诗人史雷（Schiller）传”将读者引入另一个时空。小小书斋并未束缚“我”，“我”“孜孜地要！要！求那片Neo-Romantism的乐

① 易漱瑜：《雪的三部曲》，《少年中国》1920年第1卷第9期。

② 易漱瑜：《雪的三部曲》，《少年中国》1920第1卷第9期。

③ 田汉：《梅雨》，《少年中国》1919年第1卷第2期。

土!”① 相较《梅雨》中“我”的扩张，同一时期田汉的《竹叶》则全程采用纪实记者的视角。似乎有一束窄光，打在劳动者身上，让叙事者的目光全程无法挪移。镜头下劳动家吞声痛哭，“电车空隆隆地来”②。《梅雨》中“我”写“我”写作、“忏悔”，《竹叶》中却只有景的延伸与空无一人的呼告，忏悔的“我”不会在其中出现。虽然劳动可以转生为创造自我人格的自然/风景，被人格创造，但这个劳动是被虚化处理过的，它不是“我”窗子外的自然。只有当“我”是新闻记者时，才能看到劳动者的影子而非具备主体意识的劳动者，内面的人产生之后，风景就无法被取消。

结语：天才与机器

宗白华认为柏格森哲学的精妙处，在于揭示了“机器观与究竟观同出一源，不能相离，同是人类智慧的天性”③，近代科学的声光电无法解释生的冲动，目的也要借助机械的途径实现。而诗人多偏向直觉，“天才所创造的思想与发明大半是由一种茫昧的冲动，无意识的直感，渐渐光明，表现出来，或借学说文章，或借图画美术，使宇宙真相得显示大众，促进人类智慧道德的进化”④。天才和机器，正象征了两类看似截然相反实则杂糅交错的诗人人格构形。天才们“将文学，亦即幻想之物，暂时地造就成他们主要的生活内容，但他们并不想当白日做梦者，仅在梦境的虚空里赢得朋友，他们想改变生活自身，从自己开始，然后朋友们、读者，最后还有整个知识民族都该被感动”⑤。曾经捍卫郁达夫“文艺是天才的创造物”⑥ 论断的郭沫若，在转向革命文学之后，将天才作为机器的对立面反复批判，刀锋所向，是传染青年们的“冒充天才病”——“悲哀，悲哀，悲哀；倦怠，倦怠，倦怠”⑦。忏悔的天才诗人在世纪末的苦海中爬了出来，“一部《歌德全集》当了一张五圆的老头票。《社会组织与社会革命》的原本，刚好译完便拿去当了五角钱”⑧。

西方少年维特式个人的出现发生于对机器的不满和对天才的倾慕，资本的膨胀和分工的精细，使人成为孤零零的物质碎片、一个一个劳动的顿点。与这一现代化的进程相

---

① 田汉：《梅雨》，《少年中国》1919 年第 1 卷第 2 期。

② 田汉：《竹叶》，《少年中国》1920 年第 1 卷第 9 期。

③ 宗白华：《读柏格森“创化论”杂感》，《时事新报·学灯》1919 年 11 月 12 日。

④ 宗白华：《读柏格森“创化论”杂感》，《时事新报·学灯》1919 年 11 月 12 日。

⑤ [德] 萨弗兰斯基：《荣耀与丑闻：反思德国浪漫主义》，卫茂平译，上海人民出版社 2014 年版，第 149 页。

⑥ 郁达夫：《艺文私见》，《创造季刊》1922 年第 1 期。

⑦ 郭沫若：《郭沫若全集　文学编》（第十六卷），人民文学出版社 1989 年版，第 56 页。

⑧ 郭沫若：《郭沫若全集　文学编》（第十六卷），人民文学出版社 1989 年版，第 12 页。

反，“少年中国”的创造所需要的，是明确的分工和社会急需知识的获得。当主义代替共识，少年中国学会不可避免地走向分裂。宗白华、康白情、田汉等聚集在《少年中国》周围的诗人们，“真理要探讨，梦境也要追寻。理智要扩充，直觉也不忍放弃”①。“诗人人格”一开始就是矛盾结晶体，诞生于“少年中国”预备期的时空缝隙中，也在不远的未来面对“机器”的挑战。与此同时，田汉对“诗人与劳动者”关系的现在进行时解读，时代回声不断，对新“诗人人格”的召唤还在继续。

（作者单位：南京大学中国新文学研究中心）

① 宗白华：《宗白华全集》（第一卷），安徽教育出版社1994年版，第236页。

扇上“云”“烟”难“入梦”
——再读何其芳早期文学创作

林淑玉

一、引言

何其芳创作于1936年2月的《扇上的烟云（〈画梦录〉代序）》（以下称《扇上的烟云》）在“看不懂的新文艺”论争中被梁实秋评价为“晦涩”。胡适在《独立评论》的编辑后记中，也配合梁实秋的意见，认为那种做晦涩诗文的人“都只是因为表现的能力太差，他们根本就没有叫人看得懂的本领”①。然而，重新研读何其芳奔赴延安之前的早期创作，就会发现《扇上的烟云》不仅不是作者“表现力太差”的产物，相反，它以极其丰富的内蕴和有章可循的“清晰”高度浓缩了作家灵光闪溢、潜藏着巨大隐喻张力的艺术世界。它不是如作家轻描淡写的那样，是深夜灵感突来时的颤栗涂抹，而是在一个转折时期的余痛未消时，对自己前期艺术创作的系统总结，也隐隐预示了转向的不可避免与可能路径。只是它如绝唱般表示着一个时期的收束，一个时期的开始，因而以回光返照般的、不加节制的艺术惯性形成了早期创作中最典型的“画梦文本”，当然也就显得不那么易读了。

《扇上的烟云》讲了三个意象——“云”、“烟”、“扇”的所来、所喻、所感，并以此牵引出何其芳创作的动机、审美的偏好与思想的旅程。开篇即道出“云”、“烟”、“扇”的美学起点，即诗人力图超越感官世界的限制，通过想象进入一个由“表现”构

① 适之：《编辑后记》，《独立评论》1937年第238期，第20页。

筑的自由神秘的辽远国土，并以此联通万物与人生，确认“美”的形式与生命的存在。而后以“于我如浮云”的譬喻、“暮色白烟的旅程”和“团扇画梦”的经历，道出早期创作的多个母题：开启乐园或地狱之门的少女（爱情）；在现实与幻觉交错中追求刹那永恒的审美；黄昏墓园的独语中志怪与荒芜混杂的幻梦。到此，《扇上的烟云》几乎已可清晰明确地回答何其芳是如何建造了自己的艺术园地的。然而，有意思的是，作家在描述其艺术创造的过程中还时时流露出对这种“幻想艺术”的怀疑，并且给了自己的扇上艺术一个凄凉的结尾——“团扇遗失了，即使找到上面的影子也十分朦胧了”。这些怀疑与悲观如潜藏的幽灵，时时提醒着作家执着构筑的艺术世界的虚妄——它虽唯美完整却不稳固真实，如镜中的景象一样，一旦接触现实的冲击与荒诞，就会立刻粉碎。因此，作家无法以“完全的迷醉”沉溺其中，也无法在此找到内心真正的安宁，就像他时时感受到的那样，“虽苦心经营，却愈感枯窘与贫乏”。这说明何其芳无法在这唯美的艺术中构建起稳固的、完全的自我，“无法通过形式大于意义的文学实践来建立一种健全的自我意识”①，因此，在外部更强的刺激到来之时，他做出完全有别于之前的选择也就成了顺理成章的事。从来就“只有一个何其芳”，一个即使“画尽”了“扇上的烟云”也终难“安稳入梦”的“何其芳”。他的选择与其说是外力介入，不如说是内心驱使的结果，是他一以贯之地跟随生命感性认知的自然之选。而这些不仅在这篇代序中可窥见一二，更深刻地体现在他早期的创作中。

二、作为巨大隐喻的“扇上之景”

何其芳在《扇上的烟云》中说：“对于人生我动心的不过是它的表现。”② 尽管他之后对此屡屡否认，却传达出何其芳早期创作中一个核心的审美态度，即对艺术形式本身的注重，超过了对内容与意义的强调，进而也表现了他对人生的看法，即以一种审美的方式对待，对人生呈现形式的关心胜过了关心人生的意义本身。就如他评价唐人绝句时所说，“那譬如一微笑，一挥手，纵然表达着意思，但我欣赏的却是姿态”③。正是在这种审美理念的作用下，何其芳为其人生与创作建造了一个充满形式意义的“美”的世界。

幻想是早期何其芳最典型的人生姿态，他因幻想进入“梦”的境地，又因幻想听到

---

① 李琬：《散文的有结构与无结构——重审何其芳〈画梦录〉的形式问题》，《上海文化》2020年第1期。

② 何其芳：《扇上的烟云（〈画梦录〉代序）》，《何其芳文集》（第二卷），人民文学出版社1982年版，第56页。

③ 何其芳：《梦中道路》，《何其芳文集》（第二卷），人民文学出版社1982年版，第66页。

了“灵魂的独语”。“幻想”在这里已不仅是寂寞导致的心理补偿机制，更是一种具有内容意义的自觉审美姿态。它承载着作家的思想、情感，也构筑了作品的内容、风貌。然而，幻想亦需恰切的形式来表现，充满丰富象征意义的“扇上之景”正是何其芳为其人生与艺术找到的恰切形式。

“扇”是何其芳“幻想”的“审美中介物”①，它是少女凝望的“悬在壁上的宫扇”，是文君枕边一同入梦的青色团扇，是清晨良夜画着梦的圆窗如扇。何其芳的“扇”是带着浓郁古典审美趣味和聆听青春隐秘的寂寞与欢欣的象征，以这样的“扇”为底，提笔之前就已弥漫了优美与精致的格调，也带着寂寞与清冷的味道。在这样的扇上，何其芳有了《预言》中爱情的婉丽、忧伤与欢欣，有了《画梦录》里黄昏的忧郁、曲折与神秘，有了《刻意集》中王子猷的情志、怅然与落寞，也有了《还乡杂记》里童年的回忆、神往与凄然。“扇”作为审美的载体，是爱情、青春、幻想、梦境、童年等众多母题的具象凝结。它以极富审美暗示的形式意义和极具语言奥妙的“象征产物”为何其芳早期创作蒙上了一层唯美色彩，而此时的“扇”也已不单是形式与载体，它以自己丰富的审美积淀促成了与表达内容的合二为一，达到了“形式即是内容”的境界。

那这“扇”上画了些什么景致呢？何其芳说，“扇上的阁楼如水中倒影，染着剩粉残泪如烟云……”，“虽没有窥见人影，却听见过白色的花一样的叹息从那里面飘坠下来”②。是水中倒影的镜像，还伴着青春的残泪；是只闻忧声却未见其人的缥缈，还美如花一样的叹息；是精致、清冷又忧伤神秘……这景致与其说是一种“内容”，不如说是一种“气氛”或“情调”，而何其芳早期诗文正是这样一种“扇上情调”的体现。“黄色的佛手柑从伸屈的指间/放出古旧的淡味的香气；/红海棠在青苔的阶石的一角开着，/象静静滴下的秋天的眼泪；/鱼缸里玲珑吸水的假山石上/翻着普洱草叶背的红色；/小庭前有茶漆色的小圈椅/曾扶托过我昔年的手臂。/寂寥的日子也容易从石阑畔，/从踯躅着家雀的瓦檐间轻轻去了，/不闻一点笑声，一丝叹息。”③ 这俨然是一幅扇上图景，黄色的佛手柑、红色的海棠、青苔的阶石、红色叶背的普洱草、茶漆色的小圈椅，色彩饱满的物象随视线展开，错落有致地散在绢面上，本应明艳清晰，可诗人却在这景致之外，更置了一个“心镜”。它照出伸屈指间落下的古旧香气，看到海棠一角流着秋天的泪，浮现昔日庭前独坐的寂寞，想象日子在石阑与瓦檐间逝去，于是笑和叹也一起逝去，静寂

① 对何其芳而言，团扇凝聚着诗人对具有形式意义的审美中介物的执着。他在团扇上画梦的过程，就是在为想象寻找审美形式的过程，团扇就是他为自己的想象找到的艺术化媒介。参看吴晓东：《临水的纳蕤思：中国现代派诗歌的艺术母题》，北京大学出版社 2015 年版，第 75 页。

② 何其芳：《扇上的烟云（〈画梦录〉代序）》，《何其芳文集》（第二卷），人民文学出版社 1982 年版，第 56–58 页。

③ 何其芳：《昔年》，《何其芳文集》（第一卷），人民文学出版社 1982 年版，第 9 页。

来临，无声无息。诗人以心为镜，虽精致择选入扇之景，却不精工白描，而是混着人心、情思将其置于“情境”之下，说不清道不明，却感同身受，浸润其中，如烟云萦绕，久久怅然。这“烟云之感”正是何其芳早期创作的“情调”。无论是载体还是情调，“扇上的烟云”以多层次的总体意象出现，恍若一个巨大的隐喻，被何其芳捡拾、创造，并以此来确认自己的艺术世界，不仅以“扇上的烟云”总括那些美丽的诗文，更以“扇上之景”的艺术追求达到了自我认知的“唯美”境界。

再回到更本质的语言层面，何其芳又是如何“画扇”的呢？这得从“背景”说起。何其芳说：“我从来不喜欢自然，只把他当做一种背景，一种装饰。”① 这大概是何其芳的肺腑之言。他的作品中虽然充溢着大量动人的景致，但都以“意象”或“譬喻”的形式出现，只取触动感官与心理想象的典型物象或典型特点，浸润以抽象的情愫或文化沉积的审美暗示，从不细致白描或探究其不同情境的形态，表现了对实化自然的淡漠，对心境自然的重视。因此，他笔下几乎没有不“缘情”的景，也少有不“象征”的景。在他看来，“自然”更存在于“语词”中，它的作用是以“符号宝库”的意义更鲜明地彰显诗的精神与人的心境，而何其芳这种“自然观”正是开启我们探究“扇上之景”“绘画艺术”大门的钥匙。何其芳深受法国象征主义的影响，在诗歌与散文中，大量使用通感与象征。“扇上的烟云”本身既是一种“象征”，也是一种修辞手段的暗示。它表现了诗人企图通过语言挖掘物象类比潜藏的无尽内涵，并以此来达到自我与万物联通一体的目的。“他在感觉材料之间预先寻求对等物，使得重建‘无限的物的扩张’有可能实现，并通过想像的力量和语言的优雅赋予这些对等物以符号的价值，这些符号能够融合在一种共同的、本质的精神一致性之中。”② 何其芳正是通过这样的物与人的“精神一致性”为他的语言赋予了摇曳生姿又直入心境的勃然生命力。“马蹄声，孤独又忧郁地自远而近，洒落在沉默的街上如白色的小花朵。”③ “马蹄声”如“白色的小花朵”，多妙的联想，由听入看，既是通感又是心境的象征。一个“孤独又忧郁”已将“马蹄声”纳入“我”的感受，却在沉闷之时，遥想那细碎清越的蹄声仿佛“白色”的“小花朵”自空中飘落，一个“白”，一个“小”，干净机灵，瞬间将沉闷变作灵气，将忧郁淡化为清冷与落寞。而那“马蹄声”、“白色的小花”亦获得与“我”一致的忧伤，相融于物我一体的感受里。何其芳通过对语言力量的重新发现，打通了自我与宇宙万物的连接，获得了一种生发不息又通感一致的生命感受力，至此，象征与通感已不仅是他观察事物的一种

---

① 何其芳：《给艾青先生的一封信》，《一个平常的故事》，百花文艺出版社1982年版，第28页。

② ［法］皮埃尔·布迪厄：《艺术的法则：文学场的生成和结构》，刘晖译，中央编译出版社2001年版，第124页。

③ 何其芳：《黄昏》，《何其芳文集》（第二卷），人民文学出版社1982年版，第11页。

方式，更是一种生命存在的认知，进入艺术与生命联通的境界。

综上可知，何其芳以“扇上之景”的造境艺术与象征通感的审美追求塑造了一个神奇瑰丽的幻想世界。它表征认识，寄托情感，譬喻万物，自我生发，让人沉醉，筑起“梦的港湾”，但也透露着隐忧，仿佛一戳即破的气球，外表饱满却不甚坚固。因为这个世界更像是“语言的游戏”，它抽象神秘却无法存放作者所有的思想，它摇曳生姿却无法驱逐作者现实的孤独，它意蕴丰富却无法释放作者压抑的热情，甚至有时还因为审美的情调而更压抑了它。因此，当这一世界在青春的情热消退、沉重的现实来临时，一下子就失去了它的模样。就像何其芳说的，“它包含的思想竟那样少，甚至就是我当时的思想也保留的那样不完全”①。他曾以为自己是波德莱尔散文诗中那个说着“我爱云，我爱那飘忽的云”的远方人，却在看见农村和都市的不平后，就下决心从此不爱云，不爱月亮，也不爱星星。

三、“云”“烟”之辨

大部分研究者会将何其芳《扇上的烟云》中的“烟云”作为一个整体意象或整体隐喻来看待，不会将其拆分为“云”和“烟”，但仔细研读何其芳早期的诗文与自述，就会发现他本人对于“云”、“烟”这两个意象是有内在不同赋予的区分的，且在《扇上的烟云》中也暗示了这一点。他特地分别讲述了“云”和“烟”。他说“云”时，强调了“取譬”之难，却意外问出：少女的眼睛亮着像金钥匙，它们可以开启乐园或地狱的门吗？这似乎是对其早期创作中“爱情”书写意义的问询，而后对这个问题的回答却是由“烟”展开。他说，随手翻完一册忧郁的传记，望着天边的白烟，思索着那写过一个故事叫作《烟》的人的一生。这里的“烟”仿佛是一个引线，既包含着传记人带来的忧郁、空落，又感受到与传记人同频的“一切如烟”的虚无。“暮色与暮年。我到哪儿去？旅途的尽头等着我的是什么？”② 这是“人生如烟”感慨的延续，可回过神儿来，看到的依然是“不幸的皱纹的脸旁边，更有美丽少女的剪影”。这也预示着何其芳尽管在这一阶段陷入深沉的忧郁甚至虚无，却依然保留着对“爱情”、“青春”等美丽事物的追求。所以，他在审美上依然是“我望着天边的云彩……在刹那间捉住了永恒”③。何其芳的这

① 何其芳：《给艾青先生的一封信》，《一个平常的故事》，百花文艺出版社1982年版，第24页。

② 何其芳：《扇上的烟云（〈画梦录〉代序）》，《何其芳文集》（第二卷），人民文学出版社1982年版，第57页。

③ 何其芳：《扇上的烟云（〈画梦录〉代序）》，《何其芳文集》（第二卷），人民文学出版社1982年版，第57页。

段论述，隐含着一个十分曲折的心理过程，似乎是以“云”、“烟”之感来回顾自己走过的路，从寂寞的欢欣到忧郁的荒凉，从爱情的苦乐到虚无的郁结，虽然最后统一在“美”的追求之下，但其中却有着转变、挣扎和痛苦，体现在作品中，就出现了以“云”、“烟”拟喻的前后阶段。

何其芳在《燕泥集后话》、《梦中道路》、《一个平常的故事》、《给艾青先生的一封信》等自述中均提到了其早期作品风格转变的问题。他将《燕泥集》中的第一辑作为“寂寞的快乐”阶段的代表，称为“幻想时期”，因为“做了许多好梦”；而第二个时期就是“苦闷时期”了，这一时期以诗歌《柏林》为“情感的界石，从它我带着零落的盛夏的记忆走入了一个荒凉的季节”①；第三个时期就是“情感变粗了”的“还乡时期”了。也就是说，何其芳为其作品做了明显的分界，将1931年的《预言》至1933年春的《圆月夜》（《预言》第一卷）作为“幻想时期”，即“云”的阶段，而将1933年夏的《柏林》至1936年赴山东教书（体现在作品中就是《画梦录》的完成）作为第二阶段“苦闷时期”，即“烟”的阶段；将1936年至1938年赴延安前，主要指《还乡杂记》的创作阶段，作为“第三时期”，即“梦醒”阶段。这一分期大体符合何其芳创作的实际。因第一阶段与第二阶段风格相近，何其芳在《扇上的烟云》中也把这“云”与“烟”都归结为“我的梦”，并以“扇上之梦”概述，因此历来被研究者统而观之。但笔者却认为，第一、二阶段的转变不仅对作者本身意义重大，让他屡屡讲述，更蕴含着何其芳后期转变的巨大线索。通过对“云”、“烟”之辨析，连缀起何其芳曲折的心路历程，洞悉其作品中蕴含的不同思想，将对我们理解何其芳所说的《画梦录》虽“与延安中间有着很大的距离，但并不是没有一条相通的道路”② 和“我并不否认抗战对我有着不小的影响……然而我的觉醒并不由于它”③ 这些观点意义重大。

在《预言》第一卷中，何其芳主要讲述了以“爱情”为主体情绪的生命感触，细致描摹了爱的企盼、甜蜜、相思、逝去、追忆、遗憾，以及由爱的“想象”所激发的对于自我、时间、童年等感性生命体验的认识，带有感伤的情调和悲观的色彩，更蕴藏着青春纤敏的快乐、幻想的沉醉和吟味的美感。诗歌《预言》为这一时期的典型代表。何其芳以神话故事譬喻自己的“爱情之梦”，一人分饰两角，鲜活演绎爱情的曲折心理，虽

---

① 何其芳：《梦中道路》，《何其芳文集》（第二卷），人民文学出版社1982年版，第62页。

② 何其芳：《一个平常的故事》，《何其芳文集》（第二卷），人民文学出版社1982年版，第213页。

③ 何其芳：《给艾青先生的一封信》，《一个平常的故事》，百花文艺出版社1982年版，第32页。

有现实的映射①、内心的挣扎，从头至尾却更像一个"美丽的错觉"，内蕴着对爱情情态的审美观察和对青春心理的生动展现。因此，何其芳说："对于第一辑中那些短短的歌吟我有一点偏爱……我从他人的评语里找到一个字眼，一个理由，快乐。"②"快乐"，或者说"寂寞的欢欣"，是这一时期作品的主调，也是何其芳以文学为人生蒙上的"情调"。这些因爱情生发的生命感触，既来自于作家望着"天上云彩"的幻想，又像"云"一般缥缈不定却辽远美丽，虽难以留住却让人念念不忘。《预言》中这一短暂时期的何其芳确实是一个充满了幼稚伤感、寂寞欢欣和辽远幻想的人，然而这并不是全部的何其芳。创作于同一时期的小说《王子猷》展现了他这一阶段更完整的精神面目，也为"苦闷时期"的到来提供了线索。

《王子猷》是一篇"并不是为着解释古人，而是为着解释自己"③ 的小说。除去诠释一种"名士情调"之外，何其芳还借王子猷之口，表达了自己对"隐士"之"隐"的看法，也暗示了他此时矛盾的心态。他说，最能敏锐感到欢欣的人，也最能敏锐感到沉郁，为甚么快乐像一阵轻轻的风飘过人心里，跟着就扬起怅惘的尘土？那些东晋的隐士"谁是真受老庄的影响？谁是真沉溺于酒与清谈的风气"④，都不过是像自己一样想要在生活中找到一些欢快得使生命颤栗的东西罢了！然而，是否真能找得到呢？若能，那驱车独游的阮籍又为何会痛哭而返呢？难道不是因为感受到佯装狷狂，实则为时代难容的无助吗？难道不是因为自己尽力寻找并躲避进去的"快乐形式"无法收容内心的怅惘吗？难道不是因为"把生活作成一本好诗"的虚妄吗？所以，王子猷看到那平凡的一锄一犁一地一屋一妻一子一生一世的生活，感到无限充实与温馨。这或许是何其芳此时内心最真实的感受——尽管以审美的眼光看待生活，力图建造一个"诗"的幻象世界来获得内心的安适，却无法抵挡现实的拒斥所带来的孤独与虚妄；文学的世界虽照亮心灵的空地，但角落处依然有暗影徘徊不去。正是这样深刻孤独的内心感受，在遭遇了那些"散着死亡芬芳"的书籍后，进入了一种有着如"烟"、"鬼气"的荒凉、阴暗阶段。此时，"云"虽还在，但已飘向远方；内心蒸腾的雾气，如"烟"一样黯然阴郁，不可捉摸。

最能代表第二个时期"苦闷时期"特点的是《画梦录》。"古宅"、"暮色"、"死

---

① 不少学者认为《预言》中"年轻的神"是指诗人自己，而"回声女神"的原型则是杨应瑞；也有学者如张传敏认为《预言》隐含着何其芳与杨应瑞和沈从文之妹沈岳萌的感情经历。参看张传敏:《爱的经验与梦的入口——何其芳〈预言〉解》,《名作欣赏》2019 年第 26 期。

② 何其芳:《〈燕泥集〉后话》,《何其芳文集》（第二卷），人民文学出版社 1982 年版，第 60 页。

③ 何其芳:《〈刻意集〉序》,《何其芳文集》（第二卷），人民文学出版社 1982 年版，第 121 页。

④ 何其芳:《王子猷》,《何其芳文集》（第三卷），人民文学出版社 1982 年版，第 187 页。

寂”、“倦怠”几乎可以概括《画梦录》的总体氛围。何其芳对“故乡”有着复杂的情感：一方面，他拒斥故乡，认为那压抑无爱的寂寞童年和那毫无生气的“古宅”、“荒原”是其孤独性格的来源，总想要逃离；另一方面，他又依恋故乡，当他在北方荒漠的古城面对生活的“寒冷摇撼”时，总会不经意地想起它，想起那里的山川风物与可怜可哀的人，想起古宅里封闭的安全与童年寂寞的安静，想起童时的乐园——一个柏树林子，用这样的回想来存放疲倦的内心。其实，这时的故乡已不是那个他长大的地方，而是作者加工的记忆，或是塑造的“符号”。他需要在无所归依中寻一个希望的所在，以对比的平衡与回溯的美化为自己沉闷的内心寻一个出口。说白了，何其芳一直在寻找“精神的故乡”，一个可容纳、理解他向死之孤独和往生之热爱的地方，可远方不是，乡土亦不是，爱情不是，文学也不是，于是他在北方荒漠的城中，为儿时的故乡蒙上温柔感伤又可资回忆的颜色，在未有剧烈冲击之前，不敢轻易揭开真实的面纱。可一次回乡之后的《柏林》，便不声不响地扯掉了这自欺欺人的面纱，使他看到了真实的无所归依的处境①。

何其芳寻找故乡似的精神依托的失败，还体现在他诗歌中那个频频出现又突然莫名消失的“隐秘的南方”上。在“云”的时期，温郁、多雨、有着少女爱情与怀想的南方，犹如春天之梦般出现在作者的笔下，喻指着美好爱情的源发地，给寒冷的北方以温暖的希望和无尽的想象。可到了“烟”阶段，那个充满美好爱情可能的“南方”突然隐去了身影，出现得更多的是与其相对的“荒漠般古城”——“北方”的模样，而且此时的“北方”却不再是那个不幸爱情与寒冷气候合属的感伤之地，而成了“阴冷的北方之夜”（《岁暮怀人（一）》）、“寂寞的风沙国土”（《梦后》）和“衰败的古旧之城”（《古城》）。北方的“我”已不作那爱情的迷梦，而在这阴冷、孤独和衰败里看到了现实的苦闷、社会的腐朽和人生活的可怜，因无处可躲才去寻一个严密的遮蔽，于是走入了更荒凉的“梦里”。这“梦”就成了《画梦录》里暮色、墓园与暮年相融一体的“独语”、“死寂”，弥漫着人生迟暮的无望之感，还伴着虚空。因此，当“独语”不能进行时，又不得不在“悲观的神秘”里，编一些故事，一些黄昏的“可哀可凄”的故事和一些志怪的“如烟如幻”的故事，来安顿不为现实接纳的心灵和不敢看向现实的眼睛。这一阶段的何其芳有着深刻的、与现实境地紧密关联的孤独之感，他延续了“云”时期的以艺术保护自我的方法，却更深入地发现了它的“虚妄”，甚至为了驱逐这种“虚妄”，还在艺

① 《柏林》中，他带着“异乡的尘土”归来，看到万物衰败、了无生趣，古宅由静入寂，见证着悄无声息的生、悄无声息的死，于是巨大的倦怠袭来。此时，何其芳说，他晚上的梦也变了颜色：从前，一片发着柔和的光辉的白色的花，一道从草间流着的溪水，或者一个穿着燕子羽毛一样颜色的衣衫的少女；而现在，一座空洞的房子，一个愁人的雨天，或者一条长长的灰色的路，他走得非常疲乏而又仍得走着的路。参看何其芳：《何其芳文集》（第二卷），人民文学出版社 1982 年版，第 62、217 页。

术创作中渲染它，表现了何其芳以文学确认人生的艰难，以艺术代替生活的不易。当有一天，苦闷顶格，艺术退潮，现实的荒诞击碎梦幻，何其芳只能唱起“送葬”① 的歌，而重生的办法还得去“现实”中寻。

经过以上“云”、“烟”阶段的分析可知，何其芳早期一直在幻想与现实的撕扯中徘徊，内心一直沉醉又清醒。因此，在巨大的苦闷无解之时，又遇到了抗战等重大事件的冲击，开启一条“现实”、“救赎”之路也就是自然而然的事了。

四、感性的“迷离”

通过前两章已知扇上“云”、“烟”作为巨大隐喻所透露出的何其芳早期艺术世界的特点，那从思想层面上《扇上的烟云》又传递了哪些信息呢？有学者认为，它就是一篇强烈怀疑人生的作品，笼罩着对世间一切的绝望②。但笔者以为，何其芳远没有如此悲观。一方面，《扇上的烟云》的呈现方式几乎浓缩了《画梦录》艺术形式上的所有“精华”，似寓言般对话，又似独语般梦呓，又似心灵的探问，择取的意象看似出于直觉，却有多重隐含之义，应是内心长久酝酿后的灵光闪现。该文在内容上虽隐晦勾连，却较为清晰地交代了前期创作的轨迹，且对之后创作的转向有所预感。怎么看，这篇文章都是“精心谋划”之作。它不仅出于作者“斤斧雕琢”、出手精品的习惯，更来自于他潜隐的对画梦时期“告别”之形式的完美追求，更以范例的形式使读者对《画梦录》的整体思想与风格获得直观的感受与认识。试问，一个如此“用心良苦”的作品怎会出自一个“对一切绝望”之人的笔下？另一方面，从《扇上的烟云》内蕴的情绪来看，作者更像是进入一种淡淡的伤感与惋惜的追忆中，甚至有时还会“兴致勃勃”地讲述那时的心境与想法，只是在讲述的过程中，仿佛知道结局的黯然而又慢慢转入了倦怠与遗憾。正如他自己描述心境时所言，“有时我真欲向自己作一次滔滔的雄辩了，而出语又欲低泣”③。何其芳确实在此文中表现了对其以执着的艺术追求来安顿内心的怀疑，也的确显露出虚无悲观的色彩，这些在他早期的其他创作中也都表现了出来，却没有到达绝望之地步。

---

① “我不在歌唱爱情/象夏天的蝉歌唱太阳/形容词和隐喻和人工纸花/只能在炉火中发一次光。……在长长的送葬的行列间/我埋葬我自己。”参看何其芳：《送葬》，《何其芳文集》（第一卷），人民文学出版社 1982 年版，第 52–53 页。

② 贺仲明认为，“在这篇作品中，何其芳表现的是一个怀疑人生中所有一切的悲观者眼中的世界，作品笼罩着对世间一切的绝望，没有希望，没有人生目的，只有艺术是他唯一的追求和动力。然而，即使是对艺术，他也不敢有任何自信，因为它也不过如‘扇上的烟云’一般缥缈而模糊，难以作为真正的寄托”。参看贺仲明：《何其芳评传》，南京大学出版社 2012 年版，第 124 页。

③ 何其芳：《梦后》，《何其芳文集》（第二卷），人民文学出版社 1982 年版，第 18 页。

就像他说的那样，他一直很珍惜他的梦，即使团扇遗失、梦已模糊，心里也总留有一处地方惦念，甚至漂泊到许多大陆上去寻找。何其芳之后的创作，如《还乡杂记》、《夜歌》等显露的“画梦”的遗留和内心的挣扎也可说明这一点。那何其芳何以会给人这种错觉，即在表面上渲染出“浓郁的悲观”，甚至“决然的失望”，如《黄昏》、《独语》、《梦后》，而实际上却隐含着对人生与艺术较为执着的追求呢？或者更进一步，何其芳早期何以会产生这“梦中道路的迷离”？何以会对艺术充满追求，又看到这追求的虚妄，可即使看到虚妄，也依然无法割舍，甚至选择更深地沉溺其中呢？笔者以为，这个问题可从何其芳看待世界的方式的倾向中来寻找答案。

何其芳说：“比较写文章，我是一个更爱思索的人，我一直想得太多而写得太少。在过去由于我用着一种自己所特有的思索的方法，不读理论书而仅仅依靠自己从生活所得到的一点点感受和经验，从文学作品所接受的一点点教育和梦想，虽说我对于我所碰到的问题都认真思索，而且有了我的见解，我的思想的一部分是幼稚的，错误的。”① 而后他又在一个《平常的故事》中讲道：“我想我大概并不是一个强于思索和反抗的人，总是由于重复又重复的经历、感受，我才得到一个思想；由于过分沉重的压抑，我才开始反叛。”② 由这两段自我剖析可看出，何其芳对事物的认识常来自于生活的直观反馈及文学作品的指引，是以一种感性的方式来介入世界的。他重视个人的经历和心理的感受，重视基于情感认知的思考和自我的消化，但对于事物背后隐含的复杂因素和社会结构方面的深层原因缺乏理性的思辨，甚至缺少这种思辨的兴趣。尽管他说“任何道理我都要经过了我思索、理解、承认，我才相信”③，但这种思考却更多地局限于情感层面的接受和经文学加工后的理念认识上，虽也痛苦，看起来也不乏“深刻”，但实际上却是一种较为局限的“感性直觉的内化过程”，因此，它们常突如其来，一下子到达情感的顶点，又常莫名而去，留下空落的遗憾和虚空。可以说，早期何其芳是以一种“感性的深刻”来达到认识世界和确认自我的目的的。

何其芳多次提起的那个《小女人鱼》的故事可直观说明这一点。他说：“第一个深深感动我的故事是《小女人鱼》，从她悲惨的结果我第一次懂得了自我牺牲。美、思索、为了爱牺牲这三个思想在那时刚好适宜或开启了我，使我这个异常贫穷的人才有了一些可贵的东西，甚至说，就靠这三个思想我才能够走完那太长、太寂寞的道路，而这道路的尽头就是延安。但同时，我也看到，这些由文学作品而来的思想也限制了我，使我不

① 何其芳：《给艾青先生的一封信》，《一个平常的故事》，百花文艺出版社 1982 年版，第 24 页。

② 何其芳：《一个平常的故事》，《何其芳文集》（第二卷），人民文学出版社 1982 年版，第 214 页。

③ 何其芳：《给艾青先生的一封信》，《一个平常的故事》，百花文艺出版社 1982 年版，第 30 页。

喜欢我觉得是嚣张的情感和事物，以至于我对政治长久的冷淡并且脱离了人群。”① 何其芳由于文学作品的触动而汲取了作品所指引的精神，并将其深深内化为支撑自我的思想，甚至左右了自己在现实生活中的行为。他没有怀疑这精神的适用程度，也没有深究其背后的局限，更没有将之放到复杂的社会与人生中批判地看待，而是遵循了生命感受的直接引导，将那些感动了心灵又契合了彼时心境的东西认认真真地内化、吸收，然后自自然然地当成了“人生的信条”。这种思维方式带着十分浓厚的感性色彩，也由此可看出何其芳性格中较为单纯和天真的一面。

何其芳这种“感性的深刻”大概与他过早地被禁锢在封闭的生活和文学的天地中有关。他因孤独压抑的童年养成了孤僻内向的性格，又在寂寥时受到文学的启蒙并一下子发现了自己的兴趣与热情，遂沉迷其中，将其作为精神的寄托，而这种沉迷又加剧了他与人群和社会的进一步隔离和自我性格的塑造，形成了封闭的内向循环。何其芳在这循环中“顾影自思”，不仅激发了想象的能力，更形成了想象的习惯。他很早就在抽象的文字间建造过一个幻想的具体世界，很早就获得了一种图像式的、感觉化的、情感性的、审美的、富于理想色彩的且与“我”息息相关的想象世界的能力。这种能力遇上以文学确认自我的期许和青春难以捉摸的情热，一下子为其展开了一个瑰丽的、充满感性色彩的、可供作家尽情遨游的世界，也形成了他早期作品中富于“感性的深刻”的风格特质。

他对生命的感受十分敏感，并将之充分融入其表达中，以一种贴近生命本体感知的方法塑造了一个既是感官的又超越感官的“动作世界”。“让我烧起每一个秋天拾来的落叶，/听我低低唱起我自己的歌。/那歌声将火光一样沉郁又高扬，/火光一样将我的一生诉说。”② “你的脚步常低响在我的记忆中，/在我深思的心上踏起甜蜜的凄动，/有如虚阁悬琴，久失去了亲切的手指，/黄昏风过，弦弦犹颤着昔日的声息，/又如白杨的落叶飘在无言的荒郊，/片片互递的叹息犹似树上的萧萧。”③ 何其芳在作品中充分调动感官的感受——听觉、视觉、触觉、味觉以至借助多重物象本身的特征而形成的内心感觉，使它们融混一体。在通感、象征、拟喻的烘托下，抽象的情绪进入生命动作的包围中，形成一个以生命感受为触发机制的、处处融合自我的知觉世界。同时，这一世界又超越了感官的局限，置情境于梦幻，打破时空限制，联通想象与记忆，以感官的自由获得了感受的释放。总之，何其芳是以“我”入“万物”，以“生命”的“生理触觉”和“心理触觉”来联通万物，以此收获了一个被“触觉”放大了的“生命世界”。这种感性的

① 何其芳：《一个平常的故事》，《何其芳文集》（第二卷），人民文学出版社 1982 年版，第 215 页。

② 何其芳：《预言》，《何其芳文集》（第一卷），人民文学出版社，1982 年版，第 3–4 页。

③ 何其芳：《脚步》，《何其芳文集》（第一卷），人民文学出版社，1982 年版，第 5 页。

认知和表达方式也容易使他的作品有着多重物象和直观感觉带来的超出原意的强烈感和带入感，容易使读者在超出原意的程度上产生共振的感受。另外，“抒情”的潜隐运用也是这种“感性的深刻”的产物。何其芳的早期创作中，“情”是最主要的内容，也是最主要的表达方式。这与他对事物的感性认知和以创作慰藉内心的初衷有很大关系。“发愤以抒情”的中国古典文学传统，遭遇了西方浪漫主义的“抒情风格”与象征主义的“神秘语词”，使得何其芳在“抒情”的运用上形成了独特的认知。一方面，他创造了一种基于生命静观的“心灵诉说”的形式，来表达看似冷静的生命感受，拉开自我与生命的距离，呈现个体面对生命的经验，超越了情绪书写的直白与浮泛，达到了“情隐于思”、表现生命形态的效果。最典型的就是“独语”的出现。另一方面，他创造了一种基于梦幻的或托古，或志怪，或追忆，或聆听故事的方法来借人之口表己之思，形成了一种多主体、多“观看”角度的情感混融，使得作品弥漫成一种氛围，情绪也消融于内。这种“抒情”的方法使得“情有智性”，节制中反而深化了情。《画梦录》中的那些文章即是明证。这种处处有情又处处节制、处处深化的“抒情”方式也加深了何其芳作品和他本人融合一体的脚步，给读者设置了辨析人与作品的契合与分离的难度。

最后，何其芳“感性的深刻”的认知方式也导致了他本人以及作品中的“迷离”色彩。他遵从内心的感受，遵从情感的指引，沉浸于文学的理想状态，却无法摆脱现实的寒冷与羁绊。他并没有以“感性的深刻”建立起能够抵御外界风霜的稳定的自我认知，反而因这种过分沉溺于个人视角、缺乏跳脱之心和思辨意识的“感性”而更易受到外在刺激的影响，使他内心的大门一遇到一块现实的块垒就会被打开，一旦打开就容易受到更多“摇撼”，以至于带来剧烈的震动与迷茫。自《柏林》开始，何其芳就已经在不自觉地讲述着现实的“摇撼”给他带来的剧烈震动了。可这并不表示何其芳缺乏主见，很容易被现实左右。因为何其芳在“感性”之外又是一个极其“认真”① 的人，他的“深刻”与这“认真”的个性密不可分。他认真感受自我、感受世界，认真尊重生命的情感、尊重自我的认知，因此，即使外界的刺激经由这感性的接收变得更大、更强，他也需要以自己全部的内心去认真体会和接受，即使痛苦，也不会轻易做出改变，尤其是在对待文学这一已成为其血肉的东西上。何其芳虽然痛苦、怀疑、摇摆，可其本心对文学的爱、审美的要求和精神的亲近从未消退，想从根本上否定文学，否定其之前的文学认

---

① 毛泽东曾经谈到何其芳的两个特点：一个是“书呆子气”，这是他的缺点，一个是“认真”，这是他的优点。其实这两点是相通的，正是因为凡事“认真”的个性，才使何其芳对书中所得必要细嚼慢咽、认真思索和消化，而经自己消化后的东西又不会轻易改变和放弃，才显出有些固执的“书呆子气”。应该说，何其芳的这两个特点正是他“感性的深刻”认知方式的鲜活呈现。参看杜书瀛：《痛失良师——回忆何其芳同志》，《一个平常的故事》，百花文艺出版社 1982 年版，第 142 页。

知，还需长久的积累和巨大的“摇撼”，而抗战的爆发和到延安之后的强烈刺激，或许才可称为“巨大的摇撼”吧。所以，何其芳走了一条长长的“迷离的道路”，有沉醉、有挣扎、有欣喜、有痛苦，虽常怀疑与悲观，却从未真正绝望与放弃。他只不过是在以自己全部的真诚和诗人的“纯粹”去寻一个自我认可的“真理”罢了。

五、结语

人的思想是一个连续的整体，不可能突如其来地转变，也不可能毫无因由地断裂，更不可能一下子更换思维的方式和反映的习惯。因此，面对一个巨大的、让人迷惑的“否定与重生”时，势必要去他的“前世”寻找原因，而且往往一寻便可看到一条并不十分隐晦的转变路径，甚至发现支撑起这“巨变”的思维方式也是一早就根深蒂固地存在了。人的思想还是一个动态的、复杂的变化过程，它可能在某一时段竭力偏向某一条轨道，也可能在多个岔路口停滞、犹豫，还有可能同时行进在两条分离的轨道上，只是一个用脚，一个用梦。对思想而言，同时充满两种矛盾的观点是常态，因此当它活跃的时候，甚至禁不住呐喊的时候，其实只表明它在为某一种观点喊几声号子，并不代表就此皈依了它而放弃了别的。这就是思想固执又含混的地方。何其芳的早期思想发展就是如此。他以一篇精心又无心的总结——《扇上的烟云》透露出自己思想演变的轨迹，隐喻多年构筑的艺术世界的瑰丽与虚妄，表现了自己“真”与“幻”相互渗透的感性世界的复杂与微妙，又以“云”、“烟”、“梦醒”三个阶段的创作实绩将文学和现实世界的契合与分离表现得如此真诚、深切，从而也展现了他内心的分裂与挣扎。通过对他早期创作的分析，可看出此时的何其芳在文学上倾注的心力以及从文学中获得的安慰，要远远多于他感受到的现实的残酷。可以说，在青春的何其芳心里虽然明知自己的局限与狭促，还是宁愿以全部的身心供养艺术、爱情、“美”的“女神”，因为由此他获得了介入世界的自在和实现自我价值的信心。只是青春易老，爱情易变，现实又无可规避，才使得他无法真正无负担地沉入“梦境”，亦无法随心所欲地逃离忧愁罢了。或许这就是真实的人性，一生都在自我斗争，自我找寻，自我怀疑，自我安慰，可不管怎样，并不妨碍人用力地生活，用力地爱。

（作者单位：山东大学文学院）

论“左联”对无产阶级文论的翻译①

李 鑫

翻译是20世纪二三十年代中国与世界无产阶级运动产生呼应的重要纽带，马克思主义文艺理论的大量译介，直接促发了中国无产阶级文学理论的萌生与发展。1928年前后，马克思主义文艺理论随革命文学运动的蓬勃发展而迅速东渐中土，创造社、太阳社成员亦在向外借力、对内论争的过程中完成了对文学的重新定义，为无产阶级文学的生长开辟了无可撼动的疆土。然而，关于无产阶级文学的讨论并未随革命文学论争的停息而终止。“左联”成立后，无产阶级文学在其翻译的文论中受到了更为系统的阐释。这些翻译文论对无产阶级文学的讨论，既从理论层面揭示了无产阶级文学的本质特征，又从现实层面反映了无产阶级作家需要内化无产阶级文学的本质已经成为“左联”进行中国无产阶级文学理论建设的切身需求。

一

1930年后，“左联”同人更加注重有针对性地译介无产阶级的文论，以“阶级性”、“斗争性”和创作主体为基准展开的讨论无产阶级文学的文章，也伴随着该时期的翻译

① 本文系国家社科基金项目“中国新诗的‘以译代作’现象研究”（18BZW171）、重庆市社科规划重点项目“抗战大后方翻译文学史料整理与研究”（2018ZDKZ08）的研究成果。

潮流涌入中国文坛①，以顺应和促进中国无产阶级文学的发展。

首先，“左联”无产阶级文论的翻译主要围绕文学的“阶级性”展开。许幸之翻译傅利采的《艺术上的阶级斗争与阶级同化》认为，不同阶级共存的社会形态中，支配阶级可以驱使其他阶级处于从属的服务地位，为其创造艺术，但是，被支配阶级的艺术家有其独特的阶级意识形态和审美传统，这与被认为“不变的美学的定规”形成一种无形且持久的对抗，而被支配阶级会在抵抗过程中吸纳和融合支配阶级的艺术特征，随之为本阶级带来新的艺术突破，进而推动艺术“公式”的变更②。辛人翻译森山启的《作为意识形态的艺术》进一步说明“现代的一切艺术，不管艺术家有意识没有，却是与一定阶级的生活利害连结着；但在某一时代，如果是支配的意识形态，那么常常是支配阶级的意识形态”③。鲁迅翻译 Andor Gabor 的《无产阶级革命文学论》揭示了无产阶级文学“阶级性”的三个特质：第一，它是建立在一定的物质和精神基础上、反映无产阶级客观生活的“特殊文学”；第二，它背负着更为沉重的革命使命；第三，它是区别以往阶级文学的“自觉”的阶级文学。这进一步说明，“文学并不是什么神圣的精灵的启示，它只是历史的造物，它只是阶级的产品，它描写，组织，和发展哪个阶级的思想与情感，它便是属于哪个阶级的文学。并且，它还是要从那培养着它的阶级的立脚点来形成那世

---

① 据“左联”期刊统计，鲁迅、茅盾、冯雪峰、蒋光慈等 21 人共翻译了 30 篇无产阶级文论。鲁迅翻译了本庄可宗的《艺术与哲学·伦理》（1930）、Andor Gabor 的《无产阶级革命文学论》（1930）和上田进的《苏联文学理论及文学批评的现状》（1932）。冯雪峰翻译了弗里契的《艺术社会学之任务及诸问题》（1930）、I. 玛察的《现代欧洲无产阶级文学底路》（1930）和冈泽秀虎的《以理论为中心的俄国无产阶级文学发达史》（1930）。冯乃超翻译了 Mareckij 的《Kommintern 纲领上的文化革命问题》（1930）。成文英翻译了《论新兴文学》（1930）。黄芝翻译了苏俄艺术联盟阿夫尔的《阿夫尔的宣言》（1930）。许幸之翻译了傅利采的《艺术上的阶级斗争与阶级同化》（1930）和高冲阳造的《现实主义与艺术形式问题》（1936）。蒋光慈翻译了傅利采的《社会主义的建设与现代俄国文学》（1930）。沈端先翻译了茂森唯士的《革命十二年间的苏俄文学》（1930）、列裘耐夫的《伊里几的艺术观》（1930）和露莎·罗森堡的《俄罗斯文学观》（1930）。冯宪章翻译了《艺术价值与政治价值之哲学的考察》（1930）。之本翻译了藏原惟人的《关于艺术作品的评价》（1930）。李兰翻译了卡耳佛顿（Calverton）的《文学之社会学的批判》（1930）。倩霞翻译了 I. 庐波勒的《文化问题》（1930）。何丹仁翻译了法捷耶夫的《创作方法论》（1931）。尹澄之翻译了山岸又一的《大众艺术的认识》（1933）。余文生翻译了卢那卡尔斯基的《苏联的演剧问题——论社会主义的现实主义，文学和戏剧》（1934）。有译者翻译了秋田雨雀的《创作技术问题》（1935），译者不详。辛人翻译了秋田雨雀的《接受文学遗产的两个方向》（1935）和森山启的《作为意识形态的艺术》（1936）。华桐、北欧合译了苏尔可夫的《苏联诗论》（1936）。梅雨翻译了吉尔波丁的《苏维埃文学底新现实主义》（1936）。代石翻译了高尔基的《艺术本质的地是战斗》（1936）。沈起予翻译了高尔基的《谈创作技术》（1936）。萧三翻译了高尔基的《苏联的文学》（1936）。这些文章均在这一时期译介到中国文坛，并刊发在“左联”刊物上，从不同角度论述了无产阶级文学的特质。

② ［苏］傅利采：《艺术上的阶级斗争与阶级同化》，许幸之译，《文艺讲座》1930 年第 1 册。

③ ［日］森山启：《作为意识形态的艺术》，辛人译，《夜莺》1936 年第 1 卷第 2 期。

界的影像的”①。黄芝翻译苏俄艺术联盟阿夫尔的《阿夫尔的宣言》指出，“无产阶级的文化不是从什么地方跳出来的东西，也不是自称无产阶级文化专门家的人们的虚构”，而是“在资本主义社会，封建社会官僚社会的压制之下，社会所筑成的智识与造诣的合法合理的发展”②。此外，成文英翻译 Vladimir Illich 的《论新兴文学》、冯雪峰翻译弗里契的《艺术社会学之任务及诸问题》和冈泽秀虎的《以理论为中心的俄国无产阶级文学发达史》、许幸之翻译高冲阳造的《现实主义与艺术形式问题》、沈端先翻译列裘耐夫的《伊里几的艺术观》、李兰翻译 Calverton 的《文学之社会学的批判》、萧三翻译高尔基的《苏联的文学》等文章亦均是“左联”为了阐明文学的“阶级性”而展开的翻译。

其次，“左联”无产阶级文论的翻译阐述了文学的“斗争性”特质。鲁迅翻译 Andor Gabor 的《无产阶级革命文学论》认为，无产阶级文学“是阶级文学的最高的阶段，它是彻头彻尾地阶级斗争底的……它是和阶级争斗相并着发生的，阶级斗争的目的是在毁灭帝国主义的”③。余文生翻译卢那卡尔斯基的《苏联的演剧问题——论社会主义的现实主义，文学和戏剧》则指出，“我们的艺术不能不成为一种力量，在斗争的一般的路线上，在社会主义的建设工作上，起惊人的作用”④。冯宪章翻译三木清的《艺术价值与政治价值之哲学的考察》从“斗争性”上对无产阶级文学的评定做出了更为严苛的区分界线：“马克思主义文学，站在阶级斗争的现实上。一个作品是否马克思主义的作品，可以由它有没有用什么方法表现阶级斗争的事实，这个具体的标准来决定。”⑤ 其他如沈端先翻译露莎·罗森堡的《俄罗斯文学观》、冯雪峰翻译 I. 玛察的《现代欧洲无产阶级文学底路》、洛文翻译上田进的《苏联文学理论及文学批评的现状》、蒋光慈翻译傅利采的《社会主义的建设与现代俄国文学》，华桐、北欧合译苏尔可夫的《苏联诗论》、代石译高尔基的《艺术本质的地是战斗》、梅雨翻译吉尔波丁的《苏维埃文学底新现实主义》等文章，也是为了论述无产阶级文学的“斗争性”而展开的翻译。

再次，“左联”无产阶级文论的翻译诠释了无产阶级文学的产生路径。从“左联”翻译的文论作品分析，无产阶级文学的产生主要有如下两种方式。一是源自对传统文化的“继承”。许幸之翻译傅利采的《艺术上的阶级斗争与阶级同化》认为，“支配阶级是前支配阶级的正当的继承者，以历史的承继者的表征，模仿前支配阶级的文化样式”，从

---

① ［匈牙利］Andor Gabor：《无产阶级革命文学论》，鲁迅译，《世界文化月刊》1930 年创刊号。

② ［俄］《阿夫尔的宣言》，黄芝译，《沙仑月刊》1930 年第 1 卷第 1 期。

③ ［匈牙利］Andor Gabor：《无产阶级革命文学论》，鲁迅译，《世界文化月刊》1930 年创刊号。

④ ［苏］卢那卡尔斯基：《苏联的演剧问题——论社会主义的现实主义，文学和戏剧》，余文生译，《文学新地》1934 年创刊号。

⑤ ［日］三木清：《艺术价值与政治价值之哲学的考察》，冯宪章译，《拓荒者》1930 年第 1 卷第 3 期。

艺术发展史的角度来看，不同阶级的艺术之间始终存在模仿与被模仿的“继承”关系①。冯乃超翻译 Marecki 的《Kommintern 纲领上的文化革命问题》指出，“文化革命是文化的阶级斗争过程，在其行程中，无产阶级批判地摄收资产阶级文化遗产，如此创造无产阶级文化价值，确立自己文化的领导权”②。何丹仁翻译法捷耶夫的《创作方法论》认为，“我们为了要作成自己的新的艺术方法，就非获得所有的旧的文学的遗产，及批判的地克服它不可。……我们必须重新估计所有一切的文学遗产，及批判的地克服它”③。倩霞翻译I. 卢波勒的《文化问题》中援引了列宁关于社会主义文化建设的观点，“我们要师事敌人，我们对于布尔乔亚底文化要加以批判的攫取”④。秋田雨雀的《创作技术问题》（译者不详）也认为“方法和技术是非从艺术的传统辩证法底地摄取不可的”⑤。二是基于创作主体的革命实践。鲁迅翻译 Andor Gabor 的《无产阶级革命文学论》阐述了无产阶级文学与革命实践间的紧密联系。文章认为，“文学也必需是一种实践，那就是说，制作；不消说：革命的实践，不过因为我们知道没有一种实践是没有理论的，所以我们的文学也就必须是一种基于革命的理论的革命的实践”。无产阶级文学要发生，作家不仅需要熟悉无产阶级的科学，还要将其当作自己为之努力的信仰，从投身革命的实践中“研究”它，让作家“觉着那是他自己的事业而和劳动者一同去争斗”，并最终在“无产阶级革命的阶级争斗的立脚点上体验出来”，这种“由革命的劳动阶级的行列里所培养出来的著作家”才能“完全地从那革命的阶级斗争的立脚点来体验无产阶级及他们那解放的战斗，和同化了那达到最高的发展的革命原理（和那革命的实践相联属着）”⑥。该时期，鲁迅翻译本庄可宗的《艺术与哲学·伦理》、尹澄之翻译山岸又一的《大众艺术的认识》、辛人翻译秋田雨雀的《接受文学遗产的两个方向》、之本翻译藏原惟人的《关于艺术作品的评价》、沈起予翻译高尔基的《论创作技术》等文章，也是“左联”为阐述无产阶级文学的产生而进行的翻译。

可以看出，“左联”翻译的无产阶级文论，从根本上解决了中国左翼文学、无产阶级文学或革命文学的诸多本质问题，尤其是文学的阶级性、无产阶级文学的革命性，甚至无产阶级文学创作的主体性等，在当时的中国文学理论界产生了深远影响，有的甚至起到了摧枯拉朽的作用，重新确立了人们对文学的认识，催生了新的文学观念和文学创作。

---

① ［苏］傅利采：《艺术上的阶级斗争与阶级同化》，许幸之译，《文艺讲座》1930 年第 1 册。

② Mareckij：《Kommintern 纲领上的文化革命问题》，冯乃超译，《世界文化月刊》1930 年创刊号。

③ ［苏］A. 法捷耶夫：《创作方法论》，何丹仁译，《北斗》1931 年第 1 卷第 3 期。

④ I. 卢波勒：《文化问题》，倩霞译，《新地》1930 年第 1 期。

⑤ ［日］秋田雨雀：《创作技术问题》，译者不详，《东流》1935 年第 2 卷第 2 期。

⑥ ［匈牙利］Andor Gabor：《无产阶级革命文学论》，鲁迅译，《世界文化月刊》1930 年创刊号。

二

在20世纪30年代马克思主义思想的翻译浪潮中，无产阶级文论的译介何以成为“左联”时期备受关注的翻译活动？埃文-佐哈认为，“翻译文学在三种情况下会跃居文学多元系统的中心位置。第一种，当文学处于‘幼稚期’或处于建立过程中；第二种，当文学处于‘边缘’或‘弱小’状态，或兼而有之；第三种，当文学正经历某种‘危机’或转折点，或出现文字真空的时期”①。回望此时中国的无产阶级文学，无论是文学理论的建构，还是文学作品的产生，都需借力翻译文学来促进自身的发展，因而“左联”时期，鲁迅、茅盾、冯雪峰等人才会持续地译介无产阶级文论，以推动中国无产阶级文学的建设。

无产阶级文论的翻译为“左联”文论思想的丰富和成熟输送了理论资源。“左联”形成的文艺合力在推进无产阶级革命文学发展上虽已呈狂飙突进之势，但在理论构建和文学实践方面依然处于探索阶段。而世界无产阶级运动的高涨为中国提供了可资借鉴的历史经验，因而译介无产阶级文论始终是“左联”文艺建设的重要任务之一。这不仅反映在文论的翻译总量上，更表现在其与中国无产阶级文学的发展之关联上。一方面，自无产阶级文学在中国现代文坛发端以降，革命文学的倡导者便开始与不同文学团体之间就文学的性质展开论争，并借由无产阶级文论的翻译为中国无产阶级文学的发展造势；另一方面，大革命失败后，国民政府对赤色文化的查禁、打压也愈发猖獗。在国民政府封锁红色文艺日趋严酷的政治触网下，“左联”同人更是借助翻译来逃避当局的检查，从而促进马克思主义思想及无产阶级文论在中国的翻译和传播。因而，从中国无产阶级文学生长的外部环境来看，无产阶级文论的翻译为“左联”输送了强而有力的理论武器，来应对其他文学派别的非难和国民政府的文化围剿。

无产阶级文论的翻译有力地支持了“左联”的文艺立场。革命文学论争虽在“左联”成立后落下帷幕，但“论争”余波尚未完全消除，尤其在1929年末，崇尚自由主义的“新月派”以梁实秋为代表，针对无产阶级文学做出批评，从根本上否认文学存在“阶级性”。梁实秋认为，资产阶级和无产阶级的差异主要表现在“遗传”、“教育”、“经济的环境”和“生活状态”这几个层面的不同，但是在面对情爱伦理和生老病死等事态上却是同情共理的人生体验，“人生现象有许多方面都是超于阶级的”，因而文学是表现

① ［以色列］伊塔玛·埃文-佐哈：《翻译文学在文学多元系统中的地位》，江帆译，《当代国外翻译理论导读》，南开大学出版社2018年版，第187页。

“最基本的人性的艺术”，不能将“阶级束缚加在文学上面”，从而“把文学当作阶级争斗的工具而否认其本身的价值”。在梁实秋看来，文学“没有阶级的区别”，所谓文学的阶级性只是无产阶级革命创造的“口号标语”，他甚至断言无产阶级文学“在理论上尚不能成立，在实际上也并未成功”①。针对梁实秋的言论，鲁迅在《“硬译”与“文学的阶级性”》中对梁实秋的主要观点逐条进行了反驳，冯乃超亦在论文《阶级社会之艺术》中作了“答复”。同时，“左联”的机关刊物《萌芽月刊》② 也在刊末提到，“这回梁先生对于文学的阶级性又发了荒谬的议论，以为无产阶级是没有钱的阶级，所以不能有文学，即有也是不体面的文学。然而这也不能证明文学无阶级性。但是这思想，虽荒谬，虽奇特，在现在却有很大的社会意义”③。从这些现象可以看出，“左联”初期整体上对梁实秋指出的“文学无阶级性”的观点表现出了高度的关切。事实上，梁实秋的指摘虽在“阶级观”上存在意识形态和政治信仰上的差异，但他对无产阶级文学理论流于“口号标语”、缺少实质建树的批评，确也道出了革命文学倡导者普遍存在的缺陷。“左联”成立后便注重加强自身对无产阶级文学理论的系统理解与阐释，这也即《萌芽月刊》“刊末”提到的“现在却有很大的社会意义”之所在。因而在翻译马克思主义文论的浪潮中，阐述无产阶级文学“阶级性”、“斗争性”等方面的相关文论便成为“左联”的一种翻译选择。它们在深化“左联”盟员对无产阶级文学认识的同时，亦是对“文学无阶级性”观点的有力回应与抨击。

无产阶级文论的翻译是“左联”反击国民政府混淆、攻击马克思主义文艺的利器。国民党当局为打击共产党的文艺宣传，压制无产阶级文学的蓬勃发展，1928 年后便加紧了文化监管，1929 年后更相继公布了《查禁反动刊物令》（1929 年 6 月 4 日）、《取缔销售共产党书籍办法令》（1929 年 6 月 22 日）、《教育部查禁普罗文艺密令》（1933 年 10 月 30 日）④ 等法令条文，公开干涉出版自由。他们一方面从正面查禁宣传马克思主义和无产阶级革命文学的书籍与报刊，另一方面，却一边对“左联”的文化出版实施强硬打压，一边又笼络知识分子，利用职权，依法炮制代表他们发声的刊物和“主义”，从反面分解无产阶级文学运动日益高涨的革命洪流。他们在“指使一般御用学者，发挥其虚伪的曲解的合法的马克思主义思想（如新生命派，其实还说不上合法，戴上一个假马克思主义的面具而已），拥护提携托洛斯基及机会主义的取消派思想以外，最近更是有计划

---

① 梁实秋：《文学是有阶级性的吗?》，《新月》1929 年第 2 卷第 6-7 号。

② 《萌芽月刊》从第 1 卷第 3 期开始转为“左联”的机关刊物。

③ 《编辑后记并前期更正》，《萌芽》1930 年第 1 卷第 3 期。

④ 参照王耀华编著《中国近现代出版法规章则大全》（上海书店出版社 2018 年版）整理。

的提倡社会民主主义（如邓演达，陈启秀等的什么农工党，中华革命党宣言），以及民族主义的文学运动（如徐蔚南，朱应鹏指导的什么民族主义文学运动宣言，前锋周刊等）”，明令禁止“左联”刊物出版的同时，又“命令书店老板，保留大众，拓荒，南国……等左翼刊物的名称，由他们派民族主义的文学家来编辑民族主义的内容代替这些杂志的真面目”。此外，他们一边查禁宣传马克思主义的书籍，一边又允许“托洛斯基主义机会主义派的刊物”刊行，“甚至转载托基斯基先生的大作来向无产阶级的马克思主义进攻”，以便达到“缓和消减正在勃发高涨的无产阶级文化运动”的目的①。

可以看出，文化出版的审查制度让“左联”的文艺阵地受到重创，刊物不得不频繁更换名称，另行刊印，而不少刊物更是创刊即终刊，显示了无产阶级文学外部生存条件的恶劣。但是另一方面，让刊行杂志鼓吹“民族主义”和“托派思想”，并以此佯装进攻马克思主义，企图从意识层面攻击无产阶级文学的欺瞒行径才值得警惕。这不仅会削弱“左联”无产阶级文学的宣传力度，分散文化战线的革命力量，而且极易造成广大读者对马克思主义理解的混乱与歪曲。因而，向中国广大读者译介科学的马克思主义、传输真实的无产阶级文学紧迫而重要。也正是在严酷的文化生存环境中，“左联”加紧开辟新刊物，积极译介马克思主义文艺理论，以阐明“阶级文学”的本质与特征，“只有扩大马克思主义的文学理论的宣传，才能更快的摧毁一切反动文学理论的存在，减少其麻醉与缓和革命斗争的作用”②。因而，在反消解的马克思主义文艺宣传和斗争中，翻译无产阶级文论以揭开国民政府的假面，不仅是对国民党当局文化围剿的正面抵抗，也是对19世纪30年代中国文坛非马克思主义科学思想的肃清。

无产阶级文论的翻译支援了“左联”自身的无产阶级文化建设。从“左联”内部来看，其经过文艺力量整合后虽更有组织性，也更具战斗力，然而面对新的形势和任务，在无产阶级革命文学运动推进过程中，“左联”文学创作和理论建设方面的不足亦集中突显出来。“左联”在其行动总纲领中已经标明，文学运动的目的之一是“求新兴文学的解放”，其工作方针中也明确了盟员要“从事产生新兴阶级文学作品”③。随后，马克思主义文艺理论研究会亦将“中国无产阶级文学作品的发展”作为研究题目予以讨论④。可以看出，创造中国的无产阶级文学是“左联”较为紧迫的历史任务，因其“是无产阶级解放斗争底一翼”⑤，关乎无产阶级革命运动的发展。与此同时，“左联”格外注重文

① 潘汉年：《本刊出版的意义及其使命》，《文化斗争》1930年第1卷第1期。
② 潘汉年：《左翼作家联盟的意义及其任务》，《拓荒者》1930年第1卷第3期。
③ 《中国左翼作家联盟的成立》，《拓荒者》1930年第1卷第3期。
④ 《左翼作家联盟消息》，《萌芽月刊》（五月各节纪念号）1930年第1卷第5期。
⑤ 鲁迅：《对于左翼作家联盟的意见——三月二日在左翼作家联盟成立大会讲》，《萌芽》月刊1930年第1卷第4期。

艺阵地建设，《大众文艺》、《萌芽》、《拓荒者》、《文艺讲座》、《巴尔底山》等刊物都是其机关刊物，加之其声势浩大的无产阶级文学宣传，让人觉得“左联”“一定能掮起普罗文学的大纛，攻向资产阶级文学的政党里去”①。然而，反观“左联”早期在无产阶级文学方面的创作，《为奴隶的母亲》（小说，柔石作）、《马桶间》（小说，华汉作）等在题材选择上虽表现出“无产阶级”倾向上的转变，但阶级意识却仍保有个人主义特征。如建南的《盐场》，虽在小说中“开始了新的技术的尝试”，但“在结束的地方，保留着很浓重的伤感气氛”②。又如菊华对《拓荒者》上刊载的《丽莎的哀怨》和《冲出云围的月亮》文学批评的批评，认为其“以非马克斯主义的方法，大捧蒋光慈的《丽莎的哀怨》及《冲出云围的月亮》，更十足地显出了从前个人主义的杂志的特色”③。这些文学现象表明，蒋光慈等革命文学的发起人以及“左联”期刊的编辑者，对无产阶级文学的理解是片面而肤浅的。他们的创作依然没有摆脱革命浪漫主义的色彩，因而也就不能在文学实践中真正发挥无产阶级文学的战斗作用。

换言之，“左联”整体上对无产阶级文学运动的推进依然停留在“标语口号”的呐喊，其盟员的文学自觉和机关刊物的审美倾向并未实现向无产阶级文学的彻底转换，因为“中国马克思主义思想还没有普遍化的深入，所以当初这一运动的开始，便没有正确的形态，如小资产阶级的个人主义，浪漫主义，虚无主义的革命思想，充满了所有的文艺理论与作品中，一直到现在，含有毒质的革命文学作品尚在发展”④。正因如此，“左联”成立后，无产阶级文学理论倡导与无产阶级文学实践之间的脱节现象才会如此普遍。这也招来不少左联成员的“责言”，“甚至自许多切实的青年，都在疑惑左联是在干着挂新招牌卖旧药的勾当”。左翼文学、“左联”自身文学作品的标签尚不鲜明，加之国民政府有意通过文艺手段混淆“左联”对马克思主义的宣传，从而导致一些青年读者无法辨别和信服“左联”的无产阶级文学主张——“这里又是‘左联’的作品，那里又是‘左联’的作品，也不知道我们联是买那一种的好，这都是他们以‘左倾’挣钱的法子”，从而“责怪‘左联’依然是纸上谈兵”⑤。相对而言，广大进步社会青年对无产阶级文学的认识更为浅薄，而且极不坚定。这从侧面反映出革命文学论争时期，左翼文人对无产阶级文学论说的碎片化和传播的片面性，也对“左联”强化无产阶级文学意识的任务提出了更为紧迫的要求。对无产阶级文学的倡导者和拥护者而言，“旧时代的伤感气息”

---

① 菊华：《想对“左联”说的几句话》，《巴尔底山》1930年第1卷第1号。
② 《编辑室消息》，《拓荒者》1930年第1卷第2期。
③ 菊华：《想对“左联”说的几句话》，《巴尔底山》1930年第1卷第1号。
④ 潘汉年：《左翼作家联盟的意义及其任务》，《拓荒者》1930年第1卷第3期。
⑤ 菊华：《想对“左联”说的几句话》，《巴尔底山》1930年第1卷第1号。

都需要“从观念形态方面去克服它”①，而“克服这一倾向及其危机”，最有效的捷径便是“介绍外国已有正确的无产阶级文学理论”②。因而，“左联”初期非常重视翻译这些阐述无产阶级文学的文论，进而强化其盟员及广大社会进步青年的阶级意识。可以看出，无产阶级文论的翻译于中国的无产阶级革命运动而言，既是服务无产阶级革命宣传的客观需要，更是“左联”自身无产阶级文化建设的内在需求。

总体而言，“左联”对无产阶级文学理论的翻译，在20世纪30年代杂象丛生的社会语境中，维护了无产阶级文学和中国无产阶级革命运动的正当性和正确性，巩固了“左联”内部的无产阶级文化建设。进而言之，“左联”对无产阶级文学理论的翻译已经超出一般文学团体的艺术追求，成为19世纪30年代的重要文化现象，并与中国无产阶级文学紧密交缠在一起，共同推动中国无产阶级革命的发展。

三

马克思主义文艺理论的译介是“左联”翻译活动的主要任务之一，而阐释无产阶级文学的文论则是这股文艺潮流翻译中的一条颇具生命力的涓流。

最初的革命文学倡导者和翻译者们自觉无须纠缠于无产阶级文学本质的系统论证，而是基于自身对无产阶级文学的理解，将无产阶级文学的内涵浅化为“生活意志的表现”、“阶级的武器”等描述性概念，以革命热情专注于对“非无产阶级文学”的批判③。正是由于蒋光慈、李初梨、彭康等人在论争中只注重“武器的艺术”等的运用，而将无产阶级文学理论粗暴地浓缩为“口号标语”式的呼喊，才使无产阶级文学在革命文学论争结束后依然遭到“新月派”等人对其存在之合法性的质疑和否定。因而，“左联”选择翻译无产阶级文论，让其意义和价值随“左联”成员在无产阶级文化运动中的探索和思考而不断被强化和引申，逐渐建构起一个内蕴丰富且较成体系的阐述空间。从这一点来看，无产阶级文学理论的翻译除了对当时文坛的各种质疑做出严正回应之外，更从理论认知和观念塑造上对无产阶级文学进行了合理定位，对中国无产阶级文学乃至现当代文学的发展产生了重要的启示。

首先，无产阶级文论的翻译促发了“左联”对无产阶级文学与“五四”文学之关系的重构和价值的重估。受日本福本主义的影响，后期创造社成员对“五四”文学呈现出激进的批判态度。他们认为“五四”文学是“由小资产阶级的根性发源出来的”，反映

---

① 《关于编辑室》，《拓荒者》1930年第1卷第1期。

② 潘汉年：《左翼作家联盟的意义及其任务》，《拓荒者》1930年第1卷第3期。

③ 李初梨：《怎样地建设革命文学》，《文化批判》1928年第2号。

的是“小资产阶级的意识形态”①，因而在无产阶级意识形态的形成上极力否定“五四”文学的经验，强调与之截然不同的获取路径。如此粗暴的隔断从整体上表现出早期革命文学倡导者意识形态方面“必须在联合之前，首先彻底地分裂”② 的极端追求。所以在具体的革命文学运动中，他们开展了对以鲁迅、茅盾等人为代表的“五四”文学的批判，以显示无产阶级文学的产生与“五四”文学传统间的决绝。可以看出，后期创造社成员企望在对“五四”文学的批判中突显无产阶级文学的优越性，但全盘否定的革命态度也反映出他们对无产阶级文学认识的片面。因而，“左联”译介无产阶级文论，一方面，从被支配阶级向支配阶级模仿的历史现象，阐明了不同阶级文学间存在客观上的传承；另一方面，从文学创作的层面，表明无产阶级文学的产生可以批判地“吸收”和继承前支配阶级的文化。这些翻译文论，尤其是介绍俄苏在社会主义文化建设中对果戈里、托尔斯泰等作家进行价值重估和意义肯定的文章，让“左联”认识到“五四”文学和无产阶级文学在“反封建斗争中具有联系性和统一性”③，继而重新审视“五四”文学的时代价值。

此外，无产阶级文论的翻译从阶级意识的流动性出发，弱化了后期创造社从“马克思与非马克思”两极划分作家属性的革命逻辑。大革命失败后，“阶级的分化非常明显，国民党以‘清党’之名，大戮共产党及革命群众，而死剩的青年们再入于被迫压的境遇”，因而革命文学的“旺盛”，“并非由于革命的高扬，而是因为革命的挫折”④。正是由于政治环境的严酷以及日本无产阶级文学运动的影响，在后期创造社的激进推动下，革命文学对20世纪30年代文坛作家的阶级划分呈现出两极对立的态势，“谁也不许站在中间。你到这边来，或者到那边去”⑤！显然，将阶级分析简单化的逻辑与马克思主义本身的阶级概念“差距甚远”，“马克思恩格斯在分析具体国家和特定历史发展阶段中的某一阶级时，总是从现实关系的诸特点出发去确定该阶级的品性，评价其作用的”⑥，这就要求建立在具体的革命实际需求的基础之上，随革命形势的发展做出相应的阶级判断。“左联”这一时期的翻译文论对无产阶级作家的主体意识作了阐述，认为无产阶级文学作家的阶级意识可以在无产阶级文艺理论的学习与研究过程中转换。这表明阶级意识受主观因素和客观环境的影响，可以在一定条件下实现流动。这些翻译文论在一定程度上

---

① 成仿吾：《从文学革命到革命文学》，《创造月刊》1928年第1卷第9期。

② 艾晓明：《中国左翼文学思潮探源》，北京大学出版社2007年版，第75页。

③ 艾晓明：《中国左翼文学思潮探源》，北京大学出版社2007年版，第82页。

④ 鲁迅：《上海文艺之一瞥——八月十二日在社会科学研究会讲》，《鲁迅全集》（第四卷），人民文学出版社2005年版，第303-304页。

⑤ 成仿吾：《从文学革命到革命文学》，《创造月刊》1928年第1卷第9期。

⑥ 艾晓明：《中国左翼文学思潮探源》，北京大学出版社2007年版，第80页。

完善了“左联”的阶级观，转变了其对“左联”以外知识分子阶级属性划分的敌对态度，进而扩大了文艺战线。尽管这种科学分析作家阶级意识的观念，很快就被“左联”内部“宗派主义”、“关门主义”的呼声淹没，但随着马克思主义经典文论的译入，中国无产阶级革命理论逐步走向成熟。在波诡云谲的政治环境中，阶级分析的理论在40年代及其之后的“思想斗争”① 中又重新得到阐释和深化，并产生了深远影响。

当然，“左联”无产阶级文论的翻译也给中国文坛带来了负面影响，以致局限了无产阶级革命文学的创作。无产阶级文学理论的翻译在促进左翼知识分子自身理论建构的同时，也让“左联”对无产阶级文学的提倡从“口号标语”的呼号回归到理论层面的思考与阐述，进一步阐明了文学与政治的关系。“左联”过度突显无产阶级文学的革命理念，以致其后“任何讨论文学与政治关系的后来话语，都有可能在左联时期的论述中找到它的相似观点”②，但这也让文学的审美性质让位于革命宣传，最为直接的后果便是无产阶级文学创作的贫乏，直到1931年底，“左联”“还没有产生真正的无产阶级革命文学”③。换言之，“左联”翻译的无产阶级文论在观念上给中国的无产阶级革命文学注入了新鲜元素，但同时其重政治而轻艺术的特点无法在创作实践上指导中国革命文学创作，从而导致了20世纪30年代早期革命文学创作的式微。潘汉年、彭康、李初梨、冯乃超、朱镜我等一批在“革命文学”时期表现活跃的左翼知识分子，到1930年后，除部分人还在研究理论外，在文学创作层面已大多转入“左而不作”的尴尬境地④。

作为马克思主义文艺理论翻译的重要构成部分，无产阶级文论的翻译不仅仅是文本的转换，也是文化的传播与重构。因而，“左联”对无产阶级文论的译介无论从对外的文学观念之争，还是从对内的理论构建而言，都显示出其与中国无产阶级文学理论的伴生关系。我们应当在结合当时文化语境的基础上，对其历史价值、现实意义或时代局限等给予客观评析。

（作者单位：西南大学中国新诗研究所、曲靖师范学院人文学院）

① 毛泽东：《在延安文艺座谈会上的讲话》，人民文学出版社1975年版，第40页。

② 刘锋杰、薛雯、尹传兰等：《文学政治学的创构——百年来文学与政治关系论争研究》，复旦大学出版社2013年版，第74页。

③ 《中国无产阶级革命文学的新任务》，《文学导报》1931年第1卷第8期。

④ 王锡荣：《“左联”与左翼文学运动》，上海人民出版社2016年版，第162页。

20 世纪 40 年代文学批评中的“感伤”及其治疗
——以“新式风花雪月”论辩为中心①

洪文豪

自 20 世纪 30 年代末起，战火频仍的中国被抛入一种前所未有的现代处境。从社会政治生态上说，中国进入了阿甘本所谓的“例外状态”，而在时代风云的笼罩下，新的文学图景也在不断生成与展开之中。正如麦克里希在《诗与公众世界》中写道，在作家们笔下，“马德里、南京、布拉格这些名字，他都熟悉得像他亡故的亲友的名字一般”②。20 世纪 40 年代也成为现代文学 30 余年中最具有现实品格的历史阶段。从对大众化、民族形式热火朝天的讨论，到文学与时代关系的深度阐释，文学被不断编织进审美价值、时代意义与新的国族想象的复杂网络中。但颇有意味的是，在 20 世纪 40 年代这一特殊的战争语境中，文学的情感属性却时常处于各方的辩难之处。从古至今，文学的抒情本质一直被人们所普遍接受与不断体认，但徐迟 1939 年发表《抒情的放逐》一文所引起的热烈讨论，正可视为这一时期抒情观念变迁的坐标性事件。一方面是放逐抒情，另一方面又是追求抒情的时代性与“新的抒情”。郭沫若写于抗战前期的几句诗被广为流传：“全民抗战的炮声响了/我们要放声高歌/我们的歌声要高过/敌人射出的高射炮。”（《前奏曲》）如果说郭沫若以热烈奔放的情感呼应了这一史诗时代，那么这一时期文学中的“感伤”作为情感之暗面似乎越发显得形迹可疑。

“感伤/伤感”一词在文学批评中是一个内涵丰富、需要仔细辨析的词语。广义上

---

① 本文系 2020 年度国家社科基金重大项目“现代汉诗的整体性研究”（20&ZD284）的研究成果。

② ［美］阿奇保德·麦克里希：《诗与公众世界》，朱自清：《新诗杂话》，作家书屋 1947 年版，第 171 页。

说，它只是描述某种文学风格的一般性修辞词汇。狭义上说，“感伤”作为一个中国现代文学批评的准术语而被广泛运用，其最直接的触媒应该是对西方“感伤主义”文学流派的译介。据李怡考证，“1923年，‘感伤主义’第一次在现代文坛出现，不过其时称其为‘伤感主义’。矛盾在《什么是文学》中将其视为当时文坛的一种不良倾向进行了严厉的批判”①。而早在20世纪20年代，饶孟侃就写了《感伤主义与创造社》一文，把感伤主义与创造社的诗文联系起来，批评创造社诗人流于感伤主义的“假情绪”。而到了20世纪40年代，“感伤”的问题又再次成为讨论的焦点，并掺和在对文学抒情合法性的辩驳之中。徐迟这样激进的“反抒情主义”者毕竟是少数，更多的批评家则从文学的情感入手，为时代的情绪把脉。在20世纪40年代的诗学讨论中，对“感伤主义”的批判，包括不同诗评家提供的解困策略，而对诗歌主题学意义上的强烈规约冲动，是这一时期诗学观念最具活力的表征。从否定的意义上纾解这种张力关系，是许多诗论家的思考方式，也获得了诗坛更广泛的谈论。王汎森在一篇《“烦闷”的本质是什么》② 的文章中，讨论了作为私人情绪的“烦闷”在特定时代的思想史意义。我们也可以类比提出一个问题：“感伤”的本质是什么？感伤何以在20世纪40年代成为众矢之的，被反复提及，获得超出之前时期的曝光度？“感伤”的诗学似乎成为20世纪40年代文坛这一“身体”上冥顽不灵的病毒，人人得而诛之而后快。在对“感伤”的喊打声中，我们应该结合具体的批评实践与争论来考察这一时期批评话语中对“情感”的规约机制与表现。在这些论争背后，如何看待现代文学批评实践的面子与里子？这些几乎成为专有名词的批评话语背后，体现了现代文学批评什么样的论述模式与自我困境？这些都是本文需要涉及与思考的问题。

① 李怡主编：《词语的历史与思想的嬗变——追问中国现代文学的批评概念》，巴蜀书社2013年版，第323页。矛盾：“我又觉得现文坛上太多了感伤的作品，这是件可虑的事，一般青年的作品小说，多含着绝望的悲观。……青年的心理如此，一半是时代背景所造成，一半也是伤感的文学作品所酿成的，而伤感的心理，便能造出伤感的文学，因果相循，纯粹的文学原气，就要受损了；而且伤感的文学在艺术上是没有地位的！如果我们永久落在伤感主义的圈子里面，那么，新文学的前途真可深虑呢！”详见矛盾：《什么是文学》，《中国新文学大系·文学论争集1917—1927》（影印版），上海文艺出版社2003年版，第158页。

② 王汎森这篇文章是对20世纪新文化运动至30年代的思想史的考察。在新旧文化剧烈嬗变的时期，人们尤其是对未来公共与私人生活都抱有特别期待与困惑的青年，“烦闷”、“困惑”甚至“虚无”的感受是他们的普遍情绪。而种种具有组织性与结构性的“主义”也就让人们因为方向感而被吸引，这种关联到私人领域的“烦闷”感也因此能得到一种想象性的解决，这或许才是“主义”、思潮与时代真正深刻而日常的关系。本文所要讨论的“感伤”同样具有时代氛围影响下公共与私人的双重属性。详见王汎森：《“烦闷”的本质是什么——“主义”与中国近代私人领域的政治化》，《知识分子论丛》2015年第1期。

一、从“新式风花雪月”论辩说起

全面抗日战争至 20 世纪 40 年代初（具体到 1941 年 12 月日本正式占领香港为止），在港英政府的统管下，香港经历了短暂的稳定期。大批文化界人士、报刊与文化机构纷纷南下香港，加之一直默默耕耘的本土作家，使得香港这一时期的文化事业异常活跃。这其中就包括 1938 年创办的《大公报》香港版。正是在这一特殊时期，文学评论界曾发生了一场如今鲜被人提及的“新式风花雪月之争”。这场论辩源自时任香港版《大公报》文艺副刊主编的著名记者、作家杨刚①。

杨刚早年即加入中国共产党，在报刊上发表小说、散文、诗歌及评论文章，成名颇早。1939 年，《大公报》文艺副刊主编萧乾赴英国伦敦大学东方学院执教，临行前向《大公报》总经理胡政之推荐了杨刚。杨刚经组织同意，遂南下香港主编《大公报》“文艺副刊”及“学生界”副刊。杨刚依靠《大公报》在香港广泛联系左翼作家，积极宣传抗战与“民族文艺”。1940 年 7 月，她在香港版《文艺青年》杂志第二期上发表《反对新式风花雪月——对香港文艺青年的一个挑战》的文章。论题甫一提出，随即引起各方热烈讨论与争议。据统计，“在两个月之内，卷进这场论战的有《星岛日报》的《星座》、《大公报》的《学生界》、《立报》的《言林》、《华侨日报》的《学生园地》，以及《国民日报》、《国家社会报》等十多份报纸和刊物，发表有关文章共达九十多篇”②。

在这篇被称为对香港文艺青年的“挑战”与“战书”的文章中，杨刚把“新式风花雪月”的文学作品描述为“在‘我’字统率下，所写的抒情散文，充满了怀乡病底叹息和悲哀。文章底内容，不外是故乡底种种与爸爸，妈妈，爱人，姐姐等。最后把情绪寄在行云流水和清风明月上头”③。杨刚在随后“文艺青年社”组织的有关这次争论的座谈会上，说明了这篇文章的写作缘起——“在去年八月我在《大公报》编辑《学生界》的时候，我收到许许多多青年投来的文艺性稿件，很多的散文和诗。初看起来都是些美丽

---

① 杨刚（1905—1957），女，原名杨季征、杨缤。祖籍湖北沔阳，生于江西萍乡。其父杨会康在北洋政府时期曾任湖北省代省长，她的兄长就是著名左翼作家羊枣。杨刚擅诗，素有“金箭女神”之美誉。北方左翼作家联盟的发起人之一。

② 杨奇、麦烽：《一份秘密印刷公开发行的文艺刊物——抗战期间香港〈文艺青年〉半月刊忆记》，文通学社编：《历史的轨迹：1939—1950 中华全国文艺界抗敌协会香港分会文艺通讯部、香港青年文艺研究社、香港秋风歌咏团纪念文集》，广东人民出版社 1987 年版，第 30 页。

③ 许地山：《论“反新式风花雪月”》，《大公报·文艺》（香港版）1940 年 11 月 14 日。

的雕琢得很不坏的东西。细看起来却是没有内容的，充满悲哀的、颓废的灰色东西”①。传统意义上的“风花雪月”通常指文人骚客描写自然风景、表达闲适与逸趣的文章，往往被认为堆砌辞藻、内容空洞。实际上，在现代文学早期和抗战初期，批判一些作家写作“风花雪月”的诗歌与散文，一直就是被广泛提及与引起争议的话题。文坛对林语堂“以闲适为格调”的小品文的批判、抗战初期围绕梁实秋展开的“与抗战无关”的论争，都可以被囊括进这一脉络之中。杨刚提出“新式风花雪月”也意在指出文坛出现了第二次值得警惕的“危机”②。

这里不得不稍稍提及此时香港的特殊历史背景。20 世纪 30 年代末至 40 年代初，因为战乱，大批人口从内地举家搬迁或者从沦陷区流亡至香港。据统计，1937 年约有 10 万难民进入香港，香港人数突破百万；到 1941 年，随着外来人口的持续增长，香港人口激增至 163.9 万人③。如前所述，这也伴随着大量文化界人士与文化机构在香港的驻扎。有研究者把战争中的香港文坛划分为三个部分：内地南来已成名的左翼作家、香港成名的本土作家与香港新兴的左翼青年作家④。在这种颇为复杂的写作群体构成中，其实在外围还有数量不在少数的文艺青年群体。这一群体仍然以外来文艺青年占多数。他们从广州、上海或华北等地流亡至香港，因为远离故乡或有感于祖国的命运，用较为稚嫩的笔书写一些怀念故乡、感时伤怀的诗歌与散文。也正是在这种情况下，杨刚觉得有必要撰文以引起香港文艺界的重视。

这场争论的背后还牵涉到当时香港文艺团体的摩擦。沦陷前的香港文坛主要有左翼的文协香港分会与偏右翼的中国文化协进会两大组织机构。一方面，双方都在“团结抗日”的旗号下；另一方面，虽然双方成员互有交叉与交往，但整体上看，双方的思想立场、文学观念等存在不小的差异。因此，两个文艺团体呈现既保持合作又有纷争的局面。杨刚的“挑战”一发出，由中国文化协进会掌管的《国民日报》便展开反驳。当然，聚

① 文艺通讯部：《“反新式风花雪月”座谈会记录》，文通学社编：《历史的轨迹：1939—1950 中华全国文艺界抗敌协会香港分会文艺通讯部、香港青年文艺研究社、香港秋风歌咏团纪念文集》，广东人民出版社 1987 年版，第 104 页。

② 关于“新式风花雪月”的定义一直是参与者讨论的一个重心。在《大公报》刊登于“学生界”副刊的《新式风花雪月讨论大纲》中，总结了几个相关问题的回答。第一个问题便是“什么是‘新式风花雪月’”。大纲总结为“1. 怀乡的；2. 个人抒情的；3. 空虚地呼喊的；4. 堆砌辞藻的；5. 其他……”有批评家干脆把“新式风花雪月”总结为一个公式，即“景物+回忆+光明的尾巴=新风花雪月”。参见钧相：《略谈新风花雪月》，《吼声文艺小丛刊》1941 年洪流卷，第 7 页。

③ 安德葛：《香港史》，牛津大学出版社 1973 年版，第 289 页；转引自张丽：《20 世纪上半期香港人口研究（1901～1941 年）》，《中国社会科学院近代史研究所青年学术论坛 2003 年卷》，社会科学文献出版社 2005 年版，第 450 页。

④ 参见赵稀方：《抗战初期的香港文坛新论》，《社会科学辑刊》2019 年第 3 期，第 63-76 页。

焦这场论争本身，更多表现为不同文学批评参与者对文艺现象的观察与文艺观念的差异。1940 年 11 月 24 日，文协香港分会组织的“反新式风花雪月”的座谈会汇集了各派文化界人士，声势浩大。曾洁孺、胡春冰等人更多站在理解之同情的角度，认为青年作者的这种“感伤”写作虽然幼稚，有“病态”的一面，但因为仍然是在尽力反映现实而不能全盘否定，这种写作风尚只应该纠偏而不是“反”。纵观整个论辩，各方实际上都认同应该“克服”这种不良的创作倾向或方法。正如黄绳所说，“我们彼此之间的意见实在没有根本的差异”①。

黄绳一方面认为“抒情无罪，怀乡无罪”，一方面认为“新式风花雪月”是当时的文学青年对现实生活体认不够，没有和大众联结在一起。虽然可能有真实的感情，但因为满足于一种陈词滥调而造成文字的虚弱与虚假，“制造感情”而走向了文学反映现实的反面。因此，他认为“反对‘新式风花雪月’，不单反对那样写作倾向，更重要的是反对一部分青年的个人主义的生活倾向，从积极方面说，便是要求爱好文艺的青年朋友加紧自己的学习和修养，加强自己的实践和认识”②。乔木（乔冠华）把“新式风花雪月”的讨论以“题材—方法—倾向/态度”的逻辑链条串联起来，认为这不仅是题材的问题，而是需要掌握“现实主义”与“新现实主义”的方法，但在根本上又不仅仅是方法的问题，文学的情感倾向是一个人的生活态度决定的。只有个人感怀的“幽灵”被粉碎，看到更广大人民的生活，才能超越“风花雪月”。林焕平则指出“新式风花雪月”作为一种倾向，与四个方面的不足有关：一是其灰心、感伤、彷徨等情绪反映出的是创作者“悲观主义”、“失败主义”的思想与心态；二是没有生活经验；三是不理解个人的生活是包含在人民、大众中的；最后就是对文学抒情性的无条件认同。在林焕平看来，“风花雪月”是不健康的、颓废的情感。批评家多采针砭时弊之态，探求分析为何文坛中“风花雪月”的风格会再度降临以及如何克服。

以往有零星的研究者谈论到这场论辩，只是局限在香港本土文学的发展脉络中论述，因而也限制了这场论辩背后的意义深度与广度③。“新式风花雪月之争”实际上远远超出了一个地区（香港）或几份报刊（香港版《大公报》、《文艺青年》等）的范围。这场辩论很快便在内地批评界也引起了讨论。在这种扩散的讨论中，虽然也有不少支持的文

① 文艺通讯部：《“反新式风花雪月”座谈会记录》，文通学社编：《历史的轨迹：1939—1950 中华全国文艺界抗敌协会香港分会文艺通讯部、香港青年文艺研究社、香港秋风歌咏团纪念文集》，广东人民出版社 1987 年版，第 111 页。

② 黄绳：《论“新式风花雪月”》，《大公报·文艺》（香港版）1941 年 11 月 30 日。

③ 例如刘登翰主编的《香港文学史》在“抗战时期的香港文学”一章中，辟有一小节“‘民族形式’论争与‘新风花雪月’之辩”。参见刘登翰：《香港文学史》，人民文学出版社 1999 年版，第 100–104 页。

章，但持异议的声音与观点也得到明显的展开。参与者关注的焦点也在某种程度上发生了变化，甚至因此而更加充满论辩的火药味。很多批评者发现讨论有极端化的偏颇，试图区分很多描写“病痛”的文字并不属于“风花雪月”的范畴。如果因此而批判普通人对黑暗的控诉，不仅攻击错了方向，更可能会“尽了烟幕的作用”。

一篇署名劳用的文章《不需要病态文学》发表于1941年的《正言文艺月刊》。作者把所谓“病态文学”、“渣滓文学”区分为直接与间接两种。直接的为“凡是作者写自己的病痛，写自己家中人的病痛，写得愁闷惨凄，忧伤憔悴，表面充满了呻吟宛转，使人不堪卒读的，当然就是病态文学。即使写别人的病痛，甚至写不相识者任何同胞的病痛，里面只有病痛，而没有一些光明，一毫希望，一份鼓勉或奋发的，在我看来，这也是病态文学”①。而间接的就是“一提笔便是风花雪月，满纸都是哥哥妹妹，爱人情侣”② 的文字。作者一切以“抗建”（抗战建国）为圭臬，认为这些都无益于“抗建”，应该全部抛弃。

这篇缺乏深入的学理性、口吻颇为倨傲的短文很快招致了不少批评的声音。如署名青桐的《风花雪月及其他》一文认为，“‘风花雪月’与否的分野，并不在描画光明还是诉述病痛，要问的倒是所描划的或诉述的是否真实”③。这就把风花雪月的讨论引入了后来在大后方及沦陷区引起广泛讨论的“写真实”问题和“要不要暴露黑暗面”的问题。作者借此反对当时文坛上借批“风花雪月”而出现的偏激观点，即把展示战时个人病痛或社会黑暗、描写不幸遭遇的文字视为“病态文学”、“告地状文学”等而一概予以批驳、排斥。不得不说，对“风花雪月”现象的讨论，已经超出了表面的风气与主题之争，而具备了透视当时文学面貌的可能性角度。反之，我们也可以看出，这一论争所延伸出来的丰富论述，表明这一问题深刻嵌入了40年代文学发展的脉络之中。因此，有必要把“感伤”的诗学内涵放置于更广阔的文学背景与文学批评话语结构中来考察。

当时初登文坛的王元化则更加针锋相对，语言凌厉，颇有他早年倾心的鲁迅杂文的影子。在《民族的健康与文学的病态》一文中，王元化详细分析了“抗建文学家”内在逻辑的矛盾——“他所说的‘有利于抗建’，或‘有害于抗建’，也只是从他们一集团的利益出发，不是大众的利益出发”④。而大众不仅需要文章来暴露异族侵略的黑暗，也需要揭露社会原本黑暗的文章。那些“风花雪月”的作品也是同样的问题，“描写家乡的可爱和抒吐怀乡的痛苦，本来没有什么应不应该……铁流中的农民对于故乡的怀念是多

① 劳用：《不需要病态文学》，《正言文艺月刊》1941年第1卷第1期，第1–2页。
② 劳用：《不需要病态文学》，《正言文艺月刊》1941年第1卷第1期，第1–2页。
③ 青桐：《“风花雪月”及其他》，《知识与生活（上海）》1941年第1卷第9期，第202页。
④ 佐思（王元化）：《民族的健康与文学的病态》，《奔流文艺丛刊》1941年第5期，第5页。

么真实，鲁迅对于故乡的描绘是多么可爱！然而他们并没有‘把生活的悲剧美化’”①。而风花雪月的作品都把故乡描绘成“天堂一样”，明显违背了真实性，让人觉得虚假。“抗建文学家们”不但“放过”这些作品，在他们的文艺刊物上选登，反而对“正经的文学”口诛笔伐。王元化这篇长文的核心观念其实是在表达：“风花雪月”的批判绝不是仅仅针对主题，而是涉及文学与真实的关系。这场论辩外围的延伸思考把这一话题推进到了一个难得的深度。

二、“感伤”的谱系：主题、方式与抒情主体

这一次论争的确有其特殊性。如前所述，20 世纪 40 年代初期香港特殊的地理位置使之形成了热闹而复杂的文学局面，连争论的发起人杨刚对论辩源头都可能存在一定误解。正如参与论争的胡春冰指出的，这种文风的写作者实际上更多是外来文艺青年，因此“新式风花雪月”可说是香港本土与内地文艺缠绕生成的文艺现象，颇为有趣。从论辩涉及的思想内涵来说，这场论辩的确与整个时代的文学场域是分不开的。40 年代前后的香港，因为其特殊的地理位置及文学构成，实际上已经成为战时中国的文学中心之一。正如胡春冰所说，“我在说明‘新式风花雪月’所代表的病态，是在抗战文艺生长历程中发现的一种毛病，和抗战文艺初期所谓‘抗战八股’的毛病同是需要克服的”②。因此，有关“新式风花雪月”或“感伤”的讨论实际上是 20 世纪 40 年代文学所表露出的一个普遍性问题。

在一篇梳理这场论争的文章中，论者说：“似乎这问题带着浓烈的抒情气息，大家都寄与了高度的热情。”③ 的确如是，这一问题之所以如此拨动人们的神经，与战争年代文学观念的变迁紧密联系。具体来说，这与整个 40 年代一直盘旋的个人与大众、抒情与时代的张力关系有关。“新式风花雪月”所针对的主要是散文和诗歌，而 40 年代对诗歌抒情的讨论也最为广泛与深刻。在杨刚发起论辩的那篇文章中，她针砭香港青年文学，或陷入“感伤”、“忧郁”之中，显露出“一种仿造的少年老成”；或表达对于祖国的渴望，但情感过于激昂、空洞。她说：“以上那几种文，我不想简单的用抒情两字来概括。”④

---

① 佐思（王元化）：《民族的健康与文学的病态》，《奔流文艺丛刊》1941 年第 5 期，第 9 页。

② 文艺通讯部：《“反新式风花雪月”座谈会记录》，文通学社编：《历史的轨迹：1939—1950 中华全国文艺界抗敌协会香港分会文艺通讯部、香港青年文艺研究社、香港秋风歌咏团纪念文集》，广东人民出版社 1987 年版，第 104 页。

③ 曾梦家：《文坛中心论题：“论新式风花雪月”的总结》，《西南文艺》1941 年第 1 卷第 1 期，第 129 页。

④ 文通学社编：《历史的轨迹：1939—1950 中华全国文艺界抗敌协会香港分会文艺通讯部、香港青年文艺研究社、香港秋风歌咏团纪念文集》，广东人民出版社 1987 年版，第 100 页。

实际上，她正是表达了对所谓个人化抒情的反对。从徐迟的“放逐抒情”、陈残云的“抒情时代”到穆旦对“新的抒情”的论述，都在试图校正诗歌在特定时代的精神地理位置。而对“感伤”的辩难则是在同一个观念场域中呈现对位关系的议题。无论是“风花雪月”，还是“新式风花雪月”，或者“感伤”、“感伤主义”等表述，在这一时期感伤诗学的系谱中，评论家对此时文学风气的不满虽然各有其立场与角度，但大多不约而同地站在诊断者的立场，把感伤视为一种“疾病”或“病征”。而对这种“幻象的瘟疫”的诊断，正可以视为对当时文学身体的情感治疗。

“感伤”一词的复杂性或许在于它在具体的批评语境中并不能算是一个严密的理论术语。批评家们对文坛风气、状态、效果的不满，最终在一个时期内汇聚到对“感伤”的激烈批驳之下。因此，“感伤”又并不仅仅指向文学作品的某种风格。

文学批评中的感伤话语，虽然不是20世纪40年代才出现的，但在这一时期最为显著。诸多文学批评家都不满意当时文学写作对艺术形式的忽视。作家冯明之曾在1946年《文坛（广州）》杂志上撰文，提到当时文坛有一股“新感伤主义”的不良倾向（这一概念借鉴自著名作家萧乾）①。他说：“许多执笔的青年人，不知不觉间就会流于感伤的派，或则怀征人，悼战友，或则伤往昔，感流年。再不然就是梦境的追寻，或者显示的诅咒，使人看起来好像文学上永远要带着廉价的眼泪。”② 冯明之虽然认为不能一概而论地否定这些作品中的情感，但他认为这种倾向是由于作家创作方法的偏狭，进而批评当时理论家与批评家把文学当作“社会福音书”，片面强调“主题的积极性”而忽略艺术的个人意识与社会意识的结合。无独有偶，有论者在《文艺春秋》上大声疾呼“扫荡文坛新风花雪月的趋向”③。与李白凤义愤填膺式的批判相比，冯明之更具有历史之同情。他分析产生的原因是“时代”与“历史”的积压太重，又把“新式风花雪月”与近代法国“容易的文学”进行类比道：“我们今日来批判这一种创作倾向，必须首先认清：这种创作倾向，只是一种病征，却并不是病源，病源在支配作家写作过程的创作方法。过去对于所谓‘新风花雪月’的批判，因为弄不清楚这一点，所以结果弄来弄去还是找不到问题的核心。”而早在1937年的《青年知识（香港）》杂志上，署名为“林”的编辑者写道：“本刊近来收到许多读者的作品，这些作品大部分都充满着一种浓厚的忧郁与哀愁，反映

① 在这篇文章中，作者正是通过对1940—1941年的“新式风花雪月”的论争来类比1946年的文坛现状。文中回忆道：“这一次的论争，发生于1941年的香港，其时确有大部分的青年作家，以如火如荼的热情，倾注于文学之中，到处迸发其追怀乡土之思，身世飘零之感，文坛上一时洋溢着一种新感伤主义。”这也可以佐证，“感伤”作为一种诗学话语在40年代反复被提及，的确是一种“整体性”与结构性的存在，可以比喻为一个时代诗学的“块茎”。

② 冯明之：《新感伤主义的倾向》，《文坛（广州）》1946年新3卷，第94页。

③ 李白凤：《扫荡文坛新风花雪月的趋向》，《文艺春秋》1946年第3卷第5期，第15-17页。

出今天一般青年人的心情都是非常沉重而感伤的。”论者常常把文学的感伤与人的身心关联起来。“感情有了病态，就好像身体有了病态一样，不能成为一个健康的人。”①

面对这种“受伤”的文学，评论家们纷纷给出自己的诊断与药方。感伤的文学之所以牵引批评者们的神经，至少又与三个方面相互关联。一是感伤与文学主题的关系，即写什么。面对“头上盘旋的飞机”与“自家房顶上的火焰”，文学被强有力的时代主题所吸附。一般认为，感伤的诗或散文被主题的正确性所限制，往往流于空洞的呐喊。与“感伤”相关，我们还可以在 1941 年发生的“抗战无关”论争背后发现这一诗学逻辑。1938 年 12 月 1 日，重庆《中央日报 · 平明副刊》创刊，作为主编的梁实秋在《编辑的话》中写道：

> 现在抗战高于一切，所以有人一下笔就忘不了抗战。我的意见稍有不同。于抗战有关的材料，我们最为欢迎，但是与抗战无关的材料，只要真实流畅，也是好的，不必勉强把抗战截搭上去。至于空洞的“抗战八股”，那是对谁都没有益处的②。

一石激起千层浪，梁实秋的说法立即引起了文坛和诗歌批评家们的激烈讨论。抗战有关无关，表面看涉及的是主题学的问题，但对梁实秋的批评恰恰指向了主题与思想的关系。大多数批评者认为在中国处于全民抗战的时期，不存在和抗战无关的材料。囿于篇幅，本文不在此展开这次论争的具体过程与情形③。撇开论争背后直接的派系之争，我们仍然可以看到，“抗战无关”与对“感伤”的批判实则一直是 40 年代笼罩在作家与批评家头顶的阴影。

二是抒情的方式与艺术效果。其实，从论争的过程看，批评家大多已超出表面上写什么的争吵。那么，在思想上解决了“一砖一瓦”都与抗战有关的情况下，“感伤”的问题则牵涉到应该怎么写。大多数批评家认为，衰弱的情感背后是衰弱的文学性。尤其在抗战初期，抒情的真与假一直是评论家们争论不休的问题，所谓“空洞的呐喊”与“风花雪月”都是需要反对的。在 40 年代前后，对抗战文学作品“公式化”现象的批判，在文学界蔚然大观。不管是左翼还是其他具有艺术追求的作家与批评家，都竭力希望文学发挥最大的艺术效力。而对“感伤”的批驳毫无疑问也在这个问题的延长线之

---

① 林：《感伤的情操》，《青年生活（香港）》1947 年新 21 卷，第 2 页。

② 梁实秋：《编辑的话》，《中央日报 · 平明副刊》1938 年 12 月 1 日。

③ 关于“抗战无关”之争的相关研究，可参看吴立昌《重读梁实秋的“抗战无关”论》，《上海大学学报（社会科学版）》2001 年第 5 期，第 42–47 页；段从学《“文协”与抗战时期文艺运动》，北京大学出版社 2012 年版等。

上。如前所述，“感伤”作为一个时期具有潮流性的文学风格，的确是有其特殊的文化形成背景的。平心而论，诸多批评中涉及的具备这种“感伤”特征的文学作品，的确大多数抒情或叙事的程式化严重，语言干瘪，平铺直叙而缺少韵味，整体文学感染力孱弱。虽然有人认为这种风格是“五四”早期的文学流风，但这种文学与新文学早期比较好的、平实直白却带有清新真切的作品无法相比。

三是抒情主体的问题，即从书写者的角度考察。如果说对这种文学在美学价值上的不满是文坛相对普遍的共识，那么不同的则是给出的治疗方案。占据主流意见的左翼文学界基本从书写主体的价值立场出发，如黄绳、许地山、陈残云、张天翼等人，认为首先需要改变的是作家的观念；当然，也提出了一些具体改进的文学方法，如对塑造典型的强调，这是马克思主义文论与苏联文艺的直接影响，但其实在偏重抒发情志的散文与诗歌中，这种论述具有相当的局限性。

文艺界对“感伤”的批评虽然具有鲜明的意识形态引导性，但内在也并非那么简单。在40年代多次与感伤有着千丝万缕联系的讨论中，抒情主体中的“青年”被特别提了出来。很多人认为青年人因为年纪轻、创作经验匮乏，更容易走向感伤一途。反“新式风花雪月”论辩一开始的主场地是香港版《文艺青年》。为了团结与组织香港的文艺力量，中华文艺界抗日协会香港通讯处（下文简称“文通”）于1939年3月成立。“文通”成立之初，即设立五大任务，其二便是“发刊会报”①，《文艺青年》便是“文通”的机关刊物。其创刊目的在发刊词《我们的目标——代开头话》中被概括为三点：一、“做成文艺战线的尖兵”；二、“做成文艺青年学习及战斗的园地”；三、“团结广大的文艺青年群”。可见，无论是“文通”还是《文艺青年》在成立目标上都非常注重对青年作家的组织工作。批评者们多以文坛前辈的身份试图对当时香港的青年文学进行某种引导。参与讨论的杨刚、黄绳、许地山等人本身都是文协香港通讯处的委员。在40年代持续出现的“感伤”诗学的讨论中，这种或隐或显的统战意图指导下的代际观念，一直是这种批评范式非常明显的表征。

以《大公报》1940年10月5号“学生界”副刊上的一篇读者来信为例。作者“闻肃”自称是杨刚文章所论及的文学青年，他支持杨刚的看法，说自己之前也写一些“风花雪月”的文章，而现在是“醒来过之中的一个”。不过，他站在青年的角度，为港澳

① “随即通过议案五条：一、组织干事会分总务组织宣言研究四部。二、发刊会报。三、组织文艺交通站，其任务，输送国际宣传品，联络国际文艺作家，招待过港国内外作家，传达国内外文艺资料。四、举行文艺晚会。五、定期召开对外的文艺晚会。”详见因英子：《香港文艺界简报》，《大风（香港）》1939年第33期，第1053页。

文学青年的生活与心理状态做了理解性的包容。他认为杨刚文章的“挑战”没有做到同情之理解，“未能彻底了解青年人的苦闷”。所谓港澳地区的文学青年，很多是从广东或内地其他地方过来的，家乡的沦陷、童年的消逝等等这些直接的所见所闻、切身感受是文学中流露“感伤”、“苦闷”的原因。这本无可厚非，但对社会的观察与体会不够深入。因此，他提出几点建议：一、文艺副刊多做一些指导青年写作的工作；二、这种引导的原则是“在社会的视察过程中，所表现的，仍以带有国家的观念为范畴才好，免得青年人醉心于此而抛国家于后。……把国家观念灌入所表现的文章里”①；三、多做典型人物的描写训练。（在同一版还刊登了署名闻肃的“人物速写”小说《阿发》，描写了一位关心国家命运的“扫地夫”，直接呈现了“建议”的实践成果。）

可见，无论是《大公报》还是《文艺青年》等期刊，抑或持支持态度的批评者、文学青年本身，都认为有效的“组织”是调整青年文学生态的重要方式。切实可行的组织方式有以下几种：报刊上开专栏，引导时风；开展青年文学论坛，讨论相关问题等等。这些对青年作者群体的强调，从意图上看的确是一种意识形态上的统战行为。我们可以称之为有关抒情政治的批评方式，这是左翼文坛在抒情问题上所给出的回答。在一定程度上，它在特殊时期起到了正面的引导意义，尤其是团结文艺青年，增强抗战文学的现实凝聚力，推进抗战文学社会意义的实现。

三、被疗治的“感伤”：抒情的政治及其限度

萧乾于 1944 年在伦敦出版了其英文评论著作 *Dragon Beards Vs the Blue Print*（《龙须与蓝图》）。其中收录了 4 篇文学评论性质的文章，第 4 篇《文学与大众》谈到这场“新式风花雪月”的讨论。他把这种文学类型称为“新感伤主义”（New Sentimentalism）：“有批评家指责非沦陷区作家中正流行这样一种文风，留恋怀乡，说起沦陷家乡的小溪和颤悠悠的竹桥便唠叨个没完。尖锐的批评家认为这是种无益而病态的文风，他们劝诫作家们要忘掉‘小我’，牢记‘无声的中国’的命运，面对大众。”②

小我与大我，或者说文学的个人性与时代的公共性，的确一直是当时批评家念兹在兹的辩证法。对于诗歌“感伤”的问题，在 40 年代后期的平津文学界颇具名声的诗人及批评家袁可嘉也甚为关心。当时在北京大学中文系任助教的袁可嘉在天津和上海的《大公报》、天津《益世报》和上海的《诗创造》、《文学杂志》等报刊上集中发表了一系列

---

① 闻肃：《读者论坛》，《大公报·学生界》（香港版）1940 年 11 月 5 日。

② 萧乾：《文学与大众》，《萧乾文集 8》，浙江文艺出版社 1998 年版，第 244 页。

讨论现代诗歌的文章，成为40年代现代主义诗学的一次集大成的诗学总结。袁可嘉认为传统的“感伤性”与浪漫主义诗歌评价有关。诗歌中流露出“悲的情绪”，便可能被评论者认为是“感伤的”。情绪的感伤“一开始指富有敏锐而不深厚的感性的人们常常有意地造成一种情绪的气氛，让自己浸淫其中，从假想的自我怜悯及对于旁观者同情的预期取得满足，觉得过瘾”①。而后来这一概念被泛化，“笼统地指一切虚伪、肤浅、幼稚的感情，没有经过周密的思索和感觉而表达为诗文，便是文学的感伤”②。袁可嘉不使用“感伤”、“感伤主义”等词，而提“政治感伤性”。何以在感伤性前面加一“政治”限定词？因为“政治感伤性”不仅指向诗歌情感的感伤，更是一种“观念”的感伤。但袁可嘉自己也说，这种政治感伤往往又是以外在的感伤风格而得以“自我陶醉”。“政治感伤性”以粗犷的风格作为唯一表现形式，技巧上往往走向拙劣与抄袭的混乱。这种唯观念的诗歌，其实是一种创造力的贫乏，其后果是导致“艺术价值意识的颠倒”。袁可嘉在这里已经明显地持有某种“好诗主义”标杆，与左翼文学批评诗歌情感的虚假、薄弱已颇为不同。

我们不可否认“新式风花雪月”论辩明显的政治意味。但对“感伤”的批判，几乎全部转移到创作主体的问题上。尤其是最终给出的治疗方案，其明确的意识形态规约让“感伤”承担了难以承受之重。另一方面，“感伤”作为一个文学批评术语，其模糊与边界问题不仅制约了文学批评与理论建设的深入，而且往往容易扩大打击面，而事实上也是如此。如果说福柯的权力政治学展现的是微观权力对身体/肉身的规训，那么对“感伤”的批评在一定意义上具有“情感规训”的意味。从批评文本的用语中，我们也可以称之为“社会卫生学”的生动范例③。文学对时代的依附性，从文学的各个方面规约了文学的边界。这或许可以视为20世纪40年代文学批评与理论中一种显在与直露的抒情政治化倾向。

文学抒情的可能与限度一直被40年代文学及诗歌评论家反复讨论。而“感伤”作为文学抒情中需要被“治疗”的方面，对“感伤”的焦虑其实也就是对抒情性的重新判定。需要指出的是，在反“感伤”的40年代，抒情虽然遭遇了深刻的诘问，但抒情性并未走入纯然的尴尬境地。40年代大部分批评者并不认同徐迟“放逐抒情”这种语带偏激的观念，这恰恰传达出某种“抒情时代”的声音。而对“感伤”的讨论，更像是从反面

① 袁可嘉：《论现代诗中的政治感伤性》，《论新诗现代化》，三联书店1988版，第53页。

② 袁可嘉：《论现代诗中的政治感伤性》，《论新诗现代化》，三联书店1988版，第53页。

③ “社会卫生学”的隐喻意味，在40年代有着更为广泛的语境与样本。可参见黄子平：《病的隐喻与文学生产——丁玲的〈在医院中〉及其他》，唐小兵编：《再解读——大众文艺与意识形态》，北京大学出版社2007年版，第19-33页。

剥离抒情的概念而使之纯粹化的过程。这种一体两面的批评实践对 40 年代的文学实践的影响力，怎么强调也不过分。

或许，简单地纠缠于抒情与反抒情、抒情的个体与大众之间，的确极大地限制了文学批评尤其是左翼文学批评实践的深入展开。不过，我们似乎也应该警惕走向另一种二元论的倾向。日后陈世骧、王德威等海外学者对中国文学中抒情传统的阐发与论述，颇有妙论与启发。王德威试图在革命、启蒙的强势话语中，把抒情放进来，梳理出一种文学史中更为潜隐的脉络。但至少在 40 年代的现代文学中，这种关系不是抒情被革命、启蒙所压抑了，而是这几个层面互相缠绕在一起，抒情之情不是一个本质化的情感，而是在具体空间中所塑造的更为复杂的情感，类似威廉斯的“情感结构”。无论抒情传统是不是一个伪命题，如果想要打开文学抒情的讨论空间，应该避免把抒情本身作为一种本质性的东西来看待。比如在 20 世纪 40 年代的现代文学中，有关抒情的美学观念一直被更为现实与迫切的“抒情政治”所裹挟和塑造，而难以成为对文学本质深刻内涵进行挖掘的理论工具；不过，在另一种层面，倒也成为展现文学、现实、政治互相纠缠的一个窗口。当然，其产生的种种效应与后果都需要学界从对这一时期更多的文学与批评实践的考察中继续探究与厘清。

最后，我们不禁又要回到问题的原点，“感伤”是一个问题吗？如果是，我们又该如何疗治？从 40 年代的文学批评实践中，我们看到论争背后，一些意识形态或者说强势话语的影响，某种极端化的表达可能戕害文学的表达，不利于文学批评与理论的深入。但这似乎又不是一个非此即彼、非黑即白的问题。尤其在 20 世纪 40 年代的特殊语境中，它既是一个政治问题，其实也是一个文学内部的抒情问题。在现实意义与文学性的撕扯中，文学的肉身如何寻求平衡，时代之海中如何析出文学的盐分，或许是这些论争超出其时代局限给予我们的持续思考。

（作者单位：首都师范大学文学院）

走向小说的后台
——论韩少功《修改过程》中的叙事哲学①

贾永平

《修改过程》是韩少功继《日夜书》之后推出的又一部文体实验作品。小说采用开放的叙事方式将后台展示出来，让读者看到写作过程的修改，完成了小说哲学化的实践。这种叙事哲学不仅注重阐释世界，更着力于阐释对世界的阐释。韩少功以小说为中介来认识历史与现实，为读者开掘出历史与文学、记忆与真实、名与实之间张力丛生的丰富图景。

一、历史在文学经验中绽放异彩

在《修改过程》中，韩少功讲述了 M 大学中文系 77 级 2 班大学生从入学到毕业之后的生活。作品生发于他的个人经验。他说：“好的小说或多或少都有点自传体的性质。”② 对于深埋心底的 77 级大学生活经验，韩少功一直怀有强烈的书写意愿。这既是他对过往经历的情感寄托，也是成长过后对来时路的反观、审视。在他看来，岁月的磨砺与人生的际遇或多或少会触发人的一些情绪和感怀。文学就是这些情绪和感怀的最好表达园地。韩少功正是要通过文学这一中介将个人对过去生活的经验和认识叙述出来，让历史在文学经验中绽放出别样的姿态。

---

① 本文系上海市哲学社会科学规划青年课题“洛文塔尔的文学理论研究”（2020EWY013）的研究成果。

② 李宁：《韩少功谈新著〈修改过程〉：人之“自我”是可修改的》，《海南日报》2019 年 1 月 6 日。

韩少功在《修改过程》里打破了自传体小说常有的以自我成长为中心的书写模式，而是将视角扩展至77级大学生群体的命运历程。他以入乎其内的方式将享有的77级大学生活经验打捞出来，从容自如地写入小说中，又以出乎其外的方式化身成一个理性审视者，将那段历史中的人情事态及人与时代的错综关系展示开来。在他的心目中，文学最根本的职事就是感常人之不能感，从日常生活世界中发现一些被隐藏和遮蔽的新经验。韩少功意欲从文学经验入手，对凝固了的历史进行多面镜式的开掘，发现历史总体性遮蔽下的非同一性面相。早在亚里士多德那里，诗与历史在叙事上就有了区隔——“诗是一种比历史更富哲学性、更严肃的艺术，因为诗倾向于表现带普遍性的事，而历史却倾向于记载具体事件”①。相比于历史呈现给人们的既定事实和认知，文学在或然原则下能够让历史生长出更多可能性和异质性。

在韩少功看来，77级大学生及所处的时代不同于历史上出现的其他大学生和时代。在他们身上及其时代中呈现出一种“液化状态”②。他们的大学时代经历了我国社会历史发展的一个重大转折期。此前，高考一度因为“文化大革命”时期的动乱局面而中断。党的十一届三中全会的召开对“文化大革命”进行了全面的拨乱反正，开启了改革开放的新时期。恢复高考无疑是新时期下教育事业迎来春天的一声惊雷，对77级大学生来说是生命中的重大事件。之后，伴随着改革开放而来的一系列社会变迁都在他们的成长道路上烙下深深的印记。

小说的附录一《1977：青春之约（2007年班会献礼视频提纲）》以影像回放的方式对这一时代变迁做了记录。影像以配音加同期的方式，既交代时代背景又述说个人感受，谱写出时代与个人命运交相辉映的奏鸣曲，重点突出了参加高考和入学报到这两个欢乐乐章。董云国卸完粮食后去县教育局报考，毛小武由于没有免冠照片从全家福上剪下不整齐的照片去报考……许许多多像他们一样的青年都对这个突如其来的机会感到欣喜若狂，纷纷赶赴这场久违的关乎人生命运的大考。在入学报到时，同学们的年龄相差悬殊。用书中的话来说，是娃娃生和“叔叔”、“姑姑”之间的差别。年龄最长的学生伍天佑与儿子一同上大学，马湘南来自部队，肖鹏来自乡镇企业……年龄与社会身份的多元化使这一届大学生成为历史上的独特风景。他们共同走进了知识的殿堂，开启了人生起飞的机遇之门。

试想一下，假如高考没有恢复，地处东西南北的他们就会错失这次机会，其人生轨

① ［古希腊］亚里士多德：《诗学》，陈中梅译注，商务印书馆2011年版，第81页。

② 此处借用齐格蒙特·鲍曼在《流动的现代性》中对于现代性的液化特征的描述，用“液化状态”来指一种流动性和多变性的状态。

迹也会发生改变。这种思考正是韩少功对历史的关切所在，是对历史存在的可能性的解析。这种解析在书中以算式展现出来，个人命运与时代命运之间的相关性是一道乘法题，一旦历史有所修改，个人命运会随之加倍发生变化。由于看到了历史修改的可能样态，反而让我们对历史有了更加深刻的理解。历史的转折处常常在普遍性中含有偶然性，而伟大的历史转折对于时代和个人来说都是时来运转。这种转折饱含着幸运，让人倍加珍惜。

韩少功不仅透过历史未发生的可能性去打开历史的暗箱，而且通过对已发生的历史进行细致剥离来辨析历史的多面性和复杂性。小说中提到“认识世界永无止境，哪怕就是认识自己，也是一条令人生畏的漫漫长途”①。在《1977：青春之约》中，他将《A课：理想的修辞》与《B课：世俗的语法》并置，将77级2班群体所经历的时代及个体命运的丰富面相展示出来。在《A课：理想的修辞》中，这个时代是一个满怀激情和理想的时代。他们求知若渴，崇尚《哥德巴赫猜想》塑造的知识偶像，在熄灯之后仍然借助煤油灯、手电筒来学习，接力阅读限期归还的紧俏书，去新华书店隔夜排队抢购新书。他们将文学看作人类良知的承载、社会进步的敏感神经，醉心于文学世界中，通过文学对时政社会热点问题发声。他们也积极投身社会，对乡镇企业、乡村教育等课题开展调查研究，不断夯实对社会和人生的认知。他们用理想和青春奋斗，以摸着石头过河的经验给时代注入了沉沉的分量。

与此相对，韩少功在《B课：世俗的语法》中将历史的另一面勾勒出来。这个时代又是一个涌动着世俗利益和个人主义的时代。一位西方学者在对这一时代的大学生进行观察时，发现他们不仅唱《国际歌》，而且追逐邓丽君。在韩少功看来，这位西方观察者窥到的这一特殊细节正是时代的重要表征。对于当时的大学生来说，时代的变化犹如雨后春笋，深圳经济特区设立，个体户、外资企业涌现，港台歌曲进入内地，爱情解禁，西方思潮大量引进。传统的革命理想仍然留存，但一些世俗的利益也成为社会上的正当追求。强调个性和个人逐渐成为时代的高音。虽然他们还在谈理想，但开始关注红尘滚滚的烟火人间。他们大胆地参加舞会，开展关于个人主义的辩论，从事商业活动，质疑既有知识权威。“浪漫的理想一旦潮退，散沙化的各谋其利便浮出水面。”②

在韩少功的眼中，20世纪80年代并不是铁板一块。这一时段继承了前面时代的集体理想和革命激情，又接续着后面时代的个人解放和消费风潮。刘复生在关于《修改过程》的评论文章中也揭示了这一关系，认为80年代是理解中国当代历史的重要时间枢

① 韩少功：《修改过程》，花城出版社2018年版，第282页。
② 韩少功：《修改过程》，花城出版社2018年版，第278页。

纽，连接起了前30年和后30年，“它既显示为创造历史的理想性，又表现出泥沙俱下的虚无主义”①。对于这样一个历史交错的时代，韩少功并不将其简单化为理想与世俗的两极对立，而是看到两者并置其中的张力。他把这段历史引向辩证理解的轨道，通过理想来思考世俗，通过世俗来理解理想。他认为只顾理想而对世俗利益嗤之以鼻，这种理想犹如空中楼阁。如果理想是让人民的生活过得美好，那么人们为了满足生活需要追求一些正当的物质享受又有何过错？可以看出，韩少功不赞成对历史做崇高与世俗的对立化判定，反对认识历史的同一性暴力，而是看到两者之间内在的辩证联系和合理性存在，对其进行鞭辟入里的呈现。

这一代人在与时代的共舞中会出现常与变相随的状态，在身上打磨出理想与世俗的双重底色。他们在理想高扬的时代用理想拥抱时代，在世俗利益兴起的时代仍然存有理想，只是把理想融入日常生活的劳作当中。他们从容地应对时代的变化，不断地修改着对于生活的认知。“他们努力过——即便尚未抵达理想的终点，即便倒在或将要倒在前行的路上。”② 他们在认清生活的真相之后仍然热爱生活，温暖向前。

韩少功认为历史只有在过后才能进行审视，就像密纳发的猫头鹰要等黄昏到来时才会起飞③。他将77级2班一代人的生活放在更广阔的社会历史中去考量。他们的生活是不断朝向未知的生活，是不断发现和认识的过程，是一种永远流动的状态。过去的悲与喜、恩与怨、肯定与否定，在历经岁月的洗礼后都已显得不重要。因为岁月还要向更遥远的未来延伸，现在的一切都还不能有结语和定论。

77级2班一代人所经历的历史在韩少功的文学经验中被赋予了丰富的内涵，既有历史的不确定性，又有历史的多面性，还有历史的未来性。他在文学叙事中选取的这些普通人的生活经验，很难进入历史的宏大视野，却是时代最鲜活的印记，应该成为时代的讲述者。他借助文学为我们打开了认识历史的别样空间，也为理解当下社会提供了一面历史多棱镜。

二、走向后台的记忆修改与回忆

韩少功在《修改过程》中展现小说后台的方式不止于通过对历史的刻录来回望历史

---

① 刘复生：《重返“短八十年代”——〈修改过程〉的精神现象学》，《南方文坛》2019年第4期。

② 韩少功：《修改过程》，花城出版社2018年版，第280页。

③ ［德］黑格尔：《法哲学原理》，邓安庆译，人民出版社2017年版，第15页。

的多面相。附录一的影像资料大抵可以看作对历史的互证。他将更多的笔墨放在对历史的修改中，试图通过回忆来认识历史。在他的笔下，历史和人物的命运在现实与记忆的两度时空中来回穿插而变得扑朔迷离。历史的在场不单是历史存在于过去，也在于历史存在于心间。不管是非意愿的还是有意识的回忆，都拒绝时间之不可逆转性。“时间的失向不仅影响了历史如何被再现，也影响了我们再现历史。”① 回忆让历史与当下融为一体，呈现为独特的瞬间体验，有时还指向未来。文学回忆是对历史的一种想象性创造，有时会让历史失真。然而这种失真却可以起到艺术真实的审美效果，像魔法那样补足人们对历史的各种希冀和幻想。

小说的展开就源于回忆。主人公肖鹏在一次教材编写会上将大学同学林欣的名字叫错，又得知林欣怨恨自己的深层原因是遗忘了毕业十年相聚的约定。为了检视自己的记忆力是否出了问题，他打电话核对同窗的姓名，结果大多数记错甚至有的想不起来。遗忘引发了他对记忆力的担忧。为了能够找回曾经的记忆，他决定以写小说的方式来拯救记忆力。在肖鹏的观念中，找回记忆的最佳途径就是在小说中追忆熟悉的大学同学和校园生活。这就把小说的镜头拉到过去，转向记忆深处。通过回忆，77 级中文系 2 班的往事以及陆一尘、楼开富、马湘南、毛小武、史纤、林欣、赵小娟等主要人物形象在小说中浮现出来。

韩少功不赞同创作者在回忆时对于过往的人和事进行完全可信的呈现，就如同他质疑创作谈和回忆录一样。他强调道：“尽管我现在能尽力回忆当时写作的心境，但时过境迁，当时心境是绝对不可能再完整重现了。因此作者的回顾，事后的创作谈，能在多大程度上与实际创作情状复合，是并非不值得怀疑的。”② 带着这种观念，他在《修改过程》中向读者揭示了回忆的不可靠性和可修改性。他认为肖鹏对于过去的记忆必然带着主观色彩，而且他并非时时事事在场，所以他的有限视角回忆并不完整可信，只能是一种单向独断的回忆。

个人记忆离不开集体记忆。为提高故事的保真度，韩少功在肖鹏回忆之余，让其他人物出场对回忆进行补充。肖鹏在小说中为了将人物故事写得更加妥帖，经常给故旧朋友打电话求证自我记忆的可信性。在众人的记忆补足下，肖鹏不仅找回了自己的记忆，而且记忆空间被大大扩充。这使小说在自我记忆之上衍生出更多的可能性，故事细部更加丰富，人物命运轨迹出现多种分岔。“叙述，或者写作，就是将记忆化成艺术，也就是

---

① 王德威：《写实主义小说的虚构：茅盾，老舍，沈从文》，复旦大学出版社 2011 年版，第 70 页。

② 韩少功：《在后台的后台》，人民文学出版社 2008 年版，第 1 页。

用形式将过去的碎片加以补缀成篇。写作（叙述）不只是个除魅的仪式，也是一种招魂的方法。写作引领我们一次又一次进入记忆的深渊，在其上洒下不同的亮光。”① 在《修改过程》中，关于楼开富的叙述就是不断进入记忆深处、洒下不同亮光的最好例证。

关于楼开富的记忆集中在第十二章（A）《体育新星》和（B）《紫罗兰和玫瑰花》两个版本中。（A）版本可以看作肖鹏的自我回忆，（B）版本则是根据毛小武的回忆补足而成。在（A）版本中，楼开富因和妻子黄玉华闹矛盾，加上长期受妻子家里人的轻视，决定在一个雨夜将埋藏在心中的移民念头付诸实践。然而在一切就绪时，妻子患上脊髓小脑萎缩，使他的移民计划泡汤。为了能够照顾好家里，他意识到身体的重要性之后开始强身健体，却意外地在马拉松比赛中收获了许多奖牌。他在奖牌中找到了自信，感受到生活的美好。这一版本的结局是楼开富在跑道上被汽车撞到半空中，像一朵花在慢镜头中绽开。在（B）版本中，楼开富已经移民。他的妻子黄玉华已成为詹妮弗·黄，腿脚好像是有点不便，但没有脑萎瘫痪。毛小武因生计问题求助楼开富夫妇，得到的回复是因学历不行只能申请因受迫害而政治移民。毛小武接受不了这种有损国家情感的移民方式，一时激动，砸了楼开富的车，被送到派出所。结尾是楼开富来看望毛小武并倾诉心中的爱国情感。

从两个版本来看，记忆出现了分岔。小说中对肖鹏的这一写法做了说明。肖鹏说自己听过毛小武的说法，也听过其他人的说法，甚至已有改写，只是在定稿时难以取舍，就把两个版本都呈现出来。面对毛小武关于真实性的质疑，他用小说就是“假作真时真亦假，无为有处有还无”② 来回应。在肖鹏看来，即使毛小武提供的素材也可能与事实有出入。他将追问两种版本的真实性悬置起来，是为了让读者看到更多的可能性，打破一种记忆对历史进行重构的优先性。既然过去的真实性难以探定，我们只能通过故事新编和情节演义来不断触及它。这样我们就会理解韩少功的写作尽管夹杂着自我经验，却是一种开放式叙事。

对于韩少功在后台呈现的记忆修改过程，我们还可以从怀旧的视角来发掘他对历史的一种写作意识和态度。对韩少功来说，小说里对 77 级大学生活的回忆书写实现了自己对过往生活的一次怀旧之旅。一般来说，怀旧有修复型和反思型两种类型。“修复型的怀旧强调返乡，尝试超历史地重建失去的家园。反思型的怀旧多限于怀想本身，推迟返乡

① 王德威：《写实主义小说的虚构：茅盾，老舍，沈从文》，复旦大学出版社 2011 年版，第 26 页。

② 韩少功：《修改过程》，花城出版社 2018 年版，第 143 页。

——有惆怅、嘲讽和绝望之感。”① 在《修改过程》中，我们可以看出韩少功的初衷不满足于通过回忆返回过去的青春时代，而是要以反思的姿态审视浪漫化回忆下的深层矛盾。就反思型的怀旧而言，主体的书写更注重对细节、个人、苦难的捕捉，在宏大的、集体的、浪漫的历史话语中闪耀出差异的、个人的、现实的思考，最终将历史的客观性呈现出来。

小说为了能将历史的客观性展示出来，对过去的回忆并不是以连缀贯通的故事出现，而是用蒙太奇的方式将各种记忆进行重组，使故事融入当下和现实的叙述中。韩少功为了客观地呈现20世纪80年代的样貌，在自我和他人的记忆的基础上，运用了多重叙述视角，既有20世纪80年代的自述，也有20世纪90年代和当下对于20世纪80年代的重述。这样一来，多重记忆和叙述就像星丛一样，最大限度地让历史的丰富性如其所是地呈现出来。关于过去的回忆在叙述中不断发生修改，让记忆处于建构、解构和重构的动态链条之中。小说中关于楼开富的记忆和叙述就是在这一动态链条下的客观呈现。

故事人物有自己的生长性，就像安娜·卡列尼娜一样会随着故事的发展长成客观要求的模样。楼开富的命运会出现（A）、（B）两个版本，离不开他身上的一种客观性转变潜能。这种转变潜能植根于他对时代的敏感和功利性。与马湘南痴迷于商业，史纤执着于文学不同，楼开富是一个对时代有敏锐嗅觉、能够顺势融入时代变局中的人。在第八章《咱们干部子弟》中，楼开富上大学时带有浓厚的政治味道，时刻把品德、理想、现代化、革命传统挂在嘴边，对赵小娟的感情不予理会，将其赠送的约会电影票转送给主管学生工作的王副书记。他之所以这样做并不是因为政治原因不谈爱情，而是他在心中将爱情物化成政治事业的筹码。他看不上赵小娟的工人家庭出身，与马湘南交往也是为了其高端人脉。他主动向马湘南提供迈向先进的途径，其中之一就是反映同学情况。当马湘南给他创造机会谈情说爱时，他一开口就跟对方做报告、讲理论。通过上述生动化的场景，我们可以看出楼开富对于崇高的政治事业充满着世俗打算，情感中掺杂着功利性。

楼开富的功利性在后来的人生路上进一步演绎出来。在第十一章《天堂里的人间烟火》中，他毕业后去了省党报，如愿娶了一位厅长的女儿为妻。凭着党报的权威，他被一些干部前呼后拥，好茶好酒招待。可以说，楼开富虽然对政治事业有功利性，毕竟还是忠于这条路的。然而，在马湘南邀请他去南方特区城市游玩之后，他对于这条路的忠诚度大打折扣。他看到的南方特区城市完全是另外一个世界，“时间由卡西欧管理，夜景

① ［美］斯维特兰娜·博伊姆：《怀旧的未来》，杨德友译，译林出版社2010年版，导言第7页。

由飞利浦掌控，速度由丰田和福特定义，皮肤由香奈儿和雅诗兰黛呵护，舌头是交轩尼诗和马爹利训练”①。楼开富完全被这种生活所震惊，认为其比干部们的生活还牛。在他心中，“像‘时代’这样的词，只有在那里才会蠕动，才会伸缩和起伏”②。可见，楼开富对政治事业的初心已经被汹涌的经济浪潮所冲刷。他小时候觉得世界上如果有天堂，机关大院一定就是了，而当他进了那个院子，他感到天堂里全是人间烟火。楼开富之所以会在天堂里看到人间烟火，不排除南方之行对他的刺激，更源于他心中深藏的人间烟火镜像。由于他心中潜藏的功利性会使他背弃理想而选择有利可图，所以他的人生会因功利性延展出多种可能性。小说关于楼开富的记忆和叙述出现（A）、（B）两个版本的人生，是有可能的。

韩少功通过不同记忆的并置，以典型化的方式塑造了楼开富这样一个兼有理想与世俗的人物形象，让我们看到了人生多种可能性背后的客观性。这种客观性既与他的主观性格特征相契合，也与从 80 年代到 90 年代社会思想的变迁相符合。

通过记忆修改的后台呈现，韩少功将我们引向了反思型回忆中的 77 级大学时代。他始终保持着批判性视角和间离状态，拒绝记忆和情感的单一化，让人物不断跳跃出入，在记忆的补足和差异中尽显时代与人物流变的可能性和客观性。

三、以文学叙事之名来认知现实

不管是在文学经验上对历史的敞开，还是在记忆丛生处对人物的完形，都是韩少功极力开展叙事哲学的结果。他的叙事哲学是对文学与生活、记忆与真实的思考，归根结底是对名与实的探求。小说中多次围绕文学语言和生活之间的关系展开讨论。

《天堂里的人间烟火》一章中写到小说是表现生活的，但是不能与生活画等号。小说是传奇，聚焦于新奇之事，一些生活虽然真实但因其简单乏味会失去吸引效应和审美价值。“伦理、宗教、法律、政治、习俗、市场和资本等，布下了各种心理安防禁区，还会让小说家们主动或被迫地剪去诸多‘不合适’‘不正确’‘不允许’的东西。”③ 这样下来，小说表现的生活少之又少，读者凭借小说去营造自己的生活之树，就会在真正的生活中碰壁。通过这种后台揭秘的“元小说”叙事手法，韩少功让读者看到了小说虚构的本质。

---

① 韩少功：《修改过程》，花城出版社 2018 年版，第 120 页。
② 韩少功：《修改过程》，花城出版社 2018 年版，第 120 页。
③ 韩少功：《修改过程》，花城出版社 2018 年版，第 117 页。

对于为何会在《修改过程》中开展“元小说”的文体实验，韩少功回应道：“在这本小说里，‘元小说’的方法，若实若虚的写法，至少贴近我对人物故事不太确定的态度，分别数十年后对他人慎于判断的一份犹疑。现代人对自己认知的独断习惯，尤其应多一点防范。”① 我们从中可以得知，他使用“元小说”的方法就是要通过形式表达内容，借助小说这一中介通向历史的不确定性。

小说与现实生活的关系背后蕴藏着韩少功关于名与实之间关系的哲学思考。第十九章《现实很骨感》呈现了一场肖鹏与惠子关于名实关系的穿越对话。肖鹏在谈到写作中会出现作者不能完全掌控故事人物发展的问题时，惠子提出作者不应该有话语霸权。在关于世界要不要书写的问题上，肖鹏认为对现实世界的书写要比现实世界更有价值，如果不借助于书写，现实世界就是一片与人无关的黑暗地带。惠子也认为将现实转化为可知现实是有价值的，文学正是实现这一过程的重要手段。文学通过语言来对现实进行描述和认识，让世界向我们敞开。

透过上面的对话，我们可以得知韩少功关于文学与现实人生之间的看法。文学既是认知世界的手段，也是让世界存在的目的。通过文学我们能够打开世界的黑洞，将背后的真理之谜揭示出来。在韩少功的心目中，文学是有温度和硬度的。虽然它不直接作用于现实，但能够为人们提供改变世界的思想理论。项静认为“《修改过程》可以看作一个关于文学的隐喻，文学作为一个干扰性的突发事件，影响了生活的正常进程，被干扰到的人们借着文学的方式彼此观看，再次分享或者想象一次情感上的相逢”②。韩少功将小说作为事件来激发人们思考现实如何变成可知现实，在小说的叙事后台演绎了小说如何像哲学一样阐释世界。

在《修改过程》中，韩少功通过小说的形式将哲学思考呈现出来，让读者看到小说如何来叙述历史及修改记忆。过去的历史已为陈迹，要想重新获得历史，只有在记忆中寻找。然而，时间已流逝，记忆中的历史也会模糊。因此，韩少功在书写过去的记忆时会带着犹疑。另外，对历史的认识必然是在当下对过去的一种体验。这种体验不以线性的连续体出现，而是一个个片断。所以，他在小说中以穿插、互文等碎片化的形式来表征历史，通过多人的记忆来重组历史。韩少功对历史的表现类似于本雅明的历史哲学。本雅明在《历史哲学论纲》中指出：“过去的真实图景就像是过眼烟云，他唯有作为在

---

① 李宁：《韩少功谈新著〈修改过程〉：人之“自我”是可修改的》，《海南日报》2019 年 1 月 6 日。

② 项静：《野生动物与不在场的花朵——评韩少功〈修改过程〉》，《扬子江评论》2018 年第 6 期。

能被人认识到的瞬间闪现出来而又一去不复返的意象才能被捕获。”① 韩少功在写作中就是把过去的生活变成一个个独特的瞬间体验。这些瞬间如同闪电一样让77级大学生活从暗处显现出来。

小说除了以片段化的记忆表现历史的复杂性之外，还通过多声部叙事来形成对于历史的公共性对话。这种多声部叙事同样是韩少功利用形式来表达内容的有力武器。在小说中，叙述者和叙述视角自由切换，有韩少功作为超级叙述者对肖鹏以及肖鹏所写的小说进行观察议论，也有肖鹏作为次级叙述者对小说中的故事进行叙述，还有作为一般叙述者的故事里的人物如马湘南、楼开富、毛小武等人自我叙述，形成了多声部叙事。尤其是肖鹏，既是整部小说的主人公，又是小说中写小说的作者，还是小说中的小说的故事人物，兼有外视角的全知性和内视角的限制性，产生了视角交叉和互补。多声部叙事既有个人独立的声音，又有多人合奏，使得小说呈现出众声喧哗的效果。人物身份不断转化，就像中国古代戏曲中“说戏人”和“戏中人”互相穿插一样，让小说变得新奇陌生，使读者从对小说的沉浸中不断抽离出来进行思考。

韩少功认为这种众声喧哗的效果十分贴合对那个时代和人物的表达。他在访谈中说：“因为是写大学生，写都市，写改革开放，当然会多一些轻快和热闹的调子。那段生活在我的印象中就是这样众声喧沸，轰轰烈烈的。这不同于我以前写乡村题材，如果也搞成二胡和长笛，搞成慢板和独奏，总体感觉就不对了。在这个意义上，‘形式也是内容的’。”② 小说中诙谐生动的语言随处可见，甚至有不少网络流行语和口头俗语，如“这年头居然还有小说，还有神经病来读小说。那些臭烘烘酸掉牙的东西比数学还添堵，比二维码还花眼睛，拿来擦屁股也嫌糙”③。此类语言多带有反讽与解构的意味，折射出韩少功关于小说与现实的一些看法。正是通过情感色彩浓厚的语言表意符号，作者的意图在小说中跃然纸上，其主体性形象也得到了强化。

韩少功在《修改过程》中对于名与实的思考，提供了一种小说打开历史的方式。他通过小说的可修改性来反思历史的可修改性，通过小说的多声部叙事来反思历史的丰富性，获得了实证与想象、观念与虚构共生的效果。

---

① ［德］瓦尔特·本雅明：《历史哲学论纲》，张旭东译，《文艺理论研究》1997年第4期。

② 李宁：《韩少功谈新著〈修改过程〉：人之“自我”是可修改的》，《海南日报》2019年1月6日。

③ 韩少功：《修改过程》，花城出版社2018年版，第32页。

小　结

韩少功以极具哲学性的叙事将心底的77级大学生活经验和记忆展示出来。他走向小说的后台，在文学经验和回忆对于历史的修改过程中呈现出历史的多样性和认知历史的多元性，避免历史走向固化。《修改过程》将77级大学生所处的特殊时代从历史进程中剥离出来，给予了鲜活生动的叙述，最大限度地呈现了那个时代的丰富景象和人们在时代之中生成的复杂情感。读者也会在这一时代的剥离中获得认知历史与当下的特别的思想种子。

（作者单位：华东师范大学中国语言文学系、兰州城市学院文史学院）

后革命时代的“总体性”写作
——张承志新时期小说再解读

王海晗

1978年，《骑手为什么歌唱母亲》获得第一届全国优秀短篇小说奖，标志着作家张承志的横空出世。此后，他连续发表《黑骏马》、《北方的河》、《金牧场》、《西省暗杀考》等经典作品，一跃成为中国当代最具影响力的小说家之一。然而今天回过头去看，张承志的创作虽然伴随着新时期的历史进程展开而暴得大名，却难以被纳入新时期习见的文学史叙述之中。这是因为在20世纪80年代“新启蒙”所建构起来的“人的文学”想象之中，他的小说始终是作为一种异端的精神释放着巨大的思想容量，从而或隐或显地对伤痕、反思、改革、先锋等文学潮流抱持着疏离的态度，这是张承志小说独特的价值所在。

历来关于张承志作品的研究已经对其艺术特色作了充分的解读，包括抒情体式、浪漫精神、英雄气质等，最典型的即是所谓道德理想主义的描述，其中自然有十分精当的见解①。然而与此同时，笔者以为，用80年代主流话语所生产出来的“艺术”、“抒情”、“审美”等纯文学标准来处理张承志的文本也在一定程度上遮蔽了其小说中原本所具有的高度“政治性”。换言之，对张承志的理解不能仅仅局限于纯文学的格局之中，而是要在社会政治转折的历史化框架之下，着力探寻其小说所标举的“人民性”的真实内涵，从而显现出作为“异端”的思想深度所在。具体到小说文本，与本文相关的问题是，去政治化的“人民”概念如何在后革命的语境下找到与之相符的历史对应，从而以

---

① 在80年代个性解放的思潮下，学界倾向于对张承志的小说作一种审美体验式的批评，最主要的文章有蔡翔《一个理想主义者的精神漫游——读张承志〈北方的河〉》，《读书》1984年第9期；季红真《沉雄苍凉的崇高感——论张承志小说的美学风格》，《当代作家评论》1984年第6期；南帆《张承志小说中的感悟》，《当代作家评论》1986年第1期；李今《张承志小说诗的素质》，《小说评论》1987年第3期等。

一种隐微心曲的文学方式表达出来。在这一过程中，张承志的小说获得了自身的主体认同并进而拆解了“人的文学”/“人民文学”、个体/群众二元对立的现代性认识装置，导向一种个人心史与社会历史辩证统一的“总体性”写作的可能。一得之愚，试论述之。

一、“归来者”的意识：历史延长线上的“人民性”

从张承志走上文学道路伊始，他就高举起“人民性”写作的大旗并一以贯之。在有着创作宣言性质的《学习的第一步》一文中，他正式提出了“为人民写作”的口号，并将其视作“信念的观点”①。1982 年，张承志又系统回顾了第一本小说集《老桥》的写作由来，并坚定地宣称：“我非但不后悔，而且将永远恪守我从第一次拿起笔时就信奉的‘为人民’的原则。”② 嗣后，他在《黑骏马》的创作谈中再次重申了一贯的立场，认为自由而酷烈的环境与“人民”的养育是自己得到的两种无价之宝③。在 20 世纪 80 年代初期，一位作家如此频繁且先声夺人地抛出“人民性”这一似乎已经“陈旧”的“前三十年”的概念，或多或少地与新时期以来渐渐聚拢的个人主义式的文学审美话语扞格不入，更与改革语境下以“八五主潮”为代表的“现代性叙事”构成了一定的张力关系。作为一名有着深刻批判意识的“以笔为旗”的作家，张承志有意识地介入 80 年代的社会现实，却是以一种“逆向”的方式与之近身肉搏，这显示了他本人既“内在于 80 年代又超越了 80 年代”的文学史定位。在这种独特的姿态背后，究竟隐藏着怎样深刻的文化动因?

要理解张承志新时期的创作，历史是一个始终挥之不去的关键词。无论是在小说中还是在随笔中，一代人的历史记忆往往成为张承志念兹在兹的话题。在对过往历史的缅怀中，“人民性”的概念得以烘托而出，这构成了他叙写小说的方式与看待问题的视角。《骑手为什么歌唱母亲》、《黑骏马》、《青草》、《绿叶》、《老桥》等篇章本身就是以知青生活为题材铺展而成的。在这些作品里，作者有着为历史与青春作证的意愿。在张承志的描绘下，乌珠穆沁草原的插队生活提供的是一种来自文化母胎的精神滋养。正如他自己所说，“逆境里，在劳动中，在穷乡僻壤和社会底层，在思索、痛苦、比较和扬弃的过程中，在历史推移的启示里，我们也找到过真知灼见，找到过至今感动着甚至温暖着自己的东西”④。这就是为什么张承志一再以“母亲”的称呼来讴歌草原上的额吉，反复以

---

① 张承志：《学习的第一步》，《中学语文》1980 年第 2 期。

② 张承志：《老桥·后记》，《张承志文集》（第 1 卷），上海文艺出版社 2015 年版，第 260 页。

③ 张承志：《绿风土·初逢钢噶·哈拉》，《张承志文集》（第 4 卷），上海文艺出版社 2015 年版，第 92 页。

④ 张承志：《老桥·后记》，《张承志文集》（第 1 卷），上海文艺出版社 2015 年版，第 260 页。

蒙古大草原“养子”的身份来定位自身。正是在与额吉、索米娅、巴特尔、小奥云娜、厄鲁特老人等人的相处过程中，张承志找到了“人民性”的肉身归宿并且获得一种深层的情感认同。究其实质，是因为他在皈依人民的过程中可以寻求到与过去的历史与生活相连接的通道。由是，“人民性”构成了自身与“60年代”“思想改造”之间无法隔绝的精神纽带与历史维系。这与以张贤亮为代表的老一辈知青作家大相径庭。尽管他们也曾描写过知青岁月的些许快乐，但总体上带有一种去炼狱中赎罪的心态，精英化的知识分子心态浸淫于字里行间，造成“我们”与“他们”之间的人为区隔，一种居高临下的隔膜感在所难免。而张承志恰恰将这一段“接受贫下中农再教育”的记忆作为岁月的馈赠来看待。因为在其看来，知青生活的背后乃是锻造生命的主体性，使个体的主观精神直接参与到生活的塑造之中，而这种生活实践又转而为他的艺术创作提供了丰富的养料资源，这正如鱼水之间的关系一样密不可分。

在另一类小说中，知青生活并不构成直接的题材来源，但“60年代”的革命记忆依然以另一种隐喻方式表现出来，譬如《北方的河》。在小说中，研究生游走在各路名川大江之间考察人文地理的行程似乎可以与“红卫兵”时期的“串联”经历联想到一块，这里显然有一个“改革”时间与“文革”时间相互对照的意义空间。在另一层面上，因为创伤记忆的存在，研究生与女摄影师恋爱关系的破灭象征着广义上红卫兵与其受害者之间的意识裂痕。他们之间的罅隙可以用冈林信康的歌词来注解：“你的疼痛的深切，我当然不能理解。为什么我们离得远了，其实一直是近在眼前。”① 更饶有意味的是，作为与主人公形成对照的高干子弟徐华北最终与女摄影师结合，还投掷出了一个谁该为历史的苦难来负责的问题。主体的态度在题记中已经显露无遗——既为自己曾有的幼稚、错误和局限而后悔，又希望有一个公正而深刻的认识来为他们这一代独有的奋斗、思索、烙印和选择进行总结②。在《北方的河》的后记中，作者这样坦言道：“在我起步时宣言过的‘为人民’三个字，此刻变得又朦胧又亲近，似乎缥缈无定但又可触可摸。”③ 值得注意的是，张承志对“人民性”的认知在《北方的河》里出现了内部意识的紧张。在笔者看来，这恰恰是张承志在直面创伤性历史内部的复杂性与矛盾性时出现的自我认知的裂痕。尽管如此，他不虚美、不自轻、不回避，进而坦然向历史挺身而出的态度无疑承担着对于“人民性”最负责任的诠释——“我们和我们的祖国一起，背负着沉重的遗产

---

① 张承志：《北方的河》，《张承志文集》（第2卷），上海文艺出版社2015年版，第93–94页。

② 参见张承志：《北方的河》，《张承志文集》（第2卷），上海文艺出版社2015年版，第3页。

③ 张承志：《北方的河·后记》，《张承志文集》（第2卷），上海文艺出版社2015年版，第314页。

和包袱前进，若否认它们就等于否认青春、岁月和我们自己”①。

张承志写于1985年的《美文的沙漠》一文表面上看似探讨美文写作的观念，其实也是一篇十分重要的涉及小说旨归的创作谈。文中有如下表述：“我们这一代年轻（?）作家由于历史的安排，都有过一段深入而艰辛的底层体验。由于这一点而造成的我们的人民意识和自由意识，也许是我们建立对自己的文学审美和判断的重要基础。”② 笔者以为，这一段话最为精辟地揭示出了张承志写作的渊薮所在，回答了新时期的“人民性”从何而来的问题——人民意识的获得正是由于历史的安排，没有历史的沉淀，“人民性”将会无从依傍，“人民”与“历史”也无法在深层次的价值根基上联系起来。这样看来，张承志在新时期所标举的“人民性”并不是一个在“新启蒙”路径下生产出来的空洞的美学概念，而是其来有自地处在社会历史的延长线上，它具有时间上的回溯性，指向新时期以前的“生活实践”与“革命实践”。可以说，“人民性”与“政治性”形成了一定程度上的价值同构，只不过“人民”的所指在后革命时代“告别革命”的浪潮中失去了阶级动员的属性，成为了一个徒有政治躯壳的能指符号。或者换句话说，原本具有强烈阶级革命性质的“人民”概念不得不完成去政治化的过程。但与此同时，强烈的政治关切及革命理想主义激情却延续到了新时期的创作之中，这意味着需要为去政治化的“人民”概念重新赋形，寻找新的历史对应。

循此思路，张承志也可以被视为一个独特的“归来作家”。尽管他从70年代末才开始发表作品，却是携带着沉重的历史记忆登上文坛的，他的作品实际上是关于如何将“60年代”的主体认同转换为新时期的文学书写，如何将“革命”时代的“潜文本”转化为“改革”时代的“显文本”，如何将直接的政治实践变换为间接的情感结构。很显然，张承志对于“60年代”的经验并非全盘接受，而是充满着深刻的思辨，特别是对“血统论”的反省③。与寻常的“归来作家”不同的是，张承志并非因为“60年代”存有缺陷便远离弃绝，而是在批判的基础上全面继承“60年代”的遗产并将其转换为写作的强劲势能。正如某位评论家所指出的那样，张承志的文学“从一动笔开始就显示出与‘六十年代’的深刻联系，并且在后来三十多年的创作中鲜明执着地保持着这种联系，

---

① 张承志：《老桥·后记》，《张承志文集》（第1卷），上海文艺出版社2015年版，第261页。

② 张承志：《美文的沙漠》，《文学评论》1985年第6期。

③ 关于张承志对“血统论”的反思，可以参见写于2006年秋的《四十年的卢沟桥》一文。这篇文章是为了纪念《出身论》的作者遇罗克而作，文中有“遇罗克民主思想的核心，是抗议对人的歧视”的表述。《聋子的耳朵·四十年的卢沟桥》，《张承志文集》（第10卷），上海文艺出版社2015年版，第99-106页。

进而从这种联系中不断获得进入新的思想与艺术领域的力量和能力……”① 如此说来，张承志可谓是一个贯通当代文学“前三十年”与“后四十年”的作家，尽管在贯通的连续性之中也存在冲突、龃龉甚至断裂，却构成了张承志进入新时期文坛独特的问题意识，这也成为了解析张承志新时期小说的重要视角。只有辨明这一点，我们才能避免对张承志的作品仅仅做出纯文学化的处理，而要着力于从政治转折的社会史视野下读取其思想的深度，揭示出他在80年代中不同流俗的价值。

二、主体认同：能动精神与关系美学

在张承志的小说中，今昔对比是最为常见的结构全篇的方式。比如《绿叶》、《老桥》、《残月》、《奔驰的美神》等篇章，在现时的叙事以外，总还会有一个回忆的故事时空支撑起文本的主要内容，且往往现时的琐碎庸常与回忆的激奋人心形成强烈的反差感，有时双重叙事时空还会频繁地出现交叉转换，制造出一种内心意识的游离感与紧张感。理解这一点并不困难，只要读一读《奔驰的美神》中卡车司机与骑兵连两段叙事内容的穿插往复便可一目了然。

话虽如此，但如果把这种典型的写法仅仅归诸张承志的怀旧情怀却失之浅薄了。我们当然理解历史在张承志视野中的重要性，这在第一部分已经有详细论述，而此时问题的关键在于历史是以一种怎样的方式进入到张承志的写作中。笔者认为双重叙事时空在张承志的小说中其实并不能完美兼容，而是存在着一个暗自较量、彼此消长、互为纠缠的关系维度。在情感倾向上，叙述者往往对过去的生活葆有一种理想化的美感，同时却让现实的残酷映照出理想的虚妄性，这里有一种内在的张力维系。比如说《老桥》中4个知识青年曾经相约10年之后重回天山峡谷，为在困难中收留过他们的蒙古老头扫墓，然而最后除了主人公“他”以外，其他3人都因为现实的阻力背叛了青春的约定，最终“他”孤身一人重走老桥并获得了精神的皈依。又比如《绿叶》当中的“他”重回在蒙古草原插队时的公社寻找逝去的青春，却失望地发现曾经让自己魂牵梦绕的小奥云娜早已换了旧日模样，变得庸俗化了，但随着理解的深入，彼此慢慢接受对方并产生了如同亲人般的友谊。《亮雪》中乔玛的宝马月亮古赫的死去指涉着青春与活力的消逝，而有着雪一样白斑的小马驹的出生却代表着一种新生力量的崛起。在诸如此类的归去来的情节模式中，呈现的是一种症候式的经典主题意蕴：过去的历史不再重复，却可以从中汲取精神力量来实现新的身份认同。正如小说中不无深意地写道：“人总是这样：他们喜欢

① 罗岗：《“骑手”为什么歌唱“母亲”？——关于“张承志难题”的一封通信》，《文艺争鸣》2016年第9期。

记住最美的那一部分往事并永远回忆它，而当生活无情地改变或粉碎了那些记忆时，他们又会从这生活中再找到一些东西并记住它。”① 这里涉及的实际上是如何从过往历史中认识现在的自我，也即历史记忆与身份归属的问题。揆诸张承志，这种历史与现实的互动关系则象征性地揭橥着他本人割舍不断的“革命理想实践”与“生活教育实践”并不能直接对应于新生的“文学实践”，而是在充满张力的“情感结构”中以一种内在转换的方式参与型塑、界定、催生了后革命语境下“去政治化”的主体认同，从而化作贯穿整个小说创作脉络的隐秘法则。这种若即若离的暧昧关联即是张承志从“60 年代”承接的精神财富，也构成了其具体展开写作的方式。下面分而论之。

读张承志的小说，总是能感到一股澎湃的精神力量喷薄而出。自他提起笔开始，就出现了一个“精神强者”的人物形象谱系，无论是穿山越岭，策马狂奔，还是引吭高歌，放荡不羁，这些生命的搏击者都迸发出强力的青春激情与生命意志，坚韧地与生活抗争。《大坂》当中的“他”为了跨越大坂，冒着被吞噬的危险走向山脉交汇的分水线处，在成为征服自然的强者的同时也经历了炼狱般的心灵博弈。《奔驰的美神》中昔日的骑兵连都是争强好胜的汉子，在一次演习中，为了捍卫荣誉，铁蛋竟然舍弃自己的生命保护在暴风雨中即将熄灭的火炬，从而化作“奔驰着的、年轻无畏绝美无比的神”②。《春天》里料峭的白毛风席卷而来，发了疯的烈马安巴·乌兰在乔玛的套马杆下驯服了；暴风雪停了，春天将要来临了，可是生命热量却已散尽，死去的马倌裸露着身子。随着写作的推进，反抗性的因子潜滋暗长，张承志的小说还展现出一种站在少数、边缘与弱势的立场来体认现实的姿态，《残月》、《黄泥小屋》等作品中渐渐浮现出反强权、反压迫的逻辑。苏尕三对东家的反抗既有个人一己之爱欲，又关涉着复杂的民族纠缠及阶级动因，而暴力与信仰之间的抵牾更是锤炼主体内面精神的达摩克利斯之剑，尽管如此，心灵却在濒临崩溃的边缘爆发出无穷的力量。可以看到，张承志总是习惯将主体暴露在一种极端性的严酷环境中，在给予近乎残忍的生命考验的同时也释放出他们内心之中蕴积已久的生命冲动与意识潜能，并不断凝固为一种精神信仰，其间洋溢的是对于生命活力与自由理想的真挚追求。对于主体能动性的高度推崇跨越了任何世俗限制，甚至舍身相向也在所不惜。这种后来被他概括为“清洁的精神”的原则与革命理想中要求反抗特权来打破固有的利益樊笼的组织目标何其相似，与政治实践里净化人的思想观念并激发主体性的意识初衷更是一脉相承。可以断言的是，其本身很大程度上就来自于“60 年代”文化经验的复苏。进一步而言，革命意志在张承志的写作中其实是被不断地内在化

① 张承志：《老桥·绿夜》，《张承志文集》（第 1 卷），上海文艺出版社 2015 年版，第 216 页。
② 张承志：《奔驰的美神》，《张承志文集》（第 1 卷），上海文艺出版社 2015 年版，第 444 页。

与审美化了，失去了政治动员的属性，逐渐转换成为主体精神塑造的资源。实现主体认同，必须要获致从政治实践中剔析出来的非功利化的思想成分，这就是属于能动精神的部分。在笔者看来，这不失为一种对过去的历史记忆进行深层转化的方式。正如张承志的夫子自道——“我要守住一种源于清洁的精神”①，在后革命的语境下分享着革命“精神”的文化认同，又何尝不是一种坚守呢？因着这样的思路，这里不得不提的一个文本还是《北方的河》。它几乎寓言般地表征着张承志小说中的主体认同。在小说中，“红卫兵”的记忆与考研究生的线索形成了无形的参照，因而这篇小说实际处理的是与“文化大革命”有关的一代人的精神史，读者必须在革命与改革的张力中去理解政治理想主义如何投注的问题。具体而言，政治理想的气焰被高度“科学化”了，转而凝固成“考研究生”这一改革时代的话语，而研究生移步换景的“精神漫游”实际上最终指向对高度“革命化”的主体意识的宣泄与抒发。纵观整篇小说，叙述视角在第一人称与第二人称之间的不断游移以及自由间接引语的频繁使用都说明主体的心理活动处在一个十分活跃的状态，在以抒情所建构的审美化的感觉结构中，一个具备高度精神能动性的主体形象豁然而出，与此同时，一代人的革命史便被转化成了个人主义的奋斗史。

在“知青题材”的集中性写作之后，张承志的小说似乎找到了更为坚实的根基，那就是伊斯兰黄土高原与哲合忍耶。张承志的这一转向当然与他个人遁入黄土高原的经历紧密关涉，除此以外，其母族长期被奴役迫害的历史也是一个客观原因，此已多有论述。然而，除开这些外部原因，笔者还想补充一个内源性的因素，即张承志试图有意识地通过民族与宗教领域的写作来重建一种共同体的观念。这是因为在政治性的阶级概念退场的时代，个体至上的呼声愈演愈烈，民族与宗教提供了另一种集体主义式的思想皈依。如此便和“60 年代”再次发生了联系，构成了新时期主体认同的另一个面相：张承志在赋予主体以一种能动精神的同时，也使主体本身向广阔的社会关系展开，主体认同不能离开共同体而存在。这种姿态令人想到鲁迅先生的名言——“无穷的远方，无数的人们，都和我有关”②。事实上，从张承志踏上文坛开始，渴望推扬能动精神的主体性叙事与渴望获得归属认同的群体性叙事始终都以一体两面的形式存在着，其早年小说中频繁地对“母亲”的呼唤以及对“人民性”的讴歌就是最好的佐证。比如《骑手为什么歌唱母亲》、《黑骏马》等一再用“母亲”的形象来凸显“人民”的养育之恩；《湟水无声地

① 张承志：《清洁的精神·后记》，《张承志文集》（第 5 卷），上海文艺出版社 2015 年版，第 419 页。

② 鲁迅：《且介亭杂文末编·“这也是生活”》，《鲁迅全集》（第 6 卷），人民文学出版社 2005 年版，第 624 页。

流》中“盛着炖尕拉鸡子的瓦罐在一群叫花子和一个县委书记手里接递着”① 隐喻着和谐的干群关系正如同鱼水之乐；《雁阵在前方》反讽性地刻画了哥哥的“寄生虫”形象，暗示着特权阶层脱离大众的腐化危机，而刘北雁“面对着养育我们的人民……”② 则直接道出了作者的心声。在这些作品中，张承志试图说明个体发展只有与受苦受难的劳动人民相联系才能获得“正当性”，与广大群众的关系才是建构自身主体认同的根基所在。及至张承志与哲合忍耶相遇，集体主义的意识形态诉求获得了民族与宗教的坚实支撑，并且和一种弱者反抗的能动精神结合，从而摆脱抽象的姿态而成为一种现实的具体实践。在《终旅》、《九座宫殿》、《西省暗杀考》、《心灵史》等文本中，张承志对“底层大众”的赞美被推向极致，个人的历史汇入族群的历史脉络之中。比如《西省暗杀考》中伊斯尔三代人前赴后继、复仇无望的故事看似具有一种存在主义式的荒诞躯壳，可以作一种现代叙述上面的解读，但实则背后有着深厚的历史文化内涵，其连接的是伊斯兰共同体的信仰，是对于宗教乌托邦的看法，与60万回民的生存境遇所折射出的总体性关切密不可分。这涉及张承志对于信仰的评价，即“渐渐地你成形了：在外你是广袤无垠的三等世界，在内你是不甘屈服的褴褛众生”③。信仰的存在正是基于精神上的“共同体”的形成，“三等世界”、“褴褛众生”这样的修饰词实际上是把政治视野下的“阶级划分”以一种“去政治化”的、转喻的方式表达出来，将其收缩成为一种社会学意义上的“阶层”概念。在这里，民族与宗教恰恰为主体提供了重拾革命年代集体主义意识诉求的思想来源与情感契机。这再一次有力地说明主体的认同不光要内在地囊括个体的精神能动性，还需要向“世界”和“众生”敞开本我，在社会关系的“美学”修辞中建构自身。

正如张承志本人所言，“我是伟大的60年代的儿子，我背负着它的感动与沉重”④。“能动精神”与“关系美学”构成了其新时期小说中主体认同不可或缺的两翼。这表明张承志在批判性思考的基础上，将“60年代”的文化经验纳入自己的写作之中，并且使其迸发出了新的艺术活力，从而有机地缝合了革命历史与改革时代的叙述裂缝。

---

① 张承志：《奔驰的美神·湟水无声地流》，《张承志文集》（第1卷），上海文艺出版社2015年版，第313页。

② 张承志：《奔驰的美神·雁阵在前方》，《张承志文集》（第1卷），上海文艺出版社2015年版，第301页。

③ 张承志：《以笔为旗·在中国信仰》，《张承志文集》（第7卷），上海文艺出版社2015年版，第12页。

④ 参见《心灵史》改订版前言部分。《心灵史》改订版为2012年民间自行印刷。

三、“总体性”视野：心灵与历史的辩证

卢卡奇在《小说理论》的开篇对古希腊时代的描绘令人心旷神怡：“世界广阔无垠，却又像自己的家园一样，因为在心灵里燃烧着的火，像群星一样有同一本性。”① 作为世界史诗时代的一分子，古希腊统一的文化结构被表征为“总体性”——自我与世界存在着同一性，个体与总体相统一，生活世界与意义世界并未分离。这几乎成为了一个乌托邦式的寓言，映照出如今这个分裂化、碎片化的后现代社会的强烈失重感。与此对应，“总体性”视野的阙如或许也是新时期以来文学写作日渐琐碎单薄、缺乏整全叙事的原因。然而，张承志却是一个例外，在个体化、私人化写作的潮流以外，自命为“流行时代的异端”的他却以高度的思想能力运作着有关心灵与历史的文学辩证法，朝着“总体性”的趋向迈进。

如上一节所分析，张承志与新时期文坛构成尖锐对立的根源在于其小说中主体认同的价值取向。与其他极力回避自20世纪二三十年代发端而来的左翼文学资源，尤其是文革时代的社会实践，转而师法西方现代性写作的作家不同，张承志具有一个本土化的中国立场，他逆向回溯到“60年代”的历史中汲取新时期主体认同的资源，将“60年代”的“革命意志”与“人民主体”转化为新时期的“能动精神”与“关系美学”。而在张承志的小说中，这两者是一体两面、相互交融、不可分割的。事实上，早在张承志刚刚进入文学的时候，有一篇历来为人忽视的小说就已经从观念上预示了“总体性”的到来，那就是《刻在心上的名字》。虽然这篇作品的笔法尚显朴拙，但由于其关系到小说思想与艺术规则的演绎而具有了“元小说”的地位。故事的梗概十分简单：“红卫兵”小刚在插队期间与蒙古牧民桑吉阿爸一家产生了深厚的情感，然而阶级斗争的风暴席卷而来，桑吉阿爸被上级怀疑为内人党而受到了严酷的整治，哥哥乌力记甚至被迫害致死。小刚的内心经历了激烈的冲突，一方面并不相信善良的牧人会从事反革命工作，另一方面又不能违背阶级斗争上纲上线的原则，不愿怀疑自己曾经认为是真知灼见的革命信念。故事结尾时真相大白，桑吉阿爸宽恕了小刚犯下的错误。最值得探讨的点在于叙述者的态度。叙述者借桑吉的口说：“红卫兵首先应当记住自己是人民的儿子。”这符合创伤叙事之后的总结与反思。但颇感意外的是，桑吉阿爸在承受如此苦难之后居然还说出“你

① ［匈］卢卡奇：《小说理论》，燕宏远、李怀涛译，商务印书馆2012年版，第20页。

那种红卫兵的精神也不能丢掉”①。这表明叙述者并非因为革命的暴力性就放弃对“红卫兵”精神的继承，而是要将“人民”的原则引入其中，并且把它作为一种“伟大的前提和原则”来把握。重新整合后的“红卫兵”精神与“人民性”应该具有相同的意义，这象征性地表明作者隐含的观点是个体能动的精神“斗争性”要与最广大人民的利益结合，主体的思想活动要将社会诉求纳入自身内部给予辩证消化。这几乎成为恒定的创作原则而渗入张承志以后的文本中。从这一点来说，张承志的小说既是高度个人化的、精神化的，同时又是高度集体化的、社会化的。进一步言之，作为“内篇”的主体精神世界与作为“外篇”的社会现实关系在张承志的小说里产生了奇妙的呼应，个人化的心灵描绘中已经包含了对外部历史的关切。

当我们进入张承志的小说时，总是能够体会到大量心理情绪的蔓延流动，其作品反映的是有关主体精神史的成长与变迁。但同时，能动的主体精神又在社会关系的框架之中界定自身的性质，主体是向无限敞开的，主体与他者的关系也是主体自身内部的关系。在《黑骏马》、《北方的河》、《西省暗杀考》中，我们不仅能读到白音宝力格、研究生、伊斯尔的一己精神之沉浮，同时也能看到这种精神史的描绘是人民以及人民的生活、斗争所组成的历史本身在主体思想层面的投射，是浩大人群的意识涌动，是政治转折框架中生活真实与意义的浮现。张承志本人的话或许能够为心灵与历史走向辩证交互的“总体性”提供最为恰当的注解：“历史过程影响着人的心灵，现在人们对自己心灵历程的兴趣或许多于对自己政治经济历程的关心。所以，心史—人类历史中成为精神文化的底层基础的感情、情绪、伦理模式和思维习惯等等，应当是更重大的历史研究课题。”② 究其根本，张承志的小说不是在模仿客观世界，而是在展示客观世界在行为主体那里投注的内在视景以及由其行为而引发的社会关系变化，并且又通过作用于读者的精神世界，使小说本身在现实生活中发生作用。

张承志小说中心灵与历史的辩证往复颇有点类似布罗代尔所示范的年鉴学派“微观史”的研究路径。这种研究模式强调将历史叙述夯实于具体微观的人与事，在其背后错综复杂的精神关联中达至对“普遍意义”的大历史时段的把握。从内部关系的维度来说，这种叙述实际上是统合了一般意义上相互对立的个体/总体、自我/世界、精神/历史、现象/本质等概念范畴，从而对非此即彼的价值判断的方法论提出质疑。正如有学者

---

① 以上参见张承志：《奔驰的美神·刻在心上的名字》，《张承志文集》（第1卷），上海文艺出版社2015年版，第290页。

② 张承志：《绿风土·历史与心史——读〈元朝秘史〉随想》，《张承志文集》（第4卷），上海文艺出版社2015年版，第158页。

所言，“走出总体性，并不必然走向通过批判总体性而反向建构的个人，而是重建一种新的总体性叙述，一种既是‘普遍’的又是‘具体’的总体性是可能的”①。所以，张承志的“人民性”写作并不是简单地与80年代流行的大写的“人的文学”构成价值上的对立，而是弥合了现代性启蒙思维潜意识中传统与现代、“个人”与“人民”的人为划分，将“人的文学”的思路批判性地纳入自身的范畴并予以打磨升华。这种“总体性”视野从根本上超越了制约新时期文学发展的二元对立逻辑，开辟出一套新的路数。因着这样的思维自觉，张承志的新时期小说在80年代的文学环境中至少具有两个方面的特殊价值。

第一，改革开放初期曾经将改革理解为社会主义的自我调整，但是随着“告别革命”的风潮到来，断裂式的历史框架得以展开。为了对抗此前大一统的政治意识形态，资本的逻辑细滋慢长并逐渐构成了型塑新的社会秩序与生产方式的动力机制，当这种经济物质主义的想象发展到偏至的时候，商品拜物教的原则便会穿透一切，包括意识形态，人与人的关系凝固为物与物的关系。与此相对应的是，文化的重心开始聚焦于形而下的物质层面，文学中出现了肉欲化、身体化的纵情狂欢，在资本秩序与工具理性逻辑的宰制之下，主体的精神状态不断地奴化、异化甚至“安乐死”。面对主体性沦丧的危机，张承志承接了西方法兰克福学派马尔库塞文化革命的思路，通过“革命意志”的转换来重建主观精神上的“斗争性”，恢复主体意识层面的强力意志与生命活力，从而形成了以主体精神来统驭社会现实的“心史”写作。这种超凡脱俗的精神姿态旨在逃脱压迫性社会结构的奴役，与80年代中大部分与现实苟合的作品拉开了距离。

第二，新时期开启了一个启蒙理性复苏的过程，大写的“人的文学”的审美取向正是在“新启蒙”的话语中生产出来的，因此，《马丁·伊顿》、《牛虻》等西方经典个人主义者形象在新时期文学中的青年形象里时有浮现，个人主义式的奋斗神话蔚为大观。然而刨根溯源，“新启蒙”的策略背后，实质上是一种将传统/现代、文明/愚昧简单对立的西方现代思维方式的粗暴移植。与个人对接的奋斗神话看似高扬了主体能动性，却依然被功利化的物质契约关系强势规训，暗中配合了现代性的焦虑，而不具备自在自为的生命本质。所以，耽溺于个人主义的形象描绘成为一种虚浮的“孤独美学”，构成了文学创作的窠臼。与此对照，张承志的小说以一种“总体性”的视野将共同体的意识纳入自身的写作脉络，主体向广阔的客观世界敞开自身，获得了与人民群众亲密的连带感，自我情感与历史内容产生共振，内部思想与社会政治形成呼应，从而建构起一种个人/总

① 黄平:《“总体性”难题——以李敬泽〈会饮记〉为中心》,《文学评论》2019年第2期。

体双向交融的“情感结构”与“认识装置”，重新设定了个体与社会的互动方式，从整体上勘破了在资本意识形态部署下“个人主义”式的封闭原理对当代文学的想象。

雷蒙·威廉斯曾说：“新社会把人仅仅看作是专业化生产的一种工具，在这样一个时代，显然有必要强调普遍共同的人性。对爱和联系的强调，不仅有助于人们切身体会苦难，而且能够有助于对抗新社会所代表的、咄咄逼人的个体主义和经济关系至上主义。”① 张承志在新时期所实践的“人民美学”正是试图从当代文学的断裂处进入，发掘由每一个普通中国人的精神世界有机衔接而成的连续历史，朝着重建小说写作的“总体性”目标而不懈努力。这种“既内在于80年代又超越了80年代”的思想探索启发整个小说界产生了深切的思索。平心而论，史诗时代的“总体性”或许只是可望而不可即的理想。张承志的小说中依然存在着诸如信徒与作家、族群身份与国家认同、抒情与思辨、小说与随笔、文学与历史等多重范畴的张力纠缠。当代文学中的“张承志难题”② 还远远未到被解答的时候，相反，却仍然在联翩而至地释放出潜在的阐释空间。这也将激励后来者不断地与之发生对话，唯其如此，我们才能认识到张承志的文字所包含的巨大思想容量。

（作者单位：华东师范大学中国语言文学系）

① ［英］雷蒙·威廉斯：《文化与社会：1780—1950》，高晓玲译，商务印书馆2018年版，第82页。

② 关于“张承志难题”，参见何吉贤论文的第一部分论述——中国当代文学中的“张承志难题”。何吉贤：《一位当代“中国”作家的“中国观”——理解张承志的一个视角》，《民族文学研究》2016年第2期。

融合与互动

——《人生》与中国文学的“80年代”

常慧明

20世纪80年代既是对“文革文学”的超越和反思，也是对新时期文学的开拓与创新。在这个地带，超越和反思、开拓和创新并存。各种文学形式在这里繁衍发展，建构成为一个丰富、复杂、独特的文学区域，“文学史的80年代”成为讨论热点。

时代产生文本，文本反映时代。透过文本，我们力图找出时代的鲜明印迹。文本《人生》的生成和发展本身便是“80年代”文学的重要标志和象征。文本中的各种人生悲剧其实也是80年代人生悲剧的缩影和反思。我们试图把文本《人生》作为一个观照中国文学“80年代”的视角，试图通过这个点去解析整个中国文学的“80年代”。这对于我们试图还原文学史的80年代，打开已有的文学史遮蔽，进一步敞开那个时代、丰富那个时代、穿越那个时代都有着极其重要的作用。

一、时代的文本化：《人生》与80年代文学的创作

20世纪80年代，中国经济的快速发展带动了社会和时代的快速发展，时代的发展又要求处于精神层面的文学与之相适应。十一届三中全会之后，作家们饱含激情地抒发他们对于社会、人生的严肃思考和历经劫难的心灵的真挚情感，对于社会人生的思索与探求从表面逐渐向深层掘进。经历了下乡的知青得以返城，承受了痛苦的人们惊魂未定。而徘徊在城乡交叉地带的那个群体的人生是什么样子呢？这个所占社会比例不小的群体的人生的真实写照，需要在文学上得到一次回归和表现。

谢冕先生在《世纪留言》中对80年代及以后的文学有一个定性的描述：“本世纪80年代以后的中国文学在文化禁锢和文化专制的废墟上重新站立，以其自由奔放，异象纷

呈的姿态，创造了中国文学的新纪元。它所开创的基业及其体现的精神，无疑将导引中国文学进入二十一世纪。它彪炳于未来文学的，将是自由和审美的两大法则的确立。但须切记：文学听从于个性和心灵绝不意味着对公众的冷漠；文学重新返回自身的家园，也不意味着对社会、历史的忘却。”① 雷达在《文学活着》中说：“回想整个80年代，文学的热点、主题变化多端，但有个贯穿性的思想背景和精神支柱，那就是为人的价值、尊严、权利疾呼。”② 80年代张扬的时代精神强烈要求产生一个文本来反映启蒙精神的再现、城乡矛盾的冲突、一代人选择的困惑、交叉地带的群体生活等方面的复杂性、丰富性、多样性。

正是在80年代中国文学对公众的热情、对社会和历史的强烈关注下，时代催生了文本的产生。当文坛很多创作者依然以“伤痕文学”、“反思文学”为创作主题时，身在陕北的路遥已将创作视角转向处于深切变革中的社会现实。1982年5月，路遥的中篇小说《人生》在《收获》第3期发表，引起了社会的强烈反响和争论。“就文学创作特别是当代中国文学的创作来讲，一部作品能引起广泛的社会影响，首先不在于它的技术性，而在于它的社会性，从这种意义上，作家被推举为社会的‘代言人’，就因为他集中地讲述了社会共同关心的‘问题’。”③《人生》之所以引起整个社会的广泛关注和兴趣，无非是它尽可能地触及了当时社会敏感的神经，以及这根神经贯穿着的广大中国人的人生。对此，陈忠实在《有关写作的三个话题》中有着精辟的见解：“《人生》发表前后，新时期文学我是整个经历过来的。像我当时正困惑着怎样从图解政策、图解政治这种痛苦中摆脱出来还不得要领的时候，《人生》一步就蹬地多高的，我感觉到路遥在《人生》上的突破不是他个人的突破，而是文学回归文学本身。”④ 文学的回归为《人生》的突破提供了强有力的精神支持，然而根本原因还在于80年代中国文学的发展为之提供了一个能阐释交叉地带人生的较为广阔的话语空间。于是，《人生》在这个较为广阔的阐释空间里，通过各式各样的外界接受方式和独特的内部描述方式阐释了中国文学的80年代文本。《人生》是中国文学在80年代发展的客观要求下的创作产物。

事实上，关于《人生》的激烈讨论已经成为“80年代”文学史敏感话题中一个重要的组成部分。当历史的年轮刚刚驶入20世纪80年代的时候，对人生的讨论就开始了。1981年，由《中国青年》杂志率先发起的以“人生的意义究竟是什么”为主题的大讨论很快蔓延开来。而后，23岁的青年潘晓的来信《人生的路呵，怎么越走越窄》，更是成

① 谢冕：《世纪留言》，中国广播电视出版社1997年版，第39页。

② 雷达：《文学活着》，人民文学出版社1995年版，第3页。

③ 尹昌龙：《1985：延伸与转折》，山东教育出版社1998年版，第4页。

④ 陈忠实：《有关写作的三个话题》，《延河》2001年第1期。

为了讨论的热点和焦点。很多人都参加了那次大讨论，《中国青年》杂志收到的讨论稿也成千上万。鉴于人生的讨论没有尽头，最后《中国青年》杂志以一篇小结文章《献给人生意义思考者》暂时终结了讨论。然而，整个社会对人生的讨论却没有因此而终结，依然还以其他各种方式延续着。于是，《中国青年》杂志又再辟专栏，继续把对人生的讨论引向深入。就在这场延续的讨论中，《人生》文本的发表又给讨论增加了新的兴奋点和讨论点。于是，借文本《人生》而论人生成了一个当时流行而又严肃的话题和热潮。就这样，一个文本和一个时代被紧紧地联系在了一起。

中篇小说《人生》共由23章构成，上篇13章，下篇10章。从文本的前言（柳青语录）到文本的正文，再到最后一章“并非结局”的结局。《人生》讲述了80年代的三类人生追求和两个爱情悲剧。一直生活在城市（县城、即将到南京）里面，又具有一定背景，且有较高文化程度的黄亚萍；没有离开过农村，生于斯，长于斯，没有接受文化教育，没有什么背景的刘巧珍；生于农村，长于农村，但是在外面的世界（县城）读过高中，有素质和能力，不甘心待在农村但又进不去城市，人生一直徘徊在城市和乡村的“交叉地带”的高加林。他们在自己的人生追求当中有意无意地和对方缠绕在一起，共同构成了更为复杂的人生图景。然而，正是这种复杂的人生图景，充分凸现了他们各自不同人生追求中的酸甜苦辣和悲欢离合。无论是人生追求还是爱情悲剧都有着80年代深深的痕迹和烙印。可以这么说，80年代人生的思考都在《人生》文本中尽现无遗。在对文本的细读中，我们似乎又看到了生机勃勃的80年代文学时代的再现和重生，仿佛再一次重温那早已逝去的旧梦，在心灵深处再次体会痛苦的精神抉择和重构。正是在极其痛苦的精神抉择和重构中，我们的作家、批评家焕发出了新的活力，为80年代文学的繁荣做了积极的铺路石。谢冕先生在《世纪留言》中这样说：“新时期文学的诞生是对旧文学的形态的反动。开放的，充满创造精神的文学，实现了中国作家自五四以来痛苦以求的梦想。”① 当然，精神的选择和重构不是自觉的，而是历史和时代的要求。20世纪80年代，在社会各个方面都需要一场久违的革新和改变的历史背景下，文学上的精神选择和重构显得尤其必要。很快，“五四”启蒙精神的再次苏醒和勃发、文学激情的张扬和宣泄、崇高人生风格的追求信念、城乡对立的文化冲突、乡村价值的实现等等变成了文学与文化的热潮。就是在这种热潮的涌动中，彰显出了与80年代中国文学在精神上的选择和重构同呼吸共命运、有着重合的代表性文本《人生》。文本《人生》把80年代青年人面临多元的人生选择时的困惑与焦虑、追求与想象，把人生追求中的失重状态以及失意后的精神重构展现得淋漓尽致。“屠格涅夫说过：‘人生里面，有些瞬间，有些情感，

① 谢冕：《世纪留言》，中国广播电视出版社1997年版，第123页。

是我们只能意会，却不能言传的。'"① 中国文学的80年代在时代精神气质上同文本《人生》中的人生选择有着太多的相似和联系。80年代所张扬的时代精神与《人生》文本主题、意义的重合，使《人生》顺势成为80年代中国社会人生的象征。从这个角度上说，《人生》是80年代文本化的社会人生。

"人生的道路虽然漫长，但紧要处常常只有几步，特别是当人年轻的时候。……你走错一步，可以影响人生的一个时期，也可以影响一生。"② 文本《人生》的着重点似乎并不在于指出主人公高加林在个人的岔道口上选错了路，而是着重于向我们展现当一个人在面临选择的人生岔道口上心理和生理的双重反应——心灵上的痛苦挣扎和矛盾冲突，生理上与生俱来的人的欲望追求与追求不能实现之间的困境。对于高加林而言，人生的"岔道口"主要是在城乡"交叉地带"的个人抉择；而对于80年代的中国社会来说，"岔道口"是城乡过渡地带的历史抉择。《人生》中叙述的人生是一代人人生的缩影和反映。理想追求的茫然，把他们推到了城市的边缘；找不到自我价值，但心有不甘，这种失落的困惑又把他们挤到农村的外边。他们无奈地奔忙和徘徊于城乡之间。情感上的错位，又使他们在传统与现代之间难以选择，陷入两难境地。选择传统，会违背自己内心的意愿；拒绝传统，又不得不承受道德的责难。无论怎样，他们的心灵都在冲突，都在激荡。

二、文本的社会化：《人生》与80年代文学的传播与接受

80年代对于《人生》的产生有着巨大的影响作用，然而两者之间的关系不是单一的影响与被影响的关系，而是文本与时代，即《人生》与中国文学80年代的互动关系。文本总是拥有与时代的能动关系。时代影响和促成了文本，文本又着重反映和阐释了时代。

《人生》问世后，各种媒介对它的传播极为迅速，范围越来越广泛。从传播学的角度上讲，文本《人生》社会化的主要传播方式是大众传播。"大众传播通常指的是：通过大众传播工具（其中包括有报纸、期刊、书籍等印刷传播媒介和广播、电视、电影等电子传播媒介）的信息传播活动。"③ 这种传播方式传播手段多样，传播规模涉及大多数人，传播空间大，覆盖面广，影响深远。文本《人生》就是借助大众传播进而具有了社会化的影响。

---

① 曹文轩：《中国文学80年代现象研究》，北京大学出版社1988年版，第81页。

② 路遥：《人生》，中国作家协会编：《1981—1982全国获奖中篇小说集》，上海文艺出版社1983年版，第332页。

③ 张隆栋：《大众传播学总论》，中国人民大学出版社1993年版，第1页。

路遥的中篇小说《人生》于1982年5月在《收获》第3期发表之后，以其反映了城乡文明的交叉碰撞中农村青年对爱情的思考、对人生的追求，影响很大，获得了1981—1982年全国优秀中篇小说奖。自发表之日起，《人生》就引起了社会和大众的广泛关注、讨论和争议，很多报纸期刊纷纷刊文讨论，《人生》掀起了第一股传播热潮。1982年—1985年，就有《萌芽》、《解放日报》、《文艺报》、《文汇报》、《文学报》、《人文杂志》、《人民日报》、《上海文学》、《作品与争鸣》、《青年文学》、《延河》、《当代作家评论》、《黑龙江艺术》、《文艺欣赏》、《电视与戏剧》、《文学常识》、《小说林》、《当代小说》、《星火》、《光明日报》、《学习与探索》、《重庆日报》、《小说评论》、《文艺争鸣》等二三十种报纸期刊对《人生》进行了极为热烈的争论与思考。而争论与思考本身，在一定程度上就是一种传播。

鉴于报纸期刊的传播范围有限，《人生》还以书籍的方式发行。《人生》的图书版本分两种：单行本《人生》与《路遥文集》。1982年11月，中国青年出版社初版了单行本《人生》，很快便成为读者争购的畅销书。由于影响较大和读者的需求，中国青年出版社于1985年又第二次印刷了《人生》。后来，《人生》还被翻译成法文与俄文出版，在国外也引起了很大的反响。1983年11月，《人生》被收录在《1981～1982年全国获奖中篇小说集》（上海文艺出版社出版）中，引起社会广泛关注。而文集的出版则相对晚一些，1993年才由陕西人民出版社出版发行了《路遥文集》（一、二合卷，共五卷）。1995年12月，陕西人民出版社又出版发行了《路遥文集》（上、下卷）。由单行本的不断印刷与文集的呼之而出，可见当时《人生》在图书市场的火爆程度。

图书市场的繁荣让《人生》广为人知。至此《人生》已经被很多读者所接受，但是，真正让《人生》走入千家万户的，应该始于1983年对《人生》小说文本的改编。1982年，当《人生》在《收获》上发表后，中央人民广播电台就着手制作了广播剧，由著名电影演员孙道临担任解说，在中央人民广播电台《广播剧》栏目播出。每天中午一节，每星期播出6次，每次60分钟。众所周知，“广播剧是随着无线电广播的兴起而出现的新剧种，被叫做‘空中戏剧’”①。广播剧的播出迅速使《人生》被天南海北的中国人接受，通过那小小的无线电收音机，让人在轻松的广播中接触到不轻松的人生故事。《人生》广播剧的播出使它的受众群由读者扩展到了听众。

尽管传播的方式已经呈现多样化，但《人生》的传播热潮还在不断地持续。1984年2月，孙为民、聂鸥联合创作的《人生》连环画在《连环画报》（第1期、第2期）连

① 中国人民广播电台简史组编：《中国人民广播电台简史》，中国广播电视出版社1987年版，第128页。

载，受到了广大读者的欢迎，并且受到了专业人士的认同。很快，这部根据路遥《人生》编绘的连环画，荣获全国第6届美展铜牌奖。《人生》连环画一书还由连环画出版社于1989年出版发行，2004年又由连环画出版社再版，并增补了10余幅画面，列入“连环画精品鉴赏”系列。

文本、广播剧、连环画的快速传播，促进了文字、声音、画面三者结合的艺术——电影的发展。很快，应电影制片厂的要求，《人生》又由路遥执笔改编为电影。《人生》完成了从文字文本到影像文本的跳跃。就在广大听众聚首聆听中央人民广播电台《广播剧》栏目《人生》热播的同时，《人生》电影摄制组正在外景地紧张地进行拍摄。路遥回忆说：“记得当时我是在陕北拍电影《人生》的外景地听到的。”① 1984年8月10日，电影《人生》在西安电影制片厂制作完成，开始向国内外播出。电影《人生》分为上、下两集，长达150多分钟。8月31日，电影发行方及有关单位在北京举行招待会，邀请各国驻华使领馆的外交官和外媒记者观看了这部为35周年国庆献礼的影片。《人生》的导演吴天明和主要演员周里京、吴玉芳、高保成等出席了招待会。9月23日至10月22日，在文化部举办的庆祝建国35周年电影新片展览月中，《人生》被巡回展览播出。

通过文本读者群——广播听众群——电影观众群的三维一体传播，《人生》真正实现了家喻户晓。电影《人生》也在受众接受的过程中得到了广泛的好评和认可，在国内赢得了一系列电影奖项。1984年11月4日，中国人民大学电影评论协会在该校礼堂举行隆重的颁奖大会，授予西安电影制片厂厂长、《人生》导演吴天明首届“腾飞奖”导演杯。12月21日，陕西省文化厅特地召开大会，给故事片《人生》摄制组颁发奖金1万元。中共陕西省委书记和副书记、副省长出席大会，并为西安电影制片厂颁发了奖品。1985年，电影《人生》在第五届中国电影金鸡奖的评比中获得最佳音乐奖；在第八届《大众电影》百花奖评比中获得了最佳故事片奖，饰演巧珍的演员吴玉芳获得最佳女主角奖。《人生》的获奖在一定程度上说明了它已深入到大众的生活当中，并得到了电影界人士的认可。电影上映后，引起了各方面的强烈反响，有赞扬，也有纷争。但是，无论赞誉者还是批评者，都认为这是一部值得关注、令人思索的影片。

1984年，在文本、广播、连环画、电影的多元传播媒介下，文本的畅销、广播剧的反响、连环画的影响、电影的成功，使《人生》迅速成为80年代中国文学中一个不可或缺的文化与文学现象。在多元的传播方式下，受众开始接受来自方方面面的信息。80年代，各种方式的多元传播使人们加速了对《人生》的接受。在《人生》的传播过程中，受众的范围不断扩大，不断深化，逐渐渗透到了80年代的整个社会。

---

① 路遥：《我与广播电视》，《路遥文集》（一、二合卷），陕西人民出版社1993年版，第468页。

多种报纸期刊对《人生》的传播，使人们开始在热烈的讨论中渐渐关注自己周围的现实人生。80 年代，由于教育的普及程度有限，带来文化层次的受限，报纸期刊在初中文化水平以上的人口中才比较普及，而且其普及率随文化水平的提高而提高。小学文化程度的报纸期刊读者的比例就很低，在农民中更是如此。80 年代，由于技术原因，全国城乡报纸期刊快速投递网还没有形成，所以报纸期刊的发行大多集中在城市和乡镇，广大农村的人们在阅读报纸期刊方面也明显受限。所以，《人生》的报纸期刊、书籍、连环画等传播基本上限制在城市的范围之内。从这个角度上讲，对报纸期刊、书籍、连环画等的阅读也就成为了广大市民以及圈内知识分子和文学爱好者的事情。有一定文化基础且热爱文学的人们开始大量阅读报纸期刊上的《人生》，并真诚地参加围绕《人生》而引发的对现实人生的热烈讨论。书籍的传播让《人生》成为他们家中拥有的藏书之一，连环画的传播更使得当时的人们对《人生》有了更为形象的阅读和接受。

当《人生》在城市的传播已经如火如荼，但在农村，它的影响还不是很大，因为人们由于条件的限制还无法接触到它。但是，1983 年中央人民广播电台的广播剧栏目突破了这一限制。在我国，电台广播是比报纸期刊、书籍、连环画等的普及面、覆盖面都广泛的大众传播媒介。“根据中央人民广播电台 1988 年全国性调查的结果推算，在全国 12 岁以上的居民中，中央台的听众约有 6.23 亿；加上中央台专门为 12 岁以下听众开办的少儿节目，中央台的实际听众还将超过上述数字。从收音机的拥有量来看，广播也比报纸和电视的传播面广。据 1989 年的数字，我国城乡收音机的拥有量大体持平，分别为每百户 48.70 架和 48.48 架。农村居民中广播听众的比例也与城镇居民相差不大。”① 声音文本的传播力度，以及人们对声音文本有规律（每天定时）的聆听，把《人生》从城市推向了农村，受众从层次多样的读者扩展到了广大城市与农村中的听众。

通过对文字文本的阅读和对声音文本的聆听，越来越多的受众接受了《人生》。文字文本与声音文本都给受众以很大的想象空间，在跳跃的文字中，在闪烁的音节中，受众沉浸在《人生》营造的氛围当中。就在受众驰骋在《人生》的文学想象中时，影像文本的出现又把它和生活现实拉得更近了一些。影像文本的传播在城市与乡村都引起了较大的轰动。农村电影市场的开放和放映条件的改善有力地推动了《人生》影像文本在农村的传播，加速了更多受众的接受。80 年代，中国农村的许多生产大队都纷纷筹办自己的放映大队，促进了电影的普及；同时，国家还大力发展农村集镇影院，收到了很好的效果。“1981 年，是农村集镇电影院大发展的一年。从中影公司召开的‘三月长沙会议’后，全国各地集镇影院，蓬勃兴起。据统计，到 12 月底为止，已建立农村集镇电影院

---

① 张隆栋：《大众传播学总论》，中国人民大学出版社 1993 年版，第 142 页。

4000多座，固定放映点17000多个，从而改善了农民看电影的条件，活跃了集镇的文化生活。”① 无论是城里人还是农村人，都可以经常在晚上观看电影。80年代的中国，电影在城市和农村都是当时文化生活中一道亮丽的风景线。城市中的电影市场很繁荣，在农村也特别火爆。

从文本的字里行间里，我们感受到了在特定时代里一代人追求的梦想以及生活的困惑；从广播剧充满磁性的音符中，我们聆听了在时代的节拍中三个主人公的人生追求；从连环画粗笔勾勒的线条中，我们阅读出了80年代交叉地带群体陷入理想与现实两难境地的人生追求；从电影不断转换的镜头、画面与音响渲染的情绪中，从演员精彩的演绎中，我们再一次观摩和感触了人生的丰富与复杂、追求的艰辛与两难。正是在《人生》不断艺术“变脸”的传播中，我们通过各种媒介接受了《人生》，接受了路遥，接受了文本对80年代人生的倾情抒写，真真切切感受到了80年代中国文学标志性的精神选择和重构。

三、《人生》与文学史的“80年代”

20世纪80年代，文学从特定的生产方式（时代文本化）到多元的传播接受方式（文本社会化），完成了一次周转和轮回。作为80年代中国文学的重要象征，《人生》与文学史的80年代也有着相依相连的关系。

80年代的青年人并不是把《人生》仅仅作为观照人生观的一个思想课程，而是在对《人生》的理解中关注整个中国的发展命运——整个社会正逐渐迈入一个城市化的时代。在这个迈入的过程中，青年们也不得不由此开始自己新的人生、新的路，处在人生发展的岔道口。同期，文学的80年代也处在了一个“岔道口”上。多元化的创作方法、多维度的审美方式成为了80年代中国文学的代表，取得了前所未有的辉煌与繁荣，但也不乏缺陷与不足。

80年代，文学逐渐摆脱了“文化大革命”的桎梏，走上了正常的发展轨道。在新的时期、新的发展机遇下，如何迅速把文学融入日益发展的社会生活，跟上时代的步伐，成为一个首要的问题。时代的要求需要处在“岔道口”上的80年代中国文学进行精神上的选择和重构。单纯的文学是政治工具论的思维，以及违背文学创作规律的旧文学路线的影响依然还潜在，这就限制了文学发展的丰富性、多样性和独立性。启蒙思想的再次提出，西方文学的广泛传播，创作主体的激情勃发，使中国文学的80年代走进了一个新

① 中国电影家协会编撰：《中国电影年鉴1982》，中国电影出版社1983年版，第87页。

的时代。

“80年代文学的精神主干是继承了‘五四’反传统的文化批判精神，它的政治色彩和意识形态性强烈。”① 进入80年代后，精神普遍觉醒构成了文学反思的社会审美期待。在这种期待下，形成了一种以主体方式反思为倾向的反思主题。于是，伤痕文学出现了。很快，启蒙大旗的重新张扬，又促进了由“伤痕文学”到“反思文学”的转变。所不同的是，前者聚焦于揭示社会谬误，后者则重在总结、反思历史经验教训。在社会的迅速发展中，在国家工作重心的转移中，作家又把视角聚焦到沸腾的现实生活。于是，在经历了痛苦的伤痕回忆与理性的反思奋进后，80年代的中国文学又在改革上落下重重一笔。“改革文学”以新旧体制转型背景下的社会矛盾、改革创新的艰辛、社会伦理道德观念的变化等为主要书写内容。它的崛起凸现了现代社会功利性话语与审美性话语较为完美的结合。从“伤痕文学”到“反思文学”，从“反思文学”到“改革文学”，80年代的中国文学不断经历着精神上的选择和重构，在不断的价值选择和精神重构中向前发展。

时代的发展要求着文学的发展，丰富的文学样式又装点了繁荣的80年代中国文学。经历了两次精神上的选择和重构后，80年代中期，文学又聚焦反思传统，在批判与解放、转型与重建等问题上深入探索。纪实文学的繁荣，淡化了传统现实主义小说用作家主观意图强烈干预小说内容的特征。它通过纯“纪实”的描绘让生活本身说话；通过回归自然，在人与自然的斗争中张扬、凸显人的伟力。然而，纪实文学的兴起与自然精神的回归在时代和文学的双重要求下很快便在文坛上处于一种较为边缘的地位。于是，文学的主流又迫切需要进行新的精神选择和重构。如果说“伤痕文学”、“反思文学”和改革文学基本言说了社会情境下的主导性社会政治话语，叙事的目的主要还是为当时的社会政治实践进行“文学”的论证，那么，80年代中期的“寻根文学”则是“超越社会政治局面，突入历史深处面对中国的民间生存和民族性格进行文化学和人类学的思考”②。“寻根文学”基于现代意识看待历史和现实，注重传统文化反思，重塑中华民族之魂，试图重建中国文化，寻找中国文化之根。然而，在诸多寻根作家对“根与文化”的肯定、否定及辨证的争执中，“寻根文学”渐渐远去了。接着，“现代派”小说的推进、先锋小说的风生水起、新写实小说的闪亮登场都给80年代的中国文学带来了不断的繁荣和繁荣之后不断的精神选择和价值重构。就这样，中国文学的“80年代”经历了多种文学样式的频繁更新。面对外来西方文学资源的传播影响和本土中国文学特别是“五

---

① 雷达：《论当今小说的精神走向》，《中国现代、当代文学研究（人大复印资料）》1996年第6期。

② 丁帆、何言宏：《论二十年来小说潮流的演进》，《文学评论》1998年第5期。

四”文学启蒙精神的传承，80 年代中国文学的发展达到了空前的繁荣。80 年代的中国文学包含了思想启蒙的激情、城乡日益冲突对立现象的频繁、传统乡村价值与现代城市价值观念的对峙、张扬而富有时代特色的文学精神等等，这些都给新时期的文学发展史抹上了一笔重彩。80 年代的文学对中国文学未来的发展有着承上启下、沟通前后的重要作用，是中国文学一个重要的“岔道口”。

如果说 80 年代前期的文学审美方式更多呈现的是一种“红色”的革命性，90 年代文学审美方式更多呈现的是一种浓厚的戏剧性，那么，80 年代文学更多呈现的是一种悲天悯人的、具有强烈批判反思意味的悲剧性。从伤痕到反思，从寻根到改革，都或多或少地展现了这种悲剧性。而《人生》则将这种审美上的悲剧性凸现得更为淋漓尽致。《人生》的悲剧性是在抒写“交叉地带”群体中映衬出来的，它的生成有着 80 年代社会历史象征行为的深刻烙印。1988 年前后，文学界提出“重写文学史”的口号，强调文学史写作的审美思维与文学史学科的独立性、科学性，引起了强烈的反响。一时间，文学史的写作成为热潮，就连当代文学史的写作也异常活跃繁荣。然而，在众多的当代文学史写作中，《人生》文本与 80 年代中国文学的意义并没有得到应有的彰显与突出。大多数文学史写作仅仅把《人生》作为 80 年代城乡小说题材之一，或者着重谈《人生》中主人公的人生追求悲剧和爱情悲剧，很少有人把《人生》上升为一个有着强烈时代特色的文本去考察它与时代的关联与互动。

进入 80 年代后，在现代文学史研究日益成为权威化、稳定化、经典化的学术研究背景下，当代文学史的研究无疑显得相对单薄。现代文学史的研究在某种程度上已经达到了一个界点，需要不断深入研究以开垦新的生长点，而当代文学史的研究却呈现出众声喧哗、有待整合的状态，十七年文学与“文革文学”在“革命与权力”的二律背反中被逐渐解构殆尽。程光炜在《文学讲稿：“八十年代”作为方法》中说：“关于 80 年代文学的认识、评价和结论，已经被固定在大量的文学史教材和研究论文之中，很多后来的研究，一定程度上是从那里面‘拿来’的。”①

如何超越原有的定型，“‘重返 80 年代’就成为我们面对的问题，它就是试图通过将我们这一代人自认为亲历和熟悉的 80 年代重新陌生化，以 90 年代以后的知识与 80 年代对话”②，“也就是让 80 年代文学回到自身的历史语境和知识前提之下，并真正被历史化”③。

---

① 程光炜：《文学讲稿：“八十年代”作为方法》，北京大学出版社 2009 年版，第 1 页。

② 李杨：《重返 80 年代：为何重返以及如何重返——就“80 年代文学”研究与人大研究生对话》，《当代作家评论》2007 年第 1 期。

③ 贺桂梅：《打开六十年的“原点”：重返八十年代文学》，《文艺研究》2010 年第 2 期。

新时期文学之所以成就巨大、影响深远，背后的原因很多，集中表现为现实主义的深化。“现实主义在文学中的表现，决不仅仅是一个创作方法问题，而主要应该是一种精神。”① 路遥就是一名实践者。他把现实主义作为指导自己创作的一种精神、一种文学价值追求。从这个意义上讲，路遥的文学精神与“五四”以来的新文学精神是一脉相承的，《人生》与“五四”新文学“为人生”的文学主张是一脉相承的。《人生》对80年代社会现实的直面，对城乡交叉变革的开拓性书写，对高加林富有历史感、生命感、复杂感、丰富感的人物塑造，无不具有较强的时代意义和文学史价值。但从当代文学史的叙事上看，很显然，路遥以及《人生》还存在被遮蔽、被淡化的盲区，依然有待我们去挖掘，去发现，去阐释。因此，“文学史的80年代”尤其值得研究，而作为80年代不可或缺的文学与文化现象和“80年代”极具里程碑意义的象征性文本《人生》，自然应该得到我们足够的重视和研究。

（作者单位：西南大学文学院、四川外国语大学）

① 路遥：《早晨从中午开始——〈平凡的世界〉创作随笔》，《路遥文集》（一、二合卷），陕西人民出版社1993年版，第14页。

跨越“文学”与“语言”的边界[①]

——读文贵良《以语言为核——中国新文学的本位研究》

曹晓华

中国近现代文学的转型过程，包含着庞杂的线索。其中，文学与语言的互动图景，不仅关乎“言文一致”过程中的具体文学实践，也折射出近代以来语言文字观念的更迭，是考察文学现代性发生的重要一环。在彼时内外交困之下的文坛语境中，汉字和汉语的权威受到极大的冲击，进化论观念经过西方语言学家的二次加工和中国近代文人的自我指认，投射在汉字的一笔一画中，带上了“救国保种”时代特有的耻感和危机感。在这种情况下，依附于伦常根本和礼法权威的文言文首当其冲，成为众人求新求变的矛头所指。从黄遵宪的“我手写我口，古岂能拘牵”到胡适的“话怎么说，就怎么写”，从严复的“旧法可损益，必不可叛”到陈独秀的“文学革命论”，而且即便是晚清白话文运动中的白话倡议和文学实践，在追溯“五四”新文学源流的周作人看来也还是“老爷”们从文言硬翻过来的白话，凡此种种，不一而足。在言文相争、音本位取代字本位的“大变局”中，在欧化句式融入中国文人言说的过程中，考察文学与语言的相互联系，更是为了探究国人寓居于汉语中的思想意识的激荡。文贵良的新著《以语言为核——中国新文学的本位研究》（以下简称《以语言为核》）就是这样一部由文学创作而及语言型构、由语言型构而及话语生产、由话语生产而及生存样态的著作。

---

① 本文系国家社科基金重大项目“文学视野中中国近现代时期汉语发展的资料整理与研究”（16ZDA185）、上海市哲社科学规划青年课题“清末民初文学汉语转型中的女性表达与性别主体构建研究”（2018EWY006）的阶段性研究成果。

一、当“语言”作为新文学的“本位”

“本位”研究，本是属于语言研究的专门术语。20 世纪末，语言研究领域开始重点关注汉语的“本位”理论，有史存直在黎锦熙《新著国语文法》基础上提出的“句本位”理论，有郭绍虞、朱德熙等人提出的“词组本位”理论，有徐通锵、潘文国等人提出的“字本位”理论等。这其中当然还少不了对 1898 年问世的《马氏文通》进行讨论——马建忠借用了西语语法的词性分类，因此被后来者归入“词类本位”的队伍中①。这些“本位”研究观照“字”、“词”、“句”的基本语法单位，折射出汉语研究的自信和自觉。简言之，“每一次‘本位’观的改变都意味着汉语语法研究在方法论上的重大革新；而它们的提出，往往伴随着对汉语特点的重视和发现”②。那么，如果将基于汉语“字”、“词”、“句”的剖析和思考，放置在中国新文学的生成语境中，是否可以梳理出一种文学史的书写脉络？语言文化的嬗变和中国近现代文学的新陈代谢之间存在怎样的互动关联？可以想象，如果没有对应语言的支撑，不仅现代主体的言说无法成为可能，对于文学现代性的审视也将存在盲点。

1917 年胡适、陈独秀等人以《新青年》为阵地提倡白话文，作为“五四”新文学运动的标志性事件，这是一个“文学/语言”的现代隐喻。可惜的是，尽管有郭绍虞、黄人等人的论著珠玉在前，“语言”研究还是在很长一段时期中侧身于文学的“外部研究”。文学史通常接受的“语言”研究，如果没有特别的说明，基本专指作品的语言风格、语言特色等，这使相关的研究容易落入窠臼。“文学”和“语言”虽然相伴相生，但缺少一个可以勾连彼此研究视域的关键视角。目前学界对近代以来文学语言转型的研究，大致可分为：第一，在“言文一致”的大背景下讨论文白转型，以此证明晚清到“五四”白话文学实践的合法性；第二，从启蒙的视角关注文学语言转型的社会影响，特别是各个社会阶层对不同阶段文学语言的接受程度；第三，从文章学、修辞学的角度切入，讨论现代文学观念的嬗变。文贵良经过多年的研究和探索，在文学研究中借用并调整了宽泛的“现代汉语”概念，继而提出“文学汉语”的概念——“文学汉语仅仅指文学中的汉语”，并且“把以往中国现代文学史排斥的文言以及文言作品纳入分析框架中”③。对“文学汉语”的研究，不仅要处理“文白之争”的过程和结果，更要回答以

① 李宇明：《汉语语法“本位”论评》，《语法研究录》，商务印书馆 2002 年版，第 474 页。

② 潘文国：《“本位”研究的方法论意义》，《华东师范大学学报（哲学社会科学版）》2002 年第 6 期。

③ 文贵良：《以语言为核——中国新文学的本位研究》，人民出版社 2020 年版，第 2 页。

现代白话为基础的现代汉语何以成为先验性的存在，在丰富现代文学史论述的同时，也为当代的文学语言实践带来启示。这种以文学为本、又将白话和文言包含在内的考察方式，已经成为作者的一种治学门径。在《以语言为核》一书中，文贵良试图“下沉”到现代文学的“语言之核”，“从文学中理解汉语，从现代文学中理解文学汉语，以具体的文学作品中文学汉语的形式来构建这种现代想象与实践的历史”①。

全书分为上、下两编。上编“文学汉语的现代发展”讨论了鲁迅、周作人、李金发、刘呐鸥、穆时英、路翎、萧红、阿城、叶兆言、贾植芳、韩少功等作家的文本，从字词句法的分析入手，阐释文学汉语的现代化历程，并将语言作为话语诞生的前提；下编“汉语的现代境遇与国家意识”则将汉语汉字放置在中西文化交流的时代背景中加以考察，从国家意识、国族想象和国民塑造几个方面加以论述。原本在语言研究中被拆解成基本语言单位的“字”、“词”、“句”，回归到文学语境中，与言说者的文学观念和生命体验融为一体，成为有血有肉的言说主体。而那些在文白过渡中显得生硬、粗糙、“半中半洋”的遣词造句，在作者看来正是文学汉语的一种打开方式，贯穿了现代文学的发生和生长。值得注意的是，出入于“文学”和“语言”之间的并非只是这些符号，文学汉语关注字词句法，更关注这些字句的书写者。毕竟无论是“文学”研究还是“语言”研究，终将落实到一个个活生生的人身上，落实到“中国现代知识者的精神生活和生存方式上”②。作者在这个意义上分析中国一代代知识分子留下的语句文字，摆脱了模式化和概念化的文本拆解，真正构建起新文学的“本位”研究。

二、语言的“结块”：一种生存经验的言说

维特根斯坦将孩童学习母语的过程称为“语言游戏”——学生按照老师的指示，对“石头”说出“石头”这个词，或者直接跟着老师重复“石头”这个词③。这种母语习得的过程，是在世界和自我之间建立联系的过程，也是将语言规则内化的过程。维特根斯坦继而指出，“我还将把语言和活动——那些和语言编织成一片的活动——所组成的整体称作‘语言游戏’”④。在他看来，语言的使用从来就不是静止和孤立的。哲学研究者将后期维特根斯坦哲学思想的两个最重要的概念——“语言游戏”和“生活形

① 文贵良：《以语言为核——中国新文学的本位研究》，人民出版社 2020 年版，第 25 页。

② 文贵良：《以语言为核——中国新文学的本位研究》，人民出版社 2020 年版，第 20 页。

③ ［英］路德维希·维特根斯坦：《哲学研究》，陈嘉映译，世纪出版集团　上海人民出版社 2005 年版，第 6-7 页。

④ ［英］路德维希·维特根斯坦：《哲学研究》，陈嘉映译，世纪出版集团　上海人民出版社 2005 年版，第 51 页。

式”——关联在一起，认为维特根斯坦自己没有明确给出界定的“生活形式”，其实指的是“在特定的历史背景下通行的、以特定的、历史地继承下来的风俗、习惯、制度、传统等为基础的人们的思维范式和行为方式的总体或局部”①。由此可见，当胡适宣布“一部中国文学史只是一部文字形式（工具）新陈代谢的历史，只是‘活文学’随时起来替代了‘死文学’的历史”②，看似只是否定“死文字”、“死文学”，实际上却是在抨击古文所依附的整个“生活形式”。虽然新文学初期尚未有“振臂一呼，应者云集”的热度，但胡适等人对文字形式的批评无疑是要撬动传统文化的根本。

用维特根斯坦的语言观念，回看新文学作家试图用白话文进行文学语言的操演，就会发现他们必须“肉搏”原本内化于心的文言文规范和意识形态。一个最直观的表现就是，“名”与“实”之间原本稳定的连接发生断裂，汉语亟待新字新词的补充。不仅如此，文言语法结构虽然被大量舍弃，但还部分残留在字里行间，“不合时宜”地“嵌入”欧化句式。并且在欧风美雨的洗礼下，“五四”学人们还感觉到原本习以为常的生存经验变得陌生，对这种生存经验的表达也变得“磕磕绊绊”。在文贵良看来，要打开这种“生硬”而“扭结”的语句“结块”，并不能将其简单地归结于早期白话实践的“稚拙”或“粗糙”，而是需要将其视为现代主体与自我搏斗后留下的文字印记。文贵良将鲁迅的“错杂狂语”、路翎的“语言创伤”、萧红的语句“裂口”等等，作为追踪文学汉语现代发展的主要切入口。

在分析《狂人日记》时，文贵良将语无伦次的狂人之语称为“错杂狂语”，与其一体两面的“理性真语”共同形成反抗性的言说，和欧化语句以及不同叙述视角的位移一起解构了君君臣臣、父父子子的话语原则，迎来了现代主体的登场。郜元宝认为，鲁迅要为白话文辩护的“不仅是白话文暂时的合法性——他还要为白话文发展的可能性辩护，为现代汉语写作的唯一希望辩护”，白话文是其“中间物”意识的外化③。文贵良的分析抓住《狂人日记》中文言和白话的“间隙”，挖掘出一个充满疑虑同时又充满抗争精神的主体，从“语言”的角度为鲁迅在绝望中抗争的一生做了注释。对于周作人的知言和美文，文贵良重新解读了其中的“涩味”。他敏锐地觉察到周作人“在否定文言的现代生存的同时有意潜藏了文言的趣味”④，周作人倡导的美文，正是一块可以容纳灵动的方言土语、趣味性的文言、严密的欧化语的“自己的园地”。文贵良沿用郁达夫评价周作

① 韩林合：《维特根斯坦论“语言游戏”和“生活形式”》，《北京大学学报（哲学社会科学版）》1996年第1期。

② 胡适：《逼上梁山——文学革命的开始》，《胡适全集》（第18卷），安徽教育出版社2003年版，第108页。

③ 郜元宝：《汉语别史——现代中国的语言体验》，山东教育出版社2010年版，第121页。

④ 文贵良：《以语言为核——中国新文学的本位研究》，人民出版社2020年版，第65页。

人的“博识”二字，重新定义了周作人的知言型文学汉语的塑形和现代美文之间的关系。随着语言“结块”的打开，不同言说主体的生存经验一一呈现——文贵良在李金发文白错杂、充满张力的新诗中体会到一种“生命的疲乏”；在新感觉派的陌生化写作中提炼出充斥着速度感和失重感的都市体验；在路翎对“的”、“地”、“底”的执拗，对密集形容词的偏好中，感受到一种“多刺的纠结”，将路翎“语言奴役的创伤”视为文学汉语的一种“扭结”状态，背后是作家与周遭现实的搏击；把《呼兰河传》中的单音节词合并视为“向古汉语的回望”，把作品中的语词自我重复视为一种向内的自我消耗，从而凸显出萧红拒绝时间流动的焦虑感，以及“在裂口上行走”的孤独与彷徨；通过叶兆言《后羿》中的神话重述，探讨现代汉语叙写“神话”的边界，指出小说本可以通过借鉴古汉语和神话叙述的资源来唤起汉民族的原初经验。

上述作家多徘徊在文言文、口语、欧化语等几种不同形态的文字表达之间。郭绍虞尤其强调欧化对新文学的作用，认为欧化影响下的文学写作得以突破工整匀称的文言造句模式，不仅句子灵活多变，含义也更加丰富①。借用郭绍虞的论述，可以说《以语言为核》关注的是新文学的“创格”。但郭绍虞的立论更倾向于将文言经典和白话新文艺进行纵向比较，关心的是如何创造能够容纳创新活力的现代文章法式，而文贵良则在引入西方语言研究理论的基础上，关注“创格”过程中言说主体的现代化过程，换言之，便是流传已久的汉语规范被打散之后，与全新的生命体验重新缔造联结的过程。在他详密的论证中，周氏兄弟的《域外小说集》自序“词致朴讷”和“弗失文情”触及文言翻译的极限、李金发让文言“入侵”白话新诗、新感觉派文学汉语从印欧语和日语中挪用词语和句式等等，无一例外都在说明文学汉语开放姿态的必要性。用胡适的话说，他们又何尝没有回看自己当年的创作，并从那些文字中闻到了“放足”鞋样上的“血腥气”②。“现代主体的出场”，不仅伴随着语言文字的“搏斗”，还有传统与现代冲突中主体经验的“搏杀”，文学汉语的开放是一种生命经验的敞开。

三、从“语言”到“话语”

对于文学语言中语句“结块”的分析，如果只是停留在语法的“疏通”和字词句关系的考辨，那么“语言”研究很难摆脱文学史“剩余物”的地位，“语言”和“文学”将依然存在隔膜。新文学史并非文学史上的断章，新文学的语言研究要从平面的“边角

① 郭绍虞：《语文通论》，开明书店1941年版，第92-98页。

② 胡适：《四版自序》，《尝试集》，亚东图书馆1923年版，第1页。

料”研究成长为立体的话语研究，才能够建构起贯穿古今的理论架构，为文学研究注入新的活力。

文贵良曾将20世纪中国前40年的文学语言转向总结为文言话语—白话话语—隐形大众话语的线索，认为“‘话语’一词已经超越了语言学和文艺批评的范畴”，“话语表达了话语主体的意愿，这种意愿同时也渗透了话语主体的权力意向”①。在解读战争年代文学时，他进一步指出“话语生存论的本质在于话语成为生存的寓居之所”，“话语规定了生存，但并不是说话语先于生存，话语的铺展同时就是生存的生成，话语的敞开同时就是生存的澄明”②，并以此来解读战争年代产生的政治话语、大众话语和知识者话语。这种解读的背后不仅有学者的个人旨趣，更关乎现当代文学学科的自觉。在《以语言为核》一书中，文贵良一如既往地延续了从“语言”到“话语”的文本解读路径，以阿城的短句谱系作为精巧的过渡，为讨论贾植芳的监狱叙事和人学话语做了铺垫，继而在《马桥词典》的话语方式和“存在之融会”中实现从“语言”到“话语”的提升。

阿城擅长用简练的短句塑造意象，除去对其语言风格和叙事手法的讨论，鲜少有人深入到一种话语谱系的梳理。文贵良先是总结出阿城短句背后的美学主张——“造言以立象，立象以显意”，接着指出作为一种“短句知识谱系”，阿城的短句以世俗的知识结构对抗荒谬的“文化大革命”逻辑话语③。“水可载舟，亦可覆舟”，语言在此展现出一种“话语的力量”，不仅可以在特定的政治语境中形成可怖的话语暴力，也可以在话语对抗中成为颠覆性的解构方式。作者的话语研究深受福柯的影响。在福柯的论述中，“话语既可以是权力的工具和权力的结果，也可以是障碍、绊脚石、反抗点和相反的策略的起点”④。在以贾植芳的《人的证据》、《人的斗争》和《狱里狱外》为重点考察对象的章节中，文贵良归纳出基于监狱叙事的“人学话语”，不仅涉及审讯和反审讯背后话语场中的角力和拉扯，更展现出贾植芳跌宕起伏人生中的精神内核，即“中国传统江湖侠客的担当精神与‘五四’以来现代知识分子的良知精神的统一”⑤。如果说贾植芳用自己始终坚持正义的人生诠释了“人学话语”，贯通了“语言之核”与“精神之核”的桥梁，那么韩少功的《马桥词典》则以一种抽象的方式集中展现了话语权力的出让和置换。南帆同样在《马桥词典》中看到了话语权力，认为在政治话语洗刷马桥词汇之后，“这些

① 文贵良：《解构与重建——五四文学话语模式的生成及其嬗变》，《中国社会科学》1999年第3期。

② 文贵良：《话语与生存——解读战争年代文学（1937—1948）》，世纪出版集团　上海书店出版社2007年版，第19页。

③ 文贵良：《以语言为核——中国新文学的本位研究》，人民出版社2020年版，第156-165页。

④ ［法］米歇尔·福柯：《性史》，姬旭升译，青海人民出版社1999年版，第87页。

⑤ 文贵良：《以语言为核——中国新文学的本位研究》，人民出版社2020年版，第197页。

政治话语成为一种不可避免的堂皇套式，真实的马桥词汇只能在这样的套式下面悄悄地活动”①。于是，政治话语被拆解成支零破碎的术语和套话，被马桥人运用起来，郑重其事却文理不通。话语的底层是语言和言语，上述细节中充斥的荒谬感来自话语被抽去底层后留下的可怕的真空②。文贵良的解读加强了对“真空”的问询，他注意到马桥人对自身处境缺乏拷问的状态成为了一种特殊的存在样态。他认为马桥语中的“话份”代表着“语言权力”，并犀利地指出“话份承担者是否具有资格作为话语主体，要看话份承担者能否对他的‘当下’进行独立的反思”，而马桥人虽然创造出具有生命化特征的话语，却没有对自身存在进行过追问。

马桥人最终被改造过的话语“反噬”，这和阿城以短句知识谱系对抗“文革”话语、贾植芳以“人学话语”反抗政治强权的高压相比，显然是一种平庸又寻常的结局。作为《以语言为核》上编中最后的篇章，语言向话语的提升意味着该书的下编将进入更加宏大的论述，不仅讨论作家作品中的话语逻辑，还要揭示出文学语言研究从个案到群体、从群体到国族的广阔面向。

四、中西互鉴中的汉语认知

《以语言为核》的下编分别从“中西文化冲突中的汉语汉字”和“语言的现代境遇”两个角度讨论汉语嬗变和国族命运之间的互动关系。一直以来，中西学界不乏对语言和国族关系的研究。洪堡特认为“语言就其内在联系方面而言，只不过是民族语言意识的产物”③，萨丕尔-沃尔夫假说认为语言决定了一个民族的思维方式……对于晚清至民国年间的中国学者来说，《马氏文通》和《中等国文典》以西语词性对汉字重新分门别类、吴稚晖等人热衷于学习推广世界语、“五四”学人频频发出“汉字不灭，中国必亡”的断语……他们将汉语放置在中西比较的视域下进行分析，汉语作为母语的权威性和神圣性在进化论史观的观照中被瓦解了。这不仅影响了国人对汉语汉字的认知，影响了中国现代文学的进程，也一度动摇了民族的自信。简言之，当时的体制衰败和政治危机激化了国人对于汉语和汉字的不满，母语失去“光环”后，人们便向外寻找别一种希望，以此填补母语失落后的“空白”。

在下编中，文贵良总结出19世纪影响汉语汉字观的西方理论，试图梳理出一条文化

---

① 南帆：《敞开与囚禁》，山东教育出版社1999年版，第90页。

② 文贵良：《以语言为核——中国新文学的本位研究》，人民出版社2020年版，第213页。

③ ［德］威廉·冯·洪堡特：《论人类语言结构的差异及其对人类精神发展的影响》，姚小平译，商务印书馆2010年版，第17页。

阐释学的脉络，以回答这样一个问题——认为汉语汉字是落后野蛮的观念从何而来？他指出，黑格尔的历史进步论、洪堡特与马克思·缪勒等人的语言类型学、达尔文与施莱歇尔的语言进化论，是催化汉语汉字“野蛮落后”论说的三大西方理论。黑格尔以精神的自由性作为评价历史的唯一尺度，在对中国历史和汉字缺乏细致考察和深入了解的情况下，他站在声音中心主义的立场，认为中国的文字仍旧十分原始，阻碍了科学的发展。洪堡特高度赞美富于词形变化的屈折语，他和马克思·缪勒都把汉语归入“孤立语”，认为中国人难以用缺乏词形变化的汉语表达复杂精深的思想。而在达尔文的研究中，语言之间的竞争犹如物种之间的竞争，存在着优胜劣灭。施莱歇尔更是将达尔文的生物学分类引入语言分类中。从19世纪中叶开始，拼音文字和象形文字的优劣成为国人改良汉语汉字的争论焦点之一。文贵良察觉到梁启超从《新民丛报》时期的贬抑汉字，转变为在《国文语原解》中对“衍声”和“衍形”两种文字进行调和。梁启超十分重视汉字和国民精神存续之间的紧密联系，认为汉字不可用罗马字母代替。然而在强势倡导万国新语的吴稚晖看来，汉语就是野蛮落后的语言，汉语汉字都应该被废弃，这一激进的言论引来了坚持“汉文本位”的章太炎作《驳中国用万国新语说》等文章加以驳斥。

文贵良提炼出吴稚晖和章太炎论争的根本在于，吴稚晖“把中国放置在世界之中”，“跳出‘谈种界’者的视野，纯粹从‘学理’的角度看待语言文字的发展”①。通过一系列的解读，语言问题与国家想象相联系，个人的语言文字选择转向集体语言意识的重构。汉语汉字的现代历程是汉语言文学变革的根本，作者虽未明言，实则带领读者回溯了“五四”白话文运动的前历史，也将“汉字不灭，中国必亡”的标语式口号具化为20世纪之交知识分子针对汉语汉字危机提出的解决方案。文贵良发现语言文字的现代化不仅包括语言文字本身的革新，还包括反省本国语言文字的一种现代性眼光。显然，这种现代性眼光带着对世界格局的重新认知，与昔日的“夷夏之辨”不可同日而语。围绕汉语和汉字，与其说梁启超、严复、章太炎等人讨论的是“治学之本”，不如说是在寻求汉文世界垮塌萎缩之时的“救国之法”，而不同方式的“救国之法”又与国族在世界版图中如何寻找定位息息相关。这样一来，似乎又呼应了前文的“生存论”论说——一种普遍意义上的“救国保种”。而本书接下来考察的东北沦陷时期的日语殖民政策从反面展现出语言文字被强行“改造”后，人的精神的委顿和人格的矮化。对20世纪20至50年代推行的识字方案的讨论，则从正面刻画出国家主人从“失声”到“发声”的具体过程，呈现出不同的国家主人想象。语言文字政策从意识形态教化的角度印证了“语言的力量”。

① 文贵良：《以语言为核——中国新文学的本位研究》，人民出版社2020年版，第257-258页。

语言既可以使人的精神世界无限延展，也可以诱使人在精神世界里“画地为牢”。当“文学”和“语言”的边界被打破，“语言”真正作为一种能动的因素进入文学内部，而不是某种风格的附属物，观察“语言”和“文学”的交织轨迹就会变得尤为有趣。从某种程度上说，近代以来文学发展的过程是从“驯服”语言到被语言“驯服”的过程，知识分子从“彷徨于无地”到找到新的栖身之所，这个过程到现在还没有真正完结。显然，《以语言为核》只是一个思考的顿号，“文学”与“语言”既非平行线，也绝非只有一个交叉点，文贵良的“跨界”之旅还将继续。

（作者单位：上海社会科学院文学研究所）

编后语

谢君兰

自2005年创刊以来，《现代中国文化与文学》以“自己的定位与姿态”立于学界十余年，期间经历从普刊升级为CSSCI集刊的可喜之事，也不乏日常运作中遭遇的曲折与困顿。但在前行之路上，我刊可谓不改初衷。

初衷何为？十数年前创刊号的“卷首语”即有明示，是通过开辟新的阵地来参与现代中国文学的学术建设，并以更为多样化的姿态来追问现代中国所发生的文学活动。这是对文学与其他学科交叉发展趋势的敏锐感知与回应。当时的两位主编，以充满激情的对谈方式来阐发这些激动人心的呼吁和设想，并在最后归纳为“我们的理想、我们的境界、我们的方式”。

十余年间，本刊秉持这一精神主旨，坚持在更大的社会文化范畴来讨论文学。但如何讨论？即整体设想如何落实为具体尝试，刊物将在哪些层面对投稿者进行研究方向和范式的筛选和引导，却经历了很多思考与调整。最直观的体现，是刊物栏目的变动。栏目，是彰显一个刊物自我特色的窗口；栏目设置的变动，不仅意味着刊物对既定风格的不断塑造和凸显，还能反馈出办刊过程中对所遇问题的应对与调整。

我刊在创办之初，设定过很多栏目。有的始终坚守如一，比如“巴蜀文学”，这是作为川大刊物的《现代中国文化与文学》对蜀学传统的承继与现代转化的尝试。但对本土文学的坚守并不意味着故步自封。随着本刊影响的扩大，对“地方路径”的关注逐渐扩展为不同地方话题和经验的探讨，这些探讨很多都是文学史定论之外的精彩发现。有的栏目研究对象没变，但所持的内在评选标准却有一定转换，比如针对史料的“文学档案”，近年来开始减少佚文的单纯展示，而增加对其进行考辨和分析的要求，以将重心放在思想的流动上，并应对信息时代过于依赖网络搜寻的取巧行为。但有诸多栏目有了大的变动和调整，比如“文学史新论”、“现代作家新论”、“国际汉学”、“对视与争鸣”等，共同反映出我刊倡导更新学术研究方法和视野的期许。但过于求新求广也带来了些许问题，比如有部分稿件不论在研究对象还是方法上，都并未超出现代文学的传统范畴，免不了陷入“新瓶装旧酒”的问题；又比如在打通学科壁垒时对现代文学主体性造成的一定冲击。实际上，多而杂的栏目在昭示学术锐气的同时，也难免有分野模糊、文章无法清晰“归类”的缺陷。

如何在拓展和坚守之间找到平衡点？经过长时间摸索，我刊终于定下“大文学视野”、“民国文学”、“共和国文学”、“港澳台文学”、“学人·著述”等常规栏目，中间灵活穿插一些专题研究。这样分类既照顾到文学复杂深广的文化逻辑，也通过传统的时段和地域的分类方式，为一部分并不怎么“新锐”的好文章留下一席展示之地。但这一方案是否已无可挑剔？也不尽然，栏目的中庸又意味着既有特色的弱化。如何再次伸出探索的触角，做到螺旋式上升？

刊物同仁几经商议，决定以每位审核专家所擅长的研究领域为主导，采用主动约稿的方式，在每期中增设特别专栏，以更有针对性地深化本刊的问题意识——本期的“现代长篇小说研究专栏”就是这一设想的首次尝试。约稿者为长期致力于中国现代小说探讨的陈思广老师。专栏展示出三篇文章：宋剑华《〈桥〉与废名的逍遥游》，撇开惯常解读《桥》的“田园叙事”视角，认为这部作品的立意结构取于《庄子·秋水》篇，是对后者异常巧妙的现代演绎，但又非漫无目的的“逍遥游”，而是对生命现象进行不停顿的深度思考；王卫平《茅盾长篇小说“未完成”原因新探》，细致梳理出茅盾系列长篇创作不同程度的“未完成”状态，并在战争和时局的动乱、小说计划过于宏大等显在原因在外，剖析出作家所坚持的“反映—再现”的现实主义文学理念与陌生题材之间的龃龉；汤哲声《现代历史演义小说中的农民起义重构及其辨析》，则系统剖析中国现代历史演义小说中的现代意识，即重构农民起义的叙述中对“国史演义”的颠覆以及时代精神的彰显，并认为这些小说开辟出历史与政治小说杂糅的新领域。三篇文章都不乏崭新的理解和洞见。如初次尝试还有不足，当在于主题论文之间关联性的欠缺。

这也让我们更加期待之后的系列专栏文章。关于《现代中国文化与文学》的理想、境界和方式，我们还有更多突破与提升的空间。